B. マルシャン
Bernard MARCHAND

羽貝正美【訳】

Paris, histoire d'une ville
XIXe-XXe siècle

パリの肖像
19-20世紀

日本経済評論社

PARIS, HISTOIRE D'UNE VILLE by Bernard Marchand

Copyright © Edition du Seuil, 1993

Japanese translation published by arrangement with
Editions du Seuil through The English Agency (Japan) Ltd.

日本語版への序文

　大都市は、今からおよそ4千年前、メソポタミアの地に高度に発展した文明とともに誕生した。職人や芸術家、祭司や役人など、さまざまな人々を養うためには充分に発達した社会が必要だった。古代ヨーロッパも、ローマ文明（紀元前700年頃から紀元476年まで）の成熟とともに大都市の時代を経験することになった。トラヤヌス帝（2世紀初頭）のもとのローマやアレキサンドリア、また少し後の時代のコンスタンチノープルは100万人余の人口を擁し、上下水道、都市警察、大規模な住宅、公的扶助制度、見世物、市場など、驚くほど進んだ都市施設や制度を整えていた。こうした大都市の時代は、国際的な商業やローマ帝国・「パックス・ロマーナ」のコスモポリタニズムが発展し、個人主義や女性の解放とその自立、さらに身体と財産に対する女性自身の権利などが進んだ時代でもあった。

　キリスト教が支配した5世紀以降の中世は、こうした社会とは全く異なった社会を定着させた。そこにはもはや都市の発展する余地はなかった。人口の大部分は大地を耕し、貴族は自分の城館に暮らし、司祭は僧院を生活の場とした。たしかに、12世紀、13世紀における新たな繁栄の時代にはそれなりの都市が形成されている。しかしそれらは互いに隔たった港湾都市だった。北海沿岸のハンザ同盟諸都市やイタリアの諸都市（ヴェネチア、ジェノヴァ、ピサなど）を想起できよう。しかし、大都市は千年にわたって、ヨーロッパから姿を消したのである。

　ルネサンス期（16世紀）から18世紀に至る大いなる繁栄と学術の進歩ならびに宗教の衰退は、計り知れない変化をもたらした。具体的に言えば、科学革命（天文学、物理学、化学、統計学など）、多様な機械や蒸気機関の発明による技術革命、イギリス、次いでフランスにおける産業革命、そして人口革命（天然痘に対するワクチンの発見や出産調整などによる）である。

　こうした変化を背景に、ヨーロッパは新たに人口100万人規模の大都市の時代に突入していった。1789年時点において、ロンドンとパリの人口はまだ60万人を超えてはいない。しかし、極めて大規模な移住がこれらの都市を爆発させた。ちなみにパリの人口は1800年から1830年の間に倍増した。本書の出発点はまさにこ

の点にある。パリはどのように成長したのか。過去2世紀、パリはいかなる変貌を遂げたのか。本書はこのことを明らかにしようとするものである。

本書には具体的に二つの目的がある。一つは、世界で最も美しく、最も多くの人々が訪れる都市の一つであるパリの発展過程を詳細に描くことである。パリの街を訪ねる多くの日本人ツーリストと彼らが毎年カメラに収める数え切れないほどの写真は、彼らがパリをどれほど高く評価しているかを物語っている。

しかし、本書には今ひとつの目的がある。大都市というものは、経済的・社会的・政治的諸問題を惹起することなく、また環境に脅威を与えることなく成長することはできない。こうした諸問題は国によって大きく異なることはないであろう。日本の読者にとって、パリの歴史は、日本の大都市の歴史との比較を可能にする。それはパリのいくつかの成功例を知る手がかりとなるであろうし、その多くの失敗を日本で繰り返さないための参考となろう。

とりわけ次のような三つの問題が注目に値すると思われる。

第一に、たび重なるパリの革命におびえる保守的な名望家たち、都市の成長を背景に弱まっていく信仰に不安を覚えるカトリック教会、より手厚い保護関税と補助金を絶えず要求する農民たち、こうした人々のなかに、なかんずく1871年（パリ・コミューン）以後、パリに対する敵対心、言うなれば深い憎悪の念が生まれ、また強まったことである。過去1世紀、都市に対する深い「忌避感情」（urbaphobie：ユルバフォビ）は、文学、映画、広告、政治的言説において発展し、現実の社会に憂慮すべき結果をもたらした。農村を優遇し大都市の影響力を削ぐための欺瞞的選挙、都市から農村へと流れる補助金、また公共投資をパリから遠く隔たった場所へと振り向けるシステマティックな仕組みなどである。東京や大阪は同様の敵対心に苦慮してきたのだろうか。

第二に、1940年代、「国土整備」（Aménagement du Territoire）という概念が生まれ、この半世紀、人口と産業をフランスの国土に均等に分散させようとしてきたことである。しかし、多くの人口が都市に集中している国家にあって、「国土整備に平等を確保しようとする方策は、国民生活に不平等をもたらすことにな

る」。この明白な事実は、フランスにおいて今日なお正当に認識されていない。こうした政策は、大都市圏が一国家において相当規模の富を生み出している場合には一層危険なものとなる。フランスの場合、大都市圏から、都市部に依存する側面の大きい農村部へと、システマティックに公共投資を振り向けてきたことが、国民経済そのものを弱体化してきたのだった。パリ都市圏の人口は、1989年時点でフランスの総人口の18.8％を占めているが、国内総生産（PIB）の29％、国家の歳入の35.5％を生み出している。東京や大阪の場合はかなり異なった数字になるのだろうか。

第三に、パリが長期にわたって自治権を獲得できなかったのはなぜか、という問題がある。パリはおよそ200年の間、市長をおくことができなかった。今日でさえ、多くの重要な決定が中央政府の代表者の手に委ねられているが、彼らが地方政府と協議の場をもつことはめったにない。パリの歴史、その全史が、首都と、強大で中央集権的なフランス国家との、基本的には表面上穏やかな、ときに暴力的で流血をともない革命に発展するような対立の歴史である。16世紀以降、国家は、パリの怒りが爆発しないように、またその富を巧みに略取するために、注意深くパリを統制してきた。国家の側からすれば、「国土整備」は、国家の権力の基礎を盤石にするために、地域間の平等の名のもとにパリの富を諸地方に配分する手法として機能してきたのである。

こうした仕組みは日本ではどのようになっているのだろうか。パリの発展過程と、日本の大都市の発展過程との間に類似の現象を見出せるのではないかと考える読者もおられよう。伝統や文化の違いを超えて、類似の背景・要因が同様の帰結を生み出すことは予想できる。本書の問題意識の一つがこの点にある。

最後に、翻訳の労をとってくださった羽貝正美教授に心からお礼を申し上げたい。日本を訪問し日本を知る機会を得られたことも同氏の配慮によるものであり、感謝の意を表明したい。私にとって、それは、この美しい国に対する強い思いを新たにする機会でもあった。再び訪ねる機会のあることを願っている。

ベルナール・マルシャン

緒　言

　19世紀のヨーロッパは二つの革命を経験した。一つは人口革命であり、医学の進歩とりわけワクチンによる死亡率の低下、出生率の低下、都市人口の爆発を特徴とする。今ひとつは産業革命であり、1780年から1830年に至る偉大な発見の時代と1820年以降の生産活動へのその応用、そして隣接諸国ほど顕著ではないにせよ、工業および第三次産業への農業従事者の移動を特質とする。この二つの激変は、信仰、モラル、また社会を深い危機に陥れるとともに、数百万の人々を悲惨のなかに投じた過渡期を経て、前例のない繁栄をもたらしたのだった。

　こうした大状況のなか、フランスはいまだ充分に解明されていない特異な途を歩んだ。フランスの出生率は、隣接するヨーロッパの諸大国に60-70年先んじて、18世紀末以降、最初に低下した。アルフレッド・ソーヴィは、フランスがこの人口減少を経験せず、例えばドイツと同じ発展を辿っていたとすれば、1939年には1億人の人口を擁していたであろうと推定している。もちろん、そのときには、歴史は全く異なっていたであろう。加えて、フランスは一方で産業革命を進めながらも、1960年までの長期間、非常に多くの農業人口を維持してきた。実際、フランスの資本は、1980年代まで、工業や第三次産業よりも、むしろ、危険のない投資先（社債および公債）に向けられてきた。のちにこのことが経済発展に有害であったことが明らかになる。あるいは金、農地および不動産に向けられてきたが、それらは部分的には非生産的な投資だった。マルサス主義とリスクへのおそれが二つの主要な指導原理であったように思われる。

　さて、ワーテルローからフランスの国土解放に至るおよそ1世紀半の間、あらゆる事態があたかも首都だけが急速に成長し、他方で地方が停滞するかのように進行した。実際、フランスの農村と地方諸都市は、とりわけ19世紀、パリへの相当規模の人口流出によって空洞化した。論者のなかには、パリが人間と資本の両面でフランスの資源を吸収することによって、フランスを荒廃させたのだと捉える人々もいる。他方、首都の支持者は、常態と化した地方の停滞と惰眠こそがパリを一層魅力的にしたのだとする。つまり、首都の力強さがなければフランスは

もっと脆弱であったであろうと理解する。ともあれ、この2世紀の間、フランス全体の人口増加が2倍にとどまったのに対し、パリの人口の激増ぶりは次のような二つの本質的な問いを提起する。第一は、パリという都市はこうした激変にどのように対応したのかという問いである。第二は、大きく飛躍する首都と半睡状態の地方との間の諸関係はどのように進展したのかという問いである。

今日まで、フランスの中央政府は、他の西ヨーロッパ諸国と比較できないほどの大きな役割を国民生活において担ってきた。加えて、首都パリは19世紀末以降、フランスの他の諸都市に類例のない巨大な都市圏〔Agglomération：国立統計経済研究所〈Institut national de la Statistique et des études économiques：I. N. S. E. E.〉の用いる概念で、パリの場合、パリ市の市域を越えて広がる市街化した区域を指す。〕を形成してきた。さらに深刻なことは、1789年以来、首都を核とするこの都市圏に中央集権的政府が定着し、日常語においてさえ、中央政府は首都パリと混同されていることである。たしかに、都市圏の成長と中央政府の成長という二つの発展の間には関連がある。では、どのような特質をもつ関係か。中央集権的政府とパリの成長は相互に補強しあってきたのだろうか。反対に、首都のなかに、その意に反して国家によって発展させられ、首都と対峙する対抗勢力を見出すべきなのだろうか。

本書はこうした大きな変化の過程を叙述し、いまだほとんど検討されていない問いに対する解答の手掛かりを模索しようとの試みである(1)。

注
（1） 参考文献は人名および出版年に従って示すこととする。また読者の参考に供すべく本書巻末に「文献リスト」をまとめた。

凡　例

1　本書は、Bernard MARCHAND, *Paris, histoire d'une ville* (*XIXe-XXe siècle*), Édition du Seuil, 1993 の全訳である。ただし、結論部分については、ここに加筆がなされている第2版（2002年）に依拠した。
2　原注は脚注方式で頁ごとにまとめられているが、訳出に際しては表中の注を除き、各章ごとに通し番号を付し各章末に一括した。
3　本文における人名、事項等に関する説明を補足する場合には、訳注として亀甲括弧〔　〕で挿入した。
4　原著索引は人名および場所・制度等とその他の事項の2種に大別されているが、訳出にあたっては、人名と場所・制度等を区別した。
5　頻出表現の訳出においては次のような方針を採用した。
　（1）　訳語として一般に浸透しているカタカナ表現はこれを尊重した。一例として、Quartier は原則として「街区」とし、「カルチエ・ラタン」や固有名詞に続く場合などは「カルチエ」もしくは「地区」の訳語を採用した。また Commune は日本の市町村に相当する基礎自治体を意味するが、自治体規模に応じた市・町・村の区別がないため、「コミューン」の表現で統一した。「パリ・コミューン」についても史実の表現として定着していることを踏まえて、そのまま採用した。
　（2）　Rue（リュ）は物理的には「通り（道路）」を意味するが、沿道建築物に番地が付され、建物と一体となった住民の生活空間そのものを表現する「街路」のニュアンスをもつことを踏まえて、「街」として統一した。これを前提に、一般に並木道や記念碑的建造物に通ずる Avenue は「通り」とした。ただし、Avenue ではあるが一般に定着する「シャン＝ゼリゼ大通り」、「オペラ大通り」等は慣用に従った。城壁跡地を利用した Boulevard は、「グラン・ブールヴァール」を除き「大通り」とした。
　（3）　Agglomération は「市街化地域」を意味する統計上の表現であり、「都市圏」とした。「パリ都市圏」の場合、パリ市の行政区域を越えて、隣接諸県（近郊内帯：3県）、さらにその周辺の近郊外帯（4県）の一部にまで広がるエリアを指す。他方、Région は政治・行政上の単位・枠組みであり「地域圏」とした。現在、フランス本土は完全自治体である22の地域圏（コルシカを含む）に区分されているが、「イル＝ド＝フランス地域圏」（当初「パリ地域圏」）はパリ市と近郊内帯および近郊外帯をあわせた1市7県（県としての地位も有するパリ市を含めて8県ともいう）を圏域とする。
6　原著の表についてはこれに新たに通し番号を付した。
7　4点の図版（A、B-1、B-2、C）は、読者の参考に供するために、著者の了解を得て新たに挿入したものである。

図版 B-1、B-2 の出典は下記のとおりである。

Atlas administratif des 20 arrondissements de la Ville de Paris. Service du plan de Paris, Préfecture de la Seine, 1868.

目　次

日本語版への序文　i

緒　言　v

凡　例　vii

第1章　あまりにも急激なパリの成長（1815-1850） ……………… 1

パリの人口の爆発　1

　人口動態の変遷　2

　なぜこれほど大規模な移住が生じたのか　5

栄光と悲惨：首都は病に陥る　12

　19世紀初頭のパリ：適応不能の都市　13

　19世紀中葉のパリの悲惨　19

　都市の危機の発見　24

パリの「移動」　29

　都市の新しい形態　29

　七月王政のプロジェクト　38

パリのイメージの悪化　49

第2章　都市の近代化（1850-1890） ……………………………… 61

近代化：オスマン男爵の事業　66

　成功の時期（1853-1860）　67

　困難な時代（1860-1870）　72

オスマンの事業の総括　84

自由都市パリ：パリ・コミューンの意味　94

愛国的なパリ　94

革命的なパリ　99

コミューンの本質　104

未解決の諸問題　107

パリはモデル都市か　117

危機の時代のパリ（1872-1895）　117

今ひとつの首都：ロンドン　136

第3章　光の都市（1890-1930） ……………… 149

新しい世紀　151

進歩の果実　152

アカデミズムのもとでの新しい選好　156

新しい都市　161

新しい交通形態　161

パリ市の新しい歳入　174

郊外の荒廃：景観の破壊（1890-1930）　181

パリの大規模工業　181

郊外の跳躍　187

パリ、世界の女王（1889-1930）　193

ベル・エポック（良き時代）という神話　194

今ひとつの都市：ウィーン、カカニアの首都　202

モンパルナスと「狂乱の歳月」　210

住宅危機と都市計画の始まり　215

第4章　優柔不断と漠とした意思（1929-1952） ……………………… 237

全く新しい情勢　238
　　戦争の後遺症と大恐慌　238
　　預金危機と住宅難　240
パリの都市計画の萌芽　247
　　プロ・プラン（1934）　247
　　ドイツ占領期のパリ　250
パリは焼失しなかった。しかし……　256
　　1948年法　259
　　レオ・マレのパリ　262

第5章　新たなオスマン主義か（1953-1974） ……………………… 269

ようやくにしての住宅政策　271
　　グラン・ザンサンブル（大規模集合住宅団地）　272
　　パリ郊外における市街化優先区域　273
パリの近代化　277
　　新しい主体と新たな課題　278
　　古きパリの「修復」(8)　281
　　パリ周縁部の再開発　290
ドゥルヴリエとパリ地域圏連合区（ディストリクト・ド・パリ）　295
　　野心的な予測　296
　　都市空間の新たな組織化　297
　　新都市　299
　　受け入れられた成長　303

第6章　世紀末のパリ（1974-2000） 311

1970年代の転換期 311

断絶（1974） 311
失われた均衡を求めて 315

パリの「生活を変える」 323

パリの主要な諸問題 324
大統領の大規模な工事現場 333

2000年前夜のパリ 343

今日の諸問題 344
パリとパリ地域圏 348
フランスおよび世界におけるパリの位置 355

結論 365

フランス近現代都市史・都市計画史年表 390

訳者あとがき 395

文献解題 403

文献リスト 406

人名、地名・場所等、事項索引 425

第1章　あまりにも急激なパリの成長（1815-1850）

　もし、19世紀のパリの歴史をただ一つの特質によって要約しなければならないとすれば、驚異的なスピードによる人口増加を挙げねばならないだろう。他のすべての事態は全く新しいこの現象に起因する。例えば、首都における過剰群居、その悲惨と繁栄、世論の激変、世紀を通じて頻発した革命と政治体制の変革、さらに第二帝政が取り組んだ都市改造などである。フランスの歴史上初めて、大都市が文字どおり爆発し、その古い枠組みを破壊したのである。いかなる時期をとっても、富裕な者と貧困な者との間のコントラストはこの時代ほど明確でもなければ、危険でもなかった。人口の成長があまりに急激かつ暴力的であったがゆえに、首都のバランスそのものが崩れ、パリは北方向への、次いで北西方向への、今日でもなお止まない長期に及ぶ重心移動現象（glissement）を見せ始めたのだった。

パリの人口の爆発

　最初の本格的な人口調査は1801年に始まった。執政政府〔1779-1804年、ブリュメール18日のクーデターによる総裁政府の崩壊からナポレオン帝政の開始に至るまで〕以前においては、個人の数というよりはむしろ世帯数（すなわちかまどの数）を示す評価しかなかった。世論が「人口調査」というものにどれほど反対しているか、為政者がそのことをよく知っていたからである。これを、キリスト教の伝統において「幼児虐殺」（massacre des Saints-Innocents）と呼ぶ事件〔キリストの降誕を知らされたユダヤのヘロデ王がベツレヘムの2歳以下の男児たちを虐殺した事件。〕に先立ち、ヘロデ王の着手した大掛かりな国勢調査に比べる人々もいた。

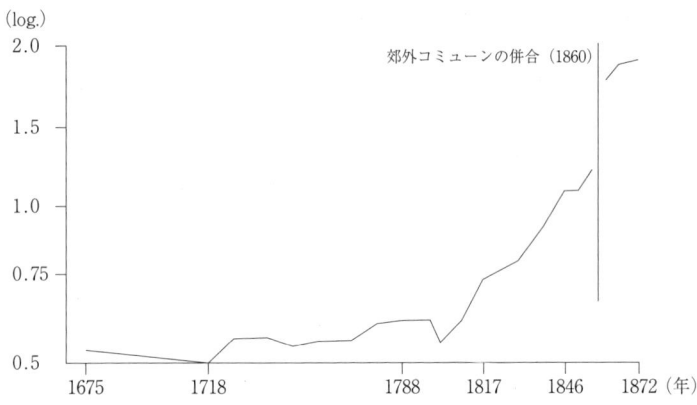

図1 パリの人口（100万人）

人口動態の変遷

　しかしながら、以下に示すような推計値は、フランス革命以前のパリの人口の推移を示すものとして充分に確実なものである[1]。

　図1は17世紀末以降のパリの人口の推移を示したものである[2]。1675年から1788年の間、人口は極めてゆっくりと増加した。一定割合で成長する人口は、移住や伝染病の猛威がない場合、一つの指数関数に従うことが知られているが、この1世紀の間のパリの人口はまさにその例にあたる。人口は年平均7.7‰の割合で規則的に成長した[3]。パリは植物が成長するように、極めてゆっくりとしか成長しなかった。すなわち、出生が死亡をごくわずか上回ったにすぎない。国内における移住もさほどではない。1800年以前の首都の出生率はフランス全体のそれをやや下回っていた。すなわち、国全体では成人25人に対し1人であったのに対し、首都は約28人に対し1人の割合であった。ビュフォン〔Buffon, Georges Louis Leclerc (1707-1788)：博物学者。〕は、出生が死亡とほぼ均衡していたパリを、国内移住の割合が出生の半分以上に相当するロンドンに対置している[4]。フランスの首都は数世紀にわたってこのような静的な人口動態にあったのであり、ただ飢饉（1715年）、戦争、最悪の場合、大規模な伝染病の流行に起因するむごい人口停滞によって中断されたにすぎなかった。実際、フランス革命に至るまで、知識層はフランスの人口の停滞

第1章　あまりにも急激なパリの成長（1815-1850）

あるいは減少さえ信じていたし、ゆっくりとした首都人口の増加を信じていたのであった。とはいえ首都の人口増は、たとえそれがいかに微々たるものであっても、政府に不安を抱かせずにはおかなかったし、数多くの王令が、現実にはごくわずかであった地方人の流入を定期的に制限しようと試みている。しかし、1788年以後、この規則的な傾向にも変化が生じた。18世紀に比較して首都住民の数がより急速に増加し始めただけではなく、一定の指数関数よりも急速に増加したのである。こうした急増は植物的な成長という見方では説明できない。何年にもわたって続く大規模な国内移住だけがこのような人口成長を生み出すことができたのだった。

　パリの住民数はフランス革命の間、ほとんど変化していない。ルイ・シュヴァリエは1789年の人口を52万4,186人と推定している[5]。1801年の人口調査は54万7,756人としている。しかし、この表面上の停滞にはおそらく大規模な国内移住が隠されている。なぜなら、革命期、死亡率は高まっていたからである。それは数年に及ぶ恐怖政治によるというよりは（1793年には出生が死亡を3,000人上回っている）、むしろ、ロベスピエールの失脚と価格統制（le Maximum）の終結に起因する悲惨によるものだった。すなわち、1794年には死亡が出生を6,000人超過し、1796年には9,000人上回っている。シュヴァリエは1789年と1792年の間に、6万人にのぼる貴族、僧侶、ブルジョワらが国外への亡命を余儀なくされ、およそ18万人が逆に首都に移住するに至ったと推測している。パリにおけるフランス革命の最も大きな帰結の一つは、農村部から、とりわけ北部の小都市から新しい人口を引き寄せたことであった。結果として、人々は、首都を侵略した「野蛮な人間たち」を非難し始めた。依然、多くの死者と亡命者に隠れてはいるが、こうして新しい人口構造が定着したのだった。第一帝政期においてもパリへの移住の流れは依然強く、人口は急増した。それは復古王政期において加速し、七月王政初期に最大規模に達した。1831年から1836年に至る5年間に、暴動や1832年のコレラの猛威にもかかわらず、人口は10％も増加したのである。1801年から1851年の50年間でパリの人口は倍増した。なかでも1831年から1836年にかけて（年平均2万2,000人の純増）、また1841年から1846年にかけて（2万5,000人の増）、人口の移住はとりわけ顕著であった。

こうした波は人口構造を変化させずにはおかなかった。移住民は主として若い成人層だった。老年者の割合は1851年まで急激に縮小していった。子ども（15歳以下）の割合も同様である。1817年から1836年の間、パリにやってきたのはとりわけ壮年層（30-39歳）であった。彼らの年齢層が41％も増加しているのに対し、もっと若い年齢層（20-29歳）は6％しか増えていない(6)。今少しのち、1836年から1851年の間、移住の波はより穏やかになり、同時により一般的に、つまり特定の年齢層に偏らないものになった。あらゆる年齢層で増加したのである（25-29歳で14％、40-49歳で15％、50-59歳で18％の増）。こうした移住によって男女比も変化した。他の大都市同様、アンシャン・レジーム期のパリも女性の割合が男性に勝っていた。つまり女性がより長生きだったのである。1817年の時点では、男性100人に対して女性115人というように、依然、女性が上回っている。その後、移住がこの割合を変化させた。1817年から1836年にかけて女性の占める割合は減り、改めて通常の水準に向けて増加に転ずるのは1851年以後のことである。1836年当時、30歳から40歳の年齢層では、男性100人に対して女性90人しか数えることができなかった。大量の労働者の移住後の状況の常として、女性の割合は減少し、それゆえに貴重な存在となった。つまり売春行為が著しく広まったのである。「ロレット（lorette）」（grande cocotte：単なる売春婦あるいは高級娼婦）や「グリゼット（お針子）」（快楽のために愛する自由で浮気な若い労働者）をめぐる神話の背景には、また1848年のフェミニズムの試みの背後には、ボエームの生活の魅力というよりは、暴力的と言えるほどの大量の移住民の存在があると解すべきであろう。1920年代に至るまで外国人を魅了した「パリの小娘たち」（petites femmes de Paris）の神話もおそらくこの時期にまで遡ることができる。それはまた、先祖代々のパリジェンヌというよりも、首都にやってきた地方人によって形成されたものだった。

　こうした移住の最も際だった特徴は、それが何年にもわたって続いたことである。一般に、またフランスの領土の場合ということであるが、移住の流れは経済状況によって決定される。つまり賃金のさがる危機の時期には大きくなり、好況期に賃金が再び上昇するとその流れは弱くなる。しかし、19世紀初めにパリを膨張させた流れは、逆に幾分恒常的なものであった。移住という現象はあまりに強

く、もはや景気に依存しているようには思われなかった。ルイ・シュヴァリエが詳細に論じているように、危機の時代に典型的な悲惨で受動的な移住者は、すぐに征服欲に満ちた積極的な移住者に取って代わられ、同時に経済も再び活気づいたのである。ある者は農村の悲惨から逃れようとパリに移り、ある者は、ラスチニャック〔バルザックの小説『ゴリオ爺さん』、『浮かれ女盛衰記』などの主人公。〕のように、成功し金持になるチャンスを探しにパリにのぼってきた。こうした人口移動現象は顕著で、それゆえに経済変動の影響を免れて自律的な現象となった。逆説的ではあるが、こうした移住者の流入がパリで惹起したさまざまな都市病理（死亡率、犯罪、暴力）は、首都が繁栄している時期にとりわけ際だったのだった。

なぜこれほど大規模な移住が生じたのか

　奇妙なことだが、これほどの規模の人口移動を説明しうる充分に説得力のある説明は従来なされてこなかった。そうしたなかで、人は鉄道の役割を重視し[7]、産業革命の役割を、その言葉を明確に定義づけないままに、しばしば想起してきた。ここではいくつかの仮説を提示しよう。パリにフランスの人口と富を集中させることになる放射状の鉄道網の敷設に立脚した説明は、蛸のような吸引力をもつ都市（la ville-pieuvre）という神話に属する。これは本書を通じて何度も出会うことになる考え方であるが、フランスのエネルギーを貪り食うパリという神話であり、その成長を制限しなければならない触手をもつ首都という神話である[8]。この説明ははとんど的を射ていない[9]。フランスの最初の鉄道は1823年、アンドルジウとサン＝テチエンヌとの間に建設された。人と物資の輸送を目的とし、蒸気機関車で牽引した最初の路線は、1832年、サン＝テチエンヌからリヨンまで供用を開始した。首都とサン＝ジェルマン＝アン＝レを結んだパリの最初の鉄道は、1837年に遡る。当時、路線は断片的に開通していたが、連続したネットワークを形成してはいなかった。例えば、パリ～オルレアン間、パリ～トゥール間、アヴィニョン～マルセイユ間をそれぞれ結ぶ路線は予定されてはいたが、まだ建設されてはいなかった。1840年以前、鉄道はさほど重要ではなかったのである[10]。物資は水路によって運搬されており、当時の新しい技術をまず活用したのは水運であった。蒸気を用いた河船が初めて登場するのは1823年である。定期的な運行

は1832年、オルレアンの下流のロワール河で始められた。当時1万隻の船が河を利用していた。また富裕な人々は馬あるいは馬車で旅をした。他の人々、すなわちほとんどすべての国民は、長旅のときでさえ徒歩で移動したのである。パリやリヨンの金融市場を除けば資金が不足しており、そのことが決定的に鉄道建設にブレーキをかけていた。資金需要は巨大で当時の金融能力を凌駕していた。復古王政期に建設された運河は、全体で2億8,500万フランの投資による成果であったが、パリ～リヨン間の鉄道路線の建設計画を提示した鉄道会社は、その1路線の建設だけで2億フランの資金を集めなければならなかった。のちにわずか2カ年（1845-1847年）で、七月王政全体を通じたインフラ投資の3分の2を鉄道建設が吸収することになる[11]。1850年以前、銀行家たちは依然、自分の個人財産を自己資金として活用していたし、少数の貴族と大ブルジョワの資産管理に満足していた。そこで第二帝政はペレール兄弟のクレディ・モビリエ（動産銀行）と同様に、貯蓄金庫や預金銀行に庶民の貯蓄を集めようと考えたのである。つまり貧しい人々の貯蓄はとるに足らないものではあったが、その数は極めて多かった。ルイ・フィリップ治世下では、幾人かの銀行家——例えばラフィット家（商工業総合金庫、1837年）やロスチャイルド家——だけが巨額の資金を用立てることが可能だった。さらに彼らはイギリス資本にも依存していたが、そのことが彼らをして、まず、パリ～ル・アーブル線（ラフィット）やパリ～ブリュッセル線（ロスチャイルド）の建設を選択させたのである。他方、地方の名望家たちはと言えば、資金不足あるいは無関心のゆえに、冒険にはほとんど関心を寄せていない。ルクレールはこうした役割の放棄に彼らの影響力の衰退の始まりを見て取っている。このようにパリのみが相当の資金を調達しえたが、課題に応えることは難しく、パリの金融資本家たちはむしろ1850年まで極端な臆病さという点で問題を抱えていた。つまり彼らは、金銭面でのリスクに加え、小規模貯蓄家の資金を集めることによって、言い換えれば貯蓄の民主化によって、自らの立場を弱めはしないかと恐れていたのである。国土全体を支配しようといった意思は全く見られない。地方はしばしば首都を経由しないような地方横断路線を要求したが、資金不足のゆえに計画を断念している。例えばル・アーブルの商工会議所は当初、パリを避けたストラスブールへの直通路線を求めたが、1844年には、パリ～ブリュッ

第1章　あまりにも急激なパリの成長（1815-1850）　7

セル線を失敗させるためにパリ〜ストラスブール線の建設を支持している。ル・アーブルはそれだけベルギーの競争相手を恐れていたのである。実際、公権力や市場、またパリの資本により容易に接近するためにパリへの直通路線を求めていることに見てとれるように、地方は、むしろ中央集権主義的であった。仮に対立があったとすれば、それはなかんずくパリの金融資本と、金融市場で利用可能な資本を鉄道会社が枯渇させるのではないかと懸念する地方の産業資本との対立であった。決定的に重要なこの対立は七月王政に入ってすぐに表面化し、19世紀末まで極めて重要な役割を果たし続けた。地方の企業家たちは地方経済の中核的な分野をパリの上層金融機関、つまり極少数の人物の手に委ねたいとは思わなかったが、同時にそうした人間に幾分神話的な力を認めていた（ニュッシンゲン家やケラー家を描いたバルザックの作品によく表れている）。地方の企業家たちは自分たちにより近い小規模銀行を好んでいたが、それらには充分な資金力がなかったのである。彼らの恐れは地方の金融家の無力と地方商業界の「裏切り」によって強められた。1838年、フランソワ・デステルノなる人物がソーヌ＝エ＝ロワール県において銀行を設立しようと試みたが失敗している。地方の商人たちはパリと一緒に仕事することを選択したのである[12]。そうしたなかでパリの大銀行に対する非難は、なかでも最大の銀行（すなわちジェームズ・ロスチャイルドの銀行）に向けられ、急速に暴力的反ユダヤ主義の色合いを帯びることとなった。彼らはパリの特定の社会階層に対し、首都に特有のことではあるがそのコスモポリタニズムを非難したのである。結局、七月王政末、主要な商工会議所はパリの銀行による統制を回避すべく国家による鉄道建設を要求した。のちに19世紀末になって、パリ市議会は同様の恐れから、鉄道会社が地下鉄建設に関わることを一切拒否し、鉄道とは完全に分離された地下鉄網を建設することを選択した。それがどれほど重大な結果をもたらす選択であったかについては後述することにしよう。

　では、鉄道網の恩恵による地方支配をパリに許すような覇権主義的な政策は全くなかったのだろうか。たしかにそうした政策は認めることができる。しかし、それは当時の「テクノクラート」、すなわち影響力を有する土木学校〔École national des Ponts et Chaussées：国立土木学校。グラン・ゼコールの先駆として、1747年に創設された。〕出身の土木技師団の問題である。彼らは復古王政期において重要な運河網の建設に関わり始めたばかりだった。彼らは鉄道を都市

施設たる道路と同一視し、「基本原則としての国家統制主義」(13) を実践している。土木学校の学長、アレクシス・ルグランは1837年、議会において「大鉄道網は政府の巨大な手綱、公権力の道具である」(14) と明言している。意図は明確だった。しかしこの政策は、第二帝政によって、しかも相当に異なる条件のもとで初めて実現された。パリに繋がる放射状の線路網は1832年時点で構想されており、1842年の法律によって青写真が策定されている。しかしその実現には20年以上待たなければならなかった。そのときにはすでに大規模な人口移動が起きていたのである。19世紀中頃の鉄道網の延長はゆっくりであった。1840年、パリ周辺で放射状に広がる鉄道は総延長にしてまだ178kmでしかなかった。ところが地方ではすでに475kmが建設されていた。1840年から1846年の間にパリの放射状鉄道網は1,211kmに達したが、地方の路線は2,595kmに達していた。同じ時期、ドイツでは5,000km以上の鉄道が完成し、イギリスでは6,000kmに近づいていた。つまり19世紀初期のパリの最大規模の人口移動の要因を鉄道の影響力に求めることは不可能となる。それらはギゾー法（1842年）の成立後に建設されたのであり、真の鉄道網も1857年以降に初めて形成されたといえる。他方、人口移動の主要な波は1790年から1846年の間にパリに押し寄せている。さらに鉄道は当初、国家の一貫した計画に従って建設されたのではなく、地方の要求に応えるために少しずつ建設されたものだった。パリの利害によって覇権主義的な政策がとられていたと推察できる根拠もない。権力を握ろうという土木学校の夢も1860年以前には実現していない。パリとの直接的な結合を希求し、国家によるコントロールを要求したのはむしろ地方諸都市であった。

　しかし、それならば、これほど大規模な人口移動を説明できる要因がほかにあるのだろうか。従来、人は産業革命を引き合いに出し、イギリスでは数百万の農民を都市へと向かわせたとする。パリで一つの重要産業が発展したことはたしかである。すなわち奢侈産業がそれであり、最初は宮廷とパリのブルジョワの広範囲な市場の恩恵を受けた。18世紀末以降、パリは50万人の人口のなかで2万人以上の労働者を抱えていた。アルトワ伯はセーヌ川下流ジャヴェル河岸に沿って化学工場を所有し（1777年）、ソーダ、塩素、そして有名な「ジャヴェル水」〔eau de Javel：漂白や消毒に用いられた〕を生産させた。1789年以前にパリで多くの繊維産業が興されていたが、

図2　1830年のパリ

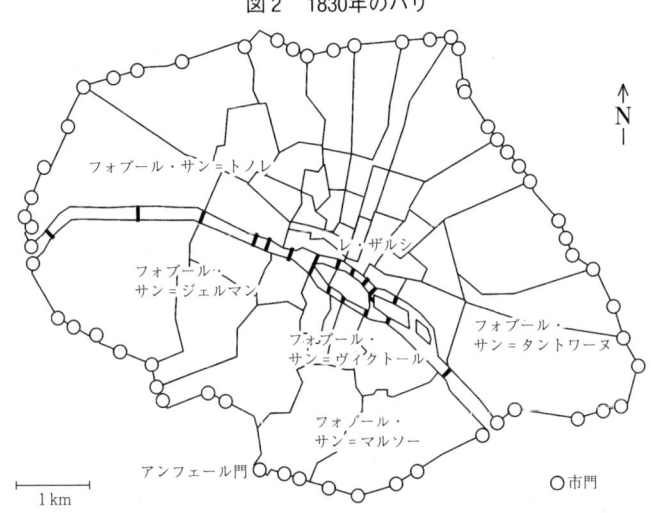

郊外では、ジュイ＝アン＝ジョザスの織物が大きな名声を獲得していた［銅版ローラーを用いた Toile de jouy、別名ジュイ・プリントの発祥地として知られる。1760年頃にドイツ人オーベルカンプが工場を構え、宮廷にも顧客を得た。］。第一帝政期になると、パリには綿紡績工場が立地した。パリはフランス繊維産業の第三の中心地となったのである。1827年から1834年の経済危機による打撃を受けて、多くの紡績工場は閉鎖され、繊維産業は家賃の著しく高騰したパリを離れ、城壁の外に移っていった。繊維産業に取って代わったのが既製服産業である。それは繊維産業に比べてより少ない生産量でより大きな価値を生み出し、今日なおパリ固有の重要産業の一つを形成している。

　他のさまざまな活動もパリを本拠にしていた。書画、デッサン、版画などのグラフィック・アート（とりわけ左岸で）、ビエーヴル川流域およびサン＝ヴィクトール街区全域で悪臭を放った皮革・皮なめし業（図2参照）、フォブール＝サン＝タントワーヌの家具製造業、ブロンズ鋳造業、さらに復古王政期に生まれた機械工業など。工業に活用できる偉大な発見について言えば、その応用は一般にさらにのちのことだったとしても、それらはすべて1830年以前になされており、パリはフランスの他の諸都市に先んじて技術を刷新していった。こうした諸産業は大規模に展開しており、首都パリを当時の最も巨大な産業の中心にしたのだっ

た。しかし、それらがあれほどの人口移動を導いたかといえば疑わしい。1825年当時、パリの企業はその実態において手工業の仕事場であった。大半は職人1人に、親方と一緒に生活し働く徒弟1人を抱えるのみだった。元来パリ出身の職人の技術は高く、地方出身の訓練を受けていない未熟練労働者と共通するところはほとんどない。つくり出される作品の質の高さによって名声を獲得し、洗練を要するこうした産業が多くの農村大衆を引き寄せえたとは信じ難い。いくつかの産業分野のみがこの役割を担うことができた。なかでも建設業は夥しい数の労働者を雇用する一方、多くの仕事について労働者の質をほとんど問題にしなかった。実際、大工仕事における釘の使用は、1830年以降、誰にでも、どのようにでも骨組みを組むことを可能にしている(15)。もしこの分野が間違いなく地方出身者の主要な受け皿の一つだったとすれば、このことは、人口移動の動因を、第一帝政下、ナポレオンによって計画された都市改造事業とともに始まり、シャルル10世の即位（1824年）後の復古王政下で膨張した建設事業の波に求めなければならないことを意味している。この不動産熱はそれ自体、大革命に起因する大規模な土地利用の変容、すなわち亡命者たちの財産、とくに教会領の国有化の帰結であった。

　われわれはこうして、フランス革命と第一帝政が生み出した政治的激変のさまざまな結果について考察するべく導かれる。両者こそがおそらく最も重要な役割を果たしているであろう。戦争の20年の間に数百万のフランス農民が動員されヨーロッパ中を移動した。それは多くの根無し草を生み出し、習俗を変え、地方的きずなを断ち切った。19世紀初期、パリに到達する最初の大きな波がノール県〔リールを中核都市とするフランス北部の県。〕やフランドル地方〔ベルギー西部を中心にフランス北端部からオランダ南西部に広がる地域。〕、またピカルディ地方〔アミアンを中核都市とするフランス北部の地域。〕からやってきたとすれば、これらの諸地方がたしかに最初に産業化を経験した地方であるとともに、ジュマップからワーテルローに至る20年間、戦場でもあったことは偶然だろうか。1789年から1815年の間の激しい文化的変容と習俗の混乱こそが、おそらくはパリへの大規模な人口移動の多くを説明してくれるであろう。われわれはオーステルリッツ、マレンゴ、モスクワ川、クレムリンなど、ナポレオンの遠征を想起させる名称をもち、帝政の旧軍人が定着ないし購入した実に多くのパリ盆地〔le Bassin parisien：広大さ、平坦さおよび海抜の低さを特徴とする地質学上一体的な地理的広がりを指す。中央山地から

第1章 あまりにも急激なパリの成長（1815-1850）

アルトワの丘陵地まで450km、英仏海峡からヴォージュ山地まで550kmのエリアにまたがる。大半はフランスの国土であるが、一部はベルギー、ルクセンブルグ、ザール地方に及ぶ。〕の農場のなかにその痕跡を見出すことができる。一般に大規模な人口移動は互いに補完しあう二つの流れによって生まれる。一つは大都市の魅力であり、今ひとつは農村の反発力である。バルザックは悲惨にあえぐ19世紀初頭のフランスの農村の姿を描いている。彼は、最も貧しいわけではない地方の一つ、ノルマンディ地方の落ち穂拾いたちについて次のように描写する。

> これらの人々の飢えたような、不安で、腑抜けた、愚かで粗野な表情と同様に、赤銅色の脚、禿げた頭、ずたずたのぼろ着、実に奇妙に変色した顔色、油で湿った傷、かけはぎ、しみ、生地の変色……七面鳥のような頸をし、毛の抜けた赤いまぶたで、山うずらを前にした犬のように頭を垂れている老人たち、軍務に服す兵士のように黙っている子どもたち、餌を待つ動物のように足を踏み鳴らしている小娘たち。子供や老人の本来の性質は無慈悲な渇望の下で抑圧されていた。間違って自分の幸福になるかもしれない他人の幸福への渇望の下で[16]。

バルザックが農民たちを好ましく思っていたかと言えば疑わしい。しかし彼の作品は、青年たちが何千となく、仕事を求めて、それが見つかるという確信もなく村を出ていったことを説明している。現代の第三世界の首都の猛烈な成長も、農村が、諸都市が引きつける力よりも強い力で人を押し出しうるということを示している。貧しい人々はそこでは仕事を見つけることができない都市圏に堆積することになる。では、なぜ彼らはパリへのぼったのか。両親、隣人、司祭らの道徳的な抑圧から遠く、そこに、自由があったからである。同様に権力と富があったからである。すなわち、この大規模な人口移動は、歴代の国王たちによって、またジャコバン派やナポレオンによって漸次組織化されてきた中央集権化の間接的な結果である。首都への権力と富の集中、それはパリの問題という以上に政治の問題であったが、通常、フランスの地方がけっして顧みられないような悪しき仕組みにように取り上げられてきた。こうした見解にはもちろん一理あるが不完全なものである。なぜなら中央集権化は首都にとっても有害な結果をもたらした

ように思われるからである。第二帝政において中央権力が地方を安堵させるべく配慮したような、また第三共和政において中央権力が地方名望家の手に委ねられたような方法で、中央集権制は、とりわけ1870年以後、首都の利益よりもむしろ地方の利益に貢献してきたのである。パリ都市圏のめざましい成長は国家を不安にさせずにはおかなかったが[17]、国家は1794年以来今日までずっとパリの政治権力を制限し、これを12の、次いで20の異なる行政区画に細分化し、絶えず一般法の枠外に置こうとしてきた。より本質的には、それはまた逆説的なことではあるが、その成長はパリを他の最大の首都に匹敵する世界的な首都の水準に引き上げながら、フランスの他の諸都市との絆を徐々に弱める結果となったのである。同時に、ますます調和させることが困難になっている二つの役割を担うよう導いてきたのだった。一つはフランスの都市のピラミッドの頂点に位置する都市としての役割であり、今ひとつはヨーロッパおよび世界の首都間ネットワークの一員としての役割である。この深刻かつ深い矛盾は19世紀初頭から始まっており、その影響は今日明瞭である。1830年当時の急激な人口移動がもたらした誰の目にも明らかな帰結は、都市への貧しい人々の滞留と、彼らが必要とするものにますます応えられなくなっている都市の姿であった。また一部の集団の輝かしい繁栄と圧倒的多数の人々の耐え難い悲惨とのコントラストが危険なほどに悪化したことであった。

栄光と悲惨：首都は病に陥る

1815年のパリは依然その大半が中世都市であった。1793年、没収され国有化された不動産の分割を準備すべく国民公会によって招集された芸術家委員会〔Commission des artistes：国有財産の利用のあり方について検討する任にあった行政官アムロを補佐すべく徐々に形成された諮問委員会。財政、交通網、中心部の美化・衛生化などについて改革の青写真を描いた。〕は次のように描写している。

　　委員会はパリの全体を検討し、なかでもあらゆる交通の非一貫性と不規則性、商業と移動にとってそれが不足していること、広場と公設市場の欠落、塞がれている河岸、ほとんど空気が循環しない狭く曲がりくねった多くの街

路、そして苦悩する人々が久しくその取り壊しを要求してきた腐敗し不衛生な住居に驚愕した。

委員会はパリ市民の生活を改善するための事業を準備したが、それらを首尾良く実現することはできなかった。パリに秩序と壮麗さを与えこれを世界の首都にしようと意図したナポレオンの事業は、資金と、とりわけ時間の不足のゆえにようやく下絵ができたところでとどまった。幾本かの道路、リヴォリ街の一部、「パルミエ」（Palmier：エジプト軍の栄光を讃えて建立された噴水に囲まれた円柱で、今日シャトレ広場を飾っている）のようないくつかの記念碑、ナポレオンはけして見ることがなかったが、堂々たる凱旋門をそこに建設するためのエトワールの丘の切り崩し、時間を稼ぐために石膏でつくられ、後にヴィクトル・ユゴーが『レ・ミゼラブル』のなかで用いているトローヌ（ナシオン広場）の門の奇妙な象、マドレーヌ寺院のファサードと対称にさせるために改修されたブルボン宮のファサードなど。最終的に実現された計画はごくわずかであった。あわただしくさまざまな出来事が続いたことと戦争の20年間が構想全体の実現を許さなかったのである。だからこそ、1815年のパリを描く際、ルイ＝セバスチャン・メルシエの手になるいくつかの描写を、大革命に先立つ時期（1781-1788年）に遡るとはいえ、アナクロニズムの危険を冒すことなく用いることができるのである[18]。そのほかの証言も、変化、あるいは、大抵の場合、変化のなさを確認するために有益である。例えばバルザックのいくつかの作品（なかでも『金色の眼の娘』）あるいはヴィクトル・ユゴーの作品（『ノートルダム・ド・パリ』、『レ・ミゼラブル』）、とくに1835年にパリを訪れたイギリスの大ブルジョワ、ファニイ・トロロプ女史の書簡は、パリの生活に関する挿画を提供してくれる[19]。それらをメルシエの小さな挿絵と比較することには大いに知的好奇心を刺激するものがある。

19世紀初頭のパリ：適応不能の都市

パリの市域は50年間変化していなかった（図2参照）。徴税請負人の壁がルドゥの手になる「バビロニア」スタイルの市門とともにパリをずっと取り囲んでいた（現在もダンフェール＝ロシュロー広場に旧アンフェール市門が残っている）。

しかし、壁に囲まれた土地が建物ですっかり埋め尽くされていたわけではなかった。面積、人口ともに今日の1区-6区の区に相当し、他の14の区の帯も郊外の帯もなく、野原と耕作地に囲まれた小さなパリをイメージしていただきたい。この状態が第一帝政崩壊時の首都にほぼ近いものである。北はグラン・ブールヴァールとルイ14世の門（サン＝ドニ門とサン＝マルタン門）によって境界を定められ、西はコンコルド広場で止まり、その先はシャン＝ゼリゼとクール＝ラ＝レーヌが田園に向かって開かれている。南はリュクサンブール宮によって縁取られ、宮殿の公園が天文台の先まで続いている。そして東においてはバスティーユ広場で終わるのである。壁外の市外街区は一般にほとんど文明化しておらず、評判も悪かったが、平屋の家屋の並んだ主要な通りに沿って都市を拡張していた。パリを出たところ、すなわちオクトロワ（入市税）の門のところにはガンゲット（関の酒場）が設けられ、モンパルナス門に通ずるゲテ街のようにさほど頻繁ではないが舞踏会が開かれたところもある。パリの住民は入市税を負担することなく酒を飲むためにそこにやってきたのだった。不良少年も多く、「市門のヴィーナス」（Vénus de barière：街娼）がはびこり、労働者や職人の家族と混ざりあっていた。過去の世紀に建設された宮殿は農地あるいはかつての公園に建っていたが、依然パリの境界を成していた。チュイルリー宮、廃兵院、陸軍学校、リュクサンブール宮殿などである。ナポレオンが世界の首都にしようと望んだこのパリは、今日から見れば70万人に満たない人口を擁する一地方都市に思われるかもしれない。人口移動はこの限られた空間へ数十万もの新参者を堆積させたのである。当初、彼らは旧くからの中心地域（シテ島、アルシ平地およびボブール平地、市庁舎地区、モベール広場地区）のあばら屋に集住したが、この地域の高い人口密度は一層高まり、18世紀末時点ですでに厳しかった生活の諸条件をさらに悲惨にした。1840年以降、恒常的な移住者の流れに押されて、旧来からの住民は北へ、次いで北西へと流出し始め、新街区を形成し始めた。パリは「動き始めていた」のだった。

　王政復古期、パリの街路はアンシャン・レジーム末期とほぼ同程度に不潔で危険であった。メルシエはその不都合を次のように説明する。

歩道の欠落がほとんどすべての街路を危険なものにしていた。……御者があなたを粉々に轢いてしまったとき、警察では車輪が大きいのか小さいのか問う。御者は小さかったとしか答えない。あなたが大きな車輪に轢かれて死んだとしても、あなたの相続人には金銭的な損害賠償など全くない[20]。

1823年以降、なるほど、土地所有者が新しい建物を建てる際には、建物を歩道で縁どるように義務づけていた。しかし、1847年当時、多くの道路が依然として歩道を欠いていた。たしかにナポレオンは街路を石敷きにさせたが、その20年後、ファニー・トロロプは舗装用の敷石による埃と車輪の騒音について不満を述べている。

　　一部は違法な舗装に、一部は車輪とバネの不都合な構造によるパリのひどい騒音は、あまりにも暴力的かつひっきりなしに人を苦しめる悪魔のなせるわざのように思われる[21]。

道路の不潔はおそらく悪化していたであろう。というのも増加する人口がごみと排泄物をそこに堆積していったからである。メルシエはその恐ろしい光景を次のように描く。

　　大きな水の流れがときどき一本の街路を二つに分かつ。両側の家々の間の関係を断つように。にわか雨が少し降っただけでぐらぐらする橋をかけなければならない。……泥の山積み、すべる敷石、油ぎった車軸、避けるべきなんと多くの危険。それでも歩行者は反対側に渡る。街路のそこかしこで泥落とし人（靴磨き）を呼び、靴下に染みをつけながら。人はどのような奇跡をもって世界一不潔な都市を移動したのだろうか。（メルシエ原著、p. 45）

屠蓄場も都市のなかにある。

　　血が街路を止めどなく流れ、あなたの足下で固まり、あなたの靴は赤く染

まる。(メルシエ原著、pp. 46-47)

　サン゠マルタン門の近く、セバストポール大通りの開通とともに消えたプランシュ゠ミブレ街 (rue de la Planche-Mibray) の名前は、その界隈を覆った泥 (la boue, la bray) をよけるために人々がいつも置いていた踏み板に由来する。また公証人の走り使いの呼び名も〈溝を跳び越える〉(saute-ruisseau) に由来する。メルシエはさらに次のように言う。

　パリの泥は、常に振動している無数の車からひっきりなしに剥落する鉄の粒子を含んでいるために、当然に黒い。しかも台所から流れ出る水がそれを悪臭を放つものにする。そうした泥は外国人にとって耐え難いほどの悪臭であり……泥のしみは布地をだめにしてしまう。……汚物運搬車が泥や汚物をさらって近くの原野に捨てに行くが、汚染された泥捨て場の近くに住む住人にとってとんだ災難だ。(メルシエ原著、p. 65)

　首都には厩肥が溢れている。というのも首都が無数の馬を抱え込んでいるからである。(メルシエ原著、p. 112)

　貴族は病で臥せっている間、馬車の騒音の悩みを少しでも和らげるために、大門やその周辺に厩肥を撒かせる。この理不尽な特権のために、少しでも雨が降れば、街路は恐るべき汚水溜めに変わり、人は、黒く悪臭を放ち、どろどろになった厩肥のなかに足を膝まで浸けて歩かねばならない。(メルシエ原著、p. 154)

　シャトレ地区はたしかに世界で最も汚染された場所である。そこに「グラン・シャトレ」と命名された最高裁判所がある。それから暗いアーチ型天井と不潔な市場が障害物となっている。さらにそこには、川で発見されたり、街の周辺で殺されたすべての腐敗したしかばねを捨てる場所がある。そこに監獄、肉屋、屠蓄場を付け加えよう。こうしたものすべてが一緒になって成

第1章　あまりにも急激なパリの成長（1815-1850）

すものは悪臭のする一街区でしかない。……馬車は狭い街路を利用して回り道をしなければならないが、そこには悪臭を放つ下水があり、これにほぼ向かい合うようにして、ピエ・ド・ブッフ街（rue Pied-de-Bœuf）が、半分は腐敗し半分は川に流れているような家畜の血にまみれた幾本もの狭く、悪臭を放つ路地に繋がっている。……人は息をこらえすばやく通り過ぎなければならない。こうした路地の臭いが通り過ぎるあなたを窒息させるのだから。（メルシエ原著、p. 184）

　大門について言えば、これにも不都合な面があった。通りすがりのあらゆる人間がそこに小便をするのである。屋敷に帰ろうとすると、階段の下で、小便の近い人間がこちらを見つめながら、用を足し続けるのに出くわすのである。（メルシエ原著、p. 155）

　下水道はまだ非常に稀であったため、パリの市民は尿瓶を通りにぶちまけ、「糞尿まみれの街路」という言葉に、いわばその実質的意味を与えるのだった。そうでなければ糞便は各家の下で「便槽」（肥溜め）に溜められ、それを屎尿汲み取り人が定期的に空にしていた。

　　こうした夥しい数の便槽からは悪臭を放つ臭気が発散していた。夜間の汲み取り作業が街区全体にひどい悪臭を拡散したのだった。こうした便槽はしばしば粗末につくられており、汚物が周囲の井戸にしみ出している。……だが井戸水の利用を習慣としていたパン屋は、だからといってその利用を控えることはない。汚物の汲み取り人も街の外に汚物を運ぶ難儀を逃れようと、夜明けに、汚物を下水やどぶにぶちまける。この恐ろしいおりは街路をつたってゆっくりとセーヌ川に向かい、川の岸辺を汚染する。そこでは水売りたちが毎朝、桶に水を汲み、鈍感なパリジャンたちがその水を飲むことになる[22]。

このぞっとするような光景は、50年後、ファニー・トロロプがパリを訪問した

ときにははたして消えていたのだろうか(23)。

　見えるものすべてが優美な装飾に変わり、店やカフェは妖精の宮殿に似ており、マルシェには最も美しい水の精が喜び泳いでいるような泉のある都市、……女たちはこの世界に完全に浸りきるために非常に敏感で、男たちは風で身だしなみが乱れるのをひどく気にしているような都市において……、人は一歩進むごとに、とてもここでは描けないような光景と悪臭にショックを受けうんざりする。……パリに生きる歓びの大半は市当局の無視あるいは怠慢によって台無しになっている。世界で最もエレガントな人々が、通りで、日々、五感に感じる侮辱からくる不快感を取り除けたであろうに。（トロロプ原著、p.74）

　あらゆる種類の汚物と嫌悪すべきものが、ためらいもなく、昼夜いつでも街路に投げ捨てられ、早朝、街路清掃人がやってくるのを待っている。もしその目と鼻だけがこうした汚物に苦しみ、……それらが窓や門から何の遠慮もなく投げ捨てられた際にそれにまみえない歩行者がいるとすれば、彼は幸いである。（トロロプ原著、p.76）

　このおぞましい不作法、街路の真ん中にごみを集めるためにわざとつくられた下水溝……。他の国民にできてフランス人にはできない世界で唯一のこと、それは下水道の敷設である（とファニーは不満を述べている）。

　1835年のパリは、ロンドンやイギリスの諸都市に比べて数十年遅れていた。2万人のパリジャンの命を奪った1832年のコレラとそれに続く伝染病は、ブルジョワ層に、貧困な街区が苦しんでいる恐るべき生活条件が接触によって豊かな街区をも脅かしうると確信させた。不平等は首都の生活を危険に晒し、市民間の連帯を生み出すほどになっていた。

第1章　あまりにも急激なパリの成長（1815-1850）　19

19世紀中葉のパリの悲惨

「パリ、馬の地獄、人間の煉獄、女の天国」。首都の社交界のきらびやかなイメージも、ルイ・シュヴァリエが描く悲惨のおぞましい描写を忘れさせることはない[24]。1846年、およそ100万人の人口のなかで、65万人以上（25万8,000世帯）が課税を免れていた。すなわち彼らの所得があまりに少なく、パリ市は彼らに替わって1人当り年に4フランを国に納めなければならなかった。このようにパリ市の行政は、人口の3分の2が貧窮のなかにあることを認識していたのである。またパリにはおよそ20万人の子供と11万人の老人がいた。つまりパリジャンの3分の1は他の3分の2の人々の負担によって生活していたのである。しかし同時代の文学は当時の社会について歪んだイメージを与えている。富裕な人々は洗練をもってよりよく自分たちの情念を分析できるものだ。またスタンダールやバルザックの小説が取り上げたのはほとんどパリ社会の上流階級だった。しかし上流階級は人口のごく一部でしかない。1836年当時、選挙は納税額に基づく制限選挙であったため、選挙権を得るためには年額200フラン以上［現在の日本円にしておよそ20万円に相当する。］の租税を納めなければならなかった。すなわち1万1,100人の世帯主しか選挙権者ではなかった。他方、被選挙権者は4,900人を超えていない。この特権階級は500フラン以上の税を納めていた。86人の住民に1人の有権者、194人に1人の被選挙権者、すなわち彼らの家族も含めれば約5万人が富裕な階層の全体を形成していた。これは人口の5％に相当する。「自由な」職業に就いていた他の16万人（半数は地主と金利生活者）は、明らかに豊かな層のなかに入る。さらに10万人の商人たちの大半は貧窮を免れていた。その境遇はたしかに多様ではあったが。つまり当時の小説にしばしば見てとれる社会的挫折という強迫観念は、セザール・ビロトー［バルザックの小説のタイトルでありその主人公名。］の凋落が稀な例ではなかったことを表している。要約しておこう。5万人のパリジャンは不自由なく、あるいは贅沢に暮らしていた。25万人は悲惨をうまく回避していた。そして悲惨が日常的な運命だった70万人以上の住民がいたのである。1840年の警視庁の報告書は、次のことを明らかにしている。パリに暮らす34万人の労働者のうち、半数の世帯主が週の糧を確保するための20フランも稼いでいない。そして報告書はもったいぶって次のように結論す

る。すなわち、「民衆が法律に従うためには、彼らが暮らせるようにしなければならない」、と。1846年当時、「機械制職業」(professions mécaniques：すなわち機械を用いてなされるあらゆる職業)には48万人、つまりパリジャンのほぼ半数が従事していた。この曖昧な言葉は、多数の小規模な工場主と独立自営の職人の存在を示しているが、彼らこそパリの諸産業の根幹を形成していたのだった。実際、手工業について言えば、3万1,000人の靴屋、2万7,000人の仕立て屋、1万8,000人の建具屋などが列挙されている。賃金労働者といえばまだ人口の4分の1しか占めていない。さらにその数（26万人が賃金の支給を受けている）から、別に一つの集団を形成している使用人の数（6万5,000人）を差し引かねばならない。彼ら使用人は旧1区（チュイルリー、ヴァンドーム広場、シャン＝ゼリゼ、ルール）で人口の16％を占めていた[25]。

　市民の悲惨は他の指標にも表れている。すなわちパリにおける平均的な年での年間の死亡者2万7,000人のうち、1万1,000人が病院で亡くなっていた（この数字は、当時、貧困と死を連想させる陰鬱な病院に行く際に人々をおそった恐怖の感情を想起するならば、相当な割合である）。さらに自宅で死亡した人々のうち、7,000人は貧者のための無料の霊柩車で埋葬場所に運ばれた。言い換えれば、パリジャンの3人に2人は自分の死装束の支払いに必要な資金を残していなかった。民衆階級も、富裕な市民同様、自分たちの近親者にそれなりの葬儀ができるよう努めてはいたのだが。慨嘆すべき衛生状態にもかかわらず、死亡率（30‰）は18世紀に比べてずっと低かった（18世紀の死亡率は39‰に達していたが、犠牲者の3分の1は4歳以下の子供であった）。その背景にはとりわけ天然痘に対するワクチンの恩恵があるが、それは徐々に浸透していった。パリにおける死亡率は19世紀を通じてかなり規則的に低下していったが（図3）、それでもフランスの平均値を上回る水準であったし（24-25‰に対して27-30‰）、同時代のロンドンの死亡率（25‰以下）よりも高かった。

　ルイ・シュヴァリエは、時代に応じてパリ市民の半数から3分の1が病院に通っていたと推定している。首都の新参者たちは平均をはるかに上回る死亡率（46-47‰）のなかにあった。彼らの大半は働き盛りの青年・壮年層（20-39歳）であったが、逆にそのことは彼らがいかに悲惨な条件のもとに生きていたかを物語っ

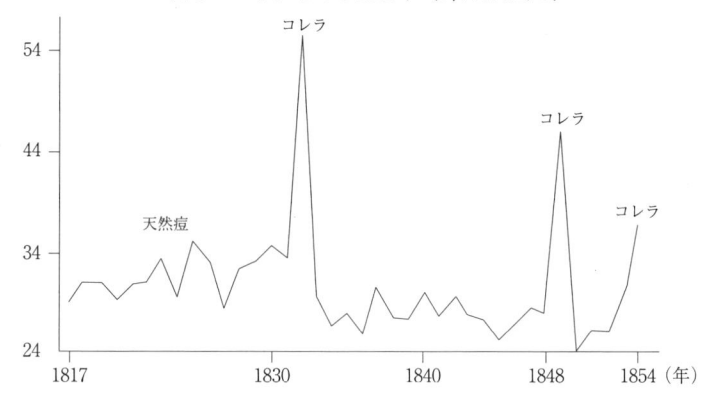

図3 パリにおける死亡率（1,000人当り）

ている。要するに、死は、街区によって異なるかたちで人々を襲っていた。1832年のコレラの大流行がこの不平等をはっきりと示している。「自由業」(professions libérales）に就いていた人々、とくに地主と金利生活者はさほど犠牲になっていない。彼らの死亡率は、多数のブルジョワたちが感染を避けるために首都を離れているだけに、ずっと低くなっている。「機械制職業」も比較的難を逃れている。逆に、「賃金生活者」の死亡率はより高かった。少なくとも年金生活者の1.5倍である。その主たる要因は所得よりも生活条件にあった。貧困な街区における度を越えた放埒、より劣悪な衛生条件、感染を早める過剰群居、飲料水の不足、汚物にまみれた狭隘な街路、窮乏によって衰弱した体。無味乾燥な統計の背後に、貧困のあらゆる症候を透視できる。

この貧困は死と同様に人の誕生にも表れていた。すなわち子供の3分の1は私生児であった。また産婦の10％が自分の子供を遺棄した。1846年当時、パリ市は4,600人もの捨て子あるいは孤児、1,400人の「預けられた」(dépot）子供、1万3,000人の「農村で寄宿している」子供、8,000人以上の「自宅」にいる子供たちを養育している。つまり12歳以下の2万7,500人近い子供を養育していた（この年齢以上の子供は放置された）。この数字はまさに同じ年にパリで生まれた新生児の数に匹敵する。5人の捨て子のうち、3人は1年の間に死亡した。つまり彼らの乳母はパリ市から子供の養育費として月に7フランしか受け取っておらず、

充分な収入を確保するために、5-6人、ときには7人もの捨て子を預かった。パリ市は困窮者を扶助すべく、彼らに年15-20フランを支給したが（すなわち1日1スー。パンの厚切り一切れを買える額）、困窮者名簿への登録条件が非常に厳しかった。つまり独身者は65歳以上でなければならなかったし、世帯をもつ場合は子供が少なくとも3人、やもめの場合は2人いること、さもなくば労働できないほど重い障害者であることを証明しなければならなかった。1844年、パリでは6万6,000人の困窮者しか扶助していなかったが、1819年の名簿には、3分の1少ない人口に10万人以上の貧民が登録されていた。ペレモン〔H. Perreymond：サン＝シモン主義者、フーリエ主義者で、パリ改造に関する論説を発表している。〕は1848年二月革命前夜の真の貧民数をおよそ30万人と推定している。仮にこの推定を受け入れるとすれば、パリジャンの3人に1人は、毎朝、いかにして一日生き延びるか、その術を知らなかったことになる。パリ東部の最も貧しい区（8区と9区：フォブール・サン＝ジャック、フォブール・サン＝タントワーヌ、フォブール・サン＝マルソー、オテル・ド・ヴィル、シテなどの地区が含まれる）では、7ないし8人に1人が貧民であった。図4は貧困な南東部と裕福な北西部との間で、困窮者数が極めてはっきりと変化していくさまを表している。

　ルイ・シュヴァリエは大都市に典型的と思われるだけに一層興味深い他の指標についても言及している。すなわち、一つは都市において出生率をコントロールするための嬰児殺しである。都市には、伝統的に子供の面倒を見てきた農民の大家族はもはや存在せず、未婚の母親を厳しく非難する小さなブルジョワ家族に取って替わられていた。今ひとつは売春である。基本的に労働者に関わる、また都市的な性格をもつ行為であるが、世紀の転換期のパリに指摘できる売春の形態と大きく異なっている。つまり第三共和政や、とくに第二帝政の淫売屋に見出せるようなプチ・ブルジョワの家族の枠外にある退廃的で洗練されたエロチシズムの行為ではけっしてなく、より単純な売春、移住民の都市における女性の不足に対応した行為であった。ルイ・シュヴァリエは頻繁にみられた同棲の慣行を強調しているが（出生の3分の1は私生児だった）、おそらく誤解であろう。アンシャン・レジーム下では、相続すべき称号や資産をもつ貴族と大ブルジョワジーだけが結婚に重きをおいていた。他方、農民はほとんど結婚しなかった。つまりわれ

図4　1844年の困窮者数（100人当り）

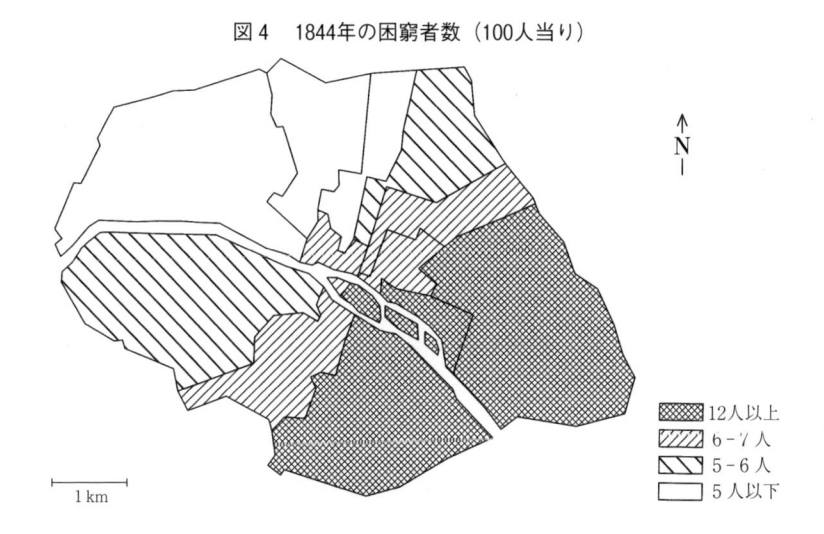

12人以上
6-7人
5-6人
5人以下

1 km

　われは結婚の軽視を、社会的絆の希薄化を示す新たなしるしとしてではなく、むしろ古くからの慣行の継続と見なすことができる。こうした観点にたてば、むしろ問題となるのはあらゆる社会階層への漸次的な結婚の浸透であり、それはおそらく、19世紀を通じてなされた聖職者のプロパガンダの力強さによって説明されよう。このように同棲は仕事も定まった住居もない人々、とりわけ市庁舎近辺やレ・アール（中央市場）周辺といった古くからの中心部の貧しい移民地区に暮らす人々の「放浪生活」（nomadisme）と関係していた。
　1844年12月になされた困窮者調査（図4参照）は、オスマンの都市改造のずっと以前、パリ西部とくに北西部——困窮者の割合が最も少ない（3-5％）——と、パリの東部、今日、レピュブリック広場をシャトレ広場に結び、さらにダンフェール＝ロシュローの十字路に結ぶラインの東側（12-17％）との間にすでに存在していた対立を明瞭に示している。また12の区のそれぞれについて、第一帝政末期にネレ（Neirey）によって実施され、1819年に公表された困窮者数の推計もある[26]。こうした数値は慎重に扱わなければならないが、次の2点は指摘できるだろう。人口70万人弱のナポレオン時代のパリにおいて、10万5,000人の困窮者が確認され、扶助を受けていること。他方で100万都市の七月王政は6万6,000

人の困窮者の名前しか登録しなかったことである。貧困が大幅に緩和されたと推測してはならない。貧困は、逆に、数十万人もの一都市への移住者によって増大し、都市はあまりに多くの新住民に適応することができなかったのである。パリ市の行政は、貧困に耳を傾けようとはせず、また山積する課題に押しつぶされて目をつむることを選んだのだった。さらに1814年と1844年の12の区における困窮者の絶対数の比較は、社会的分離の度合いがやや悪化していたとしても、都市における貧困の分布がほとんど変化していないことを示している。つまり困窮者と貧困とは、30年後も極めて高い相関関係にあったのである[27]。

都市の危機の発見

このように19世紀前半は、都市が急激に変化する様を、夥しい新参者への対応能力を急速に失っていった旧弊な公共政策と鋭く対比させるかたちで浮き彫りにしていった。言い換えれば、社会はこれほどの移住民の波を経験したことがなかったのである。復古王政、とくに七月王政はまず現象を発見し、それを評価し、次いで新たな政策を工夫しなければならなかった。政治家たちは驚きとまどい、打開策を模索し始めるのも後追い的であって、そのときには問題はさらに深刻になっていた。諸問題を確定し、影響を計り、理解しようとしたのは、まず科学者たちである[28]。18世紀末のイギリスの理論家たち、なかでもマルサスが道を拓いた。産業革命の激しさとその悲惨な社会的帰結が、イギリス（グランド・ブルターニュ）で多くの社会的、人口学的、地理学的研究を促していたし、それらはとりわけ都市環境（milieu urbain）に注目していた。つまりイギリスの大都市は新産業と何千という根無し草の農村住民を受け入れており、その壁の内側にあらゆる新しい諸問題を抱え込んでいた。啓蒙時代のイギリス人、またフランスの大行政官や学者たち（チュルゴーやビュフォンのような人々）に続いて、フランス人もパリの人口と貧困に関心を寄せている。復古王政下、パラン＝デュシャトレが進めたパリの不衛生と都市施設の欠落に関する研究は、世論に絶大な影響を与えた[29]。つまり人々はそれまでの文明が認識していた窮乏（dénuement）と、近代社会の帰結たる貧困（paupérisme）とを区別し始めたのである。1840年、ビュレ（Buret）は「貧困とは文明の一現象である」と記しているが、これを引

用したシュヴァリエは次のように補足している(30)。「貧困は都市民衆の生活の実態であるが、彼らにおいて苦悩の意識はより鮮明になっている。貧困な人々、それは本質的に都市の労働者であり、最も高い文明のなかにある首都の労働者である」。フランスの初期社会主義者たち（マルクスが「空想的」と呼んだサン゠シモン、フーリエ、プルードンら）は、貧困の政治的・社会的要因を追求した。かくして、広義の社会科学の登場は、啓蒙思想、産業革命とイギリスの都市危機の事例、社会主義思想の芽生えなどとともに、開明的な人々の小さな集まりでパリの現象を観察するに好都合な条件を生み出している。爆発的な人口の増加は、復古王政末期において、まだその原因もとくに結果もよく見えていない一般の人々を不安にさせ始めている。しかし世論や当局にショックを与え、都市問題をパリの舞台の前面に押し出すためには、衝撃的な事件が必要だった。それが、ルイ・フィリップ治世の初期、なかでも1832年の首都で多数の死者を出したコレラの席巻である。当時、さまざまな研究が試みられ提言もなされている。ルイ・シュヴァリエはこうした一般の意識の覚醒を1840年にみている。身体の不調に対する動揺から漠然とした不安へ、さらにコレラが惹起したパニックへと、1815年から1840年の間、世論は首都がみまわれている危機の深さを徐々に発見していった。

　ナポレオンのもとにパリは大きく成長していた。復古王政期、パリはさらに12万人ほどの人口増をみた。この増加は政治家たちを不安にさせるほどの規模ではなかったが、市民にはすでに感じ取られていた。見かけとは反対に、ルイ16世の二人の兄弟の時代は首都における建設活動の盛んな時代であった。とくに保守主義者であり聖職者至上主義にたった君主シャルル10世の時代は、パリ史における最初の注目すべき不動産投機の時代であった(31)。ルイ16世治世下に始まり、フランス革命の間中断していた賃貸住宅の建設が帝政期にわずかずつながら再開していた。1824年以降は、パリで大規模な画地分譲が試みられる。つまり修道院や貴族の所領が、初期の市民社会に集うていた開発業者、銀行家、建築家らによって分割され、そこに建物が建設され、売られていった。首都におけるいわば不動産資本主義（un capitalisme foncier）の出現は、市外街区の伝統を断ち切った。つまり新しい住民がパリからその外側へ延びる大通りに沿って無秩序に定住するのを放置するのではなく、新たな投機家たちは彼らの必要を予見し、大規模なか

たちでそれに応えようとしたのだった。1824年から1827年にかけて、約3,000の建物が建設され、住宅ストックを10%増やしている。この試みはいくつかの理由で挫折した。まだ初期段階にあった当時の資本主義が必要な資金を調達できなかったこと、1827年以降多くの開発業者が破産したことなどによる。建物数が10%増える一方で、人口は25%増加し、過剰群居はさらに深刻になった。なかんずく建設志向は投機的であり、けっして社会的なものではなかった。新しい建物は美麗な街区に建設された（そうした街区では供給が需要を上回り、売れ行きは芳しくなかった）。例えばラ・ペ街、カスティグリオーヌ街、リヴォリ街に沿って、あるいは１区、２区、10区の北西部、フォブール・ポワソニエールの新しい街区である。逆に、貧しい移民ですし詰め状態の旧い街区は、新しい資本家たちの関心を引きえなかった。３区、４区、９区、レ・アール（中央市場）や市庁舎周辺で、人口密集が進んでいた。中心部の各建物には、1817年当時平均30人が暮らしていたが、1826年には35人を住まわせている。不動産投機は1827年から1828年にかけて鎮静化したが、それは間違いなく王政崩壊の動因であった。爆発しかけている都市へのパリ市の支出にみられる変化のなさほど、権力の盲目性をよく物語るものはない。パリ市当局は、平然と変わらぬ予算、むしろ縮小予算を社会事業に充てている。ちなみに1819年：13.4%、1825年：10.4%、1829年：11.9%である。パリ市予算が10年間で3,900万から4,900万フランへと増加していたとしても、貧困者への援助は８年間、550万フランに凍結されていた[32]。しかし復古王政という政治体制が首都を無視していたわけではない。アンシャン・レジーム同様、いくつかの宮殿（palais）、劇場、多くの教会、つまり「装飾品」を建設した。また橋梁、市場、運河など社会に有益な事業も実現している。

　都市交通は復古王政が新しい手段を導入した一分野である。つまり公共交通の創設である。1828年１月30日、名称はパリに先立ってナントで創業された会社に由来するものだが、最初の乗合馬車（オムニバス）が、バスティーユ〜マドレーヌ間で運行を開始した。ただし右岸のみで左岸は無視された。馬に牽引された車は求めに応じて停車した。運賃は６スー、パリ市民の半数がパンにキロ当り７もしくは８スーを払うのに大いに苦労していた当時にあって、無視できる額ではない。1829年以降、15の民間会社がパリの街路を走らせた。ダム・ブランシュ、ト

リシークル、ベアルネーズなどである(33)。最後のブルボン朝期の今ひとつの刷新は都市照明である。第一帝政期、すでにいくつかの街路に街灯が整備され、窓枠用の壁の開口部に置かれると、そのろうそくは、巧みな通風の仕組みによって一層明るく灯った。1822年以降はガスが利用される。1829年には１万のガス灯がパリの街路、とくにヴァンドーム広場やラ・ペ街を灯している。しかし1835年時点でも、トロロプ女史は不充分な照明を次のように嘆いている。

　　今ひとつの欠点はすべての街区を包む深い闇であり、持ち主がガス灯で明るくした店がないということだ。イギリスには地方の小都市でも、主だった街路がフランスの首都ほどに暗い都市はない(34)。

逆に、公衆衛生は七月王政初期まで無視されていた。19世紀初め、裕福な市民も含めてパリジャンの飲む水は、前世紀同様、主としてセーヌ川に頼っていた。しかし、そこにはパリの汚物とごみが流れ込んでいた。水売り会社はその上澄みを「浄化された」水として金持ちたちに売っていた。というのもその水は多くの浮遊物質を含んでおり、少量の酢と混ぜ合わせることで幾分浄化されたのである。この水は「飲みつけていないと誰でも下痢をする」、とメルシエは告白している(35)。カトリーヌ・ド・メディシスによるアルクイユ水道橋（19世紀に高度を上げている）のように、かつては水道橋が建設された。ナポレオンはこの分野でも新たな建設を決定していたが、失敗に終わっている。セーヌ川の水は揚水ポンプで汲み上げられた。最もよく知られ、かつ最も古いものの一つがポン・ヌフに敷設されている。すなわちこのサマリテーヌのポンプはアンリ４世の時代に遡る。蒸気の利用で水は過去に比べてはるかに容易に汲み上げられるようになったが、1828年以降整い始めた水道は久しくほとんど普及していない。七月王政期のパリの各世帯は、メルシエの時代と変わらず水売りに依存していた。

　　ロンドンでは、与圧のかかった水が２階、しばしば３階まで届く。……しかしパリのほぼすべての家庭は、木靴を履いて騒々しく階段をよじ登る水売りが苦労して届けてくれる一度に二つの桶で水を手にしている。……公平で

あるためには、これと公衆浴場の低料金と利便性とを対比させなければならないだろう。……マドレーヌ寺院を称えるのと同じほどに、私は、パリ市がこの教会に費やした予算を住民に水を引くための導管の建設に使うべきだったと考える[36]。

この指摘は重要である。たしかに、ファニー・トロロプは善良なイギリス人として、カトリック教会を信用していない。

> 横柄で虚飾に満ち、うわべはおとなしいが非常に野心的なこの宗派は、多くの場所で、デモクラシーの大儀を支持し、その努力の成果を待ちながらそこから離れている。しかし、眠っているように見えるトラのように、権力から久しく遠ざかっていることへの復讐の機会をうかがっている[37]。

しかし、彼女はアンシャン・レジームに典型的な「美化」(embellissements)と、かつて芸術家委員会（1793年）を鼓舞し、ルイ・フィリップ治世下にランビュトーとともに再び姿を現していた新しい関心たる「都市計画」(urbanisme)とを明快に区別している。七月王政は首都の近代化に関する真のプログラムにわずかずつ着手していた。もはや選択肢はなかった。状況は深刻になっていたのである。1832年のコレラの大流行は富裕な街区さえも不安に陥れていた。惨禍に関する公的な報告書は伝染の猛威と一部の街区の不衛生状態とを明瞭に関連づけていた。

> 首都の48の街区のうち、中心部の28は面積としては全体の5分の1を占めるにすぎないが、それだけで市人口の半分を擁している。……そうした街区の一つにアルシ地区（Arcis）があるが、そこでの住民1人当りの空間面積は7m^2でしかない。また1家屋当り丁度30、40、また60人が住む家のたち並ぶ街路数は73にも達する。例外なく1,000人当り45人の死者を出したのはまさにこうした街路であり、それは平均の倍であった[38]。

この厳しい診断も行政当局の社会政策を全く変えなかった。当局は問題の深刻さがその性質をすでに変えてしまっていることをなかなか理解しなかったのである。例えば、シュヴァリエは病院や捨て子にあてられた予算枠の横ばい状態を驚きをもって強調している。すなわち1831年に640万フランであった予算は、1846年には600万フランであった。しかし、仮に幾人かの市長（セーヌ県知事）が首都の存続を計画する代わりに、これを「美化」（embellir）することを望み続けたとしても、伝染病に狂乱し、交通渋滞に苦しめられ、深まる社会的緊張と深刻度を増す貧困に不安を抱く市民はパリを離れ始めていたであろう。問題は今や国全体に、そして国王にも、関わるものとなった。パリは移動を始めていた。

パリの「移動」

1832年、その歴史において都市計画に関わる最初の大問題の一つがはっきりと姿を現したとき、パリはどのような様相を呈していたのであろうか。都市としての外観は本質的にアンシャン・レジーム以来大きくは変わっていない。しかし新たな都市の形態が顕れ始める一方、さまざまな新しい思想が沸き立ちパリの激変が始まろうとしていた（図2を参照されたい）[39]。

都市の新しい形態

右岸では、帝政期次いで復古王政初期に移住民がひしめき合うように住み着いていた人口密度の高い古くからの中心部が、もはや新住民を受け入れることができなくなっていた。コレラ流行の際のこの地区の死亡率は異常な高さに達している。すなわち市庁舎広場136‰、グレーヴ河岸244‰を記録した。1820年以降、貧しい移住民はむしろ旧中心部の周辺部、サン＝ドニ門やサン＝マルタン門近く、あるいはフォブール・サン＝タントワーヌやフォブール・サン＝マルソーに住み着いた。他方、活気に乏しく人口も少ない左岸はこうした人口増加とはほとんど縁がなかった。両岸の不均衡は著しく増大している。かつてパリを縁取るようにあった美しい街区は、都市の成長にからめ取られ、その内部に取り込まれ始めている。一例として、かつての法服貴族や金利生活者の住む眠ったようなマレ地区

は、フォブール・サン゠タントワーヌの発展に取り込まれている。フォブール・サン゠ジェルマンでは古くからの正統王朝派が不満を抱えていたが、グルネル平地の画地分譲が西方向へと向きを変え始めていた。銀行家や上層ブルジョワジー、オルレアン派の貴族らの街区であるフォブール・サン゠トノレは、その北側でサン゠ジョルジュ街区の建設と接していた。人口密度は異常なほどに高まっている。1800年当時、1 ha当り159人であった人口密度は、1846年には310人に達しようとしていた。こうした過度の人口密集を別にすれば、古い街区の外観はさほど変化しておらず、メルシエが1788年に描いた情景によって想起することができる[40]。

　　（フォブール・サン゠マルソー）それは最も貧しく、最も不穏で、最も手に負えないパリの下層民の住む街区である。フォブール・サン゠トノレのたった1軒の家のほうが、フォブール・サン゠マルセルあるいはフォブール・サン゠マルソーを全部合わせたよりも多くの金をもっている。……部屋は1世帯にたった一つしかない。四方は壁で囲まれ、粗末なベッドにはカーテンもなく、炊事道具が便器と一緒に転がっている。家具は全部まとめても20エキュの値打ちもない。住民は3カ月ごとに穴ぐらを変える。というのも家賃を払えないがゆえに、家主に追い出されるからである。こうして彼らはさまよい、隠れ家から隠れ家へとみすぼらしい家具を引きずっていく。このような住居に皮靴は全くみられない。階段を上り下りする木靴の音が聞こえるだけだ。子どもたちは裸で折り重なって眠る。日曜日になると、ヴォージラールとその数多くの酒場に群がったのは、まさにこのフォブールの住民である。人は労苦を忘れようと気を紛らわさねばならなかったからである。名高い「乞食のサロン」をいっぱいにしたのもまさに彼らである。そこでは、男も女も靴も履かずに絶えずぐるぐる回りながら踊り続け、1時間もすると、あまりに埃を舞い上げるためにとうとう互いに顔の見分けもつかないほどになる。……他のどの街区よりも、性悪で、激しやすく、けんか早く、すぐに暴動を起こしたりするこうした人々がこのフォブールに暮らしている。警察はこうした下層民を追い詰めて怒らせることを警戒し、手心を加えている。そ

れは彼らがもっと大規模な騒擾を起こしかねないからである。(メルシエ原著、pp. 72-74)

（マレ）ここには、少なくともルイ13世の世紀を見出せる。旧弊な考え方と同様、習俗についても。パレ＝ロワイヤルの輝かしい街区に対するマレの関係は、ロンドンに対するウィーンの関係に等しい。そこは、悲惨ではなく、あらゆる古い偏見の完全な堆積が支配している。つまり中程度の資産家がそこに避難している。……もし運悪くそこで夜食をとるとすれば、愚かな者にしか会わないだろう。……こうした人間は、クラブのなかで席をとるが、それは追加のイスでありサロンの邪魔になっている。不幸な星がこの寂しい街区に追いやった美しい女性でさえ、年老いた軍人か法律家しかあえて受け入れようとしない。すべては礼儀をもってなされる。観察するものにとって興味深いことは、ここに集まる愚かな者たちすべてが互いに気に入らず、退屈しあっていることである。(メルシエ原著、p. 74)

逆に、パリ市民の活動の中心は動いていた。かつて人々が安全に店のウィンドウに見とれることのできる唯一の散歩道であったパレ・ロワイヤルの回廊は、大革命の前後、パリの中心であり、メルシエは次のように描写する。

世界でも特異な場所。ロンドン、アムステルダム、マドリッド、ウィーンを訪ねてみるがよい。同じような場所はけっして見つからないだろう。……人はそこを「パリの臍」と呼ぶ。そこにはあらゆるものがある。……日に三度、相場師が可憐な娼婦と対を成すようにパレ＝ロワイヤルにやってくる。口の端に上ることと言えば、きまって金と政略売春のことである。……つまりここは美しいパンドラの箱のような場所なのだ。……カフェは男たちで溢れているが、彼らの唯一の仕事はといえば、日がな一日おしゃべりし、新しい情報を得ることである。それは、互いに見せ合っている外観・顔色からはもはや得られないものだった。……貪欲な競争心がつり上げた家賃の高騰は商人を倒産に追い込んでいる。ここでは破産は日常的なことだ。その数は数

十件に上る。……毎晩、女たちが二人ずつ、ときにひどく奇抜ではあるが、あらゆる流行を身にまとい、男たちの視線にとまろうとやってくるのも、彼女らが数日先を夢み、数日後にはそれをひるがえすのもまさにここにほかならない。(メルシエ原著、pp. 318-320)

左岸に対する過剰なまでの右岸の優位に、メルシエはすでに不安を感じていた。それはパレ゠ロワイヤルの存在ゆえであった。

　パレ゠ロワイヤルは夥しい数の外国人を引き寄せ、パリの今ひとつの岸をいわば干上がらせている。すべての人間がパレ゠ロワイヤル界隈に出かけ、そこは飽和気味である。結果として、フォブール・サン゠ジェルマンはうら寂しくなっている。つまりこの傾向に歯止めをかけバランスを回復する必要がある。そうなれば、個々のブルジョワの資産は収益を上げ、パリの二つの地域が富裕さ、輝き、人口、商業で競い合うことができよう。(メルシエ原著、p. 341)

メルシエがもし1825年以後に現れたとしたら、自分の知るパレ゠ロワイヤルとはとても思えないだろう。つまり、新しいパサージュを好んだ人々から見放され、寂れた場所を。パリの街路の不潔さこそパサージュ建設の直接の背景だった。その嚆矢、プラド街は1785年に開通したものだが、時をおいて屋根で覆われる。これに1799年のパサージュ・デュ・ケール、最も有名な1800年のパサージュ・デ・パノラマが続く。パサージュの大流行はもう少し後になる。つまりその大半が1823年から1831年の間に開通している。それらは一般に大革命によって没収され、市場に出回る修道院領の画地分譲に対応している。つまりこれらの土地は非常に広大で、街路を通さなければならなかったのである。そして静かで清潔な道路を求める声に応えるべく、それらを屋根で覆い、馬車の通行を禁じたのである。そうした買い手は泥まみれになったり、引き倒されたりすることもなく、店々の商品に見とれることができた。こうしたパサージュの建設が進んだ背景には織物商、なかでも18世紀に登場しエジプト遠征後に成長した「インド」綿を扱う店を人々

がますます求めたことと、建築における新たな鉄骨構造の活用がある[41]。パサージュはパレ＝ロワイヤルを衰退させたが、それらもまたデパートの出現によって寂れることとなる[42]。

　今ひとつの新しい形態は復古王政のもとに現れ、ルイ・フィリップの治世下に発展した。すなわち民間の会社によって整備され建設された街区である。かくして耕作地あるいはしばしば沼地で占められていたパリの北西部で急速に建設活動が進んだ。銀行家アンドレとラフィットによって開発された新しいカルチエ・ポワソニエール、そのさらに西、銀行家アジェルマンによるカルチエ・ド・ルーロップ、そしてカルチエ・フランソワ・プルミエ、南部ではカルチエ・ボーグルネルなど。フランソワ・ロワイエはそこに今日のパリを特徴づける新しい都市構造、つまりそれぞれに異なる街区からなるモザイク状のパリの形成をみている。こうした画地分譲のなかで最も個性的なものが、カルチエ・ド・ラ・ヌーヴェル・アテーヌを生み出した[43]。1820年、サン＝ラザール街、ラ・ロシュフーコー街、トゥール＝デ＝ダム街の間に建設され、1823年以後はラ・ロシュフーコー街の反対側、サン・ラザール街と現在のオーマール街とに挟まれたカルチエ・サン＝ジョルジュと一緒になったこの広大な画地分譲地は、ナポレオン1世時代にはまだガンゲットと村祭りの踊りで知られるカルチエ・デ・ポルシュロンを形成する平地であった。ネオ・クラシック様式で建設された建物からなる新しい街区であるヌーヴェル・アテーヌは、パリのエリートたちを引き寄せたが、彼らは中心部のひどく汚い街区や、あるいは古い貴族的な街区の豪奢ではあるが堅苦しい建物を逃れてきたのだった。すなわち一方では、富裕なパトロンに見出される術を心得、隣接する教会［ノートル＝ダム・ド・ロレット教会のこと。］から「ロレット」というあだ名を得ていた高級娼婦たちがおり、他方ではロマン主義の芸術家の集団がいた。俳優（タルマ、マルス嬢、ラ・パイヴァ）をはじめ、作家（ジョルジュ・サンド、ベランジュ）や画家（ドラクロワ、イザベー、ジェリコ、オラス・ヴェルネ）、また政治家（ティエール）、そして偉大なショパンも、彼らは皆ここで暮らしていた。1844年、ドラクロワはジョルジュ・サンドに次のように書いている。

　　この新しいカルチエは自分のように情熱的な青年を酔わせるためにつくら

れたのです。着いて私の徳の目を驚かせた最初のもの、それは一人の立派な
ロレットでした。彼女はサテンと黒いビロードを全身にまとい、カブリオレ
から降りるときには女神のような無頓着さをもって、脚の奥まで私に見せた
のです(44)。

　1829年、ヌーヴェル・アテーヌの真ん中、マルス嬢所有の土地に、イギリスの
モデルにならったスクワール・ドルレアンが建設された。つまり、ヌーヴェル・
アテーヌは中心に大きな庭園のある正真正銘の一つの街（cité）であり、庭園の
周りを建物が囲んでいた。住民の一部は互いによく知っており、彼らにとって庭
は顔を合わせに横切るためだけにあった。しばしばほとんど共同体的な生活を送
っていた。踊り子のタグリオーニ、アレクサンドル・デュマ、ポーリーヌ・ガル
シア、マリブランの姉妹、サンド、ショパンらがそこに住んでいた。こうした同
質的な街区はオスマンが課しえた建築面での優れた統一性をすでに示していたが、
このように、古くからのパリでは自分の居場所をうまく見出せない幾分マージナ
ルな社会的集団を集めていた。しかし新たな建設は急速に、やや速すぎるピッチ
で進んだ。多くの贅沢な住宅は、借り手が見つかるまでに長期間空き家状態であ
った。

　　　いたるところに建物がたった。戸建て住宅や小さな城砦のような建物が地
　　面から突き出している。パリは城壁で囲まれながらも成長もしていた。最近
　　の調査によれば、現在4万戸のアパルトマンが空き家となっている。1843年
　　春には、パリは一人たりとも住民を転居させることなく、リヨン市の住民を
　　そっくり住まわせることが可能となろう(45)。

　その他の諸活動も交通渋滞に辟易したり規則で禁じられたりして、パリ周辺部
へと場所を移さねばならなかった。アンシャン・レジーム期、教会に排斥された
劇場は国王特権がなければパリで芝居を上演することができなかった。すなわち、
コメディ＝イタリエンヌとコメディ＝フランセーズの二つの劇団だけがこの特権
を得ていたのである。その他の劇団はパリの市外、しかしパリのひいきを引き寄

せるためにできるだけパリに近い場所に座をかまえることを余儀なくされた。それがかつてのシャルル5世の城壁に沿って走る大通りである。大革命以後、特権は不要となったが、パリ市のかつての境界に沿った相当な広がりの土地がまだ利用できたこともあり、その慣行は存続したのである。こうしてバスティーユから旧オペラ座までの大通り（グラン・ブールヴァール）が発展し、見世物、劇場、レストランが連なる、混雑のゆえに中心部から追い出されたパリの夜の生活の主軸が形成された。バスティーユからマドレーヌに至る軸線は、当初非常に庶民的なものであったが、やがてプチ＝ブルジョワ的に、次いで裕福なブルジョワが足しげく通う場となり、ついには貴族的でエレガントな世界の人々が訪れる場となった。実際、このように、通りに沿ってあらゆる社会階層に娯楽を提供した大通りの例をほかに探すことは難しい。例えば、デジャゼ座からシャトー＝ドー広場（現在のレピュブリック広場）に至るタンプル大通り、この大通りには常設の市も開かれ最も貧しい家族連れの散歩道であった〔市は1809年に開かれ、とくに古着商に知られていた。〕。彼らはそこでドゥビュロー〔Debureau：フュナンビュール座を活動の場にした軽業師一家。長男のジャン・ガスパールはピエロを演ずるパントマイム役者として、広く知られた。〕のような大道芸人や熊使い、香具師に見とれたのである。それは大革命前、ポン＝ヌフが担った役割だった。

モンマルトル大通りとサン＝マルタン大通りの間にはメロドラマ〔お涙頂戴の通俗劇〕の劇場がひしめいていた。それが犯罪大通り〔Boulevard du Crime：タンプル大通りの俗称。民衆の犯罪や騒擾が頻発したことによる。〕である(46)。ポルト・サン＝マルタン座（1832年、有名な「ネールの塔」〔Tour de Nesle：フィリップ4世(在位1285-1314)の王位を継いだ息子達の妻が放埓を極めた日々を送り、最後には、この塔から相手の男たちをセーヌ川に投棄して殺害させたという伝説。塔は13世紀のフィリップ・オーギュストの造営になる城壁の一部で、17世紀にフランス学士院が建造されるまで実在した。〕を創作・上演した）、アンビギュ＝コミック座、フォリー＝ドラマティック座（1834年、フレデリック・ルメートルがロベール・マケールという人物を登場させて大成功を収めた）などは、庶民階層の家族やプチ・ブルジョワ層を魅了した。彼らは「アドレの宿屋」〔L'Auberge des Adrets：1820-30年代のオーヴェルニュ地方の山奥の宿を舞台にした物語。宿の主人夫婦が夜になると一番金持ちの旅人を身ぐるみはがし、殺して井戸に投げる。夫婦は最後には捕らえられギロチンにかけられるという筋書き。1930年代には映画化もされた。〕の恐怖に震えにきたのだった(47)。またイタリアン大通りとキャピュシーヌ大通りでは優雅なパリのすべてを見出すことができた（図5）。復古王政期には亡命者たちが気取って歩いていたことから北側の部分が「ガン大通り」（Boulevard de Gand）と呼ばれていたが、そこから「気障な洒落者」（gandin：ガンダン）という表現が生まれ、の

図5 劇場とカフェ、レストランの立地状況

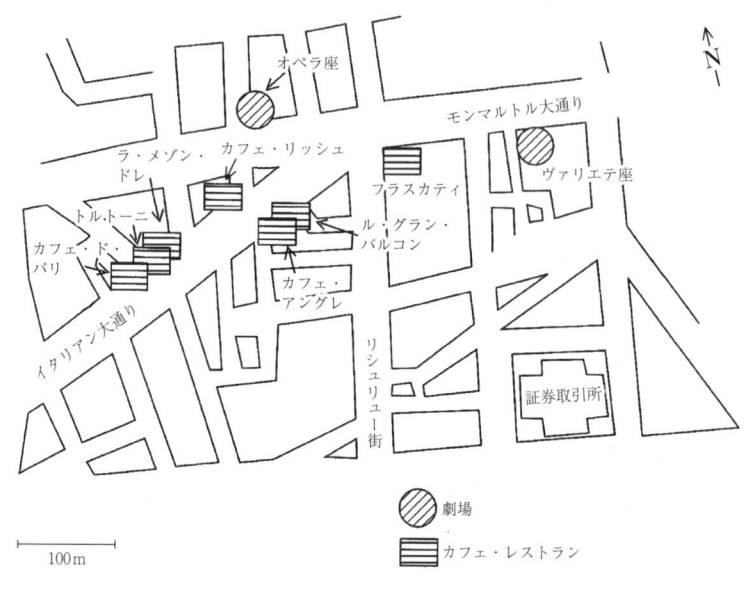

（地図：オペラ座、モンマルトル大通り、ラ・メゾン・ドレ、カフェ・リッシュ、トルトーニ、フラスカティ、ヴァリエテ座、カフェ・ド・パリ、ル・グラン・バルコン、カフェ・アングレ、イタリアン大通り、リシュリュー街、証券取引所）

劇場
カフェ・レストラン

100m

図版A フュナンビュール座

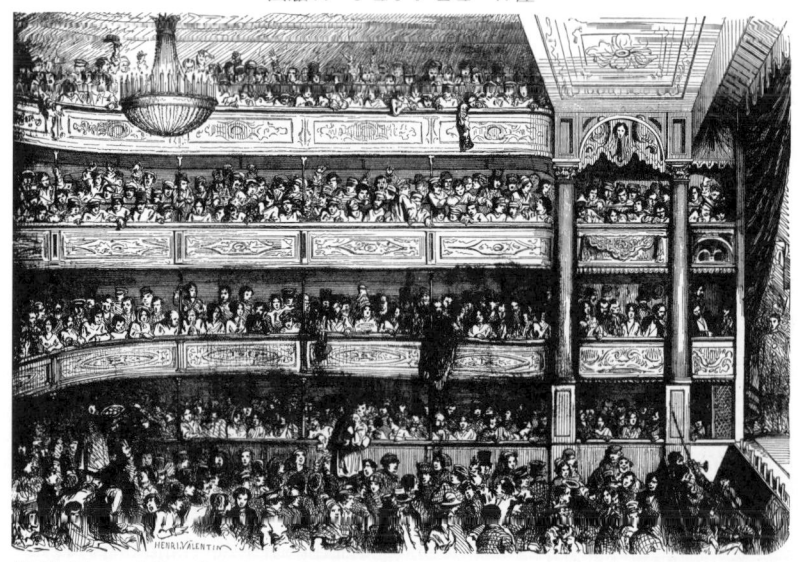

[出典] E.Texier, *Tableau de Paris*, Tome Premier, 1852, p. 121.

ちに「スノッブ」と呼ばれることになる人々の呼び方となった。テブー街との角はパリの真の中心だった。その周囲には当時最もはやっていたカフェやレストランがあった。「カフェ・ド・パリ」、「カフェ・リッシュ」、「トルトーニ」、「メゾン・ドレ」(60年後、ここでスワンがオデットを必死に探すことになる〔ともに、M.プルースト『失われた時を求めて』の主人公。〕)、「カフェ・アングレ」など、それらは1世紀近く流行し、第一次世界大戦後にようやく、おそらくは自動車の飛躍とともに姿を消したのである。オペラ座近くの「カフェ・ド・ラ・ペ」に対する1920年代のアメリカ人の情熱は、ブールヴァールの栄光を幾分なりともとどめている。当時のオペラ座は目と鼻の先、ル・ペルティエ街にあった。サン゠シモニアン派の新聞『グローブ』も、メニルモンタンに移転する前の数年間、テブー街で発行されていた。1832年当時、ブールヴァールにはまだ歩道がなく、人々は木々の下を散策していたのである。その成功は、パサージュの発展とともに、パレ゠ロワイヤルの衰退に寄与するものでもあった。

　商業、建築、日常生活におけるこうした大きな変化は、パリの交通問題と街路の不便さに直接に結びついていた。バルザックの小説の主人公たち、ラスチニャック家の人々やリュバンプレ家の人々は、普段はレ・アール(中央市場)の「ロシェ・ド・カンカル」(Rocher de Cancale：グルヌタ街とモントルグイユ街との角にある名のしれたレストランで、現在でもその名残をみることができる)で夕食をとっていたが、しばしばグラン・ブールヴァールでも食事をとっている。優雅な生活の中心は、1830年以降、北西部へ移動していたのである(48)。すでに見たように、公共交通は復古王政期に導入されてはいた。しかし、狭隘で混雑し、そのうえ、レ・アール(中央市場)街区では野菜、肉、魚を運ぶ荷車の波で塞がれて、中心部の中世的街路における交通問題は、セーヌ県知事の抱えた大きな難問の一つであった。最初の歩道は1823年に建設されていたが、これも久しく極めて稀なものだった。ファサードを揃える建築線や壁面後退の決定といった手法の大半も七月王政期に採用されている。それらはあまりコストを要しない公道拡幅の便利な手段と見られた。というのも拡幅に要する費用を土地所有者に転嫁できたからである。建築線に規制された道路の沿道地主はファサードを維持する権利を失ったのである。彼らは亀裂を漆喰で塞ぐことで満足しなければならなかった

が、ファサードが崩壊している場合には、それを後退させて再建しなければならなかった。残念ながら、改造は必然的に長期にわたり、都市計画の手法としては奇妙な結果であるが、資産としての不動産価値をいやがおうにも剥奪したのである。その結果、今日カンカンポワ街（rue Quincampoix）に見てとれるように、建物の時代によってファサードが前に出たり引っ込んだりする「ぎざぎざの」街路が生まれている。ユゴーは都市の変化と「栄光の三日間」とを比較しつつ、1831年2月、次のように書いている。

　　（当局は）広場や街路の建築線のためにサン＝ジェルマン＝ロクセロワ教会を取り壊そうとしている。いつの日か、聖堂前の広場を拡張するためにノートル＝ダム大聖堂を破壊することだろう。またいつの日か、サブロン〔Sablons：ヌイイ地区の地名。〕の平地を拡張するためにパリを徹底的に破壊することだろう。建築線、地ならし、偉大な言葉、偉大な原則、それらのために人は字義どおり、また比喩的な意味で、あらゆる構築物を取り壊す。すなわち物質的な秩序をなす構築物と同様に精神的秩序の構築物を、また古くからの都市中心部（la cité）におけるのと同様に社会において[49]。

　交通はほとんど改善されていなかった。したがってパリの心臓部を刷新するための新しい道路を開かなければならなかったし、渋滞にあえぐ中心部を近代化しなければならなかった。それがコレラ流行の直後、1833年6月22日、セーヌ県知事に任命されたランビュトーの仕事であった。大革命と帝政の試みののちに、七月王政は最初の大規模な都市事業の時代となる。

七月王政のプロジェクト

　事業は、当初ためらいがちに進行したが、1840年頃、世論はパリ中心部が空洞化していることに気づいた。富裕階層は西部および北西部の新街区へと転居し、商人が彼らに従い、職人たちの作業場も交通が著しく困難になった街路を離れていた。まさにパリは移動していたのだった。「芸術家委員会」の時代以降初めて、都市計画の根本問題を時間をかけて、また公然と議論することになる。イポリッ

ト・メナディエのような善意の改良派の人々は、全体的な解決手段を提示している(50)。市議会ではランクタン〔Lanquetin, Jacques Séraphin (1794-1870)：ワイン卸売業。1834年から1852年までパリ市議会議員。市議会議長を務めた。〕とランビュトー〔Rambuteau, Claude-Philibert Barthelot (1781-1869)：1833年から1848年まで15年間、セーヌ県知事を務めた。伯爵。〕の間で長い論争が始まった(51)。19世紀中葉において、世論は首都の役割を問うに至った。つまりその役割は国民にとって実り多いものなのか、行きすぎなのか、その利益に適っているのか否かを。病に陥った都市パリはそれ自体不安定になると同時に人々を不安にさせた。民衆は貧困に追い立てられ忍耐心を失った。残虐な弾圧にもかかわらず、暴動が相次いだ。1834年、カルチエ・モビュエにおいて、軍隊がトランスノナン街の住民を虐殺している。1839年５月には、ブランキやバルベスに率いられた「四季協会」のメンバーがブール＝ラベ街の武器商を略奪し、グルヌタ街を攻撃している。つまりパリの古くからの心臓部は頻繁に炎上したのである。パリにおける国王ルイ・フィリップ暗殺未遂事件も６件を下らない。

　復古王政期には民間のイニシアティヴも活発だったが、七月王政期、中心部の大規模事業を主導したのはセーヌ県行政当局である。ランビュトーは幾本かの小規模な道路を開通させたほか、衛生上の理由から公設給水泉の数を10倍にし、グラン・ブールヴァールならびにセーヌ川の河岸を整備し、２本の橋をかけた。なかでも自分の名前を冠する街路を建設し（1838-1843年）、一挙に異なる二つの目的を達した。つまり貧困で危険な住民の住むみすぼらしい地区を取り壊す一方、レ・アール（中央市場）とバスティーユとの間の交通を改善したのである。このランビュトー街はその幅員（13m）によって世間の耳目を引いたが、それ以上に注目に値することがある。それは、パリにおいて、過去、歴代政府がしてきたように都市周辺に「装飾的建造物」(embellissements) を建設する代わりに、新しい軸線を通し、沿道の古い建築を取り壊して近代的建物を建設する嚆矢となったことである。ランビュトー街は控えめな試みではあるが第二帝政期の大事業の布石だった。しかし旧来の伝統も残っている。つまりコンコルド広場および凱旋門を完成させるためにその周辺部で重要な事業が実施されている。また東方問題に関するイギリスとの緊張（フランスはムハンマド＝アリー〔Méhémet-Ali (1769-1849)：エジプトの総督（在位1805-1848)。ナポレオンの遠征軍と戦って、ムハンマド＝アリー朝を創立した。〕を支持しオベリスクを獲得した）は、ティエールに城壁を建設させた（1840-1844年）。この城壁がパリの発展に果たした役割には相当の

ものがある。だが大砲の射程距離を考慮した純粋に軍事的理由によるその位置は、パリを取り囲むコミューン〔基礎自治体を指す。日本の市町村にあたるが、その区別はない。〕の人々の生活を全く考えていなかった。大半は城壁によって二つに分割され、徐々にそれぞれに異なる特徴をもつコミューンを形成していった。例えばプティ＝モンルージュとグラン＝モンルージュとの分割、バティニョル、クリシー、ラ・シャペルの分割など。結果、このように境界を確定された環状地帯は奇妙な位置に置かれることになる。つまりオクトロワ（入市税）の境界〔徴税請負人の壁〕の外側に位置しながら、ティエールの城壁の内側に存在することになったのである。さらに今ひとつの重要な事業がさほど注目されないままに遂行された。それが鉄道駅舎の建設である。当時、人々は鉄道にほとんど期待していなかった。つまり1838年、鉄道に関する最初の法案は、アラゴの有名な演説ののち、3分の2の議員によって否決されている。その結果、駅舎も幾分無責任に遊休地に建設されたのである（1846年にモンパルナス駅、1849年にリヨン駅が建設された）。このように、七月王政がパリで建設した最も重要な建築物は、厳格な都市計画に従ったものではなかった。

　裕福な住民は北西部の新しい画地分譲地に移動していた。他方、取り壊しと高騰した地価によって放逐された貧民は、左岸の悲惨な街区（モベール、サン＝ヴィクトールといった街区やイタリー市門〔入市税徴収のための門の一つ。〕に密集していった。パリは動いていた(52)。事態を憂慮した行政は「パリの移動検討委員会」を発足させる。その使命は、現象の諸要因を解明し打開策を提案することだった。もとはドゥー（Doubs）県のワイン卸売業でパリの名望家となり、パリ商工会議所の会計を担っていた市議会議員、ジャック・セラファン・ランクタンが注目すべき報告書を取りまとめている。その第1部は1840年に公刊されているが、パリの各区を客観的に把握し、問題の要因を特定し、一つの解決方法を提案している。それがレ・アール（中央市場）の移転である。ランクタンの描写は明確で極めて示唆に富むものである。以下に要約しよう。1区－3区（当時、パリは12の区で構成されていた）、コンコルドから新しい中心部ショセ＝ダンタン一帯は清潔で裕福な世帯が住み立派な建物に暮らしていた。レ・アール（中央市場）からフランス銀行、チュイルリーに至る4区は陋屋と狭隘な街路で埋まっていた。つまり美化と衛生化、さらに治安維持の新手段を必要としていた。勢いのある小売商が5区、6区

（ロンバール街からサン＝ドニ門、モントルグイユ街からタンプル街にかけて）を活気づけていた。ちなみにブールヴァールの北側（フォブール・サン＝ドニ、フォブール・デュ・タンプル、メニルモンタン）には、「小規模な製作所や工場」が立地し始めており、やがてこうした街区を活気づけることになる。7区および8区（サン＝タヴォワ、モン＝ド＝ピエテ、マレ、フォブール・サン＝タントワーヌ）には、みすぼらしい建物が多く、その東部には腕の良い家具職人たちが集まっていた。マレ地区にはかなり裕福な金利生活者たちが暮らしていたが、他の地域とはほとんど断絶していた。古くからの中心部（市庁舎、シテ、サン＝ルイ島）はパリで最も貧困な地域だった。つまりシテは「悪臭を放つ街路や袋小路からなり、パリにやってくる実に多くの釈放徒刑囚の大半が住みつく巣窟と化していた。……またサン＝ルイ島にはかつては裕福な人々が暮らしていたが、今やそうした人々は、河岸沿いの住宅にしか住んでいない」。貴族的なフォブール・サン＝ジェルマンには堂々とした街路が通っており、古くからの貴族階級がひっそりと、しかし非常に贅沢に暮らしていた。カルチエ・ラタン（11区）には多くの学生が住んでいた（もっとも彼らはしばしば一文なしだった）が、奇妙なことに、地方的な外観をもつさほど活気のない街区として描かれている。そこには特別裕福でもない多くの金利生活者が静かな生活を送っている。学生たちはカルチエ・ラタンの外、モンパルナスあたりやゲテ街で無鉄砲をしでかした。12区（サン＝ジャック、サン＝マルセル、オプセルヴァトワール）もまた急坂と歩きにくい街路の多い貧困な街区の一つだった。カルチエ・モベールには狭く不潔な街路が多く、シテ島と同じほどにみすぼらしく不穏な地区である。「不幸な人々はたいてい危険な人々と交じり合い、その持ち物はといえば、何の価値もない粗末なベッドと、わずかなぼろ切れで覆われた一束のわらがすべてだった」。

　まず市議会を、次いで新聞を介して世論を沸騰させた論争は、市議会議員たちがしばしば混同した異なる二つの現象に関わっていた。すなわち、一つは右岸と左岸との間で加速する不均衡な発展である。今ひとつは北西部へのパリの移動である。ランクタンは次の3点を強調する。第一にマドレーヌ地区へのパリ中心部の移動、第二にカルチエ・デ・アール（中央市場）の日々深刻化する交通渋滞と、商人たちの往来を受け入れられなくなっている中世的な街路の実態、第三に、右

岸、左岸を分断し、明らかに左岸を一層衰退させるであろう橋の通行料の徴収所の有害な役割である。かつてメルシエが両岸の不均衡に警鐘を鳴らし、パレ＝ロワイヤルの繁栄ぶりを非難したことはすでに述べた。ヴィクトル・ユゴーは次のように観察する。

　オデオン座はいつもがらがらだ。それは舞台監督の責任でも、作家のせいでも、また役者たちのせいでもない。それはオデオン座自身のせいである。ある人々は言う。「奇妙なこと、それはパリの半分を占める左岸にたった一つの劇場しかなく、しかも活況を呈していないこと」。こうした事態の背景に、オデオン座の繁栄を妨げ、他の劇場の立地さえ妨げるような何か隠された理由があるのではと、人がいぶかしく思ったとしても、たった一つの劇場しかない以上、それは自然なことだ。あるのはこの劇場だけという理由が、まさにはやらない理由でもあるのだ。つまりパリの人々の流れがこちら側にこないということだ。パリはフォブール・サン＝ジェルマンからますます離れている。パリは今やチュイルリー、パレ＝ロワイヤル、ブールヴァール・ド・ガンにあり、もはやリュクサンブール宮のあるところにない。この街区はパリにとってすでにフォブール（市外街区）以下の存在である。ほとんど地方である。パリは右岸に寄りかかっている。……セーヌ左岸が、テーベ〔Thèbes：ギリシャ中部の都市。〕やポンペイのようにますます荒廃した都市あるいは死んだ都市のようになっていることに驚かれるだろうか。パリのこの半分に、ろうあ院、盲学校、学士院、オデオン座、アンヴァリッド（廃兵院）、国民議会があるというのに(53)。

　ユゴーは本質的な問題を提起している。政府は都市の発展を制御し、軌道を修正できるのだろうか。そもそもそれを試みるべきだったのだろうか。ランクタンはパリの重心移動がパリ市財政にますます重い負担になっていると主張する。なぜなら次第に人々から見放されつつある街区の老朽施設を維持しつつ、新街区において新たに公共施設（給水泉、記念碑、教会など）を整備しなければならないからである。議論はまことしやかだった。彼は暗に、かつマルサス主義的発想から、人口は安定しなければならず、低い人口密度は回避すべきとの仮定にたって

いる。第一の仮定は全く誤りであり、第二の仮定は議論の余地があろう。20年後、オスマンはより一層の真実味をもって、転居したブルジョワの空けた住宅にもっと貧困な世帯が住むことができ、彼らはより快適に暮らせると仮定した。彼もまた誤っていた。ただし異なる理由で。ランクタンはパリの重心移動の三つの主要な要因（新街区の魅力、中央市場の交通渋滞、橋の通行料徴収所）に、別な理由を加えている。つまり交通輸送の役割（のちのサン＝ラザール駅の建設とクリシー平地でのセーヌ川の港の掘削が投機を誘発していた）と一部の税金の有害な機能である。つまり戸窓税が家賃とは無関係に課税され、左岸のそれは右岸の6倍も重くなっていたのである。ランクタンは街区のもつ商業機能にしか注目していなかった。では大学の担う経済的・社会的役割には意味がなかったのだろうか。ランクタンの報告は三つの異なる現象を混同して同じ観察をしていたように思われる。つまり街区の不平等な発展、周辺部への経済活動の中心の移動、北西部へのパリの重心の移動、の三つである。たしかに右岸・左岸の間の不均衡が悪化していたこと、不平等が世紀初頭に比べて一層はっきりしてきたこと、多くの商人たちが古くからの中心部を離れマドレーヌ方面に移っていたことは明白だった。ランクタンはそうした現象から富裕な市民が周辺部へと移動すると推論したのだった。しかしルイ・マリは、同じように事態を憂慮したものではあるが逆の観察をした[54]。彼は、地価高騰とランビュトーの取り壊しに追われた貧民たちが中心部を離れ、モベール広場、カルチエ・サン＝ヴィクトールへと、またしばしば市門の外側、市外街区に密集して住むようになっていったことを示していた。

　　古いパリの改造、新街路の建設、狭隘な街路の拡幅、地価の高さ、商工業の発展、アパルトマン形式の家、大規模な倉庫や工場、そうしたものが日々陋屋に取って代わるなかで、貧しい人々や労働者はパリ周辺部に押しやられているし、ますますそうなるであろう。このことは、今後パリ中心部には裕福な人々しか住めなくなるということを意味する[55]。

　二人の見解はともに正しい。だが中心部は、今日では周知の事実だが当時は驚くべきことだった一連のプロセスによって空洞化していたのである。人々がこう

表1　パリにおける人口の遠心的移動

(単位:人)

15の街区の位置	1817年	1831年	1841年
中心部	171,446	171,232	187,960
中心隣接部	256,680	253,159	287,218
周縁部	285,820	345,895	436,855

した現象を非常に注意深く観察し、かつ分析したのは初めてだった。人々はランクタンの『覚書』の結論を批判した。オラス・セー〔Say, Emile Horace (1794-1860)：経済学者。〕は中心部および中心隣接部（la première couronne）が、25年間、人口を減らしていなかったこと、他方周縁部（la seconde couronne）が大きく成長し、このことがパリの移動に誇張されたイメージを与えたことを指摘する。過剰な人口が未開発の土地へと移動したのだった。

論ずるべきは、移動というよりはむしろ「拡張」だった。多くの商人が中心部を離れ、マドレーヌの背後のより豊かな新街区へと移動し、中央市場周辺の混雑を逃れたことには変わりはない。すでにナポレオン1世は中央市場の拡張を企図していた。この事業を一部実施しようとしたランビュトーに反対するランクタンは、委員会に、パリのもう一方の端、つまり左岸、ベルナルダン街とフォセ＝サン＝ベルナール街の間、トゥールネル河岸に沿う位置への移転を提案したのである。道路および河川によるアクセスは良く、用地費も中心部に比べてはるか小額だった。ランクタンは5万3,000m^{2}に及ぶ新中央市場を、ランビュトーが主張していた古い2万m^{2}の中央市場の改造コストの10分の1で建設することを提案していた。ランビュトーは中央市場の拡張に要する土地収用に1m^{2}当りおよそ500フランかかると見積もっていた。しかしランクタンは、1842年のランビュトー街建設時の土地収用には1m^{2}当り900から1,900フラン支払われていたと反論している。かくして知事の主張する現在地での拡張計画は2,700万フラン近くに上るが、提案されている左岸への移設では270万フランしかかからないことになる。批判は実を結んだ。ランビュトーは計画を変更し、収用コストを1m^{2}当り675フランと見積もったうえで面積を縮小し、必要総額を1,000万フランとしたのである。1840年時点のパリ市の年間歳出が4,900万フランだったことを踏まえれば、この額はそれでも相当の額であった。論争は中央市場の機能それ自体を問題にする。グランド・ヴォワリ（Grande Voirie）総視察官〔グランド・ヴォワリは主として公道の整備・監視や建築線の管理などを所掌した道路行政の一部門。17世紀の国王付道路管理官に由来する。〕は次のような見解を明らかにした。もしパリ市の市域の広が

りを考慮すれば、中心はポン＝ヌフであるが、人口に着目するならばヴィクトワール広場となる。中央市場はこれら二地点の丁度中間にあり中心的な位置を占める。ゆえに移転はできないと。彼によれば、解決の手段は、中央市場の役割をむしろ二次的市場に商品を供給する卸売センターの役割に限定し、首都のすべての商人が仕入れにやってくるような場所にしないことにあった。20年後、オスマンが部分的に実現し（パリにおける市場の一種の序列化［機能分担］）、さらに1世紀後、ランジスでの中央市場の建設によって最終的に適用される考え方が、1842年以後、このように提起され始めるのである。ダニエルの手になる今ひとつの中央市場改修案も極めて現代的な論理を発展させた。つまり投資額は、もしそれがすみやかに回収されるような収益を生むならば問題にはならない、と主張したのである。これは君主が都市を飾ろうと採算を度外視して進めてきた「美化」という旧来の慣習とは正反対の考え方だった。議論を重ねた末、ランビュトーは最も慎重な方針を採択し、本格的な改造ではなく第一帝政の事業案の部分的実現による中央市場の若干の近代化で満足している。北西部への重心の移動が続く一方、古い中心部はランビュトー街の開通にもかかわらず、相変わらず混雑していた。

　しかし、抜本的な対策が求められていた。なかでもイポリット・メナディエの提言はそうした提案の一つである[56]。1843年、彼は「幹線道路および建設ないし再建すべき芸術的ならびに公益にかなった記念碑の最適な配置に関する計画」（図6）を発表している。彼は、将軍が敵を攻撃するように問題に取り組み、読み手には、自分の指摘を追っていけるように、「戦略家が作戦地図にするように目の前の地図に紙の小旗のついたピンを刺す」ように勧めている（メナディエ原著, p. 2）。メナディエには三つの目標があった。つまり「偉大さと壮麗さをもたらすような記念碑的大通り」の建設による古い街区の衛生化、パリの美化、そしてより円滑な道路網の実現である。建築的な装飾と都市環境の改善が渾然一体となっていた。彼は事業の一貫性を確保するための全体計画の必要性を説くとともに、ランフォール街の失敗を一例として示す。すなわち1818年にマルゼルブ大通りの地取りが決定済だったにもかかわらず、1838年、その地取り部分にランフォール街沿道の建築物を建て、その少し後、大通りの建設の際にそれらを取り壊さねばならなかったのである。重要なことは、国、パリ市および王室の個人的な

図6　メナディエによる計画（1843年）

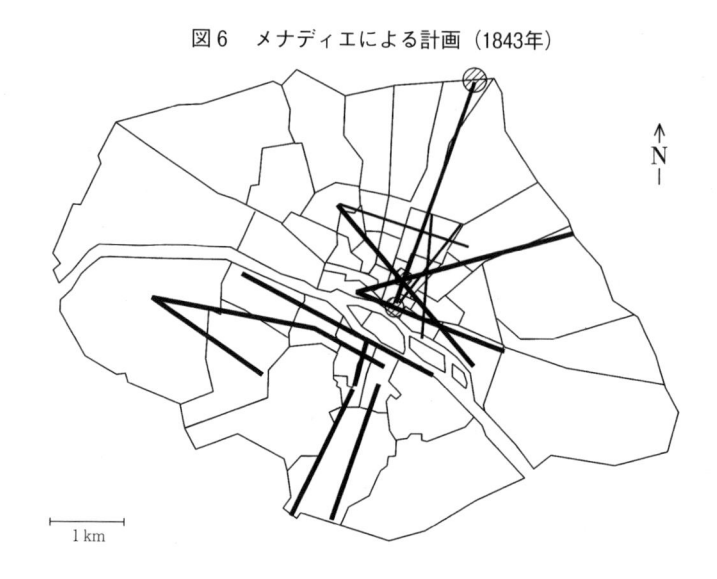

所有地（la Liste civile）など公的な大規模地権者を一つの委員会に集めることだった。メナディエはパリの混雑を解消するには4本の幹線道路と数本の二次的街路があれば充分と主張する。つまり中央大通り（la grande rue du Centre）がシャトレから始まり、サン＝ドニ門とサン＝マルタン門の間の地点でグラン・ブールヴァールに連結される。これはまさしくセバストポール大通りを予示する計画である。この道路の予定幅員は16-18m、オスマンのもとで実現する後の大通りの半分ではあるが、当時としては相当な規模である。

　　街路全体に沿って完全に画一的な建物を建設することは、これほどの長さの街路にとってはうらさびしいし単調である。むしろ建築物は、高さや建築資材の選択、またシンメトリックな配列など、景観を損なわずモニュメンタルな効果をより発揮するような一定の条件のもとに建設されることが望ましい(57)。

こうした統一性に関する配慮はパリの都市計画においてかなり新しいものだった。それまでに同様の配慮をしたのは、リヴォリ街を構想した際のナポレオンだ

けである。しかしメナディエはそれを異なる規模へと発展させた。オスマンは、こうして与えられた教訓に従って自分の主たる関心の一つを実現したのだった。つまりメナディエの中央大通りは北方面へ城壁まで延伸されることになる。その先の市外街区には公共泉で飾られた円形広場ができる。反対方向では、円柱――のちにオスマンがエジプト軍の円柱を建てさせる――をもつ広場、シャトレで終わる。またアルスナル大通りはセレスタン河岸から始まり、サン゠ポール街と交わって証券取引所まで延び、中央大通りとの交差は六角形の交差点を形成することになる。北東大通りはメニルモンタンをルーブルの列柱にまで結ぶことになるが、それは現在チュルビゴ街の一部を成している。そして市庁舎大通りは、サン゠ジェルマン゠ロクセロワ教会からバスティーユまでを結ぶと同時に、サン゠タントワーヌ街の道路線を修正すべくすでに久しい以前から手掛けられ中断している一本の軸線を実現する予定だった。それは「パリで最も汚らしい街区を浄化することになろう。そこは2カ月排水してもまだ泥だらけだった」(58)。この道路は、その西端でサン゠ジェルマン゠ロクセロワ教会を含む半円形の広場で終わり、かつルーブル宮殿の列柱に面することになる。さらに副次的な道路がこうした基幹道路網を補完する。それらは南北に道路を開くことによって、ランビュトー街が意図していたのと同じようにカルチエ・ド・ロテル・ド・ヴィル（市庁舎）とマレ地区を碁盤目状にする予定だった。このようにメナディエはこの古い貴族的なカルチエ、俗化したと彼が嘆く街区の蘇生を期待していたのである。

　　ベル・ガブリエルの思い出は、今日、暖房装置の製造の必要性に結びつく。……セヴィニエ夫人が足を暖めた暖炉にはまだ火があるが、今やそれは庶民の足のためにある。レディギエール、クレキ、ラモワニョン、ニコライの各屋敷は石炭でいぶされたり、鉄床で傷つけられたり、あるいは非常に俗っぽく利用されている(59)。

他方、左岸については、メナディエは数多くの新しい道路を開こうと意図していた。貴族の家族は経済的な問題からパリに4カ月しか滞在せず、フォブール・サン゠ジェルマンは極めて退屈な場所であった。

どうすれば非常に裕福な人々が、新鮮な空気も、散歩道も、好ましい姿をした記念碑もないこうした場所に滞在することができたか、未来の人々は想像もできないだろう(60)。

また基幹的な道路軸がサン＝ミシェル橋とアンフェール市門を結ぶ予定だった（のちのオスマンによるサン＝ミシェル大通り）。さらに今一本の道路が葡萄酒市場からジャコブ街とユニヴェルシテ街を抜け、国民議会まで達する（ほぼのちのサン＝ジェルマン大通りに相当する）。数多くの記念碑的建造物も予定されていた。例えばマルシェ・デュ・タンプルには王立図書館、マレ地区のロジエ街とロワ＝ド＝シシリ街との間の新病院、シャトレ方面への移転が予定されている中央市場跡地には兵舎（本拠かつ戦略的場所）が予定されていた。のちのオスマン同様に、メナディエもまた、小さな噴水を備えた多くの小公園（彼は奇妙にもこれらを「緑のスタジアム」と呼んでいた）をはじめ、モンソーとテルヌとの間には、ロンドンのリージェント・パークを想起させるような、これとほぼ同じ面積を有する（178haに対して166ha）大規模な公園を予定していた。さらに大胆なことに、ナポレオンの最も大規模なプロジェクトの一つを実現しようと提案していた。すなわちシャイヨの上に、ローマのサン＝ピエトロ寺院のごとく正面に列柱を据えた堂々たる宮殿を建設することである。しかし、メナディエは宮殿に替えて巨大な教会を建てようとしていた。……さらにすぐれた発想として、左岸の発展を企図して橋の通行料を廃止するとともに、大事業の費用を調達すべく公共的建物の払い下げ（今日ならば「民営化」といえるだろう）を望んでいた。そこから7,000万フラン、すなわちパリ市の1年半分の予算を確保しえたのである。メナディエの作品はさまざまな意味で興味深い。その計画は首尾一貫しており、かつ包括的である。彼は住宅問題のみならず、交通問題や街区の諸活動、またパリジャンの日常生活を改善しようとしている。彼の計画は極めて論理的であり、のちにオスマンは皇帝の描いた一枚の図面に添えられたさまざまな指示に従ったというよりも、メナディエの手になる計画の基本的な部分をほぼ実現したのだと言ってもよいほどである。メナディエの計画はパリ周辺に広場や宮殿を建設することで首都

を美化しようとしたアンシャン・レジームの都市計画から、総合的で一環した取り組みによって生活の諸条件を改善し経済活動を発展させようとする近代都市計画への過渡期を表している。メナディエは依然、噴水や記念碑にこだわってはいるが、物資の交換の発展に秩序だった道路網が必要であることをすでに見抜いていた。貧しい人々の住宅をおろそかにはしたが、緑地空間の拡張に関心を寄せるなど、彼の計画はそれが過渡期にあったことを示しているのである。そのなかでパリは、大革命期の芸術家委員会の短期間の試みを別にすれば、その歴史において初めて計画化ということの特別な対象として立ち現れてきていた。

　すでに紹介したサン＝シモニアン、ペレモンはこうした議論のさらに先をいく論を展開している。すなわち彼は国家における首都の役割と位置づけという大問題を提示していた[61]。パリジャンの大半があえいでいた貧困に動転した彼は、首都に必要な施設の欠落を指摘するにとどまらず、これほどの大都市でそれらを建設するには多大な経費を要すること、また都市の成長の加速は需要を増大させ問題を一層深刻にする結果しかもたらさないことを示していた。ペレモンは首都の規模それ自体がその改造を妨げることを恐れていた。彼は都市が異常に大きくなること、その歴史的枠組みから逸脱すること、セーヌ川に沿って蛇行しながら成長することをおそれをもって観察していた。国家の規模と首都の規模との間にはいかなるバランスが存在しなければならないのだろうか。これは多くの人々が各々に断固たる主張を展開しながらも、ほとんど議論されてこなかった重要な問題である。ペレモンはいわばアンシャン・レジームから今日まで絶えず表明されてきた不安、つまりパリがあまりに大きく、あまりに速く成長することへの不安を語っていたのであり、同時にあまたの都市計画家が現代まで試みてきたように、理想的な都市の探求の基礎をマルサス主義的な政策に求めつつ、この成長に歯止めをかける手段を模索したのだった。

パリのイメージの悪化

　さまざまな都市の変化や都市の悲惨、また都市に対する不安や恐怖の念は文学のなかにその痕跡をとどめている。例えばルイ・シュヴァリエはバルザックやユ

ゴーの作品のなかに、ピエール・シトロンは当時のフランスの詩にそれらを見出している(62)。語彙も変化した。ヴィクトル・ユゴーは当初、その長編小説を『レ・ミゼール』（Les Misères）と名づけていたが、のちに貧しい人々を一層強調する『レ・ミゼラブル』（Les Misérables）へと変更している。19世紀初期、「悪人」を意味していた「misérables」という言葉はパリにおける貧困が深刻の度を増すにつれて、貧困の犠牲者を指し示すために一段と痛ましい意味合いを帯びるようになった。文学は二とおりの方法で民衆に接近している。当初、文学は彼らの運命に関心を寄せそれを描き始めた。パリの人々も文学や、あるいはむしろ演劇や新聞小説に熱中した(63)。19世紀初頭、主としてパリの場合であるが、新聞の第1面は二重の横線で水平に3分割されていた。主要な部分は匿名の通常の記事で、その下は流行や大事件を扱った記事で埋められた。一番下の部分、「最下欄」を署名入りの連載小説が占めたのである。プレス紙が復古王政期にこうした紙面構成を初めて導入し、最下欄をボードヴィル（通俗的な軽喜劇）の批評に、次いで芝居のあらすじに、1820年以降は書き下ろしの作品にあてた。連載小説は七月王政期に花開き、1843-1844年頃に絶頂期を迎え、その後衰退する。1848年の二月革命の原因として、また道徳を堕落させたと非難されたのだった。政治的・宗教的非難を受けて、それらは課税対象となった（連載小説掲載号ごとに1スー）。第二帝政期にはジェルナル＝ロマン、次いで1スーの小新聞に取って代わられて消滅する。フィクションは小説におけるよりも新聞におけるほうが格段に真実味を帯びる。連載小説作者はさまざまな事実を摑み、それを物語に取り入れることに非常にたけていた。連載小説は通常、読者が内政や外交の熱心な観察者であるとの前提にたって、同時代の出来事をしばしば暗示したのである。そこでは日常的なニュースのあいまいさと結びついた「不安」が重要になる(64)。連載小説作家は優れたジャーナリストとして事件を調べ、事柄の表面に隠されていることを探ろうとしたのであり、そのことは、ウジェーヌ・シューの『パリの秘密』(65)やポール・フェヴァルの『ロンドンの秘密』といった題名に現れている。読者は自分の生きる世界の隠された真実を発見できるような気がしたのだった。またパリは灯台の役割を果たしており、オリジナル原稿を買い取る資力をほとんどもたなかった地方新聞は、パリの連載小説を再掲していた。まず新聞に掲載さ

れたウジェーヌ・シューの小説が爆発的成功を収めた理由は、民衆がそこに自分たちの姿が描かれているように感じたからである。人々は文学者シューへの数え切れないほどの手紙で彼の描写の美しさを誉め、「この小説の結末はこうであってほしい」と勧めるほどであった。このように連載小説はパリの一種の壮大な集合的自伝となった。それはパリジャンが彼らの都市（パリ）からつくられるというイメージを提示していたし、このイメージを形成したり歪めたりすることにも貢献した。残念ながらこうした連載小説については詳細な研究が欠落している。民衆向け新聞は大きな役割を担ったに違いないが、その役割はまだよく解明されていない。例えばルネ・ギーズは民衆が新聞をほとんど読んでいないこと、小説についてはもっと読んでいないことをスリジーにおけるシンポジウムで指摘した。ジラルダンは1835年当時、200人の新刊本の購入者のほかに、カビネ・ド・レクチュール（貸本屋）が800軒（うち500軒以上がパリに）あり、1冊につき40人ほどの読者がいたと推測している。つまり年に4万人ほどの読者しかいないことになる。ではパリジャンたちは非常に人気のあったこうした作品についてどのように知ることができたのだろうか。おそらくは民衆向け小説（演目）を上演した劇場の芝居やその批評を通してであろう。

　詩の世界では、1827年頃、パリの生き生きとしたイメージが生まれている。当時、首都は魅力と官能性を連想させる一人の女性だった[66]。1830年の革命後、パリは性を変え一人の戦士によって表現された。また「le peuple」（民衆）が「la foule」（群集）に取って代わった。首都は女性的で受動的存在から、男性的で能動的な存在へと変化したのである。その後、革命後の最初の失望とともに性は再び変化する。パリは再度女性となった。ただし「汚された」女性として、ユウェナリス［Juvénal：古代ローマの詩人。『諷刺録』のなかで当時の腐敗した風俗をついた。］からの引用とともに、「現代のバビロン」や「ソドム」といった聖書的なおきまりの宣告を受けたのである。増え続ける移住者の群れも、通常外部からの攻撃によって破壊された首都の死という神話にしばしば依拠するさまざまな詩のなかに現れている。同じ理由から、人々は空想やユートピアのなかに逃避している。幸福な生活が実現している空想上のパリを描いたのである[67]。例えば、シトロン（Citron）は、人間の体をした首都を想像したサン＝シモン主義者・デュヴェリエを引用しているが、そこでは建築物がさ

まざまに異なる街区の機能によって変化している。またレオン・ゴズラン（Leon Gozlan）は、大事業によって世界中の大型船舶が接岸できるようになる「海港パリ」を展望した。ルクチュリエ（H. Lecouturier）は革命を不可能にするために、街路樹をもち、街区を分かつ公園に縁取られた大通りでできる大十字で、文字どおりパリを十字架にかけることを提案している(68)。街区自体もワシントンのように同じ手法で再分割されている。またアンファンタン（Enfantin）のフランス的建築が、長い遠回りののちにフランスに再び現れ、償いを意味する宗教的外観を呈していた。より宗教色の薄いテオフィル・ゴーチエ（Théophile Gautier）は『ペイ』紙に発表された論文で、古代バビロニアのように階段状の形態をもち、地下のパリを治める空中のパリを描いているが、これは今日の現実の姿に極めて近い予言である(69)。首都にやってきた地方人を裏切り、反逆をそそのかす恐ろしくぞっとするようなパリというイメージもまたしばしば登場した。ロット県の詩人ビエール（Biers）は、1840年、次のように荒々しく首都に言葉をかけている。

  パリ、むなしい亡霊、泥にまみれた巨人
  おまえのもろい王国を一撃で打ち壊そう
  遠祖より代々受け継がれたおまえの権力をもぎとろう
  セーヌ川をロット川に注ぐものとしてみせよう(70)

他方で、パリが変わり始め、過剰群居と取り壊しがパリの様相を変えていた1830年以降、魅力的なパリという神話が生まれている。1833-1835年は、パリを題材に最も多くの詩がつくられた時期であり、二つの時代の間の過渡期であった(71)。バルザックが描いたのは首都の一部の側面だけであった(72)。すなわちサン＝ドニ街やロンバール街のプチブルの商人たち、セザール・ビロトー〔César Birotteau：バルザックの作品名であり、主人公名。〕のようにマドレーヌ地区やモンソー平地の画地分譲を投機の対象としていた大ブルジョワジー、グラン・ブールヴァールやパレ・ロワイヤルとヴァンドーム広場の間で繰り広げられた華やかな社交界とそこに寄生する人々の生活、カルチエ・ド・ルーロップやカルチエ・ド・ラ・ショヤ＝ダンタンの事業家や成金たち、ガンゲットや大衆舞踏場（マビーユ舞踏会〔モンテーニュ通りにあり1875年まで開かれた。〕）が集

第1章　あまりにも急激なパリの成長 (1815-1850)

中し、馬や散策する人々がひどい埃を巻き上げていたシャン゠ゼリゼなどである。左岸についていえば、プチ・ブル、司法官、学生、学者、サン゠ジャック街周辺の書店などを、また落ち着いたフォブールの貴族階級、その悲惨さとビエヴール川の悪臭でなかんずく保守的な王党派に不安を抱かせたフォブール・サン゠マルソーの住民たちを描いている。これらの描写は街区がまだ村の様相を呈しており、そこに地方人を見出すことのできた1830年頃のパリを捉えたものだった。しかしこうした描写には諸集団の全体が描かれているわけではない。なかでも職人とは極めて異なり、パリでは新参者であった工業労働者が欠落している。バルザックは、のちのゾラと同様に、また同じ理由から、急速に成長していたがゆえにその変化をよく理解できなかった都市を描くなかで、アナクロニズムを回避できなかったのである。バルザックの描いたパリは時代遅れという点で難があり、七月王政の首都よりも復古王政期の首都により近い。

　最も驚くべきことはパリジャンと観察者たちの失望である。18世紀および七月王政初期まで、世論は主として都市の魅力、特権者たちの贅沢、また偏見から解放され、官能的で繊細な社交界の心地よさを支持していた。1840年以降、イメージは変化する。人々は、その要因をはっきり摑めないものの、首都の日常生活の堕落を感じ取っていた。首都が四方八方に触手を伸ばす怪物のように（このイメージはその新鮮さを幾分失ったとはいえ、今日まだ通用している）、また新しいバビロン、神の怒りにふれて当然の売春婦のように、あるいはまた人が熱狂してそこに身を投ずる飽くなき欲望の渦巻く場所のように見えたとすれば、モラリストの憎悪と野心家の情熱を刺激したとしても不思議ではない。ラスチニャックの40年後、ポンソン・デュ・テライユ〔Ponson du Terrail：連載小説作家の一人。〕の主人公は次のように叫んでいる。つまり「パリ、頭脳に才能のひらめきをもつすべての者の祖国よ……」と。首都は変化の速さと、その多くが貧困としばしば犯罪のなかに沈んでいった新参者たちの侵入によって動揺していた。彼らに対して、人はそれほど厳しい言葉を発してはいない。「流浪する卑しい人々、恐ろしい人々、この大都市の顔にある腐敗した傷」など[73]。『ジュルナル・デ・デバ』紙は、1832年、「未開人の侵略」に言及している。その少しのちに、オスマンは「放浪者の群」について語ることになる。1862年、ポール・フェヴァルは『燕尾服』（*Les Habits* noirs)のなかでオスマン以前のパリを描いた際、かつて盗賊の巣窟として名高いボンディの森に着想を得て、新しい巣窟としてのパリという森を語り、「サヴァンナ」や「ジャングル」にたとえている。そこでは人間は「狼」であり「未開人」だった。この表現は1871年、聖職者がパリ・コミューンに参加した人々を非難するために用いている。ティエールは「流浪の民の群」を非難し、ルクチュリエは次のように記す。「パリの社会などというものは存在しない。パリジャンもいない。パリは放浪者の野営地にしかすぎない」[74]。根本にあるものは地方人による古くからのパリの侵略というテーマだった。骨相学が頭蓋骨のかたちから人の性格を演繹できると主張した時代にあって、それは容易に拡散する人種差別的な主題をともなっていた。「未開人」と「放浪者」は本質的に異なっていた。しかしこうしたテーマに近く、かつ非常に古くから根強く続くテーマが再び現れる。貴族階級の特権を正当化し、復古王政が熱心に取り上げた「二つの種」というテーマである。つまり「フランク族」はかつて「ガリア人」の征服者であり、このことによってフランク族の末裔と主張する貴族階級による被征服者・第三身分のガリア人平民の支配が正当化されるという考え方である。空想的ではあるが歴史上実在したこの理論(『ラミエル』のなかでスタンダールの設定した主人公が用いている)は、パリに侵入した移住民たちを非難するのに都合よく使われた。アルコール中毒は別にしても、窮乏生活が身体を弱らせ、発育不全や肺結核やその他の病を誘発していたために、富裕者と貧困者との身体的な相違を見出すことは不可能ではなかった。バルザックの小説はしばしば読み手に人種的な解釈をさせるままにしているが、そのことが新参者たちをさらに孤立させたのである。こうして二つの種という理論の新たな応用が準備され、世紀末には、生粋の善良なフランス人を、外国人の原型すなわちドレフュスのようなユダヤ人に敵対させることになる。19世紀という環境にあるパリという大鍋のなかでいかなる恐るべき思想が沸き立っていたか、そして激しい人口移動とますます適応力をなくしていく都市によってそれらがいかに強化されていったかが理解できよう。

1848年の危機はその論理的な帰結である。今日、革命は不可避であったと思われるが、当時の人々には全く状況が見えていなかった。国王ルイ・フィリップは、1848年1月2日、外国大使表敬を受けて、彼らに今やヨーロッパでは二つのこと

が不可能になったとの見解を表明している。すなわち戦争と革命である。その王座は1カ月後には瓦解した。1848-1849年は実にさまざまな新しい思想が花開いた時期である。社会主義の諸理論、新しい経済への提言、新しい社会関係を確立せんとする試み（共和主義のスローガンに友愛という言葉が付け加えられたことが証明している）、公的な場へのフェミニスト運動の登場など。こうした思想の沸騰はなかんずくパリにおいて顕著だったが、純粋にパリ的な現象というわけではなかった。諸地方はむしろパリに敵対していたが（革命の首都を愛するには保守的にすぎたが、P. ガクソットが「パリに対する憎悪は地方では一般的だった」と想起しているように）、フランスのいくつかの大都市およびヨーロッパ全体がそうした思想や運動に関わっていた。しかし公衆衛生のための最初の努力が見られるのは首都である。つまり1848年発足の「パリ衛生委員会」(Conseil de Paris) は直ちに「セーヌ県公衆衛生委員会」になっている。この組織はムラン子爵の提案によって成立した「不衛生住宅の衛生化あるいは使用禁止に関する法律」(1850年4月13日) の執行を監督する役割を担っていた。さらにパリ市当局はロシュシュアール街に労働者住宅（une cité ouvrière）を建て始めている。そこではしかるべき水準の住宅が当局の設定した低額の家賃で労働者世帯に賃貸されることになっていた。各階ごとにトイレと流しを備え、中庭には噴水がおかれ、共同洗濯場、子供たちのための保育室まで整っていた。当時としては信じられないほどの豪華さである。これは第二帝政期に竣工し、「シテ・ナポレオン」と命名された。しかしキリスト教の立場に立つ名望家たちは、労働者住宅に反対している。例えばアルウ゠ロマン（Harou-Romain）は辛辣な論文のなかで[75]、それらを家族の生活を破壊し司祭の影響力を弱めるものとして、同時にゲットーのなかに労働者を集め、彼らを危険な存在にしうるとして批判している（しかし、これは15年後、オスマンがパリの社会的分離を強力に進めながら成したことである）。批判は功を奏した。ナポレオン3世は一部個人資産を用いて家賃補助の慈善組織を設立し労働者の援助を試みたほか、1867年にはおよそ40戸の低家賃の戸建て住宅をドーメニル街に建設させている。しかし、赤いファランステールに対するおそれがこうした善意にうち勝ったのである。

19世紀中葉までパリはフランスを牽引していた。1789年7月14日からブリュ

メール18日のクーデタに至る大革命の偉大な「日々」、1830年7月の栄光の3日間、1848年2月の暴動、同年6月の虐殺など、フランスの革命は常に首都で勃発した。地方は遅れてこれに従い、新しい体制と理念を承認したのである。重要な唯一の例外はヴァンデ党（ふくろう党）の蜂起であったが、われわれは法王に鼓舞された聖職者が内戦を宣言した際にいかなる役割を果たしたかを知っている。1848年6月に、続く1849年にはすべてが変化した。プランス＝プレジダン〔Prince-Président：皇太子＝大統領。1848年12月10日の大統領選挙で大統領に選ばれたルイ・ナポレオンが皇帝ナポレオン3世になるまでの呼び方。〕が、主としてパリに抵抗すべく指導され秩序だって展開したフランス全体の運動によって選出されたのである。ルイ＝ナポレオンは都市を規律に従わせることを約束して地方を説得したのである。おそらく首都の歴史において初めて、国の大多数がパリの望んだ体制を拒否し、1848年選挙において一人の几帳面な人物を選ぶことでその不信を示したのである。この事実は注目すべきである。それは首都と地方との隔たりを表しているが、そこにはおそらくもっと古い要因があり今日まで悪化しつつ存続しているように思われる。この点については第2章で素描することにしよう。ここはさらに議論を展開する場ではない。1871年5月、地方人からなる軍隊によってパリジャンが虐殺された事件は、そうした隔たりを示す一つの血なまぐさい事例となろう。

注

（1） Cf. L. Chevalier [1978] が主要な参考文献である。ほかに A. Husson [1875].
（2） 縦軸の目盛は対数尺である。つまり曲線の各部分の傾斜は比較可能なものである。こうしたグラフでは指数関数的成長は直線のように描かれる。
（3） 1675年の人口を0年の人口すると、t年の人口は、人口 t = 1,007,708t + 535,717と表すことができる。この指数は18世紀全体を通じたパリの人口を、2-3％の誤差で推定することを可能にする。
（4） L. Chevalier [1978], p. 309 における言及。
（5） Ibid., p. 313.
（6） Ibid., p. 391 以下。
（7） Cf. P. Lavedan [1975].
（8） Cf. J.-F. Gravier [1947].
（9） Cf. R. Clozier [1940]; Y. Leclercq [1987]; M. Blanchard [1938].
（10） Cf. B. Lepetit [1989].

(11) Y. Leclercq [1987], p. 200.
(12) *Ibid.*, p. 63.
(13) *Ibid.*, p. 64.
(14) *Ibid.*
(15) Cf. F. Loyer [1987].
(16) *Les Paysans*, Paris, Calmann-Lévy, 1882, t. VI, p. 540.
(17) C. B. Dupont-White の1857年および1860年の2冊の注目すべき作品を参照されたい。
(18) L.-S. Mercier [1990].
(19) F. Trollope [1985].
(20) L.-S. Mercier [1990], p. 46.
(21) F. Trollope [1985], p. 77.
(22) L.-S. Mercier [1990], p. 50.
(23) F. Trollope [1985], p. 77.
(24) シュヴァリエの1978年および1958年の作品を参照されたい。またJ. Janin [1845]; J.-E. de Jouy [1816]; Lachaise [1822]; A. Lescot [1826] のほか、パラン=デュシャトレのテキスト、とくに1981年に復刻版を参照されたい。さらにL. R. ヴィレルメの同時代の研究、E. Van de Walle と S. Preston による論文 (1974年) も参照されたい。
(25) これらのデータは、サン=シモン主義者の注釈付きの1846年の国勢調査から引いたものである。cf. H. Perreymond [1849].
(26) J. Tulard, *Le Consulat et l'Empire, 1800-1815*, Paris, Hachette, p. 429.
(27) 相関関係係数r=0.95。1812年および1814年の分布は10%しか異なっていない。
(28) ルイ・シュヴァリエは、当初はゆっくりとした、のちに加速するこうした問題の自覚について、1978年の作品のなかで深く探求している。
(29) 彼の1824年の *Essai* ならびに1981年の復刻版を参照されたい。
(30) Chevalier [1978], p. 256.
(31) Cf. F. Loyer [1987].
(32) Cf. Martin-Saint-Léon [1843].
(33) Cf. L. Dubech et P. d'Espezel [1926].
(34) F. Trollope [1985], p. 78.
(35) L.-S. Mercier [1990], p. 57.
(36) F. Trollope [1985], p. 149.
(37) *Ibid.*, p. 49.
(38) L. Chevalier [1978], p. 354 における引用。

(39) Cf. P. Lavedan [1969]. ならびに L.-J.-M. Daubenton [1843].
(40) L.-S. Mercier [1990].
(41) Cf. W. Benjamin [1989].
(42) 最初のマガザン・ド・ヌヴォテ（流行品店）の登場は復古王政末期に遡る。La Fille mal gardée あるいは Le Soldat laboureur など、アルジェリア征服と同時代である。最初のグラン・マガザン（デパート）、A la ville de Paris は、1843年、モンマルトル街に創業されるが、その爆発的流行は第二帝政においてである。(Cf. E. Zola, *Au bonheur des dames*.)
(43) 1984年開催の展覧会のカタログを参照されたい。また D. Morel et al., 1984.
(44) D. Morel et al. [1984], p. 43 における引用。
(45) V. Hugo [1972a], p. 250.
(46) Cf. P. Gascard [1990]; S. Arbellot [1950].
(47) マルセル・カルネとジャック・プレヴェールによる素晴らしい映画「天井桟敷の人々」は、大通りのこの界隈の様子を生き生きとよみがえらせている。
(48) Cf. A.-M. Fugier [1991].
(49) V. Hugo [1972a], p. 125.
(50) H. Meynadier [1843].
(51) Cf. P. Lavedan [1969].
(52) *Ibid*. また L.-J.-Daubenton [1843].
(53) V. Hugo [1972b], pp. 252-253.
(54) L. Marie [1850].
(55) L. Marie. P. Lavedan [1969], p. 7 における引用。
(56) H. Meynadier [1843], また A. Morizet [1932] を参照されたい。
(57) H. Meynadier [1843], p. 17.
(58) *Ibid.*, p. 24.
(59) *Ibid.*, p. 31.
(60) *Ibid.*, p. 30.
(61) この問題は P. Lavedan [1975]. において論じられている。
(62) Cf. L. Chevalier [1978]; P. Citron [1961].
(63) 民衆文学をテーマとするスリジー（Cerisy）におけるシンポジウム、*Paris et le Phénomène des capitales littéraires*, 1986 を参照されたい。ほかに、Y. Olivier-Martin, *Histoire du roman populaire en France*, Paris, Albin Michel, 1980; C. Wikowski, *Monographie des éditions populaires: les romans à 4 sous, les publications illustrées à 20 centimes, 1848-1870*, Paris, J.-J. Pauvert [1982]; A.-M. Thiesse [1985].

(64) 前掲、スリジーでのシンポジウムにおける M. Grauer の報告を参照されたい。
(65) E. Sue [1842-1843]. 小説は1832年から1843年にかけて執筆された。
(66) Cf. P. Citron [1961].
(67) 一例として J. Couturier de Vienne [1860].
(68) H. Lecouturier [1848].
(69) Cf. Th. Gauthier [1852].
(70) P. Citron [1961] における引用。
(71) Cf. *Paris au XIXe, Aspects d'un mythe littéraire* [1984]；前掲のスリジーのシンポジウム；H. Clouzot et R.-H. Valensi [1926]; C. Combes [1981].
(72) C. Samaran [1952].
(73) J. Janin [1845].
(74) H. Lecouturier [1848].
(75) *Annales de la Charité* [1849], vol. 5, pp. 737-746.

第2章　都市の近代化（1850-1890）

　「人民の春」たる1848年の革命はまず何よりもヨーロッパの危機の結果だった。古い封建的秩序は、「革命の竜騎兵」によって打撃を受けながら、産業革命の影響とリベラリズムの進展のもとでもなかなか息絶えなかった。他方、この48年革命はフランスに直接関わるものでもあった。すなわち人々の侮蔑の対象であった王政が崩壊したのである。富を再配分しなかった以上、貧困を緩和するか富を夢見させる必要があったことを、この王政は理解していなかった。しかしこの大きな断絶はまさしくパリの都市の危機によって深刻の度を増していた。パリは30年間で人口をほぼ倍増させながら、さまざまな都市施設は新しい需要に応えられなかった。ランビュトーの努力も有益ではあったが、不充分だった。パリにおいて、1848年の革命は、過剰群居、陋屋、伝染病、交通問題、極めて狭小でみすぼらしい住宅にしては法外に高い家賃、そして失業もしくは不安定な雇用などに対する民衆の怒りの表明だった。すなわち6月暴動はその大部分が都市の反乱であった。その挫折が、のちのパリ・コミューン同様、このことを立証している。ブルジョワジーも貴族階級（彼らの財産は農村にあった）も、また農民も、誰もパリジャンに従っていない。ルイ・ナポレオンはこうした三つの危機に応えようとした。すなわち、ボルドーで平和を約束するのである。脅威を感ずる指導者階級と不安を抱く農民の前で、彼は秩序の維持を誓った。彼にはパリの近代化という事業が残っていた。それは彼の治世のもとでの主要な事業の一つとなる。フランスは都市化しつつある主要なヨーロッパ諸国の一つではあったが、1850年当時は遅れていただけに、事業は一層困難なものであった。イギリスでは33％を超える人口が都市に暮らしているのに対し、フランスでは25％にとどまっている。国民議会は地方の人々によって支配され、必要な予算を拒絶していた。しかしパリは、フランスの他の諸都市に比べてはるかに速い速度で成長していただけに、近代化を一

層必要としていた。実際、イギリスで最も速く成長していたのは中規模都市であったが、フランスでは首都が爆発したのである。

　では皇帝はいかなる大問題に挑まなければならなかったのか。まず第一に、あまりにも速い成長の恐るべき帰結にどう対応するかが課題であった。住宅建設は移住と同じリズムでは進んでいない。人口密度はとりわけ最も貧しい街区（イル・ド・ラ・シテ、アルシ＝ボブール、レ・アール（中央市場）、サント＝ジュヌヴィエーヴの丘など）で高まっていたが、そこでは住民がすでに過剰にひしめき合っていたのである。こうした貧困な街区の不衛生はあまりに深刻で、もっと裕福なパリの街区はその蚕食を懸念し始めていた。ナポレオンにとって、農村の貧困よりも耐え難く、暴力や不穏、また革命を誘発する都市の貧困を打開しなければならなかった。もし彼が帝政における貧困を解消しようと望むならば、とりわけパリの失業と闘い、首都の主要な産業を発展させなければならなかった。しかしいかなる都市機能を重視する必要があったのか。問題は極めてデリケートだった。1850年当時、主要な国家機関の入っていた大規模な建物はシテ島と右岸の最も貧困で危険な街区の只中に立地していた。つまり、大掛かりな取り壊し計画と街区を保護する大通り網の建設によってそうした街区を一掃し、行政機能を確保することが求められていたのではないだろうか。大規模な公共事業は大量の雇用を生み出すだけに一層有益だった。しかしこの政策は、治安を脅かす惧れのある流動的な非熟練労働者を必ずやパリに引き寄せることになる。逆にパリの産業の発展を優先することによって貧困と闘うことが得策だったのだろうか。しかしこうした選択も恐るべき大量の労働者を首都に集中させることになるであろう。それは政府の悩みの種の一つであった。帝政はこの錯綜した矛盾を克服する術を知らず、このことがパリに対する政策を後退させたのである。加えて、望ましい都市構造も選択しなければならなかった。言い換えれば、ランビュトー時代に市当局をあれほど不安にさせた中心部の移動と闘わねばならなかったのではないだろうか。富裕な人々が北西部に移動し、その後に老朽化した街区を放棄していくことをどうすれば阻止できるのか。停滞する左岸をいかにすれば活性化できるのか。七月王政期に顕在化した東西の不均衡という大問題も、依然未解決のままだった。第二帝政はこの問題を棚上げし、今日、これをパリ都市圏の主要な問題の

第 2 章　都市の近代化（1850-1890）　63

一つとなるほどに深刻なものとした。最後に、帝政はパリ周縁部も整備しなければならなかった。パリの成長は古くからの首都の周囲に同心円状に人口を引き寄せる大きなうねりを生み出した。こうした事態を考慮し、都市空間を組織化する必要があったのではないだろうか。では、それらをどのように中心部に結びつけ、それらにいかなる機能を与えるべきなのか。

　これらの課題は途方もなく大きなものだった。しかもそれらは喫緊の課題であり、避けては通れなかった。第二帝政は建物の老朽化や時代遅れの計画、また大規模な都市施設の整備の遅滞への対応では成功している。貧困問題については優先すべき施策を選択できなかったがゆえに成功には至らなかったが、その打開を試みている。しかし、都市の不均衡についてはその解消どころか、新たな建設活動によってさらに深刻化させた。たしかに課題はとてつもなく大きなものだった。これに応えるために、帝政は重要な切り札を用いた。すなわち19世紀のフランスの繁栄が蓄積した相当の資本である。銀行が銀行家に取って代わった。もはや少数の資産家の財産を管理する時代ではなく、大衆の預金を受け入れることが重要だった。新たに設立されたソシエテ・ジェネラル、クレディ・リヨネ、ユニオン、ケス・デパルニュ（貯蓄金庫）は、金持ちではないが少なくとも数だけは極めて多い庶民から預金を集めている。こうして各銀行は夥しい小額の貯金を集めつつ、また顧客の投資先を方向づけながら、大規模事業に要する資金を供給できたのである。帝政はとりわけ初期の数年間、権威的ではあったが、このことには、軽視できない欠陥にもかかわらずいくつかの利点もあった。皇帝はその治世の初め、七月王政の都市改良プロジェクトの足を執拗に引っ張ってきた私的利益の抵抗を断固とした姿勢で一掃し、さらにその先へ進もうとした。つまりナポレオンはパリにおいて本来必要な都市政策を展開する権力を掌握したのである。さらに言えば、彼はその意欲をもっていたし、互いに補完し合う有能な人材からなる一つの専門家チームをつくることができた。ナポレオン3世は、数年間で首都の大改造計画を用意した偉大な先祖（ナポレオン1世）の例に従おうとした。その甥たるナポレオン3世は、堂々として人間的なパリというやや漠然とした夢を追った。そこではさまざまな社会階層が仲良く暮らし、貧しい人々は仕事を獲得し、労働者は幸福になる。またそれは自然と文化を、緑地と石材を、余暇のための公園と

建物とを調和させることができるような首都であった。人はそこにサン゠シモン派の社会主義思想の影響やイギリスでの数年間の亡命生活の痕跡をみることができよう。フランスはルイ゠フィリップの時代以来、ある部分イギリスかぶれだった。しかし第二帝政はその傾向をさらに強め、ロンドンをそこからアイディアを得るべきモデル都市と見なしている。パリを近代化するべく、ナポレオン3世は、ボルドーで実力を証明していた、のちの男爵となるジョルジュ゠ウジェーヌ・オスマンを抜擢し、1853年6月29日、セーヌ県知事に任命する。44歳のオスマンは途方もない任務のための大きな権限を得たのである。彼はおよそ12年間、皇帝の寵愛に支えられたが、体制の他の奉仕者、とりわけルエール〔Rouher, Eugène (1814-1884)：オーヴェルニュ地方リオムの生まれ。オルレアン派の代議士の一人だったが、ナポレオン支持にまわり、司法大臣、国務院議長などを歴任した。帝政末期の政界のキーパーソン。〕との厳しい確執によって徐々に影響力を失った。閣僚のイスを貪欲なまでに望んでいたが、けっして座ることなく、1870年、帝政崩壊の直前に県知事職を離れている。ナポレオンがロマン主義者であるとすれば、オスマンは古典主義者であった。オスマンは真っすぐな大通り、建物の壮麗な配置と対称性、堂々とした眺望を選好した。また傑出した協力者たちを集めることもできた。技師・アルファン〔Alphand, Adolphe (1817-1891)：ボルドーの道路、橋梁、港湾整備の技師であったが、その手腕を買われパリ改造の緑地空間整備担当に抜擢された。〕はバリイェ゠デシャン〔Barillet-Deschamps, Piere (1824-1873)：ボルドーの造園専門家。〕の協力を得つつ、庭園や公園の整備にあたる。今一人の技師・ベルグラン〔Delgrand, Eugène (1810-1878)：ヨンヌ県の上下水道を専門とする技師。〕は都市の衛生を最終的に担保する上下水道網の計画と建設に従事した。デシャンは新しい街路軸を構想し、ダヴィウ〔Davioud, Gabriel (1823-1881)：パリ生まれの建築家。シャトレ広場、サン゠ミシェル広場噴水など多数の作品に名を刻んだ。〕は主要な記念碑を創作した。

　新たな需要に対し、このチームは、刮目に価するほどよく応え、七月王政以来、都市計画に変化をもたらした新しい技術を活用している。イギリスに比べフランスでの衛生への関心の芽生えははるかに遅いが（1835年のファニー・トロロプの抗議がそのことをよく物語っている）、コレラの席巻が考え方を変えていた。例えばパストゥールは細菌の存在を証明している。塵芥（埃）に含まれる細菌を殺す太陽光線や埃を除去する大気が健康にプラスであることも人々に知られるようになってきた。すなわちいまだおそるおそるではあったが、陋屋の取り壊し政策が始まったのだった。ムラン子爵の法律（1850年4月13日の法律）は不衛生住宅を検査し改良させる、あるいは取り壊しを命じる権限を公権力に付与した。また

1852年3月25日のデクレ-ロワは、市町村行政当局に対して治安と健康の確保のための規則の制定を認めている。ムラン法とデクレはあまりに重くほとんど活用されなかったが、これらは新しい関心のありかを証明している。

　世紀の中頃から、ブルジョワジーが豊かになるに従い、快適さの必要性が感じられるようになった(1)。それはまず暖房に現れる。七月王政末期に鋳物の調理器具が登場し、急速に広まった。それは暖炉の火に比べてはるかに効率的で、石炭を用い一度に複数の機能を可能にした。食料の煮炊き、複数の部屋の暖房、湯沸かしなどである。燃焼空気による暖房はすでにローマ時代の床暖房装置において実現され、フランスでは18世紀に入って再び用いられた（1730年のシャトー・クラオン）ものの、一般にはほとんど普及せず、寝室には全く利用されていなかった。人々は冷気のなか、大きな羽布団をかけナイトキャップをかぶって眠ることを好んだのである。工場生産の陶器の発展は建築家に平たい排気用導管を提供し、暖炉の利用の仕方を変えた。それらは小型で高さも低く（キャピュシーヌと呼ばれた）、主だった部屋のそれぞれに置くことが可能となった。1840年以降の建設分野の技術の進歩もめざましく、全く新しい展望が拓けている。ルイ・フィリップ治世下に始まる照明へのガスの利用は、廊下や窓のない小部屋などをもつより奥行きのある建物の建設を可能にし、オスマン的建築に影響を与えた。計算や製図の技術も飛躍的に進歩した。つまりより大規模な建物やより複雑な構造を考えることが可能となった。他方、建設現場の合理化と建設資材の再利用の放棄によって、木材の利用は大幅に後退している。大工たちは、今や冶金技術によって安く生産されるようになった釘を用い、しかもすぐに濫用したために、金属を用いずに梁を組み立てる見事な技法（一例として、端を鳩尾形に広がった蟻ほぞにした仕口）を残念ながら忘れている。大工仕事では、正確にカットされていない材木の端を大雑把に釘打つ未熟練工に仕事を委ねることが可能となった。他方で松が栗の木に取って代わっている。費用の節減効果は大きく、彼らはそこから利益を得たのである。しかしなんという代償だろうか。技術上の最も重要な進歩は基本的な資材に関わっている。つまり石材とレンガである(2)。機械による引き割りは大きな石材の加工を可能にした。つまり1800年当時、タテ30cm、ヨコ60cm以上の石材を切り出すことは困難だった。しかしその後、建築家はタテ1m、ヨ

コ2mもしくは3mもの石材を用いることが可能になる［ただし、石材の厚みは一般に20-30cm、最大でも75cmほどであり、建築家の選択や建築条件によって異なった。］。機械によるレンガの工場生産は建設技術をさらに変えた。今や木炭ではなくコークスで焼かれる新しいレンガは、従来のものよりもずっと耐久性があり水の浸透も少なかった。それらは数階建ての大規模な建物の壁の建設に利用されている。ジャンヌ・ガイヤールは建物のタイプに表れた社会的序列を次のように指摘している。石材は美麗な街区のブルジョワの建物に用いられ、レンガは庶民の建物および郊外で使われた、と[3]。

　1850年当時、首都の大改造のためにいかにさまざまな条件が整っていたかを示したからといって、オスマンとその協力者たちの貢献を減ずるものではないだろう。改造が喫緊の課題であることを伝染病と革命が警告していた。ランビュトーとランクタンの時代の熱心な議論は何が重大な問題であるかを特定し、主たる解決手段をかなりはっきりと指摘していた。技術の進歩は新たなより一層有効な手法を提供している。資本の蓄積は財政上の基盤を整えた。すべてが熟していた。しかしそれだけでは不充分であること、最初の推進力——これがナポレオンの功績であるが——と有能で情熱的な監理者が必要であることは過去の経験から明らかだった。それがオスマンとそのチームの役割である。

近代化：オスマン男爵の事業

　奇妙にも、オスマンの事業は、七月王政以降顕在化する建築面での大きな変化が求めていたと思われる新しい都市計画規則の整備から始まっているわけではない。その結果、ナポレオン自身の発意のもとに1852年に始まる大事業は、依然、1783年の規則によって拘束されることとなった。建物の高度は相変わらず18mに制限されている。他方、道路幅員は10-14mの間で多様である。1859年までの間で唯一新しい規定は幅員18mの新道路が認められたことである。結果、新道路の幅員は新しい建物の高度に等しくなり、このことが地区のなかのブロック割りを決定することとなった。しかし、街路の拡幅だけが問題だったわけではない。かつてパッラーディオ［Palladio, Andrea (1508-1580)：ヴィチェンツァに多くのヴィッラを残し、『建築四書』でも知られるイタリア・ルネサンス期の大建築家。］がブレンタ河岸一帯の上に立方体の作品を構想したように、オスマンはそこに記念碑

図7 オスマンの事業（主要な道路軸）

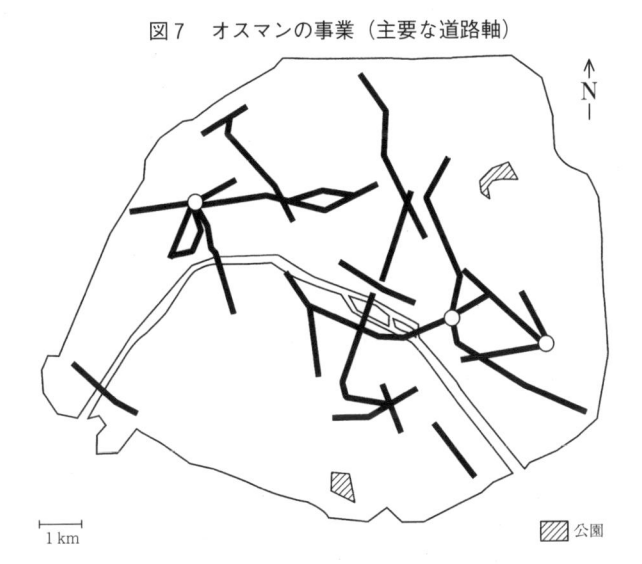

1 km　　　　　　　　▨ 公園

的大建築の大きな可能性を見出している。

成功の時期（1853-1860）

　パリの十字路、すなわち「第一道路網」の建設は、オスマンの最も壮大なプロジェクトの一つである（図7）。

　パリには、1500年前から、ローマ時代の二本の道路の道筋に重なる南北の二重の軸（右岸のサン＝ドニ街とサン＝マルタン街、左岸のサン＝ジャック街、ラ・アルプ街）と、セーヌ川の水没しない古い堤防に沿った東西の一本の軸（サン＝トノレ街とサン＝タントワーヌ街）が整っていた。これら2方向の軸は極めて狭隘となって久しく、ひどい混雑を呈していた。なるほどナポレオン1世はリヴォリ街の建設で東西の軸の拡幅に着手していたが、事業継続の時間のないまま、それはルーヴル宮殿で止まっていた。その甥〔ナポレオン3世〕はクーデタ後直ちに、左岸に一本のバイパスを計画している。それがエコール街であるが、中心部からあまりに遠く勾配も急であった。オスマンはこの計画に敬意を払うことなく放棄し、より広幅員で中心部にも近い道路を計画した。それがサン＝ジェルマン大通りで

ある。かくしてエコール街は着工後初期段階のままにおかれた。エコール＝ド＝メディシーヌ街やラシーヌ街がそうであるように、どこを起点にしても古く狭隘な街路にぶつかってしまったためである。左岸に比べはるかに活発な右岸に同様のバイパスが考えられなかったのは驚きである。リヴォリ街は幾分延伸されたが、サン＝タントワーヌ街は、今日に至るまで、かつてと同様の中世の古い街路の状態にとどまっている。すなわち、オスマンがあえて手をつけなかった街区のなかにこそ踏み入るべきだったのであろう。つまり中心部西側では、ルーブル、チュイルリー（皇帝の邸宅）、パレ＝ロワイヤルが広幅員道路の建設を阻んでいた。しかし、こうした事態の打開には、1909年にエナール〔Hénard, Eugène Alfred (1849-1923)：建築家・都市計画家。パリ市の技師として1889年、1900年の万博にも貢献した。〕が提案したように、少なくともパレ＝ロワイヤルを取り壊すか、1927年にル・コルビュジエが示唆したように、パリ中心部を全面的に整理しなければならなかったであろう。他方、中心部東側ではマレの心臓部を突き破り、いくつかの貴族の邸宅を取り壊さなければならなかった。それらは部分的に職人によって使用されていたが、まだ資産家の手に属していた。知事はこうした事業を拒絶した。反対に、南北の軸は明快に引かれている。すなわちそれはオスマンの第一の関心事であり、サン＝ミシェル大通り（1855-1859年）、東駅、北駅に繋がるセバストポール大通り（1858年4月5日開通）を建設している。1853年に着工したこの大通りは実際、ラ・ヴィレットからアンフェール市門（今日のダンフェール＝ロシュロー）までを結んでおり、間違いなく、知事がパリに刻んだ最も大胆な道路である。

　パリの大十字路だけでは充分ではなかった。オスマンは旧パリの周辺部に第二道路網を開通させる。つまりポール＝ロワイヤル、サン＝マルセル、ヴォルテールなどの大通りである。ゾラは『獲物の分け前』のなかで、「第二道路網はフォブールを第一道路網に接続するためにいたるところでパリに穴をあけるだろう」と描いているが、それは駅と駅とを結ぶためでもあった。しかし結果は芳しくない。対になるようにうまく結ばれた駅もあるが（北駅と東駅、モンパルナス駅とオーステルリッツ駅）、各駅間を直接結ぶような大通り網は欠落している。例えばサン＝ラザール駅とオルレアン＝オルセー駅はあまりにも孤立している。モンパルナス駅について言えば、レンヌ街の信じ難い失敗のゆえに中心部と何ら都合

よく結ばれないまま取り残されている。北駅まで真っすぐ伸びるように計画されたこの街路の建設には、学士院を完全に取り壊しペローの列柱〔ルーブル宮の一部〕の一部も取り壊す必要があることが少し経って判明したのである。結局、この計画は放棄され、広幅員になったはずのレンヌ街は、ボナパルト街の狭い隘路のなかで窒息するのである。エナールは（1909年）この失敗を一部打開すべく、セーヌ川にX状に交差する橋をかけることを提案する。しかしこの案は退けられた。パリ市当局と知事は鉄道輸送の発展と駅の重要性の高まりに不意を衝かれ、総合的な政策を練ることができなかった。環状鉄道の建設（1851-1863年）もその需要に応えることができていない。結局、いくつかの道路の拡幅、サン゠ラザール駅のわずかな拡張、北駅の建て替え、セバストポール大通りの終点たる東駅のファサードの改築、オルレアン゠オルセー駅の分割などにとどまっている。パリは150年来、ルイ゠フィリップ時代の駅を活用しているが、ナポレオン3世が認めるように、それらは1840年当時、「多様な機能を担うために」パリ周辺部に置かれたのであった。逆に、ロンドンの駅は郊外に住む人々の仕事の足として、可能なかぎり中心部近くに建設されている。ここに駅の役割に関する相異なる二つの考え方がある[4]。こうした周辺部の駅は、相互に遠く離れ、巨大なレ・アール（中央市場）からも引き離されたまま、それらを結ぶ連絡手段は第二道路網の大通りによってもけっして充分には確保されていない。この問題はメトロの建設まで、さらには現代まで執拗に続くことになる。

　大規模な都市施設の建設はオスマンが個人的に強く望んだものだった。ナポレオン3世はさほど関心を寄せなかった。それはひとえに知事とそのチームの働きによるものである。すべて、あるいはほとんどすべてを整備しなければならなかった。パリはロンドンに30年遅れをとっていた。まず上水道の問題がある。古い送水路では北西部の裕福な街区に、かつ2階までしか水をあげることができなかった。二つの新しい送水路はデュイス川〔シャンパーニュ地方を流れるマルヌ川の支流〕の水をメニルモンタンの貯水槽に、ヴァンヌ川の水をモンスリ貯水槽に送っている。その長さ（131kmと140km）は当時としては驚嘆に値する。カトリーヌ・ド・メディシスがアルクイユでビエーヴル渓谷の上に建設した古い送水路は高度を大きく引き上げられた。他方、下水道についても、オスマンはアニエール橋の下流でセーヌ川

に達する全長600km に近い系統だった下水道網を建設した。パリはトラヤヌス帝時代のローマと同程度に市民生活にかなったものになったのである。ただこうした汚水は浄化処理されておらず、相変わらず川を相当に汚染していたが、進歩は著しかった。オスマンはまた、ある人々の言う「並はずれた野心」に突き動かされて、かつては郊外にあり1860年にはパリに取り込まれてしまった墓地に代わる巨大な墓地（500ha）の整備を提案した。それはメリ゠シュル゠オワーズにつくられ、22km の距離を結ぶ特別鉄道でパリと結ばれるはずだった。この計画はあまりに経費を要し実現しなかった。さらに首都への食料の供給事情も一新された。つまりナポレオン1世とランビュトーが相次いで拡張してきたレ・アール（中央市場）は取り壊され、バルタール［Baltard, Victor (1805-1874)：建築家。1833年にローマ賞を受賞した。］の手になる見事な建物がそれに取って代わったのである。それは技術的にみて驚くべき壮挙であり、イギリスの影響がはっきり見て取れる（リバプールのアルバート・ドックやロンドンのクリスタル・パレスなどを見よ）。また食料の供給を秩序づけその拠点を分散させるために、巨大な中央市場はパリのさまざまな街区に建設された常設市場によって補完されている。ラ・ヴィレットの大規模な屠蓄場もこうした食料供給システムを補完するものである。加えてナポレオン3世のイギリスへの傾倒は、パリに決定的に不足していた緑地空間の充実に大いに寄与している。かつての王室の狩猟場はパリジャンの散歩道に整備された。ブーローニュの森がこれまでシャン゠ゼリゼの果たしてきた役割を担っている。イギリス風公園がフランス風庭園に取って代わったのである。他方、ヴァンセンヌの森は東部の庶民階級に同様の楽しみを提供している。しかし1860年以降、行政と開発業者によって蚕食され、その面積は5割方縮小した。南部のモンスリ公園、北東部のビュット゠ショーモン公園はかつての採石場とオスマンの取り壊しから生じた廃土の山につくられ、パリにロンドン風の大規模な公園を再現しようという努力を補完している。しかし、オスマンは公園や庭園をつくった以上にそれらをつぶしてしまったと嘆く辛らつな批評もある[5]。ギヌメール街とマダム街との間に広がっていたリュクサンブールの一部分はそっくり投機家の手に委ねられていた。

こうした途方もない事業は当初極めて巧みな手法によって進められ、かつ資金の供給を受けた。つまり収用という手法である。ナポレオン1世は自分の望んだ

都市美化のために収用規定を整備してはいたが（1807年法）、この法律を活用する時間は全くなかった。新法（1841年5月3日法）は鉄道建設を目的とする収用を認めてはいたが、大規模な都市関連事業を容易にしたわけではなかった。さらに1852年3月25日のデクレ＝ロワは、残地が衛生的な建物を建てるにはあまりに狭小である場合に、その全体の収用を認めている。しかし個々の収用は依然、法律に基づく決定手続きを踏まねばならず、大きな制約条件となっていた。こうした状況を一掃し、オスマンにパリ改造の途を開いたものが1852年12月25日の元老院決議である。すなわち収用は政府の行政命令だけで可能となり、しかも新設街路に不要な収用残地を転売する権限をパリ市に付与したのである。実際、都市計画の主要な問題の一つは公共投資の果実をどう回収するかにある。通常、大規模事業には公的資金が投入される。新設の公園、新しい並木通り、あるいはより近代的な交通システムの受益者は賃借人ではない。なぜなら彼らの払う家賃は彼らの利用するサービスの質に応じて上昇するからである。受益者は地主なのである。かくして大事業計画は巨額の公的資金の流れを私人のポケットへと導くのである。ではどうすれば公共団体はこの投資の果実を回収することができるのだろうか。オスマンはこの古典的な問題に対する一つの巧みな解決方法を見出していた。1852年の法律は私有地を収用し、そこに新しい大通りを通したうえで、その残地を市場において収用補償額よりもずっと高い価額（取引価格）で転売することをオスマンに認めていたのである。なぜならその土地の魅力は当該事業によって相当に増していたからである。事業費の一部はこの転売によるキャピタル・ゲインによって相殺されていたが、それは大事業の帰結たる都市改良によるものだった。このメカニズムは健全で有効だった。それは知事に大規模事業にすみやかに着手することを可能にし、まずはその成功を保証したのだった。しかし地主はこの仕組みをそのようには理解しなかった。コンセイユ・デタ（国務院）も衝撃を受け、私有財産のよき保護者として、1858年には、収用された土地で事業に直接利用されない部分は旧所有者に返還しなければならない旨決定している。彼らはその土地を自ら市場に出し、自分に有利にキャピタル・ゲインを得たのだった。元老院も公益に対する私的利益の優位を確認している。この決定はオスマンの事業に亀裂を生じさせた。

困難な時代 (1860-1870)

　パリ改造の資金繰りは、破棄院の下した私的利益を擁護する1860年の決定によって一層困難になった。すなわち収用された不動産の賃借人は、実際に立ち退くときを待つことなく、収用が宣言された段階で補償金を要求できるようになったのである。追いたてはしばしば収用告示の数年後になされたため、パリ市は資金を回収できるようになるずっと前の段階で補償金を支払わなければならなくなった。ここから市財政の深刻な危機が生じ、それはオスマンの管理する収支を完全に破綻させる結果となった。当然と考えられた財源を奪われ、知事は立法議会の承認を要する市債に大きく依存せざるをえなくなる。すでに第一道路網の建設に際して、彼は6,000万フランを金利3％で市場から集めていた。1858年、第二道路網の建設に際しては1億8,000万フランを借りねばならず、1860年も同様であった。1868年、第三道路網の資金調達に際しては、金利4％、3億フランを借用する承認を得るために文字どおり一戦を交えなければならなくなる。しかし財源はこれらをもってしても不充分であり、そのことが隠れ借金を契約するという違法な手段に走らせるのである。1858年は節目の年であった。以後、困難が蓄積していく。

　実現すべきことは依然山積していた。パリ中心部には行政および帝政政府の最も重要な建築物が立地していたが、最も老朽化し悲惨な建物も集中していた。オスマンはルーヴル宮を構成するさまざまな部分を統一性のある全体にまとめることに着手している。今ひとつの重要な事業はシテ島の無秩序を一掃することだった(1858-1868年)。シテ島の住宅はパリで最も古く、ノートル＝ダム大聖堂の足元には、1848年当時なお悲惨に満ちた陰鬱な小路がお互いに押し合いへしあいしながら、雑然と並んでいた。

　シテ島。暗く、狭く曲がりくねった迷路が裁判所からノートル＝ダムまで広がっている。この街区は、範囲は狭く限定され常に監視されてはいるが、いかがわしいカフェや最も低級な居酒屋にたむろする夥しい数のパリの悪人たちに隠れ家や溜り場を提供していた。たいていは、下品な言葉で言えば

オーグル（ogre）と呼ばれる前科者やオグレス（ogresse）と呼ばれる同じように堕落した女がこうした居酒屋を経営しており、そこにパリの住民のくずが出入りしている。……

　北風に揺らめく街灯の青白い炎が泥だらけの通りの真ん中を流れる黒ずんだ水に映っていた。泥色の家々のわずかな窓の木枠は虫に食われ、街路が狭いためにてっぺんでほとんどぶつかり合うように建っている。暗く悪臭を放つ通りは、さらに暗くもっと不潔な階段へと繋がっていたが、それがあまりに急なために、人は湿った壁に鉄のかすがいで固定されたロープの助けを借りてようやくによじ登ることができるのだった(6)。

　そこはまさに、ウジェーヌ・シューの描いた不幸な主人公たち、読者の琴線に触れるような、体は汚されても純真な魂をもつ売春婦・フルール＝ド＝マリや、シュランつまり匕首で生きた卑劣なシュリヌールが暮らした場所だった。シテ島はしばしば危険な存在となった数千の困窮者を、権力のさまざまな本拠地にほとんど接するようにパリの中心部に集めていたのである。さらに迷路のような狭隘な小路は、ただでさえよく結ばれていない左岸・右岸の間の交通を妨げた。オスマンは、大聖堂の後陣の下にあった大司教の使用人が暮らすさほどみすぼらしくない建物を除いて、六つの古い教会とほぼすべての住宅を取り壊させた。シテ島の人口は１万5,000人を超えていたが、5,000人を下回ることになる。こうして一掃された土地は公共の秩序を維持する機能を担った。つまり裁判所が拡張され、警視庁が建設された（竣工は1906年）。またセーヌ川に沿って建っていた旧市立病院は取り壊され、より大きな新病院がシテ島の内側に建設された。その結果、ノートル＝ダム大聖堂のファサードの眺めをさえぎっていたものが一掃された。12世紀以来初めて、人はファサードのディテールを存分に観察できるようになったのである。以後、公的な建造物は、周囲をぐるりと堀で固めた要塞のように、群集から守られることになる。しかし、それは全く悪しき都市計画だった。かつては極めて庶民的で、間違いなく過剰なほどに活気のあったシテ島は、今や人が急ぎ足で通り過ぎるような冷ややかで活気のない街区となっている。

　新しいオペラ座の建設はオスマンの都市計画の質と限界とをよく表している。

ル・ペルティエ街6番地にあった旧オペラ座は1821年に建設され、洗練されたパリのオペラ需要をなお満足させることができた。しかし豪華さに欠けていた。当時生まれた表現にいう「パリのお歴々」（Tout-Paris）たちは、舞台を見るというよりは、互いに自分の姿を見せびらかすために芝居に出かけるようになっていた。さらに皇帝にも災難をもたらした。1858年、ナポレオン3世がオペラ座に赴いたおり、オルシニが皇帝暗殺を試みたのである。1860年、一本のデクレが新オペラ座の建設を命ずる。その場所については激しい議論が展開された。というのも、全く新しいタイプのこうした建物が重要な活動を誘引し都市形成に寄与するであろうことを人々が理解していたからである。ある人々は従前の場所、リシュリュー＝ドゥルオの辻、つまりグラン・ブールヴァールの心臓部であり、優雅な生活の中心に維持することを要望した。パリ市議会は旧中心部の活性化のためにコンコルド広場に面するクリヨン邸におくことを勧めている。オスマンはグラン・ブールヴァールの西に位置する現在の敷地が気にいっていた。ただこの場所はかつてのセーヌ川の河道上に位置し、防水という深刻な問題を惹起した。ガルニエ〔Garnier, Charles (1825-1898)：パリ生まれの建築家。父親は鍛冶職人・馬車製造工であったが、母親の勧めもあり、17歳でエコール・デ・ボザールに入学した。イポリット・ルバのもとに学び、ウジェーヌ・ヴィオレル・デュックとも仕事をともにした。1848年、ローマ大賞受賞。〕が地下貯水池を準備したのはそのためである〔この貯水池が「オペラ座の怪人」の中で設定されている地底湖のヒントとなっている。〕。さらに深刻なことはこの選択が西へのパリの重心の移動を加速するという結果しかもたらさないことだった。またオペラ座と証券取引所を結ぶために12月10日街（のちに9月4日街と改称）〔12月10日は1848年、ルイ・ボナパルトが第二共和政大統領に選出された日、9月4日は1870年、第二帝政が崩壊し、第三共和政が宣言された日。〕が開通する。「人が昼に行くモニュメントを、夜に出かけるモニュメントになぜ結ばなければならないのか」と、あるジャーナリストは尋ねている。人は何をおいてもまず記念碑相互の連結を求めたこの都市計画に驚いたのである。この街路の建設は1862年から1875年まで続いた。他方、オペラ座の建設は途方もない事業であり、オスマン自身も一度だけ建築上の一貫性への配慮を諦めねばならなかった。つまりロオ＝ド＝フルリ〔Rohaut de Fleury, Hubert (1801-1875)：エコール・ポリテクニック出身の建築家。エトワール広場の整備に貢献した。〕がすでに自身のオペラ座設計案に合わせて巨大な建築物を囲む住宅のファサードを設計しており、その建設が着工していたのである。最終的にロオ＝ド＝フルリの設計案とはかなり異なるガルニエのオペラ座設計案が採択されたが、その様式と調和しない、すでに建ち上がっているファサードの取

り壊しを諦めたのだった。他の娯楽施設も忘れられていない。オスマンは新しいシャトレ広場両側の二つの新劇場（シャトレ劇場と市立劇場）をはじめ、ゲテ、ヴォードヴィルといった劇場を建てさせた。反面、ヴォルテール大通りの開通は、何十年とシャトー＝ドー広場（レピュブリック広場）を自分たちの「祭り」（foire）の場としていた大道芸人を駆逐するとともに、ポルト＝サン＝マルタン、アンビギュ、フォリー＝ドラマティックといった19世紀中葉においてグラン・ブールヴァールの名を高からしめていた由緒ある民衆劇場を取り壊わすものだった。パリの西部においてプチ＝ブルジョワジーの新しい文化が花開くと同時に、すべての民衆文化が消えていった。ラビッシュやオッフェンバックの作品がマルゴの涙した音楽劇（メロドラマ）に取って代わっていったのである。

　こうした、新街路、放射状に道路の広がる円形広場、広幅員の並木通りなどからなる道路網の建設は広範囲に及ぶ取り壊しと新たな建設をともなった。実際、新しい住宅政策はおそらくオスマンへの批判に最も値しよう。彼に向けられた批判のうち、次の主要な3点に注目したい。つまり取り壊しと建設は深刻な住宅危機を惹起し、投機および極端な腐敗を助長し、社会的な分離を危険なほどに推し進めた、という批判である。たしかに1850年から1860年の間、住宅危機は存在した。その背景には、おそらく取り壊しと再建との避け難い時間的なズレがあった。しかし、本当の要因は爆発的な人口の増加にあった。1852年から1869年の間、11万7,553戸の住居が取り壊され、21万5,304戸が建設されている[7]。つまり住宅ストックは大きく増加した。一般的に新しいタイプのアパルトマンの専有面積は古いものに比べ広かったが、こうしたストックの増加を可能にした要因はどこにあるのだろうか。理由の一つは1860年の周辺コミューンの合併であり、今ひとつは従前よりも高層の建物の建設である。しかし土地投機は、ゾラがその豊かな才能で何ら誇張なく『獲物の分け前』に描写したことによって、知事と帝政の敵にとって格好のテーマとなった。

　　解き放たれた欲望は、恥知らずな勝利感を覚えながら、この半年の間に取り壊されていった街区の音と新たに築かれる財産の音に満足していた。パリはもはや、金と女の溢れる場所でしかなかった[8]。

地価と家賃が急速に高騰したことは事実である。ジャンヌ・ガイヤールは第二帝政を「住宅付きの土地」の黄金時代と形容している。1821年から1850年の間、パリで毎年260戸の住宅が建設されていた。しかし1851年から1860年にかけて、パリでは年平均1,240戸、郊外コミューンでは3,600戸、合併後の大パリ全体では5,000戸を超える住宅が建設されている。オスマンが知事職にあった期間、パリの不動産の価格総額は26億フランから61億フランに上昇した[9]。こうした上昇は主として新建築物のより高い質に起因するが、収用もまた一因だった。アルブヴァクスはその著名な作品のなかで、このメカニズムを以下のように分析している[10]。

　仮に Q_0 の価値をもつ土地 A があるとする。時間の経過とともにその価値は x 分増し、1 の時点では次のように表現される。

　　$Q_1 = Q_0 + x$

同じ 1 の時点で全く同様の土地 B があるとする。その価値はまさに Q_1 となろう。しかし収用委員会の前で、その所有者は隣接する土地で観察された地価の大きな上昇を引き合いに出し、同じだけの上昇分を価格に含めることを要求する。なぜなら公権力の介入によってこの上昇分が奪われてしまうからである。こうして委員会は次のような価格を承認するようになる。

　　$Q_2 = Q_1 + x = Q_0 + 2x$

　パリ改造における地価の急騰は、将来的な利益の先取りというこの古典的なメカニズムによって大部分説明がつく。それは心理的なメカニズムでもあったため、時間差をもって作動し始める。しかし、地価はその時間差ののち、とりわけ新しい道路軸に沿って急騰した。

　ゾラは以上とは異なる、秘密の情報を知りえた不動産開発業者の例を描いている。すなわち、皇帝の威厳ある手によって実現すべき新しい道路線がすべて引かれているであろう伝説的な地図に関する秘密である。『獲物の分け前』の主人公、

サカールは、将来道路になる土地をやすやすと手に入れ、腐敗した幾人かの役人に便宜を図ってもらい、これをパリ市に転売することができている。こうした「消息通の犯罪」は、第二帝政の高級官僚がその腐敗で知られていたという背景もあって生まれたものであろう。しかしこのような詐欺行為が相当頻繁になされ重大な結果を招いたとは考えにくい。他方、過大な収用補償の要求は濫用されており、それを強調したのはゾラだけではない。

　不正な役人が収用補償の最低10％の手数料と引き換えに、収用手続きの一切を担当していた。彼は小事業主を好んで訪ね、詳細な商業帳簿や偽の財産目録、しばしば薪を紙で包んだものでしかない見せかけの商品を用意してやる術を心得ていた。また収用委員会の陪審員が規定に従って現場を訪れる昼の間、店をいっぱいに満たす多くのさくらの顧客さえ確保していた。さらに事前に準備することのできた証印のある古い書類をもとに、数字を大きく改ざんし、期間を延長し、実際よりも早い日付に改めた賃貸借契約書を作成した。店の塗装を新しく塗り変えさせ、その場しのぎの店員をおかせ……それは市の金庫から金員を奪い取る一種の不正投機師の一団だった[11]。

　アルブヴァクスは当時の「投機家」たちが、世論の反応に充分注意し、自ら事を起こすのではなく情勢を見守りながら、とくに行動範囲を裕福な街区に限定するなど、むしろ非常に慎重に行動していたことに注目している。実際、民間資本はパリ中心部に開かれた道路沿道への投資を長期間逡巡している。例えばストラスブール（セバストポール）大通りは、開通後１年半を経過してもなお北端部分でしか建物がたっていない。エコール街は沿道に最初の新しい建築物が建ち上がるまで、２年間取り壊し現場の真っ只中にあった。貧困者を無視したという非難は、オスマンよりもむしろ「投機家」たちに向けることもできよう。こうした関心の欠落は容易に説明できる。ジャンヌ・ガイヤールによれば、労働者向け住宅は１m^2当り、700フランの原価に対し家賃は７フランであった。一方、ヴォルテール大通りのブルジョワ住宅の場合、１m^2当り原価1,000フランに対し、家賃は18フランであった。すなわち前者の収益率は１％、後者は1.8％である。貧困者向

けの住宅はけっして儲からなかったのである(12)。

　パリ市当局も美麗な建築を助長した。国もまた1850年以降、ペレール兄弟のようなリヴォリ街沿道の土地譲り受け人に対して寛大だった。それはおそらく1848年の革命のために多数のブルジョワがパリを逃れ、『感情教育』のフレデリックのように田舎に定住するとともに、建設活動の危機を惹起していたからである。さらに建築資材の切石が入市税の増収というかたちで市財政を満たしてくれた。オスマンは低廉住宅の建設が利益にならないことを確信していた。要するにオスマンは、一般的に多様な社会階層がより快適な建物に移動していくとの予想にたって、貧困世帯がブルジョワの放棄した住居（アパルトマン）に転居するであろうと期待していたように思われる。しかし事態はこのようには推移しなかった。なぜ判断を誤ったのか。実は労働者も家主も住宅の改善を望んではいなかったと考えられる。家主は競争を恐れており、社会住宅政策が発展しないことを期待している。労働者の側も、幾分高いがはるかに快適な住宅に対してさほど関心を寄せてはいなかった。彼らは何よりも安い家賃を求めている。こうして彼らはプチ＝ブルジョワの放棄した住居に移る代わりに、郊外でより安い生活費で暮らすようになる。労働者の賃金はまだ著しく低い水準にあった。労働者住宅は、国の介入しない、もしろ国に放棄された領域だった。オスマンは不動産市場の機能を無視するどころか、それに従おうとしたのである。彼の事業は北西部への富裕層の移動という現象を追認し、おそらくはこれを加速したものとみられる。こうした観点からすれば、彼の事業の本質は居住条件全般の近代化にあるというよりは、ブルジョワ住宅の決定的な、しかし孤立した変容にあった。オスマンの建築は貴族の邸宅の縮小コピーのようだった。ブルジョワ層は人の目を気にしない暮らし方、つまりあまり倹約しようとはせず、その贅沢ぶりをますます人に見せびらかすようになっていたが、このことが見る者を狼狽させ、ゾラの道徳主義的批判を招いている（例えば『ごった煮』〈Pot-Bouille〉や『獲物の分け前』〈La Curée〉を見よ）。大きく割を食ったのは労働者だった。彼らはパリ周縁部あるいは郊外への転居を強いられ、以前と変わらぬみすぼらしい住居に暮らしたが、前よりも高い家賃を払わねばならなかった。人口の殺到があらゆるものの値段を押し上げていたからである。「パリの庶民全体が自分たちを犠牲にした社会の進歩に気がつい

ていた」(13)。

　オスマンの事業は社会的な格差を相当に深刻なものとした。パリと郊外との、西の富裕な街区と東の貧困な街区との、右岸と左岸との格差である。垂直的な社会的分離（貧困者は屋根裏を、裕福な人々は上層の贅沢な仕様のフロア〈étages nobles〉を占めた）は、七月王政以降徐々に水平的分離に取って代わられ、オスマンの事業がそれをパリ全体に拡大した。「平穏をよしとする善良な人々」（honnêtes gens）はおそらく、19世紀のたび重なる革命、なかでも1848年の6月暴動ののち、労働者街区を離れようと望んだであろう。とくに建築家たちは経済性への配慮から、自分たちの建設する建物のすべての階に同じタイプのアパルトマンを設計し始めている。そのことが計らずも社会的にみて大きな均質性を彼らの建物にもたらしたものと思われる。同時に、「美麗な街区」と「貧しい街区」との社会的分離は、例えば、美麗な建物の敷地に建てられた「付属棟」、すなわち労働者を住まわせるための平凡で一時的な建物によって緩和されるか、あるいはむしろ今ひとつの社会的分離と重なっていた。こうした土地利用はすでにマレ地区でなされており、貴族の邸宅の庭園や中庭を利用してそこに労働者世帯や職人たちの小規模な作業場が詰め込まれていた。

　さらに重要なことは、美しいファサードと中庭との、大階段と使用人専用の階段との、ブルジョワの家族とその使用人との間のコントラストであった。それは切石のファサードとレンガを積み上げた中庭の壁とのコントラストを特徴とする典型的なオスマン建築に見て取れる。すべてのブルジョワ家庭が、プチ・ブルジョワでさえも、使用人、少なくとも住み込み女中を1人雇っていたが、その結果二つの全く異なる集団が同じ屋根の下に共存することとなる。ゾラはブルジョワ住宅のファサードを、台所に通じる使用人の中庭に対比させて次のように描いている。

　　2階では、女の頭部が念入りに細工された鋳物の欄干をもつバルコニーを支えていた。窓には型紙を使って大まかに彫刻された複雑な窓枠がついていた。その下、装飾を施された大門の上には、二人のキューピッドがカルトゥーシュ（渦形装飾）を描いている。そこには番地が記され、夜間にはガス

図版 B-1　隣接コミューン合併前のパリ市（全12区：1859年以前）

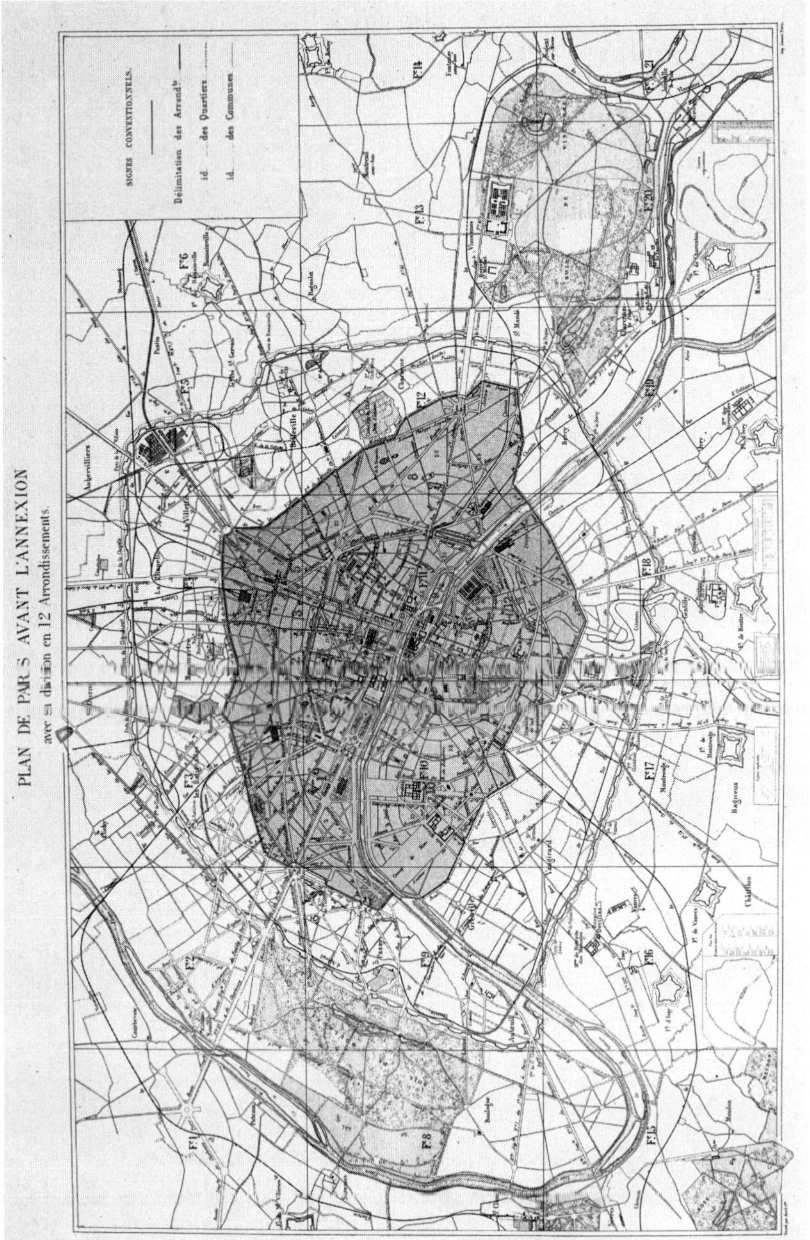

第2章 都市の近代化（1850-1890） 81

図版 B-2 　隣接コミューン合併後のパリ市（全20区：1860年以降）

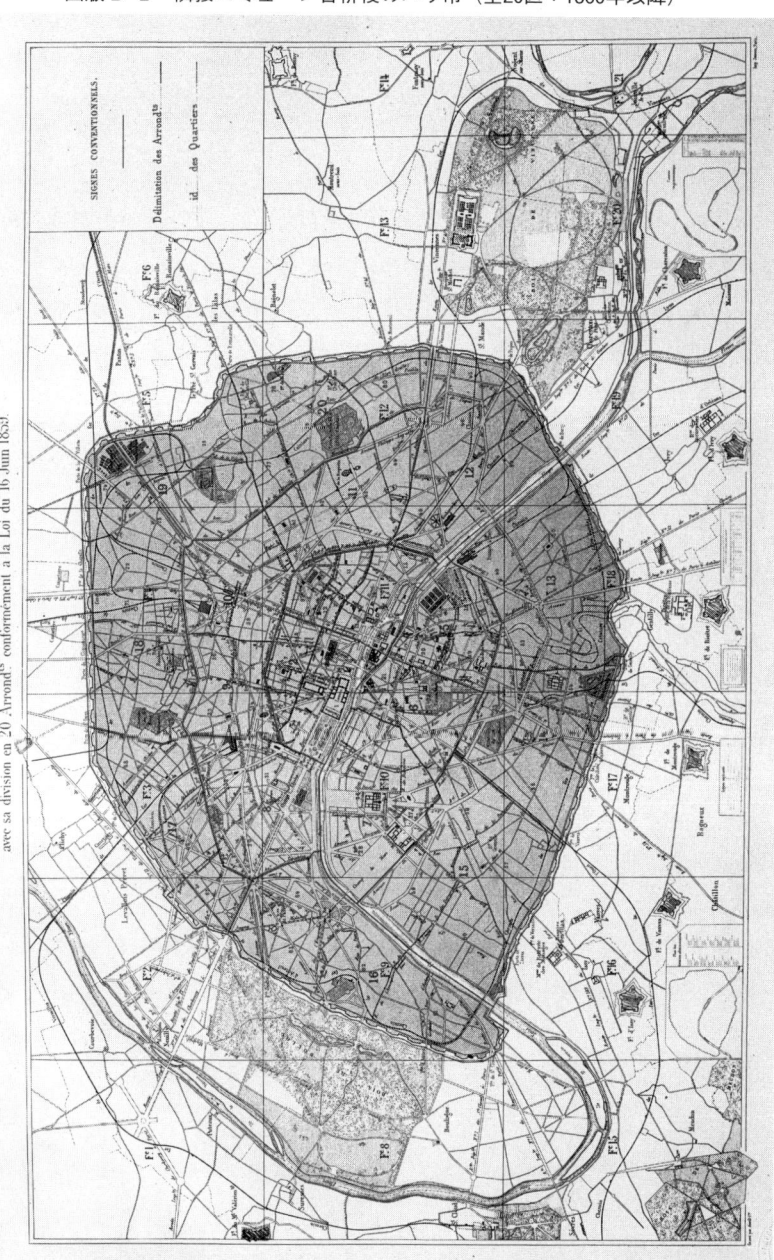

灯がそれを照らしていた……。

他方、台所に接する使用人の中庭は次のように描写される。

　そこからすさまじい騒音が聞こえてくる。寒さにもかかわらず、窓は大きく開け放たれている。黒髪で褐色の肌をした小間使いと太った料理人が手摺棒にひじをつき、中庭の狭い井戸のなかに腰を屈めている。中庭では、各階の台所が互いに照らしあっていた。彼女たちが一緒に叫んで腰を伸ばすと、この細長い穴の底からごろつきのような声がどっと上ってきた。……それはまるで下水の放出のようだった。すべての使用人たちがそうした生活に満足していた。オクターヴは大階段のブルジョワの主人を思い出した[14]。

　主人と使用人との関係は複雑である。対立はしているが、二つの集団は常に接触して暮らし、互いに何ら秘密をもたなかった。プルーストは使用人の老フランソワーズがどのように仕え、また支配したかをよく表現している。使用人たちは主人の偏見にも従った。ドレフュス事件の際の最も熱狂的な反ドレフュス派は軍人や貴族たちではなく、反ユダヤ主義の新聞『リーブル・パロール』（*La Libre Parole*）の一番熱心な読者たるその使用人たちだった。

　街区全体を改造する資金の不足のゆえに、オスマンの新しい並木大通りは一列のシンプルな新しい建物に縁取られていたが、それは残存するみすぼらしい建物を隠す薄皮のようだった。こうして古い中心部ではその全域にわたって、大規模な道路の建設にもかかわらず、さまざまな街区の大半が民衆の生活の場として残ったのである。裕福で同質的なブルジョワの住民が増えたのは西部（シャン゠ゼリゼ、エトワール）、とりわけ北西部（モンソー平地、ヨーロッパ地区）に建設された新しい街区である。こうしたやや微妙な形態のもとであっても、住み分けは異なる二つのパリを対立させた。西部の美麗な街区と、北部、東部、南部の周縁部の労働者の街区との対立である。中心部の東寄りの地域は中間的な位置を占め、事務労働者や職人、商人が暮らしていたが、彼らはどちらかといえば第三の集団を形成した。このような住み分けは、公共の秩序にとっては不安の種であり、

革命への回帰を阻止しようとしていた権威主義的体制にとっては重大な失政であることを意味する。1871年のパリ・コミューンの際のバリケードは、1848年6月にそれらが築かれた場所とほぼ同じ場所に築かれた。このことはオスマンの事業が、人が考えるほどにはパリを変えなかったということと同時に、秩序の維持という観点からは、いかに知事が失敗したかを示している。同じく都市の均衡にとって重大なことは、活気ある右岸と半睡状態の左岸との対立がオスマンによって緩和されるどころか、一段と深刻の度を増したことである。大事業の大半、なかでも大規模な建築物（ルーヴル、オペラ座、レ・アール〈中央市場〉、劇場など）は右岸の魅力を増している。一層悪いことに、北西部へのパリの漂流の勢いは強められ、加速されて、左岸の街区をますます孤立させた。1865年、古い中心部の北部寄り地域（1-4区）の商工業用建物は1万1,300を数えたが、左岸の三つの区（5区、6区、7区）には3,400しかなかった(15)。オスマン以前の1852年、右岸における営業税の税収は左岸の4倍以上であったが、1869年には5倍以上になっている。商工業活動は賃貸借件数を増加させ、その勢いが家賃の高騰を招いた。新築の住宅でも左岸にできた物件の家賃は、右岸で建設された同様の建物よりずっと安かった。修道院の所領が相当に多かった左岸はいわば都市の保留地にとどまり、かなり後になってしか開発されなかった。

　奇妙なことに、知事は（旧）パリを環状に囲繞するコミューン［couronne de communes：1860年にパリ市に合併されたエリア。］に関心を寄せた。それらはかなり特異な状況に置かれていた。つまり18世紀末以来、入市税とパリ市の境界として機能してきた徴税請負人の壁の外側にありながら、1840年以後に建設された城壁［ティエールの城壁］の内側に位置していた。首都向けに野菜や果物、ワインを生産していた農村コミューンには、パリの取り壊しや家賃の高騰を逃れてきた多くの労働者や退職者が暮らし、その数を増していた。またそこは、毎日曜日、庶民的な街区に住むパリの民衆にとって散策の場所ともなっていた。彼らは田園とすがすがしい開放感、また関の酒場のダンスを求めてメニルモンタン、ベルヴィル、ヴォージラール、グルネル、ラ・ヴィレット、モンルージュ、バティニョル、シャロンヌ、ベルシーなどに出かけたのである。これらのコミューンの多くは城壁によって二つに分割されていた。オスマンの提言によって、立法議会は1860年1月1日をもって首都の境界を城壁まで拡張

すること、二つの壁に挟まれたコミューンをパリに合併することを議決した（1859年5月26日）。パリの市域は倍以上になり、人口も100万人から169万6,000人へと増加した。従前の12の区は今日の20の区に再分割された。この合併は新たな人の移動の波を誘発する。つまり合併されたコミューンの住民はそれまで入市税を納めることもなく、わずかな税金しか負担していなかった。そうした周縁コミューンには維持すべき公共施設がほとんどなかったからである。税負担の突然の増加は相当部分の住民を城壁のさらに外側へ、今日、パリ近郊を形成しているエリアへと押しやった。パリジャンについて言えば、彼らは編入されたコミューンの公共施設に要する経費を負担しなければならず、そこではすべてを整備しなければならなかった。結局、この合併はけっして歓迎されておらず、そのことは帝政末期のパリにおける選挙が体制に対して非常に厳しかったことに表れている。反面、首都の税源を拡大し、オスマンがのちに残すことになる莫大な市債の償還をより安定したものにしている。知事がパリ西部の郊外コミューン（セーヴル、サン゠クルー、ムードンなど）の併合を構想したのもこうした理由によるのだろうか。1860年以後に着手された「第三道路網」の目的は、合併によって生まれたこれら新しい区と旧パリとの距離を縮め、とくにその内部における相互の結びつきの改善にあった。オスマンは旧徴税請負人の壁の跡地に沿って環状大通りを建設する（アラゴ、グルネルの各大通りなど）[16]。さらにティエールの城壁の周囲には環状鉄道をめぐらせ、オートゥイユからサン゠ラザールまで鉄道を引いたが、それは新たにパリの西部を利することになった。

　共和派に属する政敵、とくにジュール・フェリーは『オスマンの架空の会計簿』のなかで激しく知事を糾弾したが、彼はすでに法律の許す限界まで起債契約を結ぶことを余儀なくされていた。1867年以降信用を失っていったオスマンは、1870年初め、帝政崩壊の数カ月前、知事を辞職する。その後には、徹底的に改造され、近代化され、全ヨーロッパのモデルとして引き合いに出される反面、巨額の負債で財政は破綻し、社会構造も激変した都市が残されたのだった。

オスマンの事業の総括

　パリ改造は人々の心を捉え全世界で模範となっている。こうした名声はどう説

明すべきであろうか。ヨーロッパのあらゆる大都市は不衛生な街区を取り壊し、新しい（moderne）大通りを開くことによって近代化されている。つまりロンドンはパリに40年先立って、ベルリンとウィーンはパリの20年後に近代化された。オスマンの改造はそのスピードと、成し遂げられた事業の計り知れないほどの巨大さによって人に驚きを与えている。例えば当時の人々は新しい街区が突然に出現するように感じ、しばしば驚愕している。それはまさに知事を中心とする専門家集団の敏腕と、活用された資金調達手段の力を証明するものである。パリ改造の特質は主として次の3点にある。すなわち、公共施設の重視、ブルジョワ都市の創造、一つのまとまった全体の創出の3点である。

　ロンドンは第二帝政のパリに40年も先立って、都市施設を公的配慮の対象とした唯一の都市である。摂政時代のイギリスの富裕階層に特有の衛生への関心によって、19世紀初頭には上下水道、公園、公共照明、公共交通手段が首都で整備された。それら全体が世界で類例のないものだった。この分野においてオスマンは新しいことを試みたわけではなく、それを模倣し重大な遅れを部分的に取り戻したのである。しかし、そのことは彼の功績を減ずるものではない。実際、衛生（上下水道）、交通、市場および兵舎などの公共建築物といった諸分野における事業は無視できない。他方、『回想録』のなかで、男爵（オスマン）は自ら開いた公園をとくに自賛してはいるが、新たにできた小公園よりもずっと広い数多くの個人庭園をつぶしたことによって、また緑に覆われていた郊外コミューンを合併し、急速に都市化させたことによってパリの緑地面積を減少させたものと思われる。オスマンはブールヴァールの民衆劇場と同じように、貧しい家族たちから日曜日の散歩道を奪ったのである。

　オスマンの主たる功績（それが功績の一つだとすればだが）は、ブルジョワ都市を実現したことにある。それはルイ＝フィリップのもとで萌芽的に現れ、第二帝政とともに確立される新しい斬新な都市形態である。つまり収用が区画のあり方を大きく変えていた。従前よりも広くかつ一様な新しい区画は、より大きな不動産投資を求めた。また道路に沿った区画は、建物のファサードがかつてのように不揃いに凹凸をつくるのではなく、街路に面して整然と立ち並ぶことを可能にした。ブルジョワ世帯はアンシャン・レジームにおいて貴族の邸宅を特徴づけて

いた豪華さの一部をそこに見出している。ブルジョワ階級はその富をもはや隠すことなく、逆に、最初は控えめだったが、世紀末に近づくにつれ、またその勢力を強めるに従って、次第にこれ見よがしに誇示するようになった。アパルトマンは貴族階級が軽視し、庶民階級にとっては望むこともできなかった快適さを提供してくれた。しかし、貴族の邸宅で非常に重要だった表象機能は新しい住宅においても残っている。王権あるいは貴族階級と多数の民衆の間の権力の相違を表していたモニュメントと住宅との古典的な差異は、中間的階級の成長によって消える傾向にあった。一般の建物が徐々に巨大で壮麗になる一方、オペラ座やシャトレ広場の二つの劇場のように、モニュメントはブルジョワ化し、一般の建物に類似するようになったのである。各階の天井は今や同じ高さとなり、「贅沢な仕様のフロア」（étage noble）は貴族階級とともに消えている。街区間の相違が次第にはっきりするのに対して、一つの建物内の住居は互いに似たものとなっている。

　こうした均質化は単調な都市景観を生み出すおそれがあった。しかしフランソワ・ロワイエはディテールの多様性と全体の統一性とを調和させ、繊細なバランスのなかに一体感をもった都市を実現したその手法にオスマンの才能を見出している[17]。オスマンの実現した調和は次の二つの配慮から生まれている。一つは巨大な建物の均質さとディテールの多様性を同時に実現すること、今ひとつは、建物や公園から街区のまとまりに至るまで、都市のさまざまな要素を有機的に構造化したことである。例えばファサードは一般的に同一の設計図に従い、7階建てで6階部分にバルコニーの列、一定のサイズの窓と凹凸のない壁を有しているが、その結果、街路は個々の異なる建築物によってというよりも、むしろ一つの巨大な建物によって縁取られているように感じられる。しかし同時に、窓やバルコニー、門やコーニスの装飾は無限のヴァリエーションに富み、必要な多様性を実現していた。都市は一つの有機的構造によって秩序づけられており、その構造が都市の容量を制御している。すなわち建物、街路、四辻や公園、また街区は、それぞれが異なるサイズをもちながらも互いに連関し合うように設計された単位なのであった。オスマン以前、パリの建物の高度と道路幅員との間にはバランスが欠落していた。1783年の王令は建物に二つのカテゴリーを設定していた。一つは伝統的タイプで、幅員8m以下の道路に面する高度12m未満の建物である。今

ひとつは幅員8m以上の道路（通常、10-14mの大通り）に面し、高度17.54mに達するものである。実際、断面図で見た場合に街路が四角形の一辺に相当するとすれば、その対角線が建物の高度に対応していた。オスマンは街路の幅員と建物の高度との関係を確立することで、都市の枠組みに一定のバランスを設定し、断面が正方形になるように空間を描いたのだった（道路幅員と建物の高度は等しく18mとなる）。ではより大きな幅員の大通りの場合、このバランスはどう維持できるだろうか。1859年の建築規則は幅員20m超の道路について付属階の増設を許可し、それが外輪線を確立することとなる。オスマンはまた、主要な道路軸における調和をより高め、道路幅員の広さを緩和すべく大通りに街路樹を整備した。同様に、公園と四辻とのバランスも道路軸に調和するように計算されている。こうしてオスマンの都市は、その全体がさまざまな寸法ながら常に相互に関係性を保つように工夫された多様な要素からなる一つのまとまりに見えるようになる。他方でこの多様な要素が単調さの回避に寄与しているし、あるいは少なくともそう意図されている。このような合理的調和という原則のもとに建設されたブルジョワ都市は古典的な都市とは根本的に対置されるものだった。古典的都市における市街地の構成は著しくまちまちで、互いに全く関連しない要素から成っていた。つまりそこでは宮殿が貧弱な建物に隣接し、めいめいが自分勝手に建物を建てていたのである。オスマンの「偉大な構築物」（Grande Composition）[18]は七月王政期の都市計画に端を発するものではあったが、地主の建設するさまざまに異なる建築物をただ一つの全体に統合している。しかしサトクリフは、この都市計画が著しく高密度の街区を生み出す一方、パリを模倣した地方諸都市でも、中心部の密度を地価の許容水準以上に高めたことを指摘している[19]。

　ジュール・フェリーはオスマンの「架空の会計簿」を見事なまでに糾弾したが、知事に対する同時代人の最も厳しい批判の的は、彼が社会的分離を生み出したことよりも、財政を破綻させたことだった。実際、歳出は莫大であり市の予算の均衡を失わせた。1821年から1850年の間、パリ市の予算は均衡を保っており、その総額もほとんど変化していない。つまり毎年の歳入・歳出は約5,000万フランほどであった[20]。歳入の内訳は主として間接税（総額の70％）であり、なかでも入市税の占める割合が大きい。主な歳出は社会福祉費（14％）、一般庶務費

(12.5％)、市債償還費 (11％)、および国庫先行徴収分（市税の10％は国が徴収した）などからなる。19世紀中葉まで、特別な大型公共事業およびその維持費用は、年に12-16％を占めていた。しかし、ひとたびオスマンが知事に任命されるや、「臨時」予算は著しく膨張する。ちなみに1852年から1859年の間、事業は平均して年2,500万フランを要し、通常の歳入（これ自体が1849年の4,900万フランから1859年には8,000万フランへとほぼ倍増している）の30％を占めている。1860年には郊外コミューンの合併によって、歳入は1億400万フランへと跳ね上がった。1868年には1億5,000万フランと、1851年の3倍に達している。しかし、予算はもはや均衡を失っていた。1868年には10％の赤字が生じていた。1872年、アルファンは事業の総額を12億2,000万フランと試算しているが、その後1885年から1890年に至るまでの諸事業の完成に要した費用をこれに加えると、オスマンのパリ改造は総額25億フラン（francs-or：金フラン）、すなわち当時の国家予算1年分に相当するものと試算できる(21)。では誰がこの莫大な経費を負担したのか。国は結局5,000万フランの補助金しか支出しなかったが、地価高騰による税の増収分が2億5,000万フランに達する。つまり国家予算は、改造からおよそ2億フランを稼いだのである。パリの納税者もかつてに比べより多くの税を納めている。1851年に1人当り48フランだった年間の税負担は、1860年に61フラン、1868年には83フランへと負担増となった。しかしこの負担増はまだ小幅であった。税負担は倍増まではしていない。実際、オスマンは1858年までは事業費を不用地の転売によって捻出し、帝政の後半では市債によって調達している。資金調達システムが暴走するのはその時期だった。パリ市の市債について許可権をもつ国会議員たちは、次第にこれを拒否するようになる。そこでオスマンは、公共事業公庫の「委任債権」(bons de délégation) をパリ市当局の申し出を何一つ拒めなかったクレディ・フォンシエに割り引かせるという手法をもって違法な隠れ市債を発行し、障害を回避した。このように費用の大部分は市債によって調達されたが、それはのちの世代に費用負担を転嫁することだった。実際、1870年から第一次世界大戦までの間、第三共和政期のパリジャンも事業費の一部を負担しているのである。1914年以後は、支払停止令、次いでインフレが負債を縮小し、やがてゼロにした。市債を買った金利生活者たちは無意識のうちに大規模事業の資金を供給していた

ことになるが、その一部はこの市債によって破産した。1871年、オスマンの負債は、パリ包囲下で発行された公債およびプロイセンに支払わなければならなかった2億1,000万フランの賠償金とともに、パリ市の負債を6億3,600万フランに押し上げた。当時としては途方もない総額である。反面、パリは豊かで世論に信頼感を与えている。すなわち1871年、パリ市が公募した3億5,000万フランの市債は、15回にわたって申込金が払い込まれている。また国が賠償金の未払い分1億4,000万フランを負担したこともあり、パリ市の負債は縮小した。しかしながら、フランスの首都は長期間世界で最も多額の負債を抱えた都市であった。ちなみに1898年当時、パリジャンの1人当りの負債は236フランであったが、これに対してニューヨーク：123フラン、ベルリンもほぼ同額、ロンドン：74フラン、マルセイユ：53フラン、東京：5フランである。毎年の市債償還額も、1850年当時はパリジャン1人当り5.2フランにしかすぎなかったが、1870年には11フランに、1880年には24フランと増大している。パリジャンたちは、戦間期のインフレによってようやくオスマンの遺した重荷から解放されることになる。

　とはいえ、知事が犯した失敗からパリを解放することはさらに困難だった。古いパリを破壊し、ゾラが「富裕な私生児」と形容する様式の建築物に取って代えた知事の「ヴァンダリスム」（蛮行）を多くの論者が批判する。次のような辛らつな批評もある。

> オスマンの道路はしばしば役に立たず、またけっして美しくない。大半は唐突でどんな地点からも始まるが、どこにも繋がらず、すべての人間の足の向きを途中で逆にさせる。貴重な記憶を保存するには道路の流れを変えるだけで充分なはずだった。……レンヌ街の完成は、今や、学士院やシテ島の先端部の景観を、また破壊者たちが殺風景な場所にしてしまったシテ島の美しさをとどめるものすべてを台無しにするだろう。西部では、道路の開通によって人工的なこぶのような人口集積地が生まれたが、それはパリの平地に生えた奇怪なきのこのようだ。……東部の街区は、一夜明ければ突然に見下され、資産に恵まれた人々は誰もそこに暮らそうとは考えない。……
> 　オスマンは良いアイディアを持っているときも、それを適切に実現してい

ない。彼は眺望にひどく固執し、直線道路の先にモニュメントを置こうと配慮した。アイディアはすばらしい。しかしなんとぎこちないでき映えだろうか。例えば、ストラスブール大通り（セバストポール大通り）は、商事裁判所〔1865年竣工。もとはサン＝バルテルミー教会があった場所。〕の巨大な階段室に接しているし、オペラ大通りはオテル・ド・ルーヴルの管理人室にぶつかっている。歴史的な道筋に従っている場合も、その景観を損なっている。つまり本質的には、十字路から北方向への道路を二重にすることが必要だったのであり、サン＝ドニ、サン＝マルタンの二本の街路のそれぞれの片側を取り壊せば充分だった。彼がこうしたディテールをどれほど考慮しているかがわかっていれば、経済的な理由をもって反対はしなかったであろう。しかしオスマンは二本の街路を著しく狭隘なままにうちおいた。またさほど広くもない中央部に植樹された大通りは醜く、二本の平行する街路よりも役にたたない。

　オスマン化しすぎたことではなく、それがあまりに不充分だったことを批判すべきである。理論的に誇大妄想であったにもかかわらず、実践においては視野の広さはどこにも感じられず、将来への展望も見られない。視界の広がりはどこも不充分で、道路はすべて狭い。彼は壮大さを求めたが、偉大さはみなかった。的確さも、将来も考えなかった……。何よりも、第二帝政のパリは美しさを欠いている。真っすぐな大通りのどれ一つとして、サン＝タントワーヌ街の見事な曲線のもつ魅力を備えてはいない。……加えて、一貫性に欠けるこの都市は堅固ではない……オペラ座には亀裂が入り、トリニテ教会は風化し、サン＝トーギュスタン教会も頑丈ではない。この途方もない努力がわれわれに残したものはつかの間のパリでしかない。それは永続するものではない。それは美しくもなければ、合理的でもない。このように大規模な事業でこれほど空しいものはめったにない[22]。

　オスマンの整備した交通網はたしかに失敗だった。主たる必要とそれによって設定された目的は駅と駅とを相互に結ぶことだった。しかし北駅と東駅を除いて、他の駅に便利に結ばれている駅は一つもない。人はこの明白な失敗の証拠を指摘することを忘れていない。つまり1872年当時、オスマンによる大通りはまだ竣工

していなかったが、すでに鉄道（のちのメトロ）でそれらをどう補強するかを議論していた。新交通網の形態自体が便利というよりもむしろ人目を引くだけだった。

　　活気のない街区は別として、19世紀の大通りはときにあまりにも狭いうえに、四辻というばかげたアイディアによって問題は増幅していた。それは見当違いの方向への努力の典型、近代的なパリの傷だった。何をおいても交通の合流点ができるのを避けなければならなかったのに、それらを生み出していた。交通が流れるようにしなければならないのに、きまって渋滞させている。……ゆったりとした充分な規模がないのと同様、オスマンのパリには理性が欠落している。例えば、不潔と渋滞の際限のない原因だった中央市場は分割して周縁部に置くべきだった。それを中心部に置いたのである(23)。

　実際、中心部の古い街区の地主や商人はその利害から、競争相手に対抗すべく、北部および西部の新しい街区に開かれた大通りと同じほどに広く、美しい道路を要求していた。
　しかしそうした期待に反して、大規模な取り壊しは旧中心部への過度の集住に間違いなくブレーキをかけ、都市全体への人口と不動産投資の適切な配分に寄与している。アルブヴァクスは、それまでアクセス不能の都市空間（とくに西部）を可住地に変えた新道路の建設がなければ、中心部の家賃の高騰はもっと激しく、住宅難はより深刻になったと指摘する。何はさておき、さまざまな事業はパリを魅力的なものにしたのだった。そうした事業は富裕階級をパリに引きつけ、重心の移動という代償は支払ったにせよ、そこにとどまらせることによって、パリがアメリカの諸都市やブリュッセルのように、オフィスの集合体、事務労働者が郊外の戸建て住宅に帰っていく夜には空っぽになる貝殻のような都市になるのを阻止したのである。パリが魅力ある中心部と人を魅了する都市生活を維持できたのは、おそらく、古い街区の破壊者たるオスマンのおかげなのである。しかしその代償は、貧しいパリジャンの排斥だった。
　内乱を回避し、パリはもはや暴動とは縁がないことを資産ある者に確約するこ

とは、オスマンの主要な目的の一つだった。これは二つの方法で達成された。一つは都市施設の近代化を通して貧しいパリジャンの生活環境を改善することであり、彼はそれに努めている。今ひとつは、容易に危険な存在になりうる労働者階級をパリから放逐することだった。第二帝政は、それもそのはず、こうした政策をけっして表立っては主張してはいない。しかし、実行したのである。パリ中心部から貧しい住民が消えた。シャトー＝ドー広場（今日のレピュブリック広場）周辺に幾本もの新しい大通りが開かれると、10区の多数の住民は20区への転居を余儀なくされている。労働者への恐怖には相当なものがあり、ドゥヴァンク［Devinck, François-Jules (1802-1878)：パリ出身の商人で、1849-1870年までパリ市議会議員を務めた。1852-1863年まで立法議会議員でもあった。］は、パリから工業を追い出し、首都を奢侈品に特化した純粋な商業都市とするために、工業用の原料が享受していた入市税免除の廃止を提案している。しかし、大規模な土木事業は同時に貧しく根無し草的な労働者を大量にパリに引き寄せていた。彼らは容易には仕事を見つけられなかった。知事ランビュトーは、大事業が深刻な社会的格差を招くのではないかと20年も早く懸念を表明している。ルイ・ラザールは［Lazare, Louis (1811-1880)：パリ史の専門家として Revue Municipale の創刊と編集にあたった。］1861年、「パリにやってくる100人のうち、4人は贅沢品を持ってくる。16人は不自由なく暮らしている。残りの80人はパリにすべてを要求する」(24)と記している。貧困者が北部および東部に向かってパリ中心部を離れたとすれば、富裕な人々もまた西部および北西部へとパリ中心部を離れ、オペラ座やエトリール広場、またモンソー平地の周辺に開かれた新しい街区に住んだのだった。ランクタンのように、北西部への中心市街地の移動を恐れ、東部での住宅建設によって均衡を保つことを提案した七月王政の指導者とは大いに異なり、オスマンは経済活動の移動と居住地の変更、すなわち帝政の全期間を通じて加速した住民の移動を阻止するための方策は何一つ用意していないように思われる。パリの大きな不均衡、つまりパリの貧しい東部と富裕な西部との対立は、たしかに1840年以前に顕在化しているが、第二帝政のもとで、知事の改造事業の直接の帰結として、パリの基本的な特質となったのである。1990年、首都は依然としてこの特質から自由になっていない。

　　この改造はまた一方で、重大かつ深刻な、また永続的な社会的変容をとも

なっている。それぞれが固有の特徴と暮らしをもつ小都市の集合体として存立し、そこに自然と歴史とが一つのまとまりのなかにも多様性を織り成しているような都市の個性を、パリは永遠に失った。中央集権と並外れた野心が人工的な都市を生み出し、パリジャンは、彼らの本質的な気質だが、もはやパリにいるようには感じない。そして可能とならばすぐにパリを離れている。ここに保養地への偏愛という新たな欲求が生まれる。……国際色豊かな交流地となった都市のなかで、パリジャンは根無し草になってしまったように見える[25]。

　第二帝政の都市政策は労働者をグルネル、ベルヴィル、ヴォージラール、メニルモンタンなどパリの周縁に追いやった。そればかりか、パリの周囲に本当の郊外を生み出し、そのあまりの特異さゆえに他の大都市圏の郊外に類例がないような、そうした環境のもとに彼らを置いたのだった。ウィーンの場合とは異なり、パリの郊外には、労働者として働こうとパリに出てきた貧しい農民たちはさほど住んでいない。またロンドンの場合と異なり、中心部の渋滞や建物の老朽化を逃れた裕福なブルジョワもそれほど住んでいない。住民のより多くは、次々と押し寄せる波のように、自分たちの都市（パリ）の中心部から追いたてられた職人たちや下層の事務労働者たちだった。パリの郊外は人々が追放された、まさに「追放地」を意味している。その様相はオスマンの事業以前にパリを取り囲んでいた周辺のフォブールとは大きく異なっている。つまりそれら当時の周辺フォブールは主要な道路沿いにできた大都市のこぶのような街を形成しており、いわば都市生活が拡張し農村部に浸透しているようなものだった。これとは反対に、郊外は、オスマンの登場以降に特異な様相を帯びて現れたのである。すなわちそれは貧困ではあるが都市生活に親しんだ庶民が押しやられた場所、けっして都市ではなく、それ以上に田園とも言えない場所であり、都市文化とは異なる特異な文化が、都市文化と隣合わせに、しかしそれに敵対するように形成されたのだった。その結果パリは、郊外に対して軽蔑とおそれの入り混じった感情を抱くようになるが、そうした感情はメトロが構想される際に顕在化する。メトロは文字どおりパリのものとして維持され、戦間期においてもそのことに変化はなかったが、その間、

郊外は無関心と無秩序のなかで成長したのだった。今日なお都市と郊外との間に看取されるこの厄介な諸関係はオスマンの残した負の遺産である。周辺部（périphérie）に貧困層、中心部には都心に暮らしつつ郊外よりもさらに遠方の田園に別荘をもつ富裕層という、パリに固有の社会構造の起点は第二帝政期まで溯るのである。フランスの首都はこうして極めてユニークな構造をもつこととなるが、それはまた地代の分布や社会集団の分離に大きな影響を及ぼしている。

自由都市パリ：パリ・コミューンの意味

ブルジョワたちに追われた都市を取り戻そうとするパリ・コミューン参加者の血にまみれた努力は、こうした負の遺産のむごたらしい帰結だった。パリ・コミューンとパリの成長・変化との関連はほとんど研究されていない。実際、この時期を対象に多くの紙幅を割いてきた歴史家の多くは、その革命的で国際的な側面を強調してきた[26]。しかしパリ・コミューンは何よりもまず都市の運動、優れてパリ的な運動であった。それはけっして一貫性のある反乱ではなく、しばしば矛盾した外観を呈する一連の運動であった。その方向は、外部の衝撃（それにしてもなんという衝撃であろうか：戦争、敗戦、パリ攻囲、農村と王党派の利害を代弁する議会の成立）が新たな脅威をもたらすのに応じて変化したのである。パリ・コミューンの運動は、1848年以来、フランスにおけるパリの役割が根本的に変化してきたことに対応していたように思われる。

愛国的なパリ

1870年9月2日、フランス軍第二師団がスダンで降伏した。皇帝も捕虜となる。敗戦の報は9月4日、パリに届いた。帝政は崩壊し、市庁舎において、大半はパリを代表する議員によって臨時国防政府が組閣される。このときすでに首都は地方を警戒している。帝政下、パリは反体制の立場を維持していた。1870年5月に実施された人民投票において、ナポレオン3世は圧倒的多数の「支持」票を獲得していたが、首都では「反対」票が上回ったのである。9月4日の直後、デュパなる一市民が、各街区において代表者を選挙し、彼らが行政区（アロンディスマ

ン）の代表を選出するという仕組みを要求した。9月11日、これら区の代表者たちが参集し、のちの名もないコミューン政府の違法な萌芽たる、パリ20区中央委員会が立ち上がる。1世紀の間、常に上から課せられてきたパリの都市政府が、初めて下からの創意によって生み出されたのである。しかしパリ20区中央委員会の関心は純粋に愛国的なものだった。つまり戦争の続行を望んでいた。その最初の声明文（初の「赤いポスター」で、9月14日、首都の家々の壁に貼り出された）はただ一つの目的、つまり祖国防衛の組織化しか掲げていない。プロイセン軍は急速に接近していた。彼らはパリの正面に本拠を設営し、9月19日にはパリを包囲したのである。外相ジュール・ファーヴルは、その翌日、直ちに国防政府の名で秘密裏にビスマルクとの交渉を始めた。首都は、バゼーヌ将軍が包囲されているメッスと並びレジスタンスの最前線の一つとなったが、けっして正規軍を頼みにしていなかった。その結果、国民軍を増強し、1793年以来初めて、あらゆる社会階層のパリジャンを組織し武装しなければならなかった。10月9日、内相ガンベッタは国防体制をまとめるべく、気球で地方に赴いている。各区の委員会は防衛強化のために、地方代表との「協議」を任務とする「特別代表」を地方に派遣することを要求した。つまりパリは、農村フランスに対して、彼らが「徹底的な」戦争遂行にパリほど積極的ではないとすでに漠然と感じていたのである。他方、パリ20区中央委員会は、9月20日、全会一致で「パリ・コミューン」（Commune de Paris）の樹立を決議した。この言葉の意味を尋ねた代表に、中央委員会は「通常の都市政府以上のもの」と答えている。それはまだ漠然としてはいたが、地方はすでに興奮していた。ボナパルト派に属す旧国民議会の一議員は、「この名前には血が染みついている」と記している。1793-1794年の革命とエベール派の指導したコミューンの記憶が圧倒的な重さでのしかかり、人々の精神を高揚させ、あるいは恐れさせた。9月22日、中央委員会は次のような宣言を発した。「主権を有するコミューンは革命的手段をもって敵を討ち、諸利害の調和を進め、市民自身の手になる政府を樹立する」と。ここで委員会は、都市自治による直接統治という仕組みを確立するために、サン＝キュロットのかつての要求を再び用いている。コミューンが「諸利害の調和」を実現するという抱負について言えば、委員会は、階級闘争というマルクス主義の考え方にはっきりと対立していた。

ではこの「主権を有する」とされる初期パリ・コミューン（avant-Commune de Paris）とは何か。それを構成することになる市議会選挙が幾度も延期され、パリには、大きく信用を落としていたこれまでの区長と、公選ではあるが違法な決定機関たる中央委員会を除いて公選の権威（政府）が存在しない以上、それは単なる言葉にすぎなかったのだろうか。その目的は何か。国防政府の情熱と愛国心を疑っていたパリは、権力を掌握しフランスを統治しようとしたのだろうか。それともむしろ、独り孤立することによって圧制的な政府から身を守ろうとしたのだろうか。このように相対立する諸傾向が並存したが、それは危機がつのるに従って一層顕著になった。10月8日に中央委員会が決議し、穏健派である多数派の代表の一人、ルヴェルデ（Leverdays）によって起草された基本原則の宣言が、一つの答を与えてくれる。

　　祖国の未曾有の危機のなか、政府の基本方針と中央集権が無力であることが決定的になった以上、われわれはもはやフランスの全コミューン（Communes de France）の愛国的な情熱にしか希望を見出すことができない。それらは状況の力そのものによって、自由で自治的な、かつ主権を有するものとなっている。……
　　パリではガリア人の責任が復活し、そのイニシアティヴが期待されている。……パリ市民の公選の代理人たる国防政府の現メンバーたちは、彼らが選挙人に成した明確な約束、つまり自治というパリジャンが有する権利の回復を精力的に追求するという約束によって初めてその地位にある。
　　1794年以来、中央政府は単にパリの自治都市としての生命（la vie municipale）を絶えず抑圧するだけではなく、それを暴力的に奪い取り、首都と地方諸県との間に憎悪と誤解のもととなる慨嘆すべき種を生み出した。……
　　しかし、パリ・コミューンは他のすべてのコミューン同様、その固有の自治の範囲に厳格に自己抑制すべきである。つまり国家的な諸権力の決議や行動に対する統制力を行使するという権利を主張することはできない。……
　　パリ・コミューンは政治の単位である。……国家はフランスの全コミューンからなる連合体でしかない。……コミューンの自由（la liberté municipa-

le) という原則は、つまるところ、各コミューンの不可侵性という原則以外の何ものでもない(27)。

　最後の一節は、都市を一つの有機体、あえて定義する必要もない固有の人格をもった一つの個と見なしている。だが国防政府のメンバーたちがすべて首都の代議士であるという事実は、恐るべき曖昧さを招くこととなった。つまり、彼らがパリジャンたちによって選ばれた者であるがゆえに、パリジャンは彼らに説明を求める権利を有していた。しかし、まさにそのために、中央委員会の宣言（10月8日）が逆のことを主張していたにもかかわらず、パリがフランスを統治しようとしているかに見えたのだった。しかしながら、ルヴェルデの起草文に深い思想的影響を与えたプルードンは、当時、こうした傾向を次のように非難している。

　　中央政府はその構成単位（コミューン）に対してけっして優位を占めることはできない。……連邦制は帝政民主主義や立憲王政における上下の序列関係あるいは中央集権制に対置されるものである。連邦制においては、中央政府の諸権限は一部の領域に特化・制限され、その数と直接性、また統制力を減ずることになる(28)。

　プルードンにとって、連邦制の原理とは、権力が人民に由来することを前提に、人民が権力の階段を上るにつれて政府の権力が下から上へと小さくなっていくことを保証するものだった。先の基本原則に関する宣言はプルードン主義者たちの夢をよく表現してはいたが、思想的な混乱は極みに達していた。なぜなら起草文を支持した中央委員会のメンバーの大半はプルードン主義者ではなく、ブランキストであるか、むしろしばしば、1793年の偉大な記憶に取り憑かれたジャコバン主義やサン＝キュロット主義に拠ってたつ者だったからである。ブランキストたちは逡巡していた。つまり1793年のコミューンのような一つのコミューン（自治政府）という理想がある。それはたしかだった。ただしその理想はエベールの主張した力ずくの革命的手段によるコミューンであり、ペティオンの主張する合法的に選出された保守的なものではなかった。ペティオンとエベールとが死ぬまで

対立していたように、混乱の根は深かった。ジャコバン派は、それ自体が中央政府でもあるような自治的コミューンを望んでいた。彼らのなかで最も威厳に富んだドレクリューズは「コミューンは公安委員会でなければならない」と記している。ルージュリが極めて的確に強調しているように、サン=キュロット的コミューンとプルードン的コミューンとの間で、矛盾は危険なものになっていた。しかしながら中央委員会は二つの思想的傾向を容認し、それらを一つの文章のなかに一緒にしたのである。

　10月31日に知らされたメッスの降伏の後、一つのコミューンを認めさせようとした人民の試みは、激しい対立ゆえに頓挫した。自治的なパリのコミューンという構想は後退していた。つまり、11月3日、パリジャンの86％は国防政府への信任を新たにしている。それを拒否したのは14％だった。また2カ月半待たれていた市議会選挙に代わる区長・助役選挙で「赤い」代表を選出した区は二つしかない（19区および20区、すなわち北東部の労働者地区）。他に揺ぎない信念をもつ共和主義者を支持した区が三つある（3区、11区および18区である。18区はクレマンソーを再選している）。残る15の区は穏健派を選出している。しかし、包囲の悲惨さによって、またそれ以上に軍事的敗北によって、革命的な諸傾向は次第に激しさを増していった。さまざまな攻撃の試みは、指揮・統率のまずさ、稚拙な連携、さらに悪装備とで、流血の敗北に帰結した。包囲の悲惨に促され、多数の政治結社（clubs）や委員会がコミューンの樹立を要求したが、それは日増しに強まりパリを公然とフランスに対立させ始めたのである。

　　コミューンはフランスの上にたつことをけっして要求してはいない。そうではなく、コミューンはもっぱらパリ固有のものとなろう。しかし、パリを救うことによって、またパリとともにフランスを救うことによって、コミューンは地方諸県に一定の条件を課す権利をもつこととなろう。例えば地方諸県が王政復古をコミューンに要求した場合、それを拒否したり、必要であればパリに共和政を維持する権利を、コミューンはもたないというのだろうか[29]。

第2章　都市の近代化 (1850-1890)　99

　1871年1月6日、2回目の「赤いポスター」が、あまりに優柔不断と見なされた国防政府の政策に反対するよう人々に呼びかけた。しかし19日には、ビュザンヴァール＝モントルトゥでプロイセン軍の前線を突破しようとした新たな攻撃も失敗する。1月29日、政府はパリ降伏と休戦条約に調印した。プロイセン軍を撃退するという役割を担いながらいまだ幽霊のような組織であった初期段階のパリ・コミューンは、正式に樹立される前にその存在理由を失ったのである。すなわち最初の段階が大きな失望とともに幕を閉じた。包囲されていることの苦痛、愛国的な情熱（混乱をともなってはいたが）、国民軍の堅忍不抜（アマチュアリズムに彩られていたが）、飢餓、死。これらすべての犠牲が無駄になったように思われた。と同時にパリは、けっして従軍しなかった地方フランスの支持する一政府によって、敵の手に委ねられたような印象を抱いた。パリは改めて裏切られ、見捨てられたと感じたのである。

革命的なパリ

　1871年2月8日、安定した、かつ正統性を有するフランス政府との交渉を望んだビスマルクの圧力のもと、国民議会選挙が大急ぎで実施された。パリは愛国的な共和派議員をボルドー〔国民議会が成立した都市。〕に送っている。パリ選出の前議員でもあった前国防政府のメンバーは、ジュール・ファーヴルを除いてすべて落選した。しかし、総数約700人の議員のうち、すみやかな講和への調印を望む450人の王統派議員が地方で選出されている。彼らの成功には宗教団体が重要な役割を果たしていた。それは、パリにとって屈辱であったという以上に、1815年の過去の悪夢が再現したように感じられた。人々はコミューンをしばしば1848年6月の暴動や1830年の革命、あるいは1793年の革命に関連づけたが、おそらくはワーテルローで受けた深い心の傷を無視していたのだろう。再び、今ひとつの帝政が戦場のなかで崩壊し、外国軍が首都を包囲し、あまりにも急いたように見えるが、地方が講和に調印し、王党派と貴族と司祭たちを権力につけたのだった。パリはこの過ぎ去ったはずの専制支配への復帰に対抗して立ち上がり、ほとんど日の目をみなかった初期のコミューンとは全く異なる使命をもったコミューンを新たに組織するのである。重要なことはもはやプロイセンと戦うことではなく、王党派と司祭

を拒絶すること、そのために地方に対抗することであった。国民軍は2月に入るやすぐに国民連盟を結成する。2月15日、ドゥアーヌ街のヴォクサール会堂（la salle du Vauxhall）で、連合した大隊が臨時の委員会を選出したが、この委員会は、パリが武器と大砲を維持すること、戦争を「徹底的に」継続することを決定する一方、国防政府の糾弾を要求した。それは愛国的ではあるが実現可能性のほとんどない要求であり、コミューンが二つの時期の間の過渡期にあることを物語っている。ボルドーの国民議会は対立をあおっていた。パリ選出の議員たちは野次と侮辱で迎えられた。農村選出の議員の一人は、彼らを指し示しながら、「彼らは内乱の血にまみれている」と叫んでいる。またある地方選出議員は、「共和国万歳」と叫んだパリの議員に「あなたは国の一部でしかない」と応酬している[30]。議員の一人であり、パリを擁護していたヴィクトル・ユゴーも激しく侮辱された。彼はほどなく平和問題で辞職する。3月3日、ヴォクサール会堂において、国民軍連盟大隊の代表者たちは農村部の憎悪に満ちた示威活動に対抗し、「政府の本拠がパリ以外の場所に移されるような場合には、パリ市は直ちに独立した共和政政府を樹立する」旨、満場一致で決議した。これは首都とフランスの他の部分とを分かち始めていた溝の深さを表す動議であった。すでに2月24日には、ヴォクサール会堂における国民軍代表総会が国民軍連盟の大隊からなる中央委員会（20区の代表者からなる旧中央委員会と混同してはならない）を選出していたが、これがパリの第二の権力を形成し、各区の区長と競合、やがて紛争状態に陥る。しかし新しい中央委員会は実際にはパリの一部しか代表していなかった。つまりブルジョワ層の諸区（1、2、7、8、9、16の各区：ほぼすべてがパリの西半分に位置する）はヴォクサールに代表者を派遣していない。かろうじて企業の過半数だけが委員会を選挙している（2,575団体のうち1,325団体）。つまり委員会は革命的傾向をもついくつかの労働者の区（13、19、20の各区）を代表していたが、なかでも小規模な雇い主や商人、また事務労働者らを代表している。それはプロレタリア（無産者層）を代表するものというよりは民衆を代表するものだった。他方、3月10日、ボルドーの国民議会は、427票をもって、パリを非首都化すること、政府機関とともにフォンテーヌブローかブールジュに移転することを議決した（これはシャルル7世の軽挙を想起した結果だろうか。この革命の時代は過

去へのまなざしを持っていたように思われる）。他方、ティエール（フランス共和国行政長官）は新首都をヴェルサイユにするとの約束を取りつけた。これもまた宮廷が都市を警戒していた過去の時代の追憶による。さて国民議会は無分別によるものか、あるいは挑発するためか、1870年8月13日から11月13日の間に満期となる商取引上の手形について、以後債権者が請求できることを決定した。小規模商店主たちは5カ月に及ぶ包囲を経験したのち、8月13日以前に振り出した手形について、1871年3月13日以降、決済を開始しなければならなくなったのである。他方でそれは数百という商店主らを破産に追い込むことになった。なぜなら銀行は閉鎖されており、手形を割引いてもらうことも不可能だったからである。議会はさらに追い討ちをかけるように、家賃支払猶予令を解除した。すなわち家主たちは滞納家賃を請求できるようになった。国民議会はパリを絶望に陥れたのである。不安を感じたティエールは首都の武装解除を決定する。国民議会とパリとが紛争の渦中にあるなか、この措置はおそらく不可欠であったろう。しかし、パリジャンたちのうちに依然、愛国心がしっかりと根をおろしていただけに、また彼らから奪うべき大砲が彼らの所有物であっただけに、それは危険なことでもあった。彼らは寄付を募ってそれらを入手していた。

　パリ・コミューンの真の起点を刻印する1871年3月18日のパリの蜂起は、充分練られていない企てに対する自然発生的で秩序だっていない反発だった。当初パリは、早暁大砲（400門あり、うち200門はモンマルトルに置かれていた。驚くべき数の砲門である）を奪いにやってきた政府軍部隊に手を出さなかった。次いで目覚めるや、引き馬に飛びかかり、部隊と連帯して大砲を元に戻したのである。午前10時を過ぎると、モンマルトルやフォブール・サン＝タントワーヌに最初のバリケードが築かれた。ティエールは自分に残されていた部隊をオルセー河岸に撤退させ、次には、驚くべき決断であるが、オスマンが戦略的地点に注意深く設営した兵舎のすべてから兵を引き上げさせたのである。午後4時頃には最終的にパリを離れている。さらに意外なことに、パリからの撤退の途次、彼は重要な要塞たるヴァレリヤンの丘〔パリ西郊・ブーローニュの森の西の丘陵〕からも兵を引き上げさせる命令を下した。そこは何ら脅威に晒されておらず、プロイセン軍も奪取できなかった要塞であり、パリ防衛の要衝の地であった。他方、中央委員会もティエールと同じほ

ど驚いていたように見える。つまり全く予期せず、内乱のなかに投げ出されたことに気づいたのである。パリは引き裂かれた。「赤い」街区（ラ・ヴィレット、ベルヴィルや13、14、15の各区）では委員会が蜂起したが、富裕な街区（1、2、16の各区）は「秩序」の維持に忠実だった。3月20日、区長たちは、選挙を26日と定めた中央委員会と対立することになる。パリジャンたちは自由に選挙しているが、参加できたのは28万7,000人にすぎない。この日選挙された代表者たちが、真にコミューンの名に値する唯一の議決機関たるパリ・コミューンの正式な構成員となる。

　ではパリはフランスで孤立していたのだろうか。完全に孤立していたわけではないが、それに近い状況だった。地方の大都市は動き始めるまでに4日間待っている。コミューンの態勢を整えようとしているところもあるが、あまりに弱体で数日のうちにあっさりと一掃された。リヨンのコミューンは2日しかもたなかったが（3月22-24日）、サン＝テチエンヌのそれは今少し強固で、24日から28日まで耐えた。リモージュとマルセイユのコミューンはともに23日に宣言されたが、4月4日および5日に瓦解した。ナルボンヌのコミューンは1週間（3月24-31日）、トゥールーズのそれは22日から27日まで存続した。パリ・コミューンに好意的な歴史家たちは、労働者階級全体が蜂起したことを示さんと、こうしたいくつかの反乱を強調してきた。しかし、むしろこれらの散発的な運動の脆弱性に、とりわけそれらが大工業地帯ではなく都市のなかで起きていることに驚きを禁じえない。蜂起の10日後には、パリはほとんど唯一のコミューンとなり、そのことがコミューンのもつ優れてパリ的な特質を裏づけることになる[31]。

　はじめから二つの権力が並存していた。一つは国民軍中央委員会の権力であり、それは選挙の後も解体されず決定権を掌握し続けた。今ひとつがコミューン評議会である。投票によって成立したが、個人的な確執に加え、急進的な多数派と、よりインターナショナルに近い穏健派の少数派とに分裂していた。これらに加え、4月28日、公安委員会の設置が提案される。このぞっとするような名称はメンバーの優柔不断な性格に一致しているわけではないが、広範であいまいな権限を持っていた。結果、街区の諸委員会としばしば我意しか通さなかった国民軍大隊の指揮官たちを除き、三つの権力が判断を下すことになった。コミュナール（コ

ミューン参加者）たちによる準備不足のヴェルサイユ攻撃は、4月3日、完全な敗北に終わる。5月16日、ヴェルサイユの国民議会は共和政の宣言を拒否する。5月21日、ヴェルサイユ軍は、ほとんど警備されていなかったサン゠クルー門を通ってパリに入城した。首都の秩序は、5月21日から28日にかけての市街戦と虐殺の耐え難い1週間を経て回復するのである。ティエールの軍隊は主にセーヌ川に沿って、とくにパリの外側をティエールの城壁に沿って移動し、警備のあまい市門を急襲するほか、コミュナールのバリケードをしばしば迂回した。コミュナールたちは、なかでもモンマルトル、メニルモンタンなど最も庶民的な街区で抵抗を続け、ベルヴィルでは他所よりも一層しぶとく抵抗している。コミュナールたちは戦闘で1,000人あまりのヴェルサイユ兵を、また100人近くの人質を殺害した。つまりおよそ1,100人が犠牲になった。他方ヴェルサイユ兵らは、男、女、子供、合わせて1万7,000人以上の人々を虐殺したことを告白している。さまざまな証言に従えばその数はさらに膨らむ。ルージュリは死者の数について慎重にその2倍、すなわちおよそ3万5,000人と主張している。ヴェルサイユ軍は4万3,500人を捕虜にしたが、彼らを裁くのに4カ年を要した。それでもおよそ100人が処刑され、4,500人がニュー・カレドニアに流刑となった。コミュナールの一部は外国に亡命している。パリは1週間で10万人近くの住民を失ったが、建設労働者、木工職人、鉄職人、被服職人などのうちあまりに多くの働き手を失ったために、数年間熟練労働者が不足し、パリ経済は大きな打撃を受けることになった。ナントの勅令廃止の後と同様に、亡命者たちは彼らの知識と技術を外国、とくにイギリスに伝えている。

　都市もまた深い傷を負った。ヴァンドーム広場の記念柱の破壊がなかったならば（のちに画家のクールベの責任とされ、彼は財産を没収されて悲惨のうちにスイスに逃れざるをえなくなる）、コミューンはほとんど何も破壊していない。しかし流血の1週間は数多くの火災を発生させた。今日、「火を放った女性闘志」という神話を信じる者はもはやいない。保守的な人々のリビドーを実に明瞭に物語るこの幻想は、コミューンがその敵対者たちによって、恐ろしいほどの乱痴気騒ぎや日常的な底抜けの騒ぎの一時期と見なされていたこと、彼らが主に道徳的な観点からコミューンを非難していたことを想起させてくれる。街路を封鎖する

ためであれ、絶望から略奪を成すためであれ、おそらく放火犯はいたであろう。しかし二つの野営地からの大砲の砲弾が多くの火災の原因となっていることもたしかである。その諸原因が何であれ、火災は大規模な記念建造物(絶対主義の象徴たるチュイルリー宮、都市自治の象徴たる市庁舎、会計検査院など)を破壊するとともに、それらが蔵する古文書を焼き払った。膨大な文書が焼失している。しかし第三共和政は、歴代王政のシンボルたるチュイルリー宮翼棟の再建を拒否した。予期せぬこととはいえ、その帰結は計り知れないものとなった。すなわちルーヴル宮が、今や西方向に開かれた巨大なU字形を成してシャン゠ゼリゼへと向きを変え、いやがおうでもこの大通りの延伸を促している。今日、シャン゠ゼリゼはパリ大都市圏の成長の主要な都市軸を形成している。

コミューンの本質

ではコミュナールの革命からいかなる教訓を引き出せるだろうか。その悲劇的な歴史は人の心を激しく揺さぶり、情念をかきたてる。つまりしばしば人は予め設定された政治的枠組みのなかにこの革命を収めようとし、それが革命を歪めることになる。たしかにコミューンはまずは階級闘争であった。国民議会の委員会によって尋問された捕虜の大半は労働者か職人である(32)。しかし1871年の危機は、これまで充分に考察の対象とされてきた社会的・政治的側面にとどまらず、従来あまりにも無視されてきたパリの役割とフランスにおけるその位置を知るための貴重な手掛かりをも含んでいる。

ジャック・ルージュリは生き生きとした貴重な手掛かりを提供してくれるが、コミュナール(コミュヌー〈communeux〉とも呼ばれた)の姿を素描するために若干補足しよう。コミュナールは、民衆で、しばしば労働者、しかし職人でもあり、また小規模な商人か親方であったが、まず何よりも愛国者であり共和主義者である。愛国者、彼らはフランスが敗北することを受容しない。反軍国主義者であるが制服を好み、戦争に関するもろもろを好んだ。ナポレオン3世に対しては敵対する者であったが、第一帝政のよき兵士であったろう。バダンゲ[1846年、アム要塞に収容されていたルイ゠ナポレオンがここを脱獄する際に利用した石工パンゲにちなんだあだ名。]を利する国民投票のもととなった普通選挙を疑ってはいたが共和主義者であった。ルージュリは、こうした投票用紙への不信

感のなかに、「無学で当てにならず、パリについていくことのできない農民フランスに対峙する、学識深く成熟し、政治的なパリの何がしか誇りのようなもの」を見出している(33)。その第一の、最大の敵、それは司祭、「宗教の商人」だった。つまり1871年の反徒は、「非キリスト教化する者」であった(34)。とりわけ女性のコミュナールらは宗教がどれほど自分たちを苦しめているかを知っていた。「神を語ってはならない。この鬼のような存在はもう私たちをおびえさせることはない。それが略奪と暗殺の口実でしかなくなってからあまりにも久しい。……私たちは神を抹殺する」(35)。コミュナールの今一人の敵、それは家主(オスマンの事業が家賃の高騰を招いていた)と、食料品を買い占めてより高く転売した独占者である。彼らはかつてサン゠キュロットたちの主要な敵となり、ロベスピエールの尽力による名高い最高価格法の標的、恐怖政治の主たる犠牲者となった。コミュナールは、自らが好み、また嫌悪したものにおいて、1917年のボルシェヴィキに対するよりも共和暦2年(1793年)のサン゠キュロットにより近いといえた。彼らの信念は、1793年のパリ・コミューン(革命自治政府)の指導者の一人たるエベールの思想、とくに発展の遅れた地方フランスに対してパリ民衆の独裁を樹立しようという計画にしばしば影響を受けていたと思われる(36)。

　パリ・コミューンは、パリにおいて自由表現が許された一時期であった。1848年以来、人々が、あらゆる街区とくに最も庶民的な街区で結成されていた数多くのクラブで、これほどに世直しの議論をしたことはなかった。相矛盾する宣言や相反する投票から一貫した政策を導出しようとの試みは、不誠実なことであろう。コミューンには一貫した政策はなかったし、50日ほどの間にそれを練り上げるだけの時間もなかった。これまで多くの論者がコミューンの社会的な、また社会主義的ともいえる側面を強調してきた。つまりコミューンはパリの大工場での労働を組織しようと試み、家賃支払猶予令を出し、パン職人の労働条件を規制し、最も貧しい人々への扶助政策を開始したのだった。

　しかし、コミューンは根底においてまず何よりもパリに固有のものだった。オスマンの事業によって追い立てられた貧しいパリジャンにとって、コミューンは自分たちの都市を取り戻す機会と思われた。J.ルージュリは、アンリ・ルフェーブルの思想(37)に立ち返りながら次のように記している。

フォブールと「赤いベルト地帯」の人々、オスマンと帝政が追い出しパリの外側に「野営」させた人々が、今や自信満万にパリに逆流してきた。彼らは北ではモンマルトルから、またウードに続いてベルヴィルから、またヴァルランに続いてバティニョルから駆け下り、南からデュヴァルやファルトに率いられて上がってきたラ・グラシエールやモンルージュ、またグルネルといった地区の「貧しい人々」らと合流した。かつてのパリが現在のパリを再び支配したのだった(38)。

　イメージは美しい。だが、おそらくそれは部分的にしか正確ではないだろう。オスマンの事業は最も貧しいパリジャンを、まず徴税請負人の壁とティエールの城壁とに挟まれたより物価の安い環状地帯に放逐した。しかし1860年の合併はこの環状地帯をパリの行政区として再編し（8区-20区）、そこに従来よりも高い租税を導入した。また入市税も課税された。最も貧しい世帯は新たにパリの外側つまり郊外へと転居している。ではプロイセン軍がパリを攻囲した際、彼らはどうなったのだろうか。城壁の内側に避難したのだろうか。それともさらに遠方の田園地帯に逃れたのだろうか。それらを知るには資料が不足している。郊外を戦闘地帯とした攻囲は住民を駆逐し、郊外と都市との諸関係を曖昧なものにしてしまった。そのことが内乱の際には非常に重要になる。北東部の丘（ベルヴィル、メニルモンタン、モンマルトル）にとどまりコミューンに参加した人々は、おそらくは最も貧しいパリジャンではなかった。

　コミューンは指導者階級を不正で無能、著しく腐敗した者と見なし、彼らに対する軽蔑の思いを抱き続けた点でも注目すべきである。また旧弊で、キリスト教を信じ、あらゆる圧制者を歓呼して迎えようとするフランスの農村に向けられた同様の軽蔑にも注目すべきである。3月19日、中央委員会のあるメンバーは区長らに次のように明言する。「フランスについて言えば、われわれはフランスにさまざまな法律を強いるつもりはない……われわれはフランスの法律のもとであまりにも苦しんできたが、……これ以上農村の国民投票に従うつもりはない」(39)と。帝政の抑圧、国境での敗北と恥ずべき降伏を経た後での一定の手段によるコミ

ューンの樹立は、国の他の地域に対するパリジャンの不信感の表明、さらに言えば、テルミドール以来国家によって没収されてきた都市自治権を回復しようとの首都の願望の表現であった(40)。パリは自らに課せられた一般法の枠外にある行政制度を拒否し、「自由」すなわち自治を要求することをやめていなかった。「これまでわれわれは一つの群集でしかなかった。これからは一つの自治都市(cité)になる」(41)と。こうしたなか、主として地方を代表する議会は、その後さらに数年間首都パリに戻ることを拒絶している。例えば1879年3月、上院はパリに戻ることに改めて反対を表明していた。代議院は、この年、9年間離れていた首都に再び議会を戻すには、上院の反対を無視し、共和主義的な陶酔感に満たされるなかでコミューンの犯した罪への特赦を可決しなければならなかった。今ひとつ、パリ・コミューンには本質的な傾向がある。それが自由への欲求である。政治的自由への欲求は共和政への愛着を説明してくれる。また道徳的自由への欲求もあり、それは宗教への嫌悪感や宗教から自由な義務教育制度の創設を正当化する。これら二つの傾向は自治都市パリという要求に収斂する。しかしこうした思想的傾向のゆえに、コミューンは恐るべき二つの力によって打ちのめされ、この力が社会的反発とともにコミューンを粉砕することとなる。一つは名望家からなる地方という力であり、今ひとつは農村に根づく宗教という力である。

未解決の諸問題

コミューンについてはこれまで数多くの研究成果が生み出されてきたが、今なおさまざまな問題が残されている。いまだ充分に解明されていない問題をいくつかを挙げてみよう。例えば、オスマンの大事業はいかなる役割を果たしたのか。それらはコミューンの粉砕を容易にしたのだろうか。コミューン鎮圧がかくも残酷だったのはなぜか。19世紀末のパリがこれほどはっきりとフランスにおける政治的指導力を失ったことをどのように説明すべきか。

さてオスマンの大事業はヴェルサイユ軍によるコミューン鎮圧を利するものだったのだろうか。広幅員の大通りの主たる目的は、大砲による一斉砲撃と騎兵隊による攻撃によって革命を粉砕することにあると、しばしば語られてきた。すなわち「ここかしこ、いたるところサーベルで切り刻まれ血管を開いたパリは、10

万人もの建設労働者や石工を養い、見事な戦略的道路をもつに至った。古くからの街区の中心で、そうした道路に要塞が築かれよう」[42] と。しかし、ティエールはこうした都市内部の要塞を一戦も交えずに放棄している。オスマン自身は、1857年、必要な予算を確保すべく議会で戦略的道路の重要性について次のように説明している。

> 重要なことは、首都の主要な地点とそれらを守るための軍事的施設との間を結ぶ広幅員で真っすぐな充実した道路網を確立することである。

またヴァルター・ベンヤミンは次のように断言する。

> オスマンの事業の本当の目的、それは内乱の可能性に備えることだった。彼はパリの街路上でのバリケードの築造を永久に不可能にするつもりだった。……同時代の人々は彼の事業を「戦略的な美化」と命名している[43]。

こうした説明はほとんど説得力をもたない。多数のオスマン的な大通りは第二帝政に先立つ政治体制や異なる諸条件のもとにすでに計画されていたものだった。例えば、リヴォリ街はナポレオン1世によって、ラ・ファイエット街はルイ・フィリップのもとで計画された。またバスティーユ広場、ナシオン広場および現ダンフェール＝ロシュロー広場を核とする放射状道路は、総裁政府のもとに設置された芸術家委員会によってすでに青写真が作成されていた。さらに第三共和政はオスマンの事業を継続し完結させることにためらいを感じなかった。つまり労働者階級に対抗しようとのあらゆる政治体制による永続的陰謀を想定しない限り、先述のような説明は受け入れられない。また戦闘は、歩兵隊による、市街戦では珍しくないようなときには体をぶつけあう局地戦であり、さらに城壁の外側から包囲するという戦略が採用された。1848年の6月暴動の際に反徒がバリケードを築いたまさにその場所に、コミュナールらが自らのバリケードを築いたことを、ルージュリはいみじくも指摘している。オスマンの道路網は何も変えなかったのである。逆に、バリケードのこうした地域的集中は、二つのエリアへのパリの分

割(西の富裕なエリアと、東部、北部および南東部の貧困なエリア)が一段と助長されたことを物語っている。また1848年の反徒たちは主に南北の都市軸、つまりサン゠ドニ街、サン゠ジャック街に沿って抵抗した。他方、コミュナールらはとりわけ北部(モンマルトル)と北東部(メニルモンタン、ベルヴィル)に立てこもっている。オスマンの事業はパリ中心部から多くの労働者を立ち退かせていたが、それでも19世紀で最も深刻なパリの蜂起を阻止しえなかったのである。

　鎮圧の残酷さには今日でさえ驚きを禁じえない。最も厳しい歴史家たちはそこにブルジョワの残忍さのしるしを見てとるが、これはやや狭い説明の仕方であろう。しかしこれほどの虐殺は尋常ではない。6日間でおそらく3万5,000人が死亡している。多数の犠牲者を比較しうるという点に限っていえば、恐怖政治および大恐怖政治(Grande Terreur)のもと、内乱と外国との戦争という状況の最中に、1年間(1793年夏から1794年夏まで)、国土のおよそ3分の1を管轄したパリの革命裁判所が、4万人強の人々を処刑したことが想起されよう。またアルジェリア戦争の8年間、フランス軍は3万5,000人の犠牲者を出した。若年のパン職人の夜間労働の規制あるいは家賃支払猶予令が資産家たちをかくも不安に陥れていたと信じなければならないのだろうか。ヴェルサイユ兵らの手記を読めばより深い理由を見出せよう。彼らはコミュナールの何を非難していたのか。彼らに言わせれば、それは、コミュナールが社会改革にはほとんど取り組まず、しばしば反乱を起こすうえに、常に根無し草で道徳的に退廃していることだった。

> 悪を根から断ちたいならば、労働者階級の習俗と生活の諸条件を改善し、放浪の輩を一定の場所に定住させ、家庭生活を忘れてしまった者らにそれを教えなければならないだろう。……要するに、フランスは明日からすぐにでも都市の無産者(prolétaires)たちを教育し、定住させ、労働によって富ませ、教化しなければならない[44]。

　またリベラルな新聞であったはずの『ル・タン』紙も、「安寧を渇望するブルジョワ階級とは対照的に、享楽を貪る無産者階級」を公然と批判し、「フランスはともに悔い改めることによってしか立ち直ることができない」としている。反

徒たちは主としてその反道徳性を非難されたのである。

　　ほぼすべての被疑者たちが、完全な無学に加え道徳感を欠落させていた。……すべての、あるいはほぼすべての者が道徳心を失っていた。結婚している女たちでさえ同様である。怠惰、妬み、未知なる快楽への渇望、それらが彼女らを盲目にし、危険を顧みることなく革命的な運動に身を投じさせている(45)。

　男たちは必然的に酒飲みであり、女たちは売春に走っていた。総じて、彼らはすべての大罪を冒し、神の法に背いている。ヴェルサイユ軍の大半にとって、ただ単に反乱を鎮圧することが問題なのではなく、無神論者に対抗する十字軍の役割を担うことが重要だった。神に背いたコミュナールたちは革命家以上に罪深い存在だったのである。彼らは神聖なるものを冒涜するという、少し前までは名高い法律によって死刑に処せられた罪を冒していた(46)。実際、エスピヴァンの部隊はマルセイユのコミューンを鎮圧したのち、「イエス万歳！　イエス・キリストのみこころ万歳！」と叫びながら行進している。またペロー神父は、コミュナールに殺されたカプチエ神父（père Captier）を追悼する弔辞のなかで次のように記している。

　　カプチエ神父は1867年にこう明言していた。「野蛮人はわれわれの戸口にいるのではない。彼らはもっと近くにいる。彼らはわれわれの都市それ自体のなかにいる。神の正義の時がわれわれに訪れる」。彼は真実を語っていた。野蛮人らはわれわれの都市のなかにおり、政治的、宗教的、社会的秩序に反する最も恐るべき陰謀をひそかにたくらんでいる。
　　野蛮人！　古きガリアや中世のフランスを一掃したフン族やヴァンダル族、また北欧の海賊やサラセン人よりも、もっと野蛮なものども……。
　　野蛮人！　本当の野蛮人がやってきた。神に、また神の存在と結びついているがゆえに人間に、さまざまな事物それ自体に、石に、記念碑に、思考の作品に、神と人間に結びついているがゆえに芸術作品に、戦いを挑みながら。

彼らは、あらゆる法と保証、すべてのはかなきもの、一切の記憶、感謝の念など、すべてを踏みにじりながらやってきた(47)。

イスラエルの長老会議も手をこまねいているわけではなった。パリの大司教区に次のような書簡を送っている。

こうした恥ずべき手によって流されたすべての無垢な血(コミュナールによる犠牲者)が不幸なわが祖国をあがない、道徳心の再生のもといとなるよう、ともに祈ろう(48)。

とりわけ大都市において危険な、パリにおいてはなお一層危険と思われた無宗教は、社会の崩壊(カタストロフ)の主たる要因と見なされた(49)。

大都市、なかんずくパリにおいて、民衆が、財産や社会的地位、安楽や余暇の不平等と、苦難や頻繁に襲う予期せぬ苦しみのなかにあっても、信仰、宗教的実践および未来の生活への永遠の恵みのなかに道徳性と力、また慰めという原理を見出さない限り、安全も休息も得られないであろうことを、無信仰とはいえ、経済学者や政治家はどうして理解しないのであろうか(50)。

たしかに、1848年6月のパリの労働者の鎮圧は、反徒たちが宗教を攻撃したわけではなかったが、凄惨なものであった。しかし、それをはるかに上回る流血の一週間の残酷さは、鎮圧の道徳的な色彩が、反旗をひるがえす都市をただ単に制圧する場合にくらべて、ずっと多くの人命を奪う結果となったのではないか、と思わせる。農村部からの部隊は十字軍兵士のように振る舞っている。「プロシア人も、(フランスの)農民のようにはけっしてパリを扱わなかったであろう」(51)。キリスト教会は、やがてこの反乱が用いた神を冒瀆する言葉を償うために、コミューンの記念すべき場所の一つであったモンマルトルを選び、その記憶を覆い、消し去るかのように、ここに教会を建立することで十字軍を終結させるのである。ピエール・シトロンは、1830年以後の文学全体が、パリを堕落した都市、「現代

のバビロン」⁽⁵²⁾としてどのように非難してきたかを紹介している。19世紀を通じて蓄積されてきた怨念の当然の帰結を内乱のなかに見出す論者もいる。

　　パリはさまざまな「思想」とその担い手たちによって火を放たれ炎のなかにある。その炎はコミューン最後のうめきであったが、コミューン自体が大革命の最後の叫びの声であった！　歴史に類例のない狂乱、前代未聞の犯罪！　バビロンやその末裔たちも、古きソドムやゴモラも、このように自らの手で滅びはしなかった。火の雨、硫黄の雨、大量の流れるような炎、豪雨のような砲弾……。久しい以前から、私たちの知る限りでは40年以上も前から、ある預言がキリスト教世界に広まっている。また数百もの神託が途方もないカタストロフをフランスに告げている。……それらはすべて、パリが一つの事態に襲われることで一致していた。パリは焼き尽くされると（PARIS SERA BRÛLÉ）⁽⁵³⁾。

かくして、コミュナールの反乱は、その鎮圧の後でさえ、国民全体によって償われるべき国の恥と見なされることとなる。すなわち1873年7月、サクレ・クールの大聖堂は「公益に適った事業」としての認定を受け、これによって必要な用地の収用が可能となった。ヴェルサイユ軍の犠牲者は下層民であったが、こうした残忍さを、ある人々は、近代の大都市（パリ）に対する反啓蒙主義にたつ地方の辛辣な妬みによって説明しようとしている。

　　このような鎮圧の仮借のなさを説明するには、政治だけでは充分ではない。光に敵対する陰の憎悪、パリっ子風（パリジヤニスム〈parisianisme〉：まがいものであるか退廃的なものだが、彼らの好みからすればあまりに輝やかしいもの）に敵対する地方人の悔恨、分権主義的革命運動によっても奪取できなかった中心に対する周縁の復讐心を加えなければならない。さらにパリの不道徳と見なされているものに敵対する道徳的秩序を重んずる側の激しい怒り、勇気に対する臆病の側の怒りを付け加えなければならない⁽⁵⁴⁾。

パリ・コミューンにおいて主要な役割を演じているのが、オスマンの大事業によって引き寄せられた地方人である。蜂起の粉砕後、軍法会議に出頭した3万6,309人のうち、セーヌ県生まれの者はその4分の1以下、8,841人にすぎない(55)。1872年の人口調査はパリで198万6,972人を数えているが、そのうち、パリ生まれ（Parisiens）は64万2,718人であり、134万4,254人は地方出身者もしくは外国人であった。つまり彼らだけで3分の2以上を占めている。同時代人もこのことに驚きを隠さなかった。コミューンを一刀両断に糾弾したマキシム・デュ・カンは、しぶるパリジャンたちを引きずり込んだ、信仰も法ももたない根無し草たちの所業を反乱のなかに見て取っている。

> パリジャンは自分たちの風習や習慣、また関心に反する騒擾に対し、極めて慎重な態度をもって関わった。……革命のなかで、生粋のパリジャンは彼を取り巻く地方人の群れの下に押しつぶされている。

デュ・カンはさらに「パリジャンは相当に限られた存在であり、節度ある想像力をもち、小さな工場で働く腕のいい労働者、秩序が保たれさえすれば政府の形態はほとんど気にかけない人々である」と描写する。同時に、次のような言葉でこの点を補っている。「パリジャンは仮に革命を起こさないとしても、その準備は手伝うだろう。なぜなら彼らは本質的に反抗的であるからである。その気質、愚直さ、自分の考えをもっていることを示す際のばかげたやり方によって、あらゆるものを、他者も自分自身も、共和政も王政も、哲学も神も、意に介さない」(56)。ここにはパリを侵略し暴力をもたらす「野蛮人」への恐れという、首都への大規模な住民の移動の結果、19世紀に入るとすぐに現れたテーマを見出すことができる。この住民移動は同時代の人々を激しく動揺させたが、パリはフランスの地方人にとってエルドラドとなっていたのである。

> イギリスはインドに、ドイツはアメリカに向かった。ロシアは広大な領土を開拓し、イタリアはモンテヴィデオ［ウルグアイの首都］やメキシコに入植者を送り出している。フランスではパリへと人々が移住している(57)。

さて、19世紀後半、首都がかつてない繁栄を謳歌していた時期に、フランス全体の指導力を失ったのはなぜか、という問題が残る。16世紀中頃から、パリは幾度も政治体制の変遷を経験した。重要な政治運動でパリをよりどころとしないものは一つとして成功していない。なかでも大革命は初めから終わりまでパリの事件である。1830年、首都は再び賭けを主導したが、フランスは王朝の交替を支持したのである。しかし、1848年の2月と6月の間に、はっきりと裂け目が生じる。つまりフランスは王政の崩壊を承認することを拒んだのだった。

　1793年、1830年、1848年と、パリの反乱は三度その法をフランス全体に課した。しかし、最後の年、首都の無秩序はほとんど即時といってよい反応を惹起している。1848年2月の事件の2カ月後、「パリに対する憎悪は地方において普遍的なものとなった」(P. Gaxotte)。4月末には王統派議会が成立する(58)。

　国民公会の選挙を目的に1792年に確立されたものの、混乱の渦中にある国民全体には極めて不完全にしか適用されなかった普通選挙制度が、1848年に実際に実施された。パリは急激に人口を膨張させていたが、まさにそのために優越性を失うこととなる。1848年から1850年にかけての選挙戦には、明らかに首都の凋落が見て取れる。候補者たちはとりわけ農村部の支持を得ようと努めている。プランス=プレジダン〔大公ルイ=ナポレオン〕も農民や名望家らにパリの蜂起を鎮圧することを確約することによってその支持を取りつけた。つまりルイ=ナポレオンはフランスの大部分においてパリに対峙する者として選ばれている。コミューンにパリをのぞくフランスを蜂起させる力がなく、農村部の諸部隊によって粉砕されたことは、パリの優越の終焉を意味している。パリは今日に至るまで、もはや国家の命運を単独で決めることができなくなっている。

　こうした新たな政治的無能力は、それが19世紀後半に顕在化しているだけに一層驚くべきことである。まさにこの時代に、首都は驚異的な成長を経験し、すべての新交通機関がパリへと集中し、経済におけるその重みは増し、増加する人口

図8 相対的人口規模

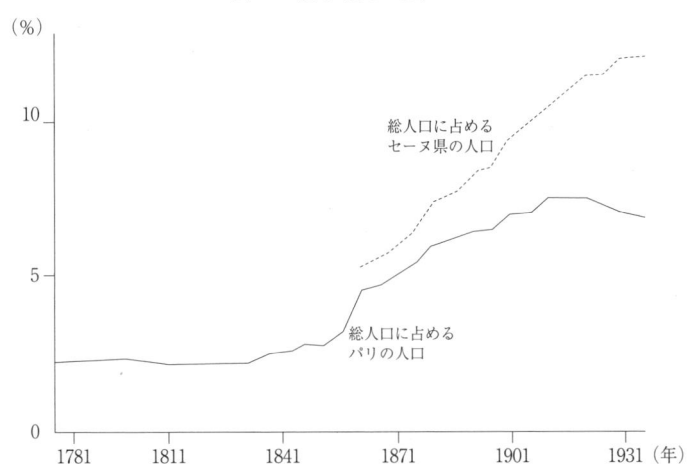

（グラフ：総人口に占めるセーヌ県の人口、総人口に占めるパリの人口、1781年〜1931年）

を集積させていたのである。1789年当時、パリはフランスの総人口の2％を擁していた。その後、1848年には2.8％、1870年には5.3％を占めるに至るが、この時期、郊外（図8）をも含めれば7％近くになる。首都の経済的・財政的支配力は加速的に増大していた。第二帝政崩壊の時点で、パリはフランスの経済活動と国富の15％以上を占めている。パリは世界的な大都市となることによって、フランスの地方にとってはもはや見当のつかないようなより大きな野心、より大胆な思想、さらに新しい欲求を持たなかっただろうか。大革命を起点とし、七月王政のもとで加速され、第二帝政期にはさらに力強いものとなった飛躍的成長は、大規模な商業と資本および工業の誕生とともに、おそらくパリで一つの臨界点を超えたのであろう。その結果、パリは新しい都市の風格を獲得するとともに、二つの異なる役割を担うようになったと考えられる。一つは、フランスの都市システムの頂点にたつ都市としての役割、フランスの他の諸都市の利害や政治的傾向、また道徳的傾向を代表するような役割である。今ひとつは世界的な大都市としての役割であり、ロンドンやウィーン、ニューヨークと競い合いながら、世界中から発信されるさまざまな思想に門戸を開き、フランスのものにとどまらない多様な影響に敏感となったということである。

共和政に対する愛着も選好も、他都市に勝るものがパリには存在せず、パリが一般に考えられるほどにはフランスを代表していないということをわれわれは否定しない。パリは独自の国家を形成しているのであり、世界の首都であると見なされるほどにはフランスの首都とは見なされていない。フランスはパリの郊外、その庭園、その農園にしかすぎない⁽⁵⁹⁾。

19世紀中葉以降、世界的大都市としての機能が、一国の首都としての機能と齟齬をきたしているように思われる。一方にパリの利害、他方に諸都市とフランスの地方の利害、それらが乖離し始めていた。パリ・コミューンは、現代に至るまで強められてきたと思われるこうした分裂の、おそらくは最もむごたらしい兆しであった⁽⁶⁰⁾。ルイ・ヴイヨは、すでに1870年の時点でその帰結を感知し、地方フランスの復興を願っている。それはジャン゠フランソワ・グラヴィエの風刺文を１世紀先取りするものだった⁽⁶¹⁾。

現実には、フランス全体をそっくりパリのなかに封じ込めた1789年の理不尽と中央集権制度が、それ以降、フランスからそれに固有のものを奪ってきた。中央集権制度の最も明白な帰結は、連帯の破壊である。中央集権制度は地域個性を尊重した一体性を犠牲にして画一的統合を図ったのである。……政策の管理、また国民生活や軍事の管理というレベルで、地方に発するものは何一つなかった。すべてがパリから発せられ、すべてがパリに戻された。政府も世論も含めて、あらゆるものがパリの工場でつくられている。……人々は倦み疲れている。そしてついに、とりわけ1830年以降、さまざまな衣服を身につけ肌の色もまちまちな夥しい数のエスキロス〔Esquiros, Alfonse (1812-1876)：詩人、政治家。激しい民主主義論で知られ、パリ・コミューンの際にはリヨンで活躍した。〕のような人々がやってきた。宗教、家族、財産に対するその権利にのっとって、復興し再建すべきはフランスである。この点こそ肝心なことだ！⁽⁶²⁾。

パリはモデル都市か

　コミューンの耐え難い年ののち、再建を要する破壊にも、オスマンの残した負債および重い戦争賠償金という二重の重荷にもめげず、パリがその傷を癒そうとし始めた丁度その時期、1872、1873年頃から世界経済は急速にその発展の速度を鈍らせた。経済学者らはこの危機を仔細に研究してきたが、彼らはそこに4カ国（イギリス、フランス、アメリカ、ドイツ）における産業革命の成就と、世界の他の諸国がもはやこれら特権的な4カ国の影響を免れなくなっている兆候を見出している。すなわち「帝国主義」が始まっているのである[63]。1884年頃にとりわけ顕著となる生産不振をともなって、危機はおよそ20年間続いた。新たな景気循環は1895、1896年頃に始まり、約20年ほどの繁栄の時期を実現するが、それも戦争によって突然に中断された。

危機の時代のパリ（1872-1895）

　経済危機はパリの工業化に多大な影響を与えた。1830年以前に始まる工業化はうねりを成して進展したが、1872年にピークに達したのち、世紀末には後退した[64]。1872年から1895年の間、139の大規模工業施設が閉鎖されている。これは完全に姿を消した施設の約半数にあたる。こうした経済的損失が観察されるのは1836年以来初めてのことであった。ナポレオン3世が失墜した時点で存在していた大企業の4分の1が1900年には消えている。なかでも伝統的産業が最大の痛手を被った。すなわち繊維、家具製造、冶金、工芸の4分野は60年来パリの主要産業であったが、これらだけで消滅した企業の3分の2を占めている。最も存亡の危機に晒された企業は、100人から200人の労働者を抱える中規模企業である。それらはしばしば名の知れた、ときに著名な企業であったが、新しい諸条件に適応する術を知らなかった。ジビュス（Gibus）もその一つである。ヴィクトワール広場に店を構える「機械織りの帽子」の有名な製造メーカーとして、1830年以来、国王とは言わずとも多くの著名人の頭を飾り、そのブランドは誰もが知るものとなっていたが、閉店を余儀なくされた。

19世紀末の長期にわたる経済の低迷は、部分的にはこうした産業の衰退を説明するものである。首都に固有の要因もまた軽視できない役割を果たしていた。まず人口の増加が人口密度を高め、家賃を高騰させている。つまりパリに工場を維持することが贅沢なことになる。オスマンの事業は、それぞれに不都合な異なる二つの帰結をもたらした。一つには、およそ30年という長きに及ぶ都市改造事業のなかで、多くの事業者が建物の取り壊しや交通渋滞、出入りの業者の移転や顧客の転居などに困り、パリを離れることを強いられた。今ひとつは、事業が終わると、今度は不動産価値を高めたオスマン様式の新しい建物が、もはや高騰した家賃に耐えられなくなった工場の移転をさらに助長することになる。移転した企業も1872年までは、商取引のための倉庫をパリに維持していた。しかし第三共和政期になるとそれらも完全にパリを離れている。地価の果たした重要な役割は、パリからの移転の不均衡によく現れている。工場を失ったのはオスマンが最も近代化した右岸である。1872年から1900年の間、右岸の古くからの街区に立地していた大規模企業の半数が消えている。他方、右岸に比べ改造事業の影響が小さく、地価も右岸ほどには高騰しなかった左岸は大規模な企業を維持している。印刷業は首都中心部で成長した唯一の産業である。第二帝政の崩壊に至るまで、パリ北東部について言えば、北駅および東駅周辺で、またラ・ヴィレットおよびサン＝マルタン運河周辺で工業化が大きく進んだ。また古くからのフォブール・サン＝タントワーヌはパリの家具生産量の半分を維持していた。こうした生産活動は多くの人口を引き寄せていた。経済危機の影響は、技術の進歩によって増幅されたがゆえに、こうした庶民的な街区に一層大きな打撃を与えている。ちなみに郊外における水路の改修や貨物駅の建設は、企業の移転を促進している。重工業も北東部の街区を離れている。工業化が進んでいたとはけっして言えないパリ西部の区（7区と8区）も、もともと多かったとはいえない企業を失っている。唯一、まだ周縁に位置していた南部の街区（ラ・サルペトリエール、モンパルナス）だけが、中心部から移転してきた産業を受け入れている。七月王政と第二帝政は鉄道の大成功を目の当たりにしていたが、第三共和政の初期は水路の新たな発展の時期と重なる。拡張や改修を施された水路は競争力を獲得し、工場を新たに引き寄せた。その結果、19世紀末には水路周辺に3カ所の産業拠点が形成されている。

すなわち、18区のラ・ヴィレットおよびサン゠マルタン運河周辺（21の企業）、南東部のシャロンヌやピクピュスといった街区（シャロンヌ駅周辺と河岸に18の企業）、そして南西部の15区（グルネルの船着場とジャヴェルの船着場周辺に29の企業）、これらの3カ所である。1900年当時、パリで消費される燃料および重量のある原料の半分は、水路によって運び込まれていた。

　経済危機は郊外を利するものとなり、その発展を促しただけでなく自立性をも獲得させた(65)。1872年まで、パリの産業は主として20からなる区のなかに立地していた。しかし世紀末にはパリ周辺の郊外コミューンへと移っている。つまり1872年に7万6,000を数えたパリの企業は、1896年には6万へと減少しているが、郊外では1万1,000から1万3,000へと増加した。ただパリは伝統的分野を維持したほか（繊維：1万8,000人の労働者、被服：4万5,000人）、先端技術を用いた新産業を獲得し、とくに熟練労働者を雇用している（自動車と航空機の出現によって、電気や機械による製造が必用になった）。彼らの5人のうち4人は首都に定住している。他方、郊外には大企業や不衛生部門が進出した。例えばガスの製造、緒について間もない石油の精製、冶金および化学部門である。輸送手段はバイパス的な鉄道路線の建設によって改善されている。すでに1851年から1867年にかけて、右岸の複数の駅を結ぶために小環状線（Petite Ceinture）が建設されてはいた。しかしそれでは不充分となり、1878年から1883年にかけて、パリの周囲をめぐるように郊外コミューンとそこに立地する諸産業を繋ぐ大環状線（Grande Ceinture）が建設され、バイパス路線は複線化される。こうしてパリ周辺部は、産業施設の蚕食によって人口増を経験するが、それは世紀末においてさらに加速されることになる（図8）。すなわち、飛躍的な成長を遂げ拡大しているこうした郊外と中心部との結びつきを改善するために、1890年以降、公共交通路線を充実しなければならなくなる。同時に首都パリでも人口密度が高まっていたために、多くの公共施設を郊外に移転させている。しかしそれは周辺コミューンを利することなく、その環境を混乱させるだけだった。すなわち精神病院、救済院、操車場、貨物駅、墓地、競馬場など、また、戦争直前という時期だけに飛行場もあった(66)。このように経済危機は、そのさまざまな影響をオスマンの事業の帰結に重ねながら、部分的には第二帝政の夢の実現に寄与している。つまり、工業と危

図9　1886年における事務労働者と家内奉公人の分布（100人当り）

家内奉公人
- 25-35人
- 15-25人
- 10-15人

事務労働者
- 31人
- 10-20人

険な労働者階級をパリから駆逐し、首都にはサービス業、商業および金融機関しか残さないという夢を。

　パリの80の街区については、幸いにも、1886年の国勢調査の際に収集された詳細なデータが残っている。これによって、オスマンによる大規模な取り壊しののち1世代を経た時点での首都のさまざまな社会集団をかなり正確に把握することができる。

　いくつかのグループは極端なかたちで一定の地域に集中している。例えば「家内奉公人」（domestiques）（図9）は、主として8区（シャン゠ゼリゼの両側、マドレーヌ、ヨーロッパ地区およびシャイヨの丘まで）と、貴族的なフォブール（サン゠トマ゠ダカン、サン゠ジェルマン、ラ・モネ）において確認できる。つまりフォブール・サン゠トノレとフォブール・サン゠ジェルマンとの間の、またオルレアン派の銀行家と正統王朝派の貴族との間の古くからの分裂が半世紀後の19世紀後半でも残っているのである。人々は次のような事実に驚かないであろう。つまりオスマンは道路を開き、陋屋を取り壊した。しかし彼は、マレ地区同様、慎重にフォブール・サン゠ジェルマンを回避するとともに、とりわけ北西部に富裕層のための住宅を建設し、指導者階層を他所に移住させなかったのである。多

図10　1886年における事業主と労働者の分布（100人当り）

事業主
- 29-41人
- 24-27人

労働者
- 45-51人
- 40-45人

1 km

数の召使いを抱えたのは彼らだった。

　最も富裕な集団は極めて安定したかたちで一定の地域にとどまっている。「事業主」(67)（図10）は、貴族的な屋敷町、ただ幾分西寄りのサン゠トマ゠ダカンやアンヴァリッド、エコール゠ミリテールといった地域である。つまりかつての貴族階級が多くの事業を興し、その先頭に立っていたのだった。また資本家たちはその数を増しながら、カルチエ・ラタンの南、ノートル゠ダム゠デ゠シャンやオデオンを経て、ヴァル゠ド゠グラス方面にも進出していった。彼らはフォブール・サン゠トノレにも居住していたが、やや北寄りの、ヴァンドーム広場からカルチエ・サン゠ジョルジュの一帯、ヴィヴィエンヌ街（証券取引所）やパレ゠ロワイヤルからルール地区やモンソー平地にまで至る一帯に進出している。他方、小規模資本家らはサン゠ドニ門からレ・アール（中央市場）にかけて、しかし常にセバストポル大通りの西側に居住していた。全体として、正統王朝派とオルレアン派という二つのフォブールが、オスマンによって促された方向に従って拡張しつつ残っていたのである。こうした動きのなかに社会的移動が認められる。核となる部分は依然として中心部の古くからの街区にあるが、その先端はすでに西方面の周縁へと伸びていた。つまり資本家たちは北西部方面ではモンソー平地

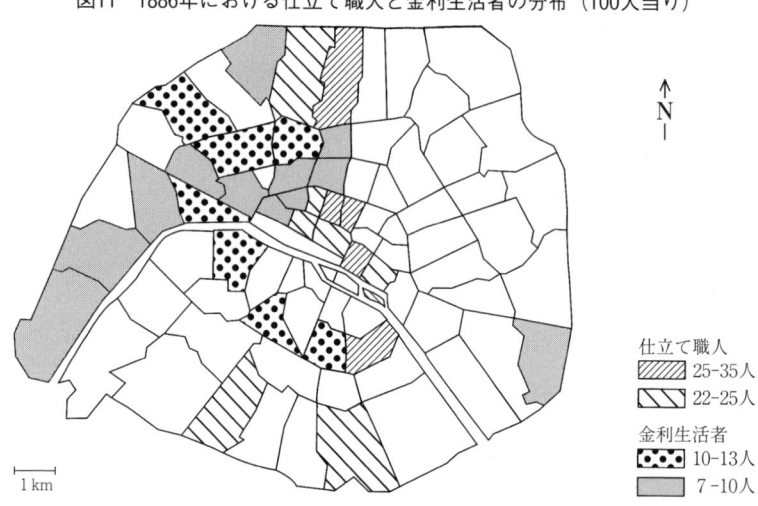

図11 1886年における仕立て職人と金利生活者の分布（100人当り）

仕立て職人
25-35人
22-25人

金利生活者
10-13人
7-10人

へ、南西部方面ではカルチエ・ドートゥイユへと進出している。彼ら新参者はそうした地域の開拓者であったように思われる。しかしパリ西部は最も富裕な階層によってまだ完全には支配されてはいない。すなわちラ・ミュエットからテルヌに、さらにはグロ＝カイユーに至るエリアにおいて、彼らの数は非常に少なかった。セバストポール大通りおよびサン＝ミシェル大通りという南北の都市軸は明確な境界を成しており、この東側には、ヴァル＝ド＝グラス周辺の核を除いて資本家の姿は見られない。

「金利生活者」は非常に重要な集団であるが（人口の４％を占める）、オスマンの圧力に押し出され、より遠方に居住していた。（図11）つまり、二つのフォブールに暮らしているが、西の周縁街区（17区の北部、エピネットから16区の南部、オートゥイユにかけて）にも居住している。金利生活者は明らかに資本家ほど中心部の経済活動（企業の本部、銀行など）に依存しておらず、パリのブルジョワ階級が選んだ途を非常にはっきりと示している。他方、「労働者」は周縁（図10）、とりわけ東部（ベルヴィルおよびペール・ラシェーズでは、住民の半数以上を形成していた）、北部（グランド・カリエール、クリニャンクール）、そして南部のセーヌ川の河岸とそこに関連する産業の付近に、つまり13区の南部・オーステル

リッツ駅の後背地域と、15区（ジャヴェルおよびグルネル）に暮らしていた。こうした状況は、彼らがもはや仕事場近くに暮らすという利益を受けておらず、むしろ家賃の安い騒がしく汚れた街路に住むという不自由を忍んでいたことを意味している。また少数だが注目すべきこととして、一部の労働者はサント＝ジュヌビエーヴの丘の麓、ソルボンヌや植物園の近くにも進出している。彼らは古くからビエーヴル川を利用してきた皮なめし業を受け継いできた人々であった。彼らを除き、パリの労働者は、パリ周縁、かつては徴税請負人の壁に囲繞されていた12の行政区の外側に居住していた。つまりオスマンが当時のパリから労働者を駆逐することに成功したのはたしかだった。だがこの追放による転出のなかで、彼らはまだパリの城門にまでは達していない。城壁に沿ったポン＝ド＝フランドル、サン＝ファルジョー、アメリックの各街区に居住する労働者（住民の41-43％）は、パリ中心部により近いベルヴィル、コンバ、ペール・ラシェーズといった街区（49-51％）よりも少ない。ベルヴィル周辺部への労働者の集中度は非常に高く、パリ・コミューンが終結したベルヴィルの丘に暮らす労働者は、1886年時点でもなおその地域住民の大多数を占めている。15年の間、彼らはほとんど移動しなかった。しかし、相当規模の一群の労働者が郊外［banlieue：ティエールの城壁の外側。］に定住するようになっており、結果として、旧パリの周辺には無産者の二重の帯が環状に形成されていた。こうした状況とは反対に、「事務労働者」は中心部近くにとどまっている（図9を参照されたい）。彼らは主にグラン・ブールヴァール（サン＝ドニ門およびサン＝マルタン門）付近に暮らしていたが、とりわけ10区に多く、また1区および2区、具体的には証券取引所周辺、サンチエ、レ・アール（中央市場）周辺、マレ地区にも広がっている。しかし左岸では驚くほど少数だった。この不均衡には際だったものがある。

　では、こうしたパリの住民はどこで生まれていたのだろうか（図12）。彼らは地方出身者なのか、それとも生粋のパリジャンなのか。1886年時点で、パリ住民の3分の1強（35.7％）がパリ生まれであった。ちなみに半数以上（56.3％）が他県の出身、8％が外国出身であった。生粋のパリジャンは労働者であり、パリ周縁、とくにベルヴィル周辺やプティ・モンルージュに、また15区に暮らしていた。ただしその割合が著しく大きい地域（パリ生まれが66.5％）は、依然、市庁

図12　1886年におけるパリジャンの出身地（100人当り）

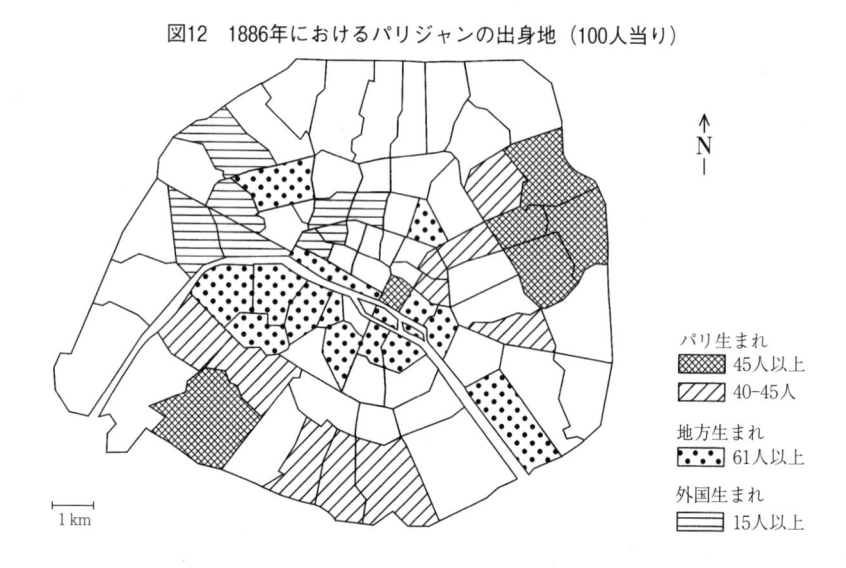

パリ生まれ
▓ 45人以上
▨ 40-45人

地方生まれ
⋯ 61人以上

外国生まれ
☰ 15人以上

舎のある街区、かつてのアルシ平地、旧パリの最も悲惨な地域であった。逆に、地方出身者は中心部に定住している。とくにフォブール・サン＝ジェルマン（地方の貴族階級は「シーズン」中、パリに滞在したが、夏の間はずっと自分の所領、つまり田園に帰っていた）やマレ地区、オスマンによって開かれた街区（カルチエ・ドゥーロップ）や10区に定着している。事務労働者の大半は地方出身者だった。またシャン＝ゼリゼやシャイヨーの丘周辺に、あるいはヴァンドーム広場とショセ＝ダンタンとの間に集まった外国人らは裕福だった。20世紀末の貧しい外国人労働者という神話と対照的に、「山師（素性不明の怪しい外国人）」、豪華なレストランで浪費する南アメリカ人という神話が当時広まっている。このようにパリ生まれのパリジャンたちは周縁部に押し出されていた。実際、フォブールのアクセント（当然「郊外に住む人」〈banlieusard〉の、とはいわなかった）こそ、パリの本当のアクセントだった。他方、地方出身者はパリの中心部に定着した。つまりオスマンはあらゆる状況を逆転させたのだった。街（ville）を追われた労働者たちは、自分たちの場所を奪った地方出身者たちに対して、またそれ以上に安易に浪費する外国人たちに対して苦々しい感情を抱いたことであろう。つまり外国人嫌いとそれがかたちを変えた反ユダヤ主義が、ドレフュス事件の起こるま

図13　住宅の家賃（1880年）

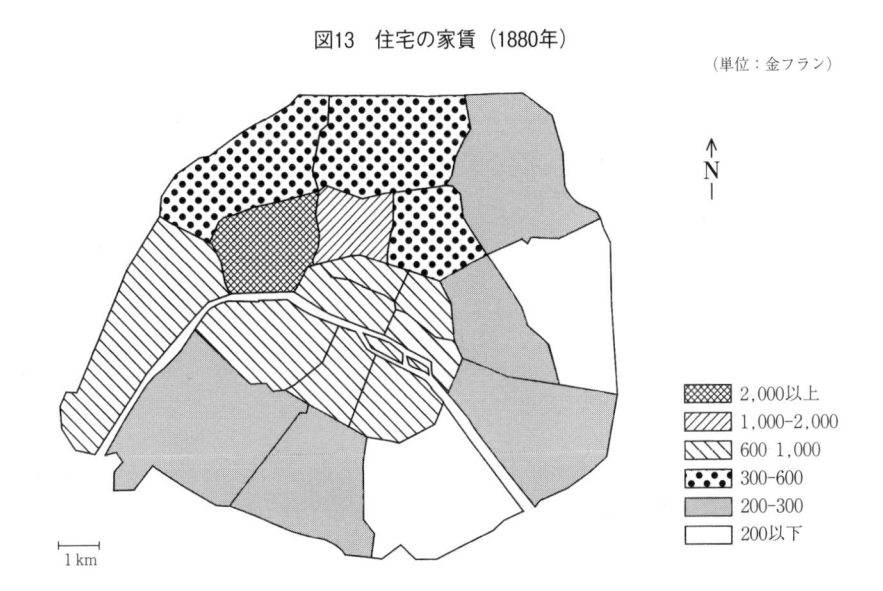

（単位：金フラン）

凡例：
- 2,000以上
- 1,000-2,000
- 600-1,000
- 300-600
- 200-300
- 200以下

さに直前にパリの労働者階級の間に強まっていた。

　1880年における家賃は、パリが複数の異なる地域に分かれていることをよく物語っている（図13）(68)。最も高い家賃（1,000フラン超）は9区、とくに8区に認められる。そこでは四半期の家賃が平均で2,000フランを超えていた。——この額は、労働者1人の平均年収が1,300フラン、5人の子供と家内奉公人2人を抱えるさほど裕福ではないブルジョワ世帯の年間支出が1万4,000フランであった時代、途方もない金額だった(69)。旧パリの1区から7区に及ぶエリアは、平均家賃（485フラン）と同じか、それを上回る額を提示していた。これとは逆に、南部および東部の周縁部の住宅は非常に低廉な額であった。たしかに1860年に編入された環状地帯はいまだ充分に首都に統合されていなかった。しかしながら8区、9区、さらに16区における著しい家賃の高騰は、パリ中心部から西部および北西部への重心の移動（glissement）を物語っている。企業の家賃（図14）は、また異なったパリの様相を示している。最も印象深い点は、経済活動が活発で家賃も高い右岸と、停滞した左岸との不均衡である。こうした点でもオスマンはさまざまな不均衡を緩和するのではなく、それらをさらに深刻にしていたのだった。

図14 企業向けスペースの賃貸料（1880年）

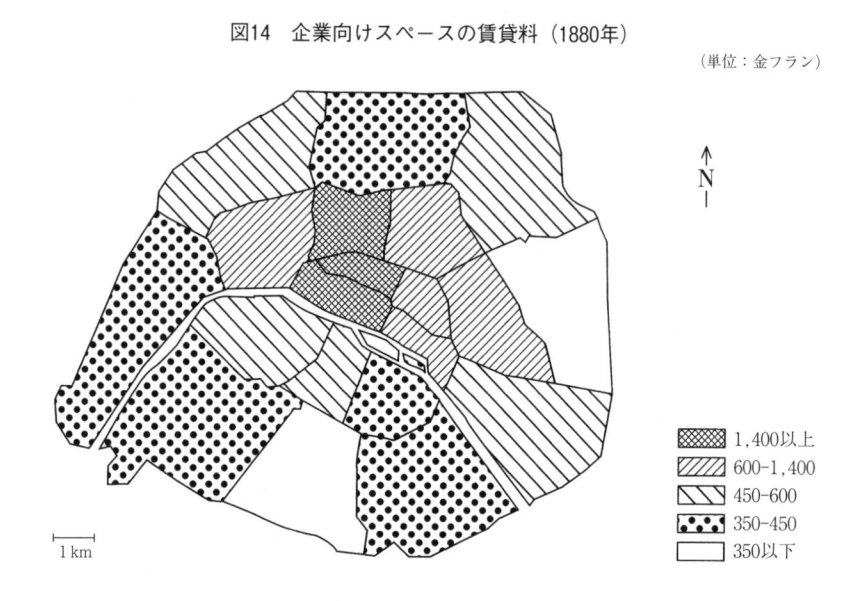

（単位：金フラン）

1,400以上
600-1,400
450-600
350-450
350以下

　ルーア（T. Loua）は葬儀の帳簿記録を手掛かりに、葬儀の際の費用のかけ方に焦点を合わせて1880年当時のパリの悲惨の様相を描いている（図15）。富裕な人々は、サン＝ジェルマンおよびサン＝トノレという古くからの貴族的な街区のほかに、七月王政期に建設された街区（8区、9区、10区）や西部および南西部に居住している。パリの社会地図はすでに決定的になり、それ以来１世紀全く変わっていない。

　1890年、パリを襲い猖獗を極めたインフルエンザの流行は、首都における不衛生と悲惨の実態を把握する契機となる（図16）。感染の猛威の実態は、各街区を特徴づける社会階層によって明らかに異なっている[70]。それはとくに中心部の古く貧困な街区を襲っている（アルシ平地のサン＝メリ、サント＝ジュヌヴィエーヴの丘の南東部の斜面すなわちモベール、サン＝ヴィクトールといった街区）。これらの地域は、1830年代のコレラ大流行の際、最も多くの犠牲者を出した場所であった。われわれはそのことにオスマンの衛生事業の限界を見ることができる。

　同時期、社会を席巻していた建築様式が硬直化し始めていた。建築に関わる諸条件の厳格な要求、街区全体からバルコニーや窓のディテールに至る装飾の体系。

第2章 都市の近代化(1850-1890)　127

図15　富裕層1人当りの貧困者数(1880年)

(単位:人)

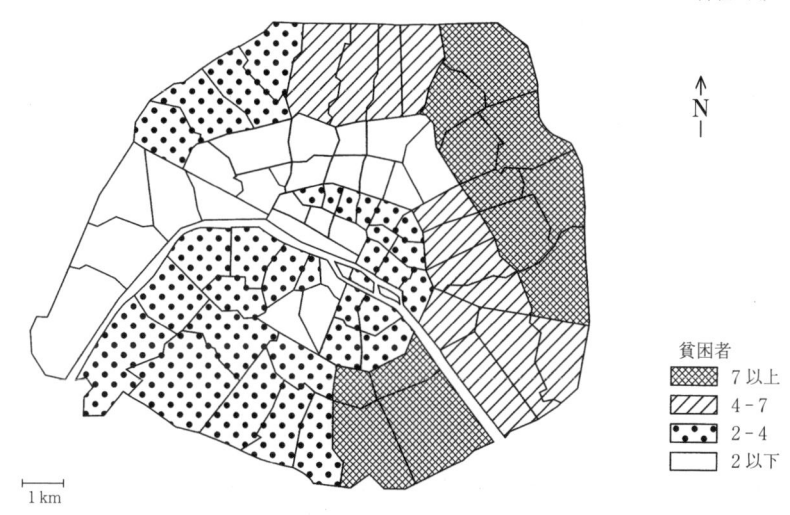

貧困者
- 7以上
- 4-7
- 2-4
- 2以下

1 km

［出典］Loua, Pompes funèbres et distribution de richesses dans Paris; *JSSP*, 1882.

図16　1890年のインフルエンザによる死者(100人当り)

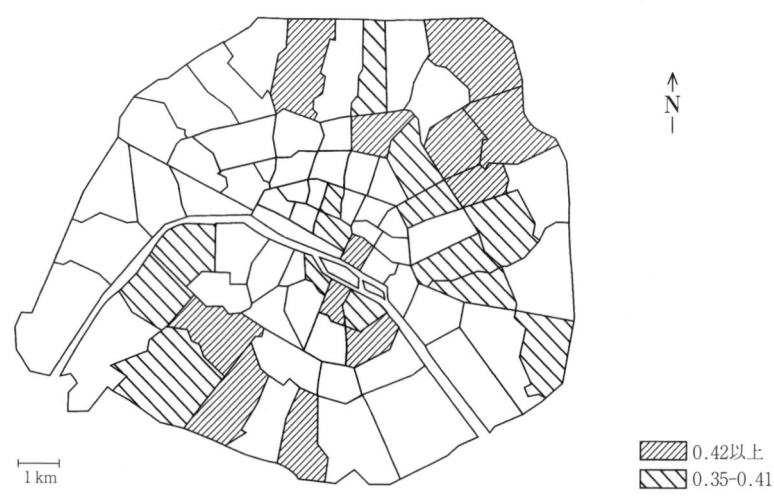

1 km

- 0.42以上
- 0.35-0.41

オスマン的建築の壮大さを生み出しその成功を確たるものにしたこの一貫性が、ついには様式の硬直化とファサードの単調さに帰結することになったのであろう。ロワイエは、19世紀末においても建築の諸原則と様式が継承されていることを驚くべきこととして強調している。つまりオスマン主義は1870年以後にその最も輝かしい時代を経験している。アルファンも1892年までセーヌ県の要職にあった。様式の均質化は、第二帝政末以降、当時設立された大規模不動産会社の担う役割が大きくなるにつれて一層加速している。イニシアティヴは徐々に少数の投資家の手に集中するようになる。つまり主役は地主から不動産開発業者へ、中心は一棟の建物の建設から街区全体の建設へ、また仰々しい「商業建築」から、効率性と収益を追求し簡素さと画一性を生み出す「資本主義的建築」へと変化していった[71]。建物の建設にはより多くの資本が必用になる。建物は厚みのある壁に支えられ、より大きくなり量感を増した。また拡大する社会的セグリゲーションを背景に、天井の高さを等しくし、すべての階に類似のバルコニーを備えたより均質的な建物が誕生していった。ロワイエは、オスマンの改造事業の初期にサン=ミシェル大通りのセーヌ川寄りに建設された建物と、もっとのちにリュクサンブールの四辻近く、大通りの南側に建てられた建物とを対比している。前者はよりエレガントで、後者はより重々しく大型である。オスマン的建築物の単調さへの批判の声は、1860年にはすでに聞かれるが、1870年以降に増えている。それは街区の調和を担保してきた厳格な建築規制が、システマティックな建設プロセスのなかで変質し始めた時期でもあった。例えば通りの角に円形の建物を建設することによって、様式に変化を持たせようとの試みが見られる（ヴァヴァンの四辻の建物は、もう少しのちの時期のそうした試みの好例である）。実際、1882-1884年の都市計画に関する規定は、幾分規制を緩和している。すなわち、屋根（combles）部分はもはやファサードから45度の角度ではなく、直径6mの弧のなかに収まっていればよいこととなった。その結果、1階分を建て増し、そこによりバロック的な形態を与えることが可能となっている。1885年以後は、イギリスの影響のもとに、ファサードから張り出した大型の窓、バルコニーの自然な発展形態ともいえる「張り出し窓」（bow-windows）を採用し始めている。1893年の規定は壁面からのこうした突起を容認することになる。つまりこのときから、建築家

第 2 章　都市の近代化（1850-1890）　129

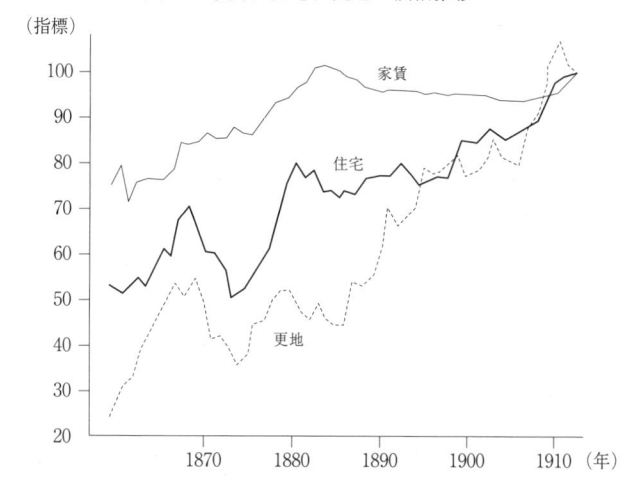

図17　家賃、住宅、更地の価格推移

はファサードを波形にしたりと、実にさまざまな手法でこれを装飾できるようになり、建物の個性化が可能となった。画一性と単調さに陥っていたオスマン的都市は、こうして1890年以後、「生彩に富んだ都市」（Ville pittoresque）へと変化していった[72]。

現代の建築家はこのような新しいバロック様式への変化に関心を寄せているが、それは見る者の眼をあざむくものではないだろう。つまり1870年から1890年に至る時期は、活力に満ちた第二帝政期とは対照的に半睡状態にある。建設活動はほぼフランス全土でストップし、新街路を建設しようとの関心はもはやみられない。パリでは、オスマンの事業が地価を高騰させており、新たに街路を開くには莫大な費用を要したであろう。

図17は、家賃の上昇と、それを上回る速度で上昇した住宅価格の推移を示したものである[73]。不動産投資は徐々に採算がとれなくなっていた。またそれらよりももっと急激なカーブを描いた更地の高騰が建設費の上昇を説明してくれる。公共交通機関の未整備（メトロは1900年、ようやくにして開通したが、郊外には達していなかった）が今やパリの地価と郊外のそれとの間に大きな格差をもたらしてはいたが、第二帝政政府よりもはるかに私的所有権を尊重した共和派議会は、

あえて公用収用という手段に訴えようとはしなかった。なかんずく、20年に及ぶ世界的な経済危機、また1875年に秘密裏に宣言され（ワロンの修正動議による制度的成立）、1879年に正式に樹立された共和政（マクマオン元帥の大統領辞職と共和左派グレヴィの大統領就任、ナポレオン3世の嫡子で1856年生まれのルイ皇太子の逝去による）の不安定、さらにパリ市の負債、これらがすべて市当局を極端なまでに慎重にさせていた。パリ市はいくつかの大規模プロジェクトを完了させ（万博の折、1878年に竣工したオペラ大通りのように）、あとは開発業者にオスマン的街路の沿道に大規模な建物を建設する仕事を委ねることで満足している。19世紀末、フランスとくにパリにおける都市政策は凍結された。

　以上に指摘してきたさまざまな要因に、人口の推移という要因を加えるべきであろう。それは常に重要な役割を担っている[74]。人口は極めて緩慢にしか増加しておらず、フランスは主として農村的な様相を呈していた。すなわち人口は1872年の3,600万人が1911年に3,950万人へと、40年間でわずか10％増加しているにすぎない。ちなみに、第一次世界大戦前夜のフランスの都市人口は44％、同時期のドイツではすでに60％に達していた。人口増加と都市への移住という、異なる二つの現象の結合が両国を危険なほどに対峙させていた。40年の間に（1872-1911年）、フランスの都市人口は625万人増加していたが、ドイツでは2,400万人もの増加をみていたのである。しかし、フランスの世論は「農村人口の都市への大量流出」（exode rural）を慨嘆していた。

　パリは依然、最も急速に成長しているフランスの都市ではあったが、この成長には力強さがなく、人口増はもっぱら移住民によるものだった（図18）。首都の人口はおよそ40年間（1872-1914年）で66％成長しているが、それは1851年から1866年にかけての15年間よりも少ない。そのことによってまず不動産需要への圧力が弱まるという結果が生じる。ドイツでは、諸都市とくにベルリンが急速に近代化されるとともに、そこで顕在化した社会問題の深刻化が進歩的な社会立法を受容するよう賢明な使用者らを促していったのに対し、パリ、いわんやフランスのほかの諸都市は目の前の諸問題を片づけることで満足していた。不衛生住宅との闘い（そしてロンドンやベルリンよりもはるかに猖獗を極めた結核との闘い）、郊外における社会資本整備やパリ中心部と郊外を結ぶ道路の整備、公共交通機関

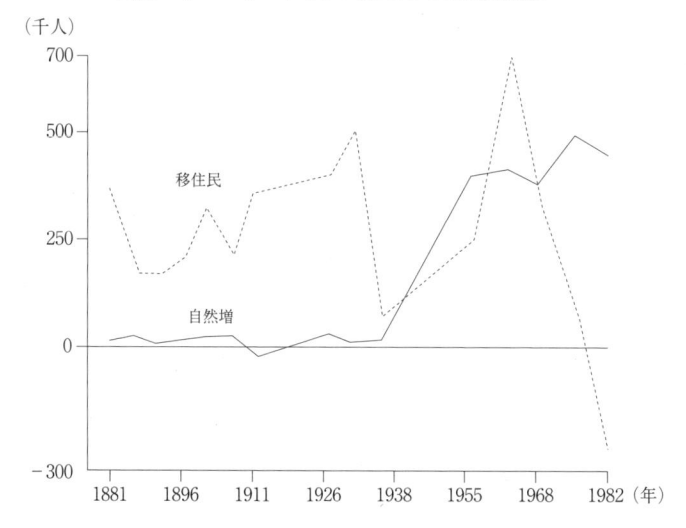

図18 イル゠ド゠フランスにおける人口の推移

（千人）

移住民

自然増

の改善など、19世紀末のパリで先鋭化していた諸問題すべてが実にあっさりと棚上げされている。

　首都が顧みられない原因であり、それ以上にその帰結たる、パリとフランスの他の地域との対立が19世紀末に深刻化した。この2世紀来、フランスには、自立的な都市政策を推進しつつ、パリとともに改革の途を歩むことができるような主要な地方都市のネットワークが欠落していた。ヨーロッパでは、イギリスが唯一こうした都市のあり方の例を提供してくれる。つまりイギリスでは早期の産業革命が早くから農村部を空洞化し、下院の投票に圧力を加えることのできる一群の大都市（マンチェスター、リバプール、バーミンガムなど）を形成していたのである。フランスでは、地方の諸都市はぱっとせず、農村部は人口過剰だった。フランスの政治に最大の影響力を有していたのはまさにこの農村部である。他方、パリは孤立していた。おそらくリヨン以外はいかなる都市も重要な役割を担うことができなかった。少なくとも第二次世界大戦まで、下院は主として農村を代表する議会であった。他方、上院は、「フランスのコミューン代表者からなる大議会」として、農村に対しては下院以上に好意的であり、国民代表にふさわしい存在ではなかった。つまり上院は常に農民を過剰に代表していた。第三共和政の歴

代政府は脆弱で完全に議会の掌中にあった。議会はクレマンソーやポワンカレのような政治家の野心のままに政府を打倒したのだった。マクマオンの辞職以来、共和国大統領は大きな権限を有せず、二院の特別国会において選出された。かくして、地方名望家による体制にあっては、あらゆる権力がこのように間接的に選出された人々の手に委ねられたのである。農村部の議員は選挙区の巧妙な区割りに助けられ、大都市部の議員に比べて3倍から4倍も少ない有権者しか代表していなかった。パリを代表する議員はリヨンやマルセイユよりも少なかった。つまるところ、フランスの人口の大多数が農村部の人口だったのである。結果、政府はパリを全く顧みず、また信用もしなかった。

　このように首都はますます国家に対峙する存在になっていった。そして政府の脆弱性とたび重なる政権交代が上院の役割を強める結果となり、1885年にはジュール・フェリー内閣に勝利したのだった。大統領の地位を熱心に求めていたジュール・フェリーはこの教訓に学び、姿勢を改めて、農村の支配する下院にさらに権限を移譲するが、これを味方にすることはできなかった。また憲法改正と、首尾一貫しない王党派議会によって制定されてきた断片的な一群の法律の改正がしばしば求められていた。1885年、根本的な法改正を根気よく主張するのはもはやパリ選出の議員しかいなかった。すなわち彼らは、人々が期待するように、上院ならびに大統領制の廃止を要求していた。ブーランジェ将軍は憲法「改正」という神話を増幅させることによって、パリと地方とを分かつ溝をさらに広げることになる。ブーランジスムは、1885年からそれが沈静化する1889年まで、経済危機によって支えられている。つまりユニオン・ジェネラル〔Union générale：1878年、王党派とカトリック勢力の主導のもとに中間層の貯蓄も動員して設立された大投資銀行。〕の破産（1882年）が経営者を動揺させていたが、他方で新世界に属す競争相手（アメリカ、インド、ロシア、オーストラリア、アルゼンチン）が農村国フランスを脅かしていた。その一方で、権力の座にある日和見主義者たちは、少し前まで厳しく敵対していた二勢力が、そうした競争相手に対抗しようと連帯するがままにさせている。一つはキリスト教に根ざす信念を有する勢力であり、王党派と密接に通じて彼らとの激しい対立を一時的に棚上げしている。今ひとつは愛国的情熱に駆られた勢力であり、極右とパリ民衆とを等しくあおっていた。こうした奇妙な連帯は、左翼を引き裂く痛ましい矛盾をはっきりと露呈

していた。すなわちフランス革命以来愛国的でありながら熱心な共和主義者でもある、という矛盾を。パリ・コミューンののち18年を経て、パリ民衆は共和主義と愛国主義、どちらの側に傾こうとしていたのだろうか。共和主義的な日和見主義者の側なのか、あるいは愛国主義的な王党派の側なのか。彼ら民衆の大多数は勇敢な将軍と王党派の側に加担する。しかし王党派と異なるのは、彼らが最後まで将軍を支持したことであった。1889年の下院選挙において、最も民衆的な街区（5区やモンマルトルなど……）は圧倒的多数をもってブーランジェを支持しているが、エンゲルスはこのことを厳しく批判している。

> パリは、平和の只中で、コミューンから18年後、おそらく新たな革命を目前に、少なくとも一時的には革命的都市というその肩書きを放棄した。……パリの労働者たちの大半は、実に慨嘆すべき態度を取っていた[75]。

ブーランジェは、久しい以前から保守的だった街区（ショセ＝ダンタン、サン＝トマ＝ダカン）、あるいは断固として共和主義に与する街区（レ・アール〈中央市場〉、バスティーユ、シャロンヌなど、かつてのフォブール・アントワーヌ）ではほとんど得票できていない。しかし、首都のその他の地域では、いたるところで20％を超える票を獲得している。パリは最後まで彼の最も力強い支持者だった[76]。郊外は全体で35％超の有権者が彼を支持する。保守的かつ改良主義的、ポピュリストであるとともにユゼス侯爵夫人から資金を調達するといったブーランジェの矛盾した行動は、一時期、経済危機や失業、また日和見主義者らの社会的保守主義が惹起した失望による悪影響を利用するものだった[77]。おそらく、人は、民衆的なパリを想起させる大きな力の背後に、パリジャン固有の悲哀や首都の一種の絶望、また首都を無視しこれを敵視する地方人の支配する政府への憎悪や嫌悪感を透視できよう。メトロをめぐる論議が紛糾するのもこうした状況のなかであった。パリにおいて、ブーランジスムは、首都と地方との関係という古くからの問題を政治的な言語によって提示したのである。

19世紀最後の10年間のパリのイメージについては、ピエール・シトロンの研究に匹敵するような緻密で丹念に調べた研究が欠落している[78]。そうしたなか、い

くつかの戯曲は、戯画的ではあるがそれだけ意味深い手法によって、地方におけるパリのプレスティッジを巧みに表現している。19世紀末の最も有名な軽喜劇の一つ、ジョルジュ・フェドー［Feydeau, Georges (1862-1921)：ボードヴィル劇作家。「モリエールの再来」とも評されるほどにその作品は人気を博した。］の「マキシム亭のご婦人」はその好例であろう[(79)]。その成功ぶりは尋常ではない。熱狂的な劇評は、舞台で繰り広げられたイメージが、パリと地方の生活に対する観客のイメージに一致していることを証明している。

作品の成功ぶりは、当初のパリにおける成功が時を経ず地方での成功に、次いでヨーロッパでの、さらには世界的なものになっていくことに現れている。それは演劇史を超えて、歴史そのものに、いやむしろ文明史に新たなページを添えるものだった。「マキシム亭のご婦人」は、正確に言えば、フランスのシンボルではなく、エッフェル塔とともに、パリを表現する多義的なシンボルとなった。とくに歓楽にすべてを捧げた「パリの生活」のシンボルと化す。「パリの生活」は多くの地方人と外国人の幻想の対象であり、第二帝政期にはすでに生き生きとした神話となっている。メイヤックやアレヴィ、またオッフェンバックらがその名を高からしめていたのだった[(80)]。

第二幕、フェドーは耳にした者が思わず噴き出すような滑稽な言葉で、下品ではあるが魅力的な若い高級娼婦ラ・モームのすべてを受け入れる地方婦人たちのスノビスムを展開している。彼女らは、自分がパリの習慣だと信じるものに合わせるために、ラ・モームを貴婦人と見なしている。彼女たちは全く間違ってはいない。というのもラ・モームが、大ブルジョワのパリよりも本物だと感じられるような民衆的なパリを、場末の下品さによって表象しているからである。また、情婦というその境遇によって、彼女らの夫たちが夢見る浮かれ騒ぐパリという現実を表象しているからであった。したがって、笑いを誘うのはラ・モームが発信しているさまざまなパリのイメージではなく、こうしたイメージのもっともらしい真実性と、トゥーレーヌ地方のブルジョワや貴族たちが抱いているイメージの虚偽性とのコントラストにある。パリの社会ははなはだ誤解されていたが、おそらく誤解されていたがゆえに、無限の賞賛の対象となったのである。質素に

第 2 章　都市の近代化（1850-1890）　135

暮らす保守的なブルジョワたちは、もし彼らがパリの生活がどのようなものかをはっきりと知っていたならば、これほどにパリを賞賛したであろうか。無知が神話の基礎を形成する。つまり新聞、テレビがいたるところでパリの流行や習慣を伝えるようになると、パリはそのプレスティッジの一部を失った。パリジェンヌであるというプレスティッジも大きかった。しかし、それは主に地方の婦人たちがその内部で序列を形成するのに作用している。トゥーレーヌ地方のこの小さなサークルのなかでは、ヴィドバン夫人なる人物が権威をもってエレガンスを支配する役割を担っており、そのことによって彼女は「パリジェンヌ」という敬称を与えられている。ヴェルサイユ生まれの彼女は、毎年 1 週間、首都に滞在する。それは他の人々が真理の原点で生きる力を取り戻すべく、毎年ローマに出かけることと同じだった。しかし一人の本当のパリジェンヌの出現は彼女から権力を奪い、その友人たちの嫉妬心を鎮めることになる。「彼女は悔しくてたまらなかった。……この地の流行とスタイルに権威をもって臨んできた彼女が、今や彼女以上にパリジェンヌらしい人物によってその地位を奪われたのである」。このようにパリの神話はさまざまなかたちで作用した。まず間接的、ほとんど宗教的な権威として機能する。文化に関わるあらゆることについて、人はその権威に盲目的に従わなければならない。仮にラ・モームが最悪の下品さをもって自分を表現するとしても（「君のまがいもののパリジェンヌの威信で、別な人間なら憤慨させるものが最新の流行に見えたよ」という言葉は、愛人が安堵していることを彼女に説明している）、また充分に認められていない、それだけ一層感嘆されるモデルとしても機能する。さらに類似したもののなかで差異化する方法として、つまり権力の源泉として機能する（ヴィドバン夫人は言う。「私だけがパリっ子風だと考えるとき……」）。最後に、さまざまな社会集団（トゥーレーヌ地方の農村の女たちはパリジェンヌを模しているにすぎない）のなかで、とくに男女の間で社会的分離の手段として機能した。つまり地方の女たちが盲目的にラ・モームに従ったにしても、パリのレストランに通ったことのある守備隊の士官ならば彼女が何者であるかを直ちに理解している。この作品に出てくる地方の女性たちは、単にその命令に従うためではなく、友人たちに対する自分の権力を確立するために首都のプレスティッジを認めているのである。こうしたフェドーの鋭い観察は間違い

なく大きな真実を示している。つまり「パリっ子風ということ」は、パリジャン以上に地方人にとって、友人仲間のなかで自分の地位を固めるのに役立ったのだろう。パリの影響力は、政治の世界で弱いのと対照的に、流行や文化の領域では大きかった。ではフェドーの描く首都と地方との対立は、すべての大規模な首都に共通していたのだろうか。そのようには思われない。なぜなら都市規模だけの問題ではないからである。今ひとつの条件が不可欠である。すなわち高度に集権化されてはいるが地方に基礎をもつ統治機構への権力の集中という条件である。より分権化された国家のなかでイギリス政府と敵対しなかった今ひとつの大首都ロンドンは、こうした点についてさまざまなことを教えてくれる事例である。

今ひとつの首都：ロンドン

19世紀末、パリはアングロ＝サクソンの大都市とは極めて異なったかたちで発展していた。イギリ スの場合、アメリカと同様、多くの、しばしば暴力的な社会的騒擾は、どちらかといえば鉱山地帯や工業都市において発生している。他方、ロンドンの成長は、中央権力との間に、過酷でときに流血に至るような闘争をほとんど惹起しなかった。その社会構造自体がフランスの首都と正反対だった。富裕な人々は、早い時期から古くからの中心部を貧しい労働者の手に委ね、ロンドンを離れて郊外に出ている。他方、フランスの大ブルジョワや貴族たちは、パリの中心部に定住していた。しかし、オスマンはイギリスの例に倣ったということで有名ではないだろうか。19世紀末、世界で最大規模となった二つの首都の相互関係はほとんど研究されていない[81]。パリが経験した大きな変化は、模倣したいと思う、もしくは差異化を図りたいと思うような、一つあるいはそれ以上のモデルを参考とすることなしには実現しえなかった。「今ひとつの首都」とは、ここでは、魅力的だが人を不安にさせるような、またひらめきの源泉でもあれば危険な競争相手ともなるような、さまざまな側面でパリの近代化に影響を及ぼしたモデルを意味する。19世紀後半において、「今ひとつの都市」がロンドンであることに議論の余地はない。しかし、イギリスの首都が担った役割は曖昧である。

11世紀以来一度として侵略されたことのない島国の王国の首都として、ロンドンは要塞化されてはいない。パリジャンを久しく小さな空間に閉じ込めてきたよ

うな城壁、ロンドンはそうした城壁のなかにけっして押し込められることはなかった。つまりロンドンは、中世以来、人口密度の非常に低い都市だった。1666年の大火は木でできたこの街を完全に破壊し、パリがけっして経験したことのないような「白紙状態」を再建者たちに提供する。さらにナポレオン戦争末期以降の資本主義の跳躍とフランスに対する最終的勝利が19世紀初頭における都市の大きな変容を促す。Prince-Regent（1811-1825）のもと、根底から改造されたロンドンは世界で最も近代的な都市となったのだった。貴族階級がどちらかといえば地方の所領にある邸宅に投資したために、フランスの歴代諸王や皇帝がパリに建てたような豪壮な建物がロンドンには少ない。しかしその反面、当時、世界的にはまだ珍しかった都市の社会資本整備が進んでいた。街路の舗装、街の照明、下水道網の整備、ほぼ市域全体への上水道の整備などである。1832年のコレラの犠牲者はパリに比べてはるかに少なかったが、それでもイギリス政府は、ルイ＝フィリップ政府とは異なって、事態にすぐに対応し根本的な衛生改革に着手した。それがロンドンの都市施設を大きく改善したのである。また第一次選挙法改革（1832年）は市町村に対して経費節減と住民福祉への配慮を強く求めている。こうしてロンドンは都市を飾るような豪奢なプロジェクトよりも都市施設の改善を優先する（下水道網の延伸、交通機関の改良、不衛生地区の取り壊しなど）。ちょうどその時期、フランスではティエールが城壁を建設していた。つまり1840年当時、二つの首都はほとんど正反対の途を辿っていたのである。1850年以後、ロンドンでは郊外における投機的な住宅建設によって不動産資本主義（capitalisme immobilier）が発展する。郊外地の地価は1825年にピークを迎えたのち、極めて低い水準に落ちていた。最も驚くべきことは、こうした地価が1939年まで低い水準にとどまっていることである。郊外では、ほぼ１世紀の間、土地に要する費用は住宅取得費の10％でしかない。低廉な土地が充分に存在するということは交通機関の質の高さの帰結であるが、そのことが低密度状態での都市の拡張を促進した。オルセンは、低廉な住宅価格が広場周囲の大規模建築に対する投資をよりリスクの高いものにしたこと、また市場に売り出す前にそれらを完成させなければならなかったことを指摘する。投資家たちは、順々に売却できる小規模な戸建て住宅もしくは独立した小さな建物の建設を当然に選択したのだった。かくしてロ

ンドン郊外および他のイギリスの大都市郊外に特有の景観が形成される。数キロ、いや数マイルに及ぶどれも似たような戸建て住宅の連坦が画一的な景観のなかに広がっているのである。標準化された住宅を派手な色で塗装するというイギリスの習慣は、おそらくはパブに寄ったあと夜霧のなかを帰宅する労働者が自分の家を見つけやすいようにするために生まれたのであろう。用途は異なってはいても（労働者向け住宅、ブルジョワ向け住宅、工業向けなど）、地価がほとんど同一であったために、住宅あるいは工業施設を主とするようなエリアを郊外に整備しようとの、また分化した市街地を形成しようとの圧力は全く働かなかった。反対に、低水準の地価とともに、建物を連坦させて建設するという手法が豊富な低廉住宅の供給を可能にした。19世紀中葉以降、ロンドンの労働者階級はパリのプチブル階級よりも広い居住空間を手にしていたし、はるかに望ましい衛生条件を保証されていた。こうした状況とは逆に、オスマンが労働者住宅にいかに無関心であったか、われわれはすでに見てきた。彼はイギリスの前例には全く従っていない。彼はこうした土地政策の要諦、すなわち低廉な地価を担保する、郊外へのアクセスビリティを確保するために必要な、その端まで達するよく練られた交通網の整備を無視していた。

　ドナルド・オルセンは二つの制度が19世紀を支配していると指摘している。すなわち国家と家族である。例えばイギリス人は家庭生活を非常に大切にする。つまりロンドンの人々にとって戸建て住宅以外に暮らすことは想像できなかった。パリに典型的に見られるような集合住宅は彼らにとってショックであり、イギリスの建築雑誌からも注目されて、1850年以後、数多くの論文が掲載されている。こうしたイギリス人の選好はかなり新しいものであった。つまり中世の時代、ロンドンの住宅とパリのそれとの間にはほとんど異なるところがなかった。しかしやがて戸建て住宅の優勢が決定的になり、1800年以後はイギリスの大都市の主要な特質となる。ちなみに1911年時点で、集合住宅は連合王国全体の住宅のうち、わずか３％を占めるにすぎなかった。ロンドンの住宅の間取りは常に変わらない。つまり広さには変化がありうるが、部屋の構成は首都全体で一様だった。街路に対し垂直に並ぶ長方形の敷地に建てられ、各フロアには常に２部屋、また玄関ホールと側面の階段、補助的なフロアを安価に確保する手段となった半地下の地

第 2 章 都市の近代化（1850-1890）　139

下室（ロンドンでは、パリのすべての住宅にあるようなワイン保管用カーブは不要だった）、さらに家の裏に小さな庭がついている。こうした建築物は施工が容易で安価でもあった。フランスよりも規制の緩いイギリスの建築法典では質素な資材で壁面を立ち上げることが許されていた。それは遮音・断熱は不充分だったが安価ではあった。その結果、シティの外側では、ロンドンの家賃はパリの半分となった。また住宅は容易に賄付きの下宿やホテルに改装できた(82)。他方、アパルトマンから構成されるパリの集合住宅は17世紀に入るとすぐに見られるようになるが、復古王政期にパリで最初の大規模な不動産投機が始まると、なくてはならないものとなる。そうした建物はファサードに贅沢な装飾を施すことが可能であり、それに要する費用は複数の賃借人に転嫁される。また集合住宅は高い人口密度による需要によく応えるものだった(83)。ロンドンのあらゆる建築は居住者の職住分離を促し、各居室機能の特化は極端にまで推し進められた。例えばパリジャンが部屋（chambre）をもっているのに対し、ロンドンの住民は、bed-room（寝室）、drawing-room（客間）、sitting-room（居間）を同時に利用している。いずれについてもフランス語にはそれらを表す正確な語がない。パリと同等の階層に属する社会集団の住まいとして、ロンドンの住宅（maison）はパリのアパルトマンの3倍から4倍の部屋を備えている。しかしそこから極端な社会的分離が生じた。主人と使用人、親と子ども（子どもも自分の部屋をもち、ときに自分だけの遊び部屋ももっていた）、男性と女性との分離である。一番割を食ったのはロンドンのブルジョワ階級の夫人たちだった。彼女らは死にそうなほど退屈だったに違いない。仕事をもたず、子どもは乳母にまかせてその世話をする習慣もなく、ピューリタニズムの祖国のなかで優雅な生活を送る習慣もなかった。拡張した都市のなかであまり友人の家を訪ねようともせず、引きこもって暮らしていた。めったに顔を合わせない夫たちは、逆に毎晩クラブで時間を費やしている。外見とは反対に、ロンドンの住宅は家族を孤立した個人に引き裂き、人間関係を崩壊させ、フランス人の眼には家庭生活を破壊しているように見えていた。

　ロンドンのクラブはエゴイズムへの信仰と家庭の美徳の放棄、また物質的な喜びへの過度の欲求、さらに国民全体がいつかその恐るべき帰結に見舞わ

れるであろう道徳心の嘆かわしい弛緩を助長している⁽⁸⁴⁾。

　その一方で、ロンドンの人々はパリのアパルトマンの狭さに大きなショックを受けていた。肘が触れるほどに皆が接しあい、口に出すのも恐ろしいが（Horresco Referens）、ロンドンならば秘密の神聖な場所として、ときに使用人にさえ入室を禁じた女主人の部屋が、客を迎えた晩には友人たちに解放されたからである。

　　オスマン様式のアパルトマンの大げさに「控えの間」と呼ばれる部屋は──長さ9ピエ、幅4ピエほどの──薄暗い廊下以外の何ものでもなく、食堂の前に位置しその唯一の入り口となっている。そこを通らなければ、どの部屋にも、台所にさえも行くことができない。控えの間のドアは食堂の暖炉のすぐそばにある。暖炉はこのドアと次のドアとの間に押し込められたようになっており、その結果、暖炉の火の前に座るということができない。ではこの二番目のドアはどこに繋がっているのだろう。真っすぐ行けば台所である。……食堂のもう一方の側には客間（drawing-room：サロン、およそ14平方ピエ）、その後ろに寝室が二部屋ある。一方の部屋に行くには必ずもう一方の部屋を通らなければならない。というのも客間がどちらの部屋にも通じているからである。なんとすばらしい方法で慎ましさと快適さとが守られてきたことか。……各部屋が面している中庭はあまりに狭く、大気も太陽の光もなかに入ってはこない。……フランスの家族はprivacyの必要性をさほど強くは感じておらず、ある部屋が別な部屋への出入りを妨げていること、寝室が居間のすぐ脇にないことではなく、一方の部屋に行くのに今ひとつの部屋を通らざるをえないことに不都合を感じていない。もちろん、こうしたことはフランスの家族を不快にしてはいない。そうでなければ、これほどひどい間取りには耐えられないであろう。しかし彼らはそのことにショックを受けてはいないし、その洗練さについて久しく語ってきたのである⁽⁸⁵⁾。

　場所、習慣、評価すべてが対照的だった。細部に関わるが意味深い点として、

第2章 都市の近代化 (1850-1890)

プライヴァシー (privacy) という言葉に注目したい。この言葉はロンドンでは住宅の質を象徴しているが、これに相当するフランス語プリヴォテ (privauté) によっては翻訳することができない。イギリスではそれが女主人の羞恥心 (pudeur) を守るための一切を表現しているのに対し、パリでは複数形で用いられ、家の主人が女中に無遠慮に振る舞う自由を意味していた。二つの文明と二つの首都の違いをこれ以上はっきりと示すものはないだろう。説明の糸口を見出すには、フランスの貴族階級が国王に従ってパリに、次いでヴェルサイユ宮殿にと、都市に定着した17世紀まで遡らなければならないだろう。そこでは最良の住宅が極端なまでに狭隘だった。他方、イギリスの貴族階級は田園の邸宅に暮らしていたのだった。オルセンは「ロンドン郊外の別荘は田園の邸宅を小型にしようとしたものである。他方、パリの豪奢なアパルトマンは都市にある貴族の大邸宅を模そうとしたものである」と指摘する[86]。ティンダル (Tindall) は、パリの生活の非常に重要な部分が展開される広々とした外部空間 (カフェのテラス、ブールヴァール、道路交差点にある円形広場など) と、家庭生活を犠牲にした住宅の狭隘さとの間とを結びつける一つの絆を次のように見出している。

　フランス人が認めているように、パリは飲み、食べ、買い物をし、おしゃべりをするための場所である。それは蓄えるためではなく消費生活のための理想的環境である。ロンドンとは異なり、子供を育てたり、……新しい絨毯を買おうと倹約するには適した場所ではないし、植物を育てることのできる庭もない。ブルジョワの家族であっても、裕福な家族であっても、騒がしい中庭を囲むひどく狭いアパルトマンに暮らしている。それはあまりに狭く、それなりの生活レベルにあるアングロ＝サクソン人が家庭生活にふさわしいと見なすことは、そこでは何ひとつ実現できない[87]。

同様に、オルセンは「総体としてのロンドンの醜悪さ (laideur) がおそらく快適な内部を意味していた」と想定している。当時の作家たちも、パリの社交生活の輝きと、ロンドンの暮らしの静謐とおそらくは退屈であろう親密さとを対比させるのが習わしだった。

ロンドンはローマになることはできる。しかしけっしてアテネにはなれないだろう。この役割はパリのものである。われわれはロンドンに金や力、また最も高いレベルにまで押し進められた物質的な進歩を見出す。また財と忍耐、また意思の力によって成し遂げうるあらゆることの途方もないほどの積み重ねを見出す。さらに有益なもの、快適さを見出す。しかし心地よさと美しさは見出せない(88)。

　すなわち、オスマンとナポレオン3世をイギリスの都市計画の模倣者と見なす伝統については慎重に扱わねばならない。ロンドンの都市施設はイギリスの首都に優位な地位を付与し、その地位は1900年まで世界の諸都市に対して保持された。たしかにオスマンはロンドンに倣ってパリの都市施設を近代化したり新たに創造している。しかし、第二帝政の事業にイギリスの直接的な影響を見るのはおそらく行きすぎであろう。建築物、習俗、暮らし方、社会道徳、社会的関係などがあまりにも異なっていた。英仏海峡の南での街路やカフェでの生活と、海峡の北でクラブや家庭のなかに秘められたものとが、パリとロンドンとを全く異なるものにしていた。ナポレオン3世によって整備された名高い公園でさえロンドンの公園とは本質を異にする。つまりロンドンの公園が大都市に取り入れられた田園の一部だとすれば、ビュット＝ショーモンやモンスリ公園は「イギリス風」というその整備方針にもかかわらず、ル・ノートル〔Le Nôtre, André (1613-1700)：ヴォー＝ル＝ヴィコント、ヴェルサイユ、サン＝クルーなどの造園で名高い。〕の庭園がそうであるのと同じほどに自然から遠く隔たった人工的な創造物だった。パリとロンドンとのおそらく最も大きな相違点と最も重要なその帰結は、都市と郊外との関係のなかに探求すべきであろう。すなわち、郊外と適切に結ばれた都市、つまり都市の自然な延長たるロンドン郊外は中産階級や労働者を住まわせ、多くの低廉な住宅を供給した。反対に、パリ周辺では、郊外が正当に評価されず都市と結ばれないまま、都市に対して相当に敵対的で、多くを自ら処理しなければならない環状地帯を形成している。パリ郊外は首都を追われた貧民を受け入れ、敵対者が環状に首都を包囲していった。ヴィクトリア朝のイギリスもあらゆる形態の社会的分離を進め、不平等をほとんど制度化していたが、それを都

市空間のなかに過度に露骨なかたちで表現することを回避していた。他方、フランスは、とりわけ第三共和政下でより平等主義的であることを標榜しつつも、都市史において初めての大規模な社会的ゲットーを首都の周囲に生み出したのだった。

　このように、オスマンの事業はその本質においてフランス的である。それは復古王政期および第一帝政以来準備され、七月王政期に広く議論された構想を実現するものであり、彼の辞任後も継続された。すなわち事業は1880年頃にピークに達し、1900年を過ぎてようやくに完了する。オスマン主義はいずれにせよ19世紀全体を覆ったのである。しかしそれは一般に言われるほどには首都を改造していない。例えばサトクリフは、オスマンによる事業がなされたのちの1区-4区の様相と活動を描写するなかで、そこに「北ヨーロッパ諸都市の中心市街地のなかでは唯一と言っていいほどの驚くべき過去の存続」を見出している[89]。つまり破壊者は明らかに多くの文化遺産の保護を許容したのである。オスマンの成した大きな貢献は、大規模事業にあえて着手し、これを牽引したことにある。彼の辞任後も、その事業はそれ自体の力で続くことになる。また公衆衛生の改善に努めたことも大きい。この点は残念ながらフランスでは新規の取り組みだった。さらに地主の反撃があるまで、公共投資によって生じた利益をパリ市の歳入として還元させる手法を考案し実践しえたことである。なかんずく、都市形成の計画化を進めるなかで希有な都市の統一性を構想し、実現したことである。具体的に言えば、道路網における統一性がある。道路網はもはや、ただ単に独立した眺望が問題なのではなく、巨大な都市の網の目のなかに関連づけられた街区と街区を結ぶ神経網となっている。窓あるいはバルコニーのディテールに始まり、ファサードや地区（ilots）のデザインを介して、ひと連なりの幹線大通りの眺望（パースペクティヴ）に及ぶ建築様式のなかの統一性である。パリの都市計画においてあらゆる部分がこれほど調和して相互に結ばれたことは、オスマン以前にも、さらに驚くべきことであるが、オスマン以後にもけっしてない。とはいえ統一性は主として建築物に関わっている。経済的・社会的側面では、オスマンは自分が助長した諸矛盾を充分に認識することなく放置した。例えば富裕階層向けに住宅を建設させているが、困窮者もまたそれを利用できるかどうかについてさほど考慮して

いない。また北西部へのパリの重心移動についても、その動きが自分の改造しようとしている古くからの中心部を危うくするということを考えずに放置しているし、加速さえしている。さらにパリから困窮者を駆逐することによって極めて急速に郊外を発展させたが、郊外における社会資本整備にも交通の利便性の改善にも努めていない。今日のパリの欠陥は、そのすべてを彼がつくり出したわけではないにせよ、深刻にしたことはたしかであろう。熟練の覇気ある首尾一貫した能吏であったオスマンは偉大な建築家であり優れた技師であったが、都市計画家としては平凡であった。総括的に言えば、パリがその歴史のなかで得た間違いなく最も優れた行政官といえよう。

　1891年、オスマンは世を去った。一般に一つの時代の終わりを記すために、次のような時期を選択することがよくある。すなわち1715年、1789年、1890年という年を。奇しくも歴史の重要な転換点は世紀の変わり目に近い時期に訪れるように見える。19世紀末の転換点も1890年から1900年のまる10年に重なっている。1885年にはヴィクトル・ユゴーが世を去った。その荘厳な葬儀はフランスにおける文学の19世紀の終わりを刻印している。1889年のフランス革命100年祭の挙行は、過去への幻想とともに、エッフェル塔の建設や技術に対する賛美に見てとれるように、時代を繋ぐ一つの接点である。パリは万博に世界中から人を迎え、電気による照明によって彼らの眼を幻惑し、「光の都市」となっていた。無政府主義者の攻撃（1892年、ラヴァショルが処刑される）も、ブーランジェに勝利した第三共和政を揺るがすことができないように思われた。フランスは安定し豊かだった。未来は約束されているように思われた。しかしながら、すべてが大きく揺らぎ始めていた。すなわち収束した長期の世界的危機が表面にでないかたちで作用しており、新しい世界が姿を見せ始めていた。芸術家や亡命者を引きつけ、世界の銀行として機能し、さまざまな思想を他の大陸に伝播していたパリは、この静かな変革の重要な推進主体の一つだった。19世紀の大事業によって改造された近代都市は、その役割を果たす準備を整えていた。

注
（1）　Cf. 基本文献は F. Loyer [1987].

第2章　都市の近代化（1850-1890）　145

(2)　J. Gaillard [1976] の重要な分析による。
(3)　*Ibid.*
(4)　R. Clozier [1940] の非常に充実した学位論文を参照されたい。
(5)　とくに L. Dubech et P. d'Espezel [1926] を参照されたい。
(6)　E. Sue [1842-1843], p. 6.
(7)　Cf. F. Marnata [1961].
(8)　E. Zola, *La Curée*, Paris, Gallimard, «Bibl. de la Pléiade», p. 165.
(9)　新建築で20億フラン、旧建築で15億フランの値上がりが認められる。cf. J. Gaillard [1976].
(10)　M. Halbwachs [1909].
(11)　M. Du Camp [1875], p. 256.
(12)　J. Gaillard [1976].
(13)　*Ibid.*
(14)　*Pot-Bouille*, Paris, Gallimard, «Bibl. de la Pléiade», p. 6 et 9.
(15)　J. Gaillard [1976].
(16)　図7を参照されたい。
(17)　F. Loyer [1987].
(18)　F. Loyer [1987] の表現。
(19)　A. Sutcliffe [1981].
(20)　Cf. G. Cadoux [1990].
(21)　1990年現在のフランにしてどのように評価すべきだろうか。この作業はほとんど不可能に近い。というのもさまざまなコストが大きく変動しているからである。今日の貴金属の価格にすれば、25億 francs-or は1991年現在、550億フランとなろう。しかし、1世紀で飛躍的に膨張した国家予算は、1991年、1兆4,000億フランに達している。
(22)　L. Dubech et P. d'Espezel [1926], vol. 2, pp. 163-164.
(23)　*Ibid.*
(24)　*Revue municipale*, 20 octobre 1861, p. 300. L. Lazare [1870a, 1870b] も参照されたい。
(25)　L. Dubech et P. d'Espezel [1926], vol. 2, p. 165.
(26)　巻末の参考文献を参照されたい。
(27)　J. Rougerie [1971] における引用。
(28)　Proudhon, *Du principe fédératif*, p. 66.
(29)　J. Rougerie [1971], p. 66以下。
(30)　P.-O. Lissagaray [1969], p. 94.

(31) Cf. J. Gaillard [1982].
(32) Cf. M. Delpit, *Dépositions des témoins*, 1872, t. II.
(33) J. Rougerie [1971], p. 218.
(34) *Ibid.*, p. 224.
(35) 女性向け新聞、*La Montagne*. J. Rougerie [1971], p. 225 における引用。
(36) H. Lefebvre（1965）が素描しているこうした思想的系譜はさらに検証し考究するに値する主題であろう。コミューンの検事、Raoul Rigault は確信的エベール主義者だった。
(37) H. Lefebvre [1965].
(38) J. Rougerie [1971], p. 108.
(39) *Ibid.*, p. 116.
(40) 例えば、ナポレオン3世下、パリは、任期5年、すべて皇帝から任命された36人からなる市委員会によって管理された。委員会自体は執行権を有する一人の代表が統括した。
(41) H. Lefebvre [1965], p. 189.
(42) E. Zola, *La Curée, op. cit.*, p. 102.
(43) W. Benjamin, *Das Passagenwerk*, t. I, Suhrkamp, 1982, p. 73 ; cf. W. Benjamin [1989], la traduction française.
(44) About, *Le Soir*, 1871年5月31日付。
(45) 逮捕された女性たちの裁判にあたったブリオ（Brio）大尉の言葉。
(46) 冒涜行為を禁ずる法律。シャルル10世時代の初期（1825年3月）に成立した法律で、聖体のパンを公衆の面前で冒涜した場合には死刑とした。
(47) *La Semaine religieuse*, 3 juillet 1871, n° 913, pp. 62-63.
(48) *Ibid.*, p. 71.
(49) Cf. le *Rapport officiel*, 1871. Martial Delpit による編集。
(50) マドレーヌ教区助任司祭、Lamazou 神父の言葉。*Le Correspondant*, 10 juillet [1871].
(51) H. Lefebvre [1965], p. 223.
(52) P. Citron [1961].
(53) L. Veuillot [1871], vol. 2, pp. 389-391.
(54) H. Lefebvre [1965], pp. 223-224.
(55) Général Appert, «Rapport d'ensemble sur les opérations de la justice militaire relatives à l'insurrection de 1871».
(56) M. Du Camp [1871], p. 343 et pp. 345-346.
(57) *Ibid*.

(58) J.-F. Gravier [1972], p. 33.

(59) L. Veuillot [1871], vol. 1, p. 108 (6 septembre 1870).

(60) Cf. R. Tombs [1981].

(61) J.-F. Gravier [1972].

(62) L. Veuillot [1871], vol. 1, pp. 328-329.

(63) Cf. J.-P. Rioux, *La Révolution industrielle, 1780-1880*, Paris, Éd. du Seuil, 1971, p. 143以下。

(64) Cf. M. Daumas [1977]. 編集の優れた共同研究の成果を参照されたい。

(65) Cf. とくに M. Daumas et al. [1977], J. Bastié [1965], ならびに A. Faure et al. [1991]。

(66) J. Bastié [1965].

(67) 彼らは極めて異質な集団を形成している。調査のなかで patrons という表現は、職人、商業あるいは工業に従事する un non-salarié を指しており、非常に多様な社会的条件を包含している。

(68) T. Loua [1868] の論文ならびに C. Grison [1957] の作品を参照されたい。Paul Leroy-Beaulieu による名高い研究、*Essai sur la répartition des richesses*, 1883 は慎重に扱う必要があろう。この研究は、収入を推量するために躊躇なく家賃を利用しているが、A. de Foville はこの根拠薄弱な推定値をはなはだ軽率にも、*Journal de la Société de statistique de Paris*, 1893 において利用している。

(69) V. de Saint-Genis, *Journal de la Société de statistique de Paris*, juillet 1895, p. 240.

(70) 死者数と社会集団との相関関係がこの点をよく表している。patrons および金利生活者の割合との関係では明確にマイナスの相関関係が認められる（－0.54、－0.50）。事務労働者の場合はもっと弱いが、やはりマイナスの相関関係が認められる（－0.15）。労働者の場合は大幅なプラスの相関関係にある（0.55）。最も多くの犠牲者を出したカルチエの死者（サン＝メリ：4.4‰、パルク・モンスリ：4.3‰、プレザンス：4.3‰、ジャルダン・デ・プラント：4.2‰、ソルボンヌ：4.2‰）は、美麗なカルチエ（パレ＝ロワイヤル：1.6‰、ルール：1.7‰、ショセ＝ダンタン：1.8‰）よりも3倍も多い。

(71) F. Loyer [1987], p. 353.

(72) *Ibid.*

(73) F. Marnata [1961] より。

(74) Cf. Carrière et Ph. Pinchemel [1963] および A. Sutcliffe [1970] の優れた作品を参照されたい。

(75) 1888年2月4日付 Lafargue 宛書簡。F. Engels, P. et L. Lafargue, *Correspon-*

dance, Paris, Éditions sociales, 1957, t. II, *1887-1890*.
- (76) Cf. L. Giard [1966-1968].
- (77) Cf. M. Winock [1986].
- (78) P. Citron [1961], S. Max [1966] の描写は残念ながらずっと劣る。
- (79) G. Feydeau, *Théâtre complet*, Paris, Bordas, «Classiques Garnier», 1989, t. II. 1899年1月初演のこの作品は、おそらく1896年に創作され、1898年に手直しのうえ完成されたものと思われる。
- (80) Henry Gidel が Édition Garnier, t. II, p. 710 で作品を紹介している。
- (81) Cf. D. Olsen [1986] の優れた作品を参照されたい。
- (82) Cf. H. Muthesius [1904], p. 144以下。
- (83) 1840年から1860年にかけて、*Revue générale d'architecture* に連続して掲載された C. Daly の論文、ならびに1870年から1872年にかけて公刊された彼の作品を参照されたい。
- (84) Hittorf, *Revue générale d'architecture*, n° 18, 1860, col. 184.
- (85) *BUILDER*, n° 30, 1872, p. 180（著者の訳出による）。
- (86) D. J. Olsen [1986], p. 126.
- (87) Tindall, «Expatriates' Paris», R. Rudorff (ed.), *The Paris Spy* [1969], p. 233) 所収。
- (88) Th. Gauthier [1852].
- (89) A. Sutcliffe [1970], p. 321.

第3章　光の都市（1890-1930）

　18世紀最後の10年はフランス革命を経験した。その重みは同等ではないが、19世紀末の10年もまた根底からの変革のときであり、新時代の幕開けを刻印するものだった。ただ当時の人々はそのことははっきりとは認識してはいない。経済は再び相当に力強く活気づいていた。つまりおよそ20年に及ぶ長期の経済危機によって、産業組織は刷新され近代化していた。国家を揺るがしたブーランジェ事件も意表をつく唐突さをもって収束し、共和政は再び信頼を回復した。1889年の万国博覧会がその気分をさらに高揚させる。エッフェル塔と大観覧車はある意味でブルジョワ共和政の勝利を表現するものだった。フランスの他の地域に較べ、ブーランジェをより強く長期に支持したパリは、幾分、屈辱を覚えながら危機を脱したが、今や万博の旋風が人々を収攬している。しかし、一つの世紀が栄光に包まれて終わろうとしていたまさにそのときに新たな事件が勃発した。それはフランスを二分するものであり、新しい世紀における最悪の恐怖の到来を告げていた。つまり1894年、ドレフュス事件の火蓋が切られ、短期間のうちに決着がつけられたように見えた。すなわち10月15日に逮捕されたドレフュスは、裁判にかけられ有罪となる（1894年12月22日）。しかし1897年11月、法廷での司令官エステラジーの主張ならびにとくにゾラの書簡「われ弾劾す」（1898年1月13日）は問題を改めて論議の俎上にのせ、問題はフランスを大混乱に導くような「事件」に発展する。1898年には建設労働者と鉄道員のデモ、1899年6月には共和国新大統領ルーベ（Loubet）の帽子をひっくり返した杖のひと突きがその数日後には左派による対抗デモを誘発するなど、首都では多くのデモが繰り広げられた。シャブロル砦の悲喜劇の逸話はおそらく最も人の注目を呼ぶものであろう。すなわち、ドリュモン ［Drumont, Édouard：反ユダヤ主義の論客、反ドレフュス派の急先鋒。］ の創設による反ユダヤ主義連盟の長、ジュール・ゲランは警察とのいかがわしい関係を疑われ、Grand Occident de France と

改称した連盟のシャブロル街にある事務所に軟禁された。彼はそこで何事も起こさなかった襲撃に「抵抗」しようとする。パリは当初抵抗者として燃えているが、国防軍と戦うなかでその後はむしろギニョルを賞賛する野次馬的な動きをみせている。「本部」は1カ月以上耐えている。1899年9月、ゲランは「砦」から出るが、その後忘却の彼方に消えた。結局、たいしたことは起こらなかった。逆にドレフュス事件の最も重要な出来事はパリ以外で起きている。なかでも反ユダヤの最も大規模な人種差別が、アルジェ（デモで二人の死者が出ている）やマルセイユ、そしてキリスト教徒の多い西フランスで組織された。例えば、1898年2月17日、ナントでは、司祭に率いられた3,000人のカトリック教徒が、ユダヤ人の営む商店のショー・ウィンドーをたたき割りながら街を練り歩いている。言葉が誕生する前の一つのクリスタル・ナハト〔水晶の夜：1938年11月9日夜のユダヤ人に対するナチス・ドイツの組織的迫害を指す。ユダヤ人の商店や家々、シナゴーグや学校などが次々と攻撃の対象となり、窓ガラスが散乱したことに由来する。〕だった。同様の反ユダヤ運動（ポグロム）がレンヌ、サン＝マロ、ルーアン、クレルモン＝フェランでも起きている。パリもまたこうした恐ろしい示威運動と特別関わりがなかったというわけではない。1899年2月23日、フェリックス・フォール〔Faure, Félix：大統領。ドレフュス事件再審に反対の立場をとった。〕の葬儀の直後、デルレード〔Déroulède, Paul：愛国者同盟の結成者。〕はロジェ将軍を軍事クーデターに引きこもうとするが失敗する。パリはむしろ別の面で他の都市との違いを示した。つまり愛国主義的な世論の強さと持続である。愛国主義的な騒擾は主として都市的な現象ではあるが、大都市では1899年末以降沈静化していた。しかしパリでは反対に持続したのである。1900年5月の市町村議会選挙において、首都は他の諸都市とは異なり、80人の議員のうち45人の愛国主義者を選出する。1902年4月から5月にかけての下院選挙でも、フランス全体が左翼連合に安定多数の議席（80議席以上）を与えたのと対照に、パリは再び、他ではいたるところで抑え込まれていた愛国主義者を支持している。パリ中心部とカルチエ・ラタンでは、急進派および社会主義者らは一掃された。こうしたパリの愛国主義は特異なものだった。それは聖職者至上主義者よりも愛国的であり、フランスの他の地域の愛国主義とは異なって、多くの場合、無宗教性を帯びていた。われわれは、社会の奥深く潜在していたコミュナールの運動が再度表面に表出してきたと見ることができるだろうか。おそらく可能であろう。しかしそれは全く新しい文脈においてであった。

新しい世紀

　世紀の転換点において、例外的といっていいほどにさまざまな思想が沸騰する。絵画における新しい様式（アール・ヌーヴォーとキュービズムに始まる）、また音楽（ドビュッシーに始まる）や文学（プルーストやジッドに始まる）における新しい作風が感性を変えていた。新しい時代の人々は、数年の間に、空を旅し、海中深く探索し、電気を使い、自動車を乗り回し、映画を楽しみ、蓄音機に耳を傾け、複数の病原菌に打ち勝ち、無意識の世界を発見することになる。18世紀末であれ、20世紀末であれ、歴史上のいかなる時期も同様の衝撃、これほどの優れた発見の連続を経験した時期はない。ニーチェ以後、あらゆる科学が体系性を失って分裂し、その細分化はますます進んでいると、ショースキー（Schorske）は指摘する。ヨーロッパ文化はさまざまなイノヴェーションの渦のなかに引き込まれ、複数の専門分野に分離していた。それらは次々と自立性を主張し、さらに狭い分野へと分化していった。各専門分野は歴史からの自由を主張し、各々新しい道に歩みを進めていった(1)。ヨーロッパは今やこれまでにない未知の力をもって世界を支配していた。しかし同時に、西欧的秩序の基礎も揺らいでいた。例えば、キリスト教は昂然として胸を張り、理性を批判しながら宿敵たる啓蒙哲学と闘っていた。物理学者たちは、ニュートン学説に拠った自分たちの機械論的モデルでは自然を説明できないことを狼狽しながら見ていた。つまり光は粒子であると同時に波動としても捉えられていた。原子はもはや統計上の対象にしか思われない。時間も全宇宙で同一のもの（unique）とは把えられなくなっていた。最も強固な基礎をもっていた数学でさえ、「超限数」［nombres transfinis：無限に存在する異なった「順序の型」に付したいわば番号。］の発見とともにぐらついていた。すなわちカントール（Cantor）が多様な規模の「無限の無限性」（infinité d'infins）を発見している［無限をいかに扱うかについて、いわば濃度を比較するという発想から、大きさの異なる無数の無限が存在することを導いたカントールの革命的発見。］。フランスにおいて、こうした驚くべき、かつ人を魅了する思想の沸騰に特別な役割を担っていたのがパリである。経済、社会、学術における役割、とくに芸術面での役割は大きく、世界中から画家や詩人を引き寄せた。仮にロンドンが世界の金融の中心だとしても、またベルリンが学術の中心

になったとしても、ヨーロッパにはさらに重要な位置を占め新しい思想を花開かせた二つの都市がある。それがパリとウィーンである。

進歩の果実

進歩への信頼が共和政の基礎を成していた。ブルジョワジーは依然として進歩を信じていたし、この信念が世紀の転換点を賛美させ、それを「ベル・エポック」（良き時代）と呼ばせたのだった。

経済も再び活気づいていた。危機の間に成長しすでに郊外に集中していた産業が、1896年以後飛躍的発展を遂げた。

パリを取り囲むコミューン〔日本の市町村に相当する基礎自治体の一般的総称であり、2010年現在、約3万6,000のコミューンが存在する。大半は小規模零細である。〕は、10年（1896-1906年）の間に、これに先立つ80年間（1872-1896年）に比べてはるかに大きく変化している。つまりパリが成長を止めているのに対し、近郊内帯（Petite Couronne）〔イル゠ド゠フランスにおけるパリ市およびパリ近郊のエリア。〕が急成長していた（図19）。ただし企業数は郊外で45％増加していたが、パリでは2％にすぎない。この10年の間、工場労働者もパリでは3分の1増加したにとどまるが、郊外ではほぼ倍増している（90％増）。大企業（500人以上の労働者を有する企業）は主にパリの外側に立地している。ちなみにその数は郊外で140％増えたが、パリでは70％にとどまる。そうした企業では新しい製品が製造された。なかんずく自動車であるが、ほかにも飛行船、航空機、電動機およびこれらの新製品に関連したあらゆるもの（石油、潤滑油、タイヤおよびその他のゴム派生製品）が生産された。危機にあった時期に、大企業はパリを離れ近郊内帯に移転していたのである。1873年当時、首都には100人以上の労働者を雇用する企業がまだ489社あったが、1888年452社、1900年387社、第一次世界大戦前夜には307社へと減少していた(2)。1900年以後、パリのすべての街区で、またあらゆる事業分野で企業数が減少している。小規模な企業もまた首都を見捨てていた。つまり1872年に7万6,000を数えた企業は1914年には6万1,000に減少している。こうした企業移転の動きには社会の根底にある諸要因が作用していた。つまり地価高騰や労働力の移動のみならず、新たな衛生政策も影響している。経済の再興はこうした動きに歯止めをかけるどころか、むしろこれを促進した。1872年から1900年にかけて総企業数は9％減少するが、

図19　人口の増加

（単位：100万人）

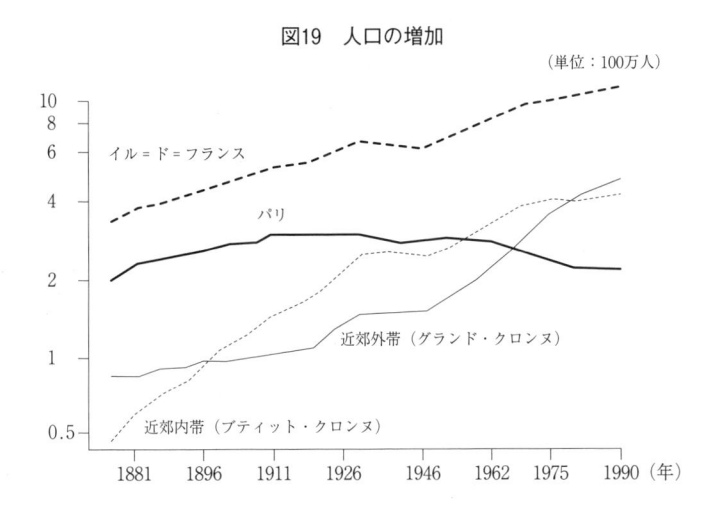

- イル＝ド＝フランス
- パリ
- 近郊外帯（グランド・クロンヌ）
- 近郊内帯（プティット・クロンヌ）

1900年から1914年にかけて20％増加する。工業は同心円状の波紋のようにパリを離れていったが、その同心円は徐々に拡張していった。郊外は、首都との関係以上にフランスの他の地域との結びつきを強め始め、その自立性を獲得していた。水路の整備は鉄道と張り合い、新たな産業拠点を生み出している。具体的にはビエーヴル川、とくにサン＝マルタン運河の暗渠化は、かつてはパリ中心部に近かった荷揚げエリアを移転させることになった。大戦前夜、パリの工業は郊外に、部分的には港を有するいくつかのパリ周縁地区に立地していた。例えばまだ重工業地域だった19区（40企業）、15区（30企業）、12区（26企業）である。工業と労働者をパリから駆逐するというかつての第二帝政の夢は、経済的圧力のもとに実現しつつあった。この動きは、郊外と首都との間の決定的な分裂と重なって、パリを徐々に「赤い帯」で取り囲むようになる。この「赤い帯」はその後80年間存続し、パリにおける政治の舵取りにとって基本的前提となる。経済的視点からみると、それはまたパリよりもむしろフランス全体や世界とともに活動し、ある意味ではコミュナールの抱いていた独立の夢を実現するものであった半面、日常生活では首都のそれと密接に繋がっているという、曖昧な位置にもあった。

　大企業の誕生と新技術の席巻、とりわけ建設への鋼鉄の利用を通して、技師が都市で主要な役割を担うようになる[3]。ウジェーヌ・エナール（Eugène Hénard）⁽⁴⁾はエッフェルが成したような印象深い作品を実現することではもはや満足せず、都市問題の全般的な打開の途を探り始めていた。つまり技師が建築家に取って代わり、都市計画家の役割を担っていた。エナールは、世紀初頭に公刊した全8巻の作品のなかで、新しい技術的な解決手法を提案している。例えば、車道と歩道を分離するために、街路の歩道部分を高くするという手法を考えている（この手法は1960年代の建築家が再発見するものである）。また鉄製の開口部を備えた地下道方式の歩道を考案している。そこには電線類や電話ケーブル、また水道管や排水管などあらゆるものを収めることが可能であり、その都度公道を掘り起こすことなく容易に補修や取り替えができるようになるだろう。これは今日ようやく利用され始めた良識にかなった手法である。また、あらゆる車両を同一方向に走らせることで大量の自動車交通の流れを円滑にし、同時に事故を回避するためにロータリー（円形交差点）を考案している。しかし、彼はまたオスマンの事業の継続も主張していた。具体的には「北の大十字路」の建設を提案している。これは左岸のサン゠ジェルマン大通りとサン゠ミシェル大通りとが直角に交差するのに対応する。だが、この計画は大胆だった。というのも、それがサン゠トノレ街とサン゠タントワーヌ街という狭隘な道路軸の幅員を北側に2倍に拡幅することによって、パレ゠ロワイヤルを二分するとともに、バスティーユ広場をオペラ座に結び直すような東西方向の大通りを建設することを予定しており、それがパリの古くからの中心部を貫通することになるからだった。同時に彼は、レンヌ街の街路線をルーヴル宮に対して真っすぐに引いてしまったオスマンの過ちを正そうともしていた。エナールはセーヌ川にX状にかかる1本の橋を想定する。斜め方向に走る2本の街路の1本がレンヌ街を導いて、それを川まで延長し、さらにルーヴル宮のペローの列柱の前を通過してルーヴル街方向へと結ぶ計画案になっている。しかし、このように大胆かつ経費を要する計画は、すでに巨額の負債を抱える都市においては、またパリの都市計画を一考だにせず、所得に対する課税を頑迷に拒否することで名望家の財産を保護していた体制のもとでは日の目を見ることはなかった。しかし、エナールの作品は軽視できない影響力を有していた。それはパリの都市計画史において、19世紀の大胆な取り壊しと20世紀のさまざまな発明との間を架橋する重要な位置を占めているのである。

第3章 光の都市（1890-1930） 155

彼の作品は首都の未来について構想を練る試みが終わっていなかったことも意味している。ロビダのように未来のパリのビジョンを提示する人々もいたが、それはユーモアと慧眼を織り交ぜたサイエンス・フィクション（SF）の第一歩を記していた[5]。例えば、1952年のパリはルーアン〔パリの北西、セーヌ河口近くの工業都市。〕からモー〔Meaux：パリの東、マルヌ川右岸の郡庁所在地。〕まで広がっている。ロビダは北西方面への首都の拡張が持続するに違いないこと、そして西部の街区がつねに最も洗練されていることを予測する。シャンティイやサン＝ジェルマン＝アン＝レは一つの場末になっている。シャトー（Chatou）は37番目の区になっている。重要な特質は第三次元の活用である。つまり個人や家族あるいは共同の夥しい数の気球が移動手段となり、建物は高層化する。

　大掛かりな都市改造がパリのこの街区（エトワール地域）を一変させたばかりだった。パリ中心部に空間的ゆとりがなくなって久しかった。はるかルーアンまで続くような遠方の街区に移住できない多くの住民は、建物が相当に高層になり何フロアーあっても、もはや住む場所を見出せなかった。各建物を11階建てや13階建てにしても足りず、ますます高層化しなければならなかった。大胆な投機家たちが凱旋門とトロカデロ宮を買収したのだ。間隔をおいた鉄柱に支えられた巨大な鉄製の覆いが凱旋門の上からトロカデロの二つの塔まで、街区全体の上空に広がっている。エトワール広場は完全に覆われて温室になった。その上に巨大な宮殿のような国際的な大ホテルが建っている。また凱旋門からトロカデロまで、見事な空中庭園が柱に支えられて広がっている（それは気球に吊り下げられて空中に漂う巨大なカジノ・「雲上の宮殿」（Nuage-Palace）専用ではあるが）。

またパリは時速1,600kmで旅客を運ぶ圧縮空気管で他の首都と結ばれている。さらに驚くべきことは、パリジェンヌたちが解放されて、今やゴントラーヌ（Gontrane）やニコラス（Nicolasse）と呼ばれていることだった。服装は事実上「ユニセックス」になっている。政治は一つの学校（それはENAではなく「政治学院」〈Conservatoire politique〉と呼ばれる）で教えられ、政治の世界に入っ

て行こうとする候補者はそこであらゆる役割を演ずることを学び、また敏速に方策を変更することを学ぶ。また「テレビ電話装置」（téléphonoscope）によって遠く離れた場所での観劇や、遠隔の地の戦況を知ることが可能となっている。食事は「大食料会社」（Grande Compagnie d'alimentation）の中央厨房で準備され、予約登録者の家にチューブ網によって届けられる。パリの劇場もずっと改善された。すべての人々に文化を提供すべく、ひどく退屈な古典的作品には賑やかな場面が取り入れられている。また高度に国際化の進んだ首都の人々を満足させるために、劇場には三つの舞台が用意され、三つの劇団が同じ作品を異なる三つの言語で同時に演じた。刑務所はもはや存在しなかった。受刑者たちはパリ郊外の穏やかな土地で釣り糸を垂れ、無為と安楽のなかで更生した。建物の建設と輸送を目的とした都市上空の高度利用が当時の強迫観念になっている。すでに1869年には、トニー・モワランが2階で建物相互を結び、橋の上空を通過するような空中回廊を構想していた[6]。20世紀初頭においても、なお次のようにパリの未来を予言するジャーナリストがいる。

　　　徐々に、活動的な生活が空中に移動していく。時代遅れの車道は今やかつての交通渋滞から解放され、大型車両や場所を塞ぐ荷車、また貨物を運ぶ車だけに供されている。住宅への入り口は地上にはなく、1階がこれまでの7階にある[7]。

こうした予言は進歩への盲目的な信仰の表出だった。しかし、すでにさまざまな思想が変化しており、技術革新のスピードの前に多くの人々が不安を覚え始めていた。

アカデミズムのもとでの新しい選好

世紀の転換点、ヨーロッパ中が神秘的な精神主義の跳躍を経験するが、なかでもこうした盲信の再来において特別な役割を果たしたのがパリであった[8]。この運動を指導し、あるいはそれを白日のもとに明らかにしていったのが若い知識人たちである。彼らはフランスのあらゆる地方の出身者であり、首都で教育を受

けた者だった。しばしば高等師範学校の学生であったり、パリの知識階級と交流する作家であった。こうした思潮の背景にはさまざまな要因がある。まず第一に20年の長きにわたる経済危機の余波、第二に、民衆を合理主義的ブルジョワに対立させた社会闘争の火蓋が切られたという事実がある（1892年、ジョレスが下院議員に選出されたほか、1893年には数十人の社会主義者が議席を得た）。1904年から1907年にかけてストライキが大きなうねりを成し(9)、それをキリスト教主義にたつ労働組合が利用した。第三に実証主義とニュートンの学説にたつ物理学の危機、第四に長年の宿敵たる理性の哲学（啓蒙哲学）に対抗するキリスト教の激しい攻勢、第五に精神病の究明に向けられた当時の熱い関心（サルペトリエール病院におけるシャルコー［Charcot：精神病学者。フロイトの師。］の研究を想起されたい）、第六に絵画、文学におけるアカデミズム（形式的な伝統墨守）の動脈硬化と前衛芸術の成功(10)、第七に「タンジール［モロッコ北部の港湾都市］の一撃」（1905年）以後強くなっていた戦争の脅威、などを指摘することができる。これらの影響は実に多様であるが、とくに首都の知的生活における影響は顕著だった。政治状況も不穏なものとなっていた。例えば、モーラス［Maurras, Charles (1868-1952)：作家。アクション・フランセーズの中心人物でヴィシー政権を支持した。］率いる極右はアンシャン・レジームを賞賛していた。他方、マルク・サンニエ（Sangnier, Marc）をリーダーとするカトリック民主主義運動は労働者を神に導こうと努めていた（1893年、「ル・シヨン」が創設される）。またドレフュス事件ならびに戦争の脅威が、ナショナリズムをかき立て古い諸価値に対する思いを高揚させていた。こうした諸思想の転換期において、パリは、知的活動の中心地であるというその地位によってだけでなく、それ以上に、現行の体制に対抗するというその伝統によって決定的な役割を果たしている。教会に好意的であったナポレオン3世治世下、パリはテーヌやルナン、またフロベールの声を通して理性論（rationalisme）を言明していたが、第三共和政の反教権主義に与するブルジョワ体制のもとでは、それとは反対の方向に大きく舵を切っている。この世紀末の諸思想の喧騒のなか、パリはデュポン＝ウィット（Dupont-White）がかつて指摘した役割、すなわち中央政府ならびに地方政府の考え方にほとんど徹頭徹尾抵抗するという役割を保ったのだった。

　首都は新しい思想が炸裂する場であるとともに、その最初の影響を被る場所で

もあった。象徴主義の絵画ならびにナビ派つまり「予言者たち」の絵画は精神主義への回帰を表現している。アール・ヌーヴォーはオスマン的な直線を粉砕し、型にはまった芸術が重視してきた新古典主義の主題を放棄したのだった。その反動として、曲線が頻繁に用いられ（「ヌイユ様式」）、対象全体はデフォルメされ、植物をモチーフにした装飾の組み合わせが採用された。ボードレールが賞揚した直線と硬質性（「死に定められた人間よ、私は美しい、石の夢のごとくに。」〔詩集『悪の華』の「美」〕）ののちに、この動きは各地に伝播してラインのあり方を替え、熱帯の暑さのなかに横溢する官能性を連想させることとなった。しかし、この断絶は一般に思われているほど絶対的なものではなく、例えばパリの記念碑に刻まれたダヴィウの作品のように、第二帝政期の彫像でも裸体や表現力に富んだポーズが好まれていた。しかしアール・ヌーヴォーはさらにねじれや植物をモチーフにした背景を採り入れたほか、カードルを用いなくなった。ちなみにグラン・パレ（1900年）では、彫像が噴水盤の縁の一部を成し、そこからわずかに姿を現している。またこの時代の雑誌のなかの版画のカードルには、葉や曲がりくねった茎を用いて、ねじれたようなデザインが施されている。それは当時、心理学が研究していた狂人の幻覚、また夢や悪夢のようだった。パリの建築も変化した。パリ市は1900年の博覧会に合わせ、1898年から1905年にかけて8回のファサード・コンクールを開催したが、それは建築家たちにとって新しい作風を表現する好機となる[11]。作品は極めて多様であり、さまざまな発想が沸き返っていることを物語っている。また偶然にも、いやむしろ、パリ市と国家との絶えざる確執の結果、博覧会に向けて、他の首都の後塵を拝していたパリで地下鉄が建設されることになる。1899年、地下鉄駅を飾るためにコンクールが企画された。審査委員会はパリ市議会の示唆を受けてデュレー（Duray）を選考した。しかし地下鉄会社はこれを退け、フォルミジェ（Formigé）を選出する。両者の対立は最悪の状況にまで深まり、第三の候補者を見つけなければならなくなる。その人物がエクトル・ジェルマン・ギマールだった[12]。彼はラ・フォンテーヌ街に建てたアール・ヌーヴォー様式の建物、ベランジェ館（カステル・ベランジェ、1898年）で、第1回ファサード・コンクールに入賞したばかりだった。彼は地下鉄出入り口の装飾を担当し（1900年）、しなやかに絡みあうようなラインをもつ風変わりな鉄

柵でそれらを囲んだ。結果、それらは今日、芸術作品となり、パリのシンボルとなっている。しかしアール・ヌーヴォー（「モダン・スタイル」）はけっして長続きしなかった。つまり1904年、オペラ座駅の建設の頃から顧みられなくなる。1912年以降はギマールの作品を取り壊し、代わりに真っすぐで陳腐な、より「現代的な」柵が用いられている。世紀の転換期にあって、人々の選好はこれほど短期間に変化したのだった。

　都市計画の分野でもさまざまな思想が沸き立っていた。オスマン主義が都市再開発の完璧な事例として流布し、ベルリンやニューヨークに遅れを取りつつも、パリが世界のモデルと見なされていたなかで、一人のオーストリア人建築家が衝撃をもたらした。つまり1902年、カミロ・ジッテの主著がフランス語で翻訳出版されたのである[13]。しかし翻訳者のカミーユ・マルタンはタイトルを変更したうえ（『都市を建設する技術』とされた）、複数の節やクロッキー（スケッチ）を割愛しジッテの文章を自己流に翻訳するという、原著者を欺く行為を成している。ジッテは久しくルネサンスを賞揚していたが、マルタンは関連するパラグラフを飛ばし、中世への回帰を賞賛する者との印象を読者に与えている。こうした誤訳自体、当時のさまざまな思想をよく表現するものだった。イギリス人やアメリカ人がジッテの作品を長期にわたってフランス語版で読んでいたこともあり、誤解は続き大西洋の向こうにまで拡大することになる。しかしジッテは、おそらくそれを意図していたわけではなかったが、オスマン主義に対する真の批判を書いたのである。つまり彼は、実用的で効率的な、愛しがたい「近代的なるもの」を、「芸術的なるもの」すなわち人の心を動かし、画趣に富むものに対比させている[14]。ジッテは都市のボリュームを制限すること、広場に輪郭を与えこれを閉じたかたちにすることを勧める。また直線状の大通りで都市を切り刻むような、また交通の流れを改善する目的で魅力的な街路をつぶすような都市計画を嫌悪していた。反対に曲線を描きよりピトレスクな街路を、またシンメトリーよりも調和を推奨し、近代の空疎な大広場や中央にぽつんと彫像を置いた大通りの交差点を問題にしなかった。それらには、閉じられファサードをもったイタリア・ルネサンスの広場を対比させている。街路は隅から直角に目立たないよう広場に繋がり、数々の彫像が広場を囲む壁を飾り、中央の空間は歩行者のための空間、人と人との出

会いの場となる。彼は自然の要素を都市のなかに保全しようと望んでいた。

　樹木を同じ高さに剪定し、それらを数学的に計算された間隔に並べ、さらに、これはあまりにもひどいことであるが、それを延々と絶え間なく続けることによって、都市のなかでまさに自然界の神秘を彷彿とさせるはずの木々の自然な形状を損ねることほど、堕落したことを想像できるだろうか(15)。

　さらに本質的なことは、リヒャルト・ワーグナーを崇拝していたジッテがドイツ・ナショナリズムの深い部分を表現していた点である。1870年のドイツの勝利に鼓舞されたオーストリアの知識人たちは、根本にある「ゲルマン的価値」への回帰を夢見ていた。1873年の株価の暴落（オーストリアを激しく揺さぶった）、誕生しつつあった社会主義に敵対し、それ以上にユダヤ人プチ・ブルジョワジーに敵対したカトリシズムの勢力、これらがすでに暴力的になっていた反ユダヤ主義をあおり、ドイツの手工業を中心にした職人的共同体というイメージを一層魅力的なものにしたのだった。このイメージは郷土の古くからの諸価値に基礎を有しており、無国籍な近代的資本主義と相容れないものだった。ジッテは芸術家に対する以上に、資本主義に最も苦しんでいた職人たちに対して深い愛着を感じていた。彼は都市計画家によって芸術全体が都市事業に貢献できるようになることを、また都市計画家が、伝統の守り手たる職人たちを一つにまとめることができる、いわばオーケストラの指揮者のように振る舞うこと、さらに彼が、ジークフリート〔ドイツの英雄叙事詩『ニーベルンゲンの歌』の主人公。R. ワーグナーはこれを一つの素材として『ニーベルングの指輪』を作曲した。〕のように、社会の傷を癒すことのできる英雄として現れることを期待していた。こうした思想のすべて、あるいはほぼすべてがオスマン的な考え方に対立していたのである。ジッテの大成功は、誤訳や誤解はあるにせよ、世紀の転換点を特徴づける知的革命の豊饒さを表している。すなわち新しい趣向はオスマンのパリから遠く隔たっていた。その一方でわれわれは、半ば浮浪者のようなアドルフ・ヒトラーがウィーンの街々を足繁く訪れていた時代に、こうした思想がどこに辿りつくことになったのか理解している。オーストリアの首都とパリは、ヨーロッパの、且つ世界の思潮の二つの中心であり、19世紀末、ともに近代化されるとともに、その差異自体が両者

を接近させることになるのだった。両者は奇妙な対を成すものであり、分析が必要であろう。

　世界大戦の恐怖が大混乱に陥れ、過ぎ去った日々を懐かしんだ人々には実に穏やかに、好ましく感じられた世紀の転換点、ベル・エポック（「良き時代」）も、実際は、不安と混乱の時代だった。オスマンの事業はなお最終段階にあった。例えば1864年に建設命令の出されたレオミュール街は、1895年、主として地下鉄の建設を可能にするために開通した。オペラ座とドゥルオの四辻を結ぶことになるオスマン大通りは、1926年にようやく竣工した。コンヴァンシオン街をアレジアやトルビアック方面に結ぶ南のバイパス道路も、1889年以後についに開通する。ラスパイユ大通りは1911年に完成した。オスマンが残したものは無尽蔵に思われた。

新しい都市

　しかし、問題の核心部分はもはやそうした事業にはなかった。つまりパリ市当局には、すでに大通りの建設に必要な資金はなく、そうした道路の有用性も不明だった。世紀の転換点において、成すべきことは別なところにあった。すなわち公共交通を改善するとともに、莫大な負債を抱える都市に新たな歳入の途を確保することが不可欠だった。つまるところ、新しい都市を管理しなければならなかった。

新しい交通形態

　交通の危機は、世紀の最後の数十年の間に一段と深刻の度を増した。新聞も交通渋滞を慨嘆していた。それはボワロー〔Boileau, Nicolas：17世紀中葉から18世紀前半にかけて活躍した詩人、批評家。〕の時代よりも前から、パリの慢性的な不満の対象だったのである。しかし同時に、交通手段も不足していた。19世紀初頭以来、人口が4倍に膨張する一方で、パリの全種類の車両すべてを合わせた総数は2倍になっていたにすぎない（1819年に2万3,000台を数えたが、1891年には4万5,000台だった）。都市はあえいでいた。では、オスマンの着手した幹線道路軸が完成を目前に控え、パリの街路網に50km超の

新街路を付加するとともに、放射線状に連なる街路網（croisée de Paris：名高いパリの十字）や交通の流れを円滑にする迂回路（グラン・ブールヴァールとサン＝ジェルマン大通りによって形成される環状道路）が開かれているときに、なぜそうした事態が生じたのだろうか。交通需要に対する供給（道路および車両）は、改善されたとはいえ、郊外の発展につれて著しく増大した需要（移動の必要性）に応えてはいなかった。1874年以来、郊外では鉄道馬車会社が運行を開始していたが、1890年以降、首都に働きにでる郊外居住者の移動（今日ではスマートに「振り子運動」と呼ばれる）が大幅に増加しているのである。公共交通機関がパリの日常生活に関する最も重要な課題の一つになり始めており、それは今日まで変わらない(16)。経済は発展し、より富裕なパリジャンたちはますますさまざまな場所に出かけているが、交通手段の供給量は停滞していた。車を所有する世帯はほとんどなかった。「御者つきの馬車」を提供してもらうことが、娼婦にとってはまだ成功の主要な証の一つだった。それはまさにロカンボール［Rocambole：19世紀の作家、テライユの小説に出てくる主人公。］がテュルクワーズ（Turquoise）に諭した教訓の一つである(17)。「正直な」あるいはあまり器用ではない人々は徒歩で出かけるか、公共交通機関を利用していた。しかしそれらはもはや充分ではなかった。つまり依然として最も旧式の牽引手段、すなわち馬に頼っていたのである。1900年当時、パリには9万8,000頭の馬がおり、その数はパリの歴史においてかつてない規模だった。19世紀末のパリはまさに馬が席巻していた。乗用馬、優雅なクーペ（2人乗り四輪馬車）を引く雑種馬、辻馬車の長柄のなかであえぐ年老いた駄馬（毎年、5頭に1頭は廃用処分しなければならなかった）、荷車を引く夥しい数のペルシュロン馬（輓馬）など。

　乗合馬車は公共交通の重要な部分を担ってはいたが、もはや需要に応えられるものではなかった(18)。郊外で運行が始まっていた市街電車（tramways électriques）の速度は時速10kmに達していたものの、乗合馬車の速度はあまりに遅かった（平均時速8km）。急ぎの際の本当に速い唯一の移動手段はバトー・ムーシュだった。ただそれは時速15kmで旅客を運んだが、運行ルートが極端に限定されていた。新聞も市民の苦情を伝えている。とくに利用客の集中する時間帯には常に満員の馬車のために、長時間、居心地の悪い駅で待たされること、路線が適

第 3 章 光の都市（1890-1930） 163

切に設定されていないこと（運行会社は収益の小さな街区を避けようとした）、さらに快適ではない車両について指摘する。乗合馬車総合会社（Compagnie générale des omnibus：CGO）の場合、路線に応じて、サイズの異なる2タイプの車両を導入している。大型タイプには40座席あった（1階の24席は窮屈だが雨風から守られている。屋上の16席は太陽や風に晒されている）。各車両は、運行会社に、1日当り平均125フランの運賃収入をもたらしたが（1888年）、旅客数の非常に多いいくつかの路線の収益はもっと大きかった（例えば、マドレーヌ～バスティーユ線：149フラン、サン゠ラザール駅～サン゠ミシェル広場線：138フランなど）。反対に、ヴォージラール～ルーヴル線ではわずか99フランと、運賃収入はさほど上がらなかった。小型の乗合馬車（26-28席）の運賃収入は、1日71フランでしかない。ベルヴィル～ルーヴル線は庶民の利用が多く有利だった（90フラン）。他方、イヴリーとサン゠ミシェル広場を結ぶ路線は平均で21フランの運賃収入しかなかった。こうした赤字路線を廃止しようという運行会社の姿勢は理解できる。しかしイヴリーに暮らす人々を孤立したまま放置してよかったのだろうか。CGOとパリ市当局を久しく対立させ、1884年以後先鋭化する確執の核心部分がこの点にあった。1855年に会社が独占的営業権を得たのは、いくつかの赤字路線を確実に維持するという条件のもとであったと、パリ市は繰り返し主張していた。営業許可期間が1910年に満期を迎えようとしていただけに、また双方が交渉において都合のよい立場に立とうとしただけに、論争は一層激しさを増した。

　地上交通が窒息状況に向かいつつあったことから、またCGOに譲歩させる必要もあり、パリ市はメトロ（地下鉄）の建設構想を再び持ち出した。それはすでに40年も経過した計画であり、さらに10年後、1900年にようやく日の目を見ることになる。それはパリの都市計画史において最も時間を要し（47年間）かつ瞠目すべきプロジェクトの一つとなるが、相反する利害の衝突、互いに自分の意見を押し通そうとする関係機関の対立、ときに非常識な事業案をめぐる逡巡などが、それを一つの悲喜劇にしたのだった。ロンドンが計画をまとめる2年前の1853年早々から、フラシャ〔Flachat, Eugène (1802-1873)：技師〕が技師ブラーム（Brame）の協力を得て、北駅からレ・アール（中央市場）に至る地下鉄道の建設を提案していた。その目的はパリ中心部と周縁との連絡を改善すること、レ・アール（中央市場）への食

料の供給をより円滑にすることにある。彼の実力にはたしかな裏づけがあった。つまりパリからサン゠ジェルマン゠アン゠レに至る鉄道を建設していたのだった。彼の提案には、やがて論争の火種となる主要な論点がすでに含まれていた。つまり地上ではなくトンネルを利用した線路、また鉄道に採用した標準的な軌道の延長、さらに鉄道駅とレ・アール（中央市場）との連結などである。その翌年、ル・イール（Le Hir）がさらに練られた計画案をまとめた。つまり六つの路線をもち、うち幾本かはセーヌ川の下を通過するという案である。つまりパリはロンドンに先んじていたのだった。ロンドンは1855年にようやく最初の計画を策定する。ではなぜオスマンは、同じ時期に大規模な都市改造に着手しながら、これら二つの提案に関心を寄せなかったのだろうか。過度の追加的公費をつぎ込むことを恐れたのだろうか。あるいは自分の構想する新街路があれば交通の流れを充分円滑にできると確信していたのだろうか。その後20年間、メトロは話題にならず、パリは遅れをとった。ロンドンは1855年に計画を固めたのち、1863年に実現し、世界で最初の都市地下鉄道を備えた都市となる。ベルリンは1871年に構想をまとめ、1877年に供用を開始した。ニューヨークはやや遅れて着手するが、すみやかに実現する。つまり1872年に着工し、1874年には運行を開始した。

　さてパリでは4者による議論が再開した。パリ市、セーヌ県および国にはそれぞれ主張があったが、大鉄道会社は攻撃的なチェスの選手のように振る舞っていた。最初に県が介入する。具体的には、セーヌ県議会が、県内の軌道系路線網（鉄道およびトラムウェイ）の拡充方策を検討する技術委員会を設置すべきであると要求した（1871年11月10日）[19]。パリ・コミューンや包囲の残骸の撤去がいまだ終わらないなかでのこの決定は、奇妙ではある。県には別な思惑があったものと考えられる。おそらく議員らは、すみやかに新事業に取り掛かるためにこの大混乱を利用したかったのであろう。また普仏戦争に勝利を収めた首都ベルリンがまさに地下鉄を建設しようとしているときに、遅れをとることはできなかった。またパリ市議会議員は、セーヌ県議会議員を兼任してはいたが、パリ市を除くセーヌ県内の他の地域を幾分後回しにするのを覚悟のうえで、明らかに技術委員会の検討作業をパリ市の必要性に向けさせている。11月10日の審議は将来の鉄道網の諸目的を次のように確定した。つまり目的はパリの内側に第二の環状線を形成す

ること（すでにティエールの城壁沿いに環状線が存在していた）、またこの内側の環状線を、一方でパリ中心部と連絡させ、他方でセーヌ県の他の地域と結ぶことにあった。目的はほかにもある。すなわちセーヌ河岸に沿った路線ならびにグラン・ブールヴァールとサン゠ジェルマン大通りとで形成されている内部の環状道路と結ぶことである。これらに加え、鉄道駅相互を結び、中央市場とも連絡させることも目的だった。計画の目的は明確だった。二つの環状線が形成されてパリの外部および中心部と結ばれ、セーヌ川の軸線を強化すること。これはピカルディー広場から放射状に広がる路線ならびに環状線によって改善されたロンドン市をモデルにしている。実際、計画には三つの異なるねらいがあった。パリをその後背地と適切に統合すること、パリそれ自体の交通状況を改善すること、中央市場へと輸送される物資の流れを円滑にすること、これら三つである。

　1872年、技術委員会は検討に着手した。事業規模は極めて大きく、民間企業を魅了した。1875年には、パレ・ロワイヤルから各鉄道駅方面に放射状に広がる路線網の建設案が、レ・アール（中央市場）との連結線とともに提案されている。それは鉄道建設に投資していた鉄道会社を利するものだった。その翌年には、バスティーユを起点とする地下鉄道網を示唆する今ひとつの提案がなされている。こうした提案はパリの活動の中心が依然として明確には定まっていないことを物語っていた。つまり人々は19世紀初頭以来の古くからの中心（パレ・ロワイヤル）を選ぶか、パリの最も重要な入り口の一つ（バスティーユ）を選択しているのである。1877年、委員会は後に基本案となり維持されることになる路線案を複数提案した[20]。すなわちグラン・ブールヴァール（当時最大の交通量を記録する道路軸だった）に沿った基本的な路線、セーヌ川によって一時的に途切れるものの南北に走る幹線、さらに鉄道駅との接続を考えた路線である。委員会は今日の主要な路線（東西に走るヴァンセンヌ～ヌイイ線）を最重要路線とは考えていない。つまり、右岸が相対的により重みをもっていたが、その中心軸は今日より北に、つまりグラン・ブールヴァールに沿っていた。他方で、今日パリの中心を成すシャトレの十字路はまだそれほど重要ではなかった（この場所を首都の中心にするにはアカデミーの古参たちの反啓蒙主義が必要であろう）。技術委員会は、こうした検討と並行して、先に指摘したような鉄道駅に接続する路線を介してパリと

結ばれる、各県所管の地方鉄道網に関する検討も継続していた。こうして得られた結論がのちの路線網の基礎となった。年が改まるや、政府は技術委員会の検討作業を追認し、メトロをティエールの城壁の外側の地域において大鉄道会社の路線に強制的に連絡させることを確認したのだった。それは終わりなき紛争の種が蒔かれたことを意味していた。

　利害のバランスは完全に逆転した。新しい法律（1880年6月11日）が各コミューン（基礎自治体）に対し域内での地方鉄道の建設を認めたのである。パリ市は勝利を信じ、セーヌ県に書類を提出した。3年後（1883年6月4日）、市議会はパリのメトロの建設案を議決し、その公益性の認可、すなわち起債に必要な承認を下院に要求した。しかしこれは失敗を喫した。つまりコンセイユ・デタは、パリのメトロが一般的性格しか持ちえないことを確認し、パリ市に対して営業権の認可を拒否したのだった。法律上、パリ市はメトロの経営を認可会社（concessionnaire）に委ねることを義務づけられていたため、パリ市の計画案は頓挫した。コンセイユ・デタがなぜこうした結論を導くに至ったのか、動機については充分に研究されてはいない。この裁判所のもつ根深いジャコバン主義はもちろん、中央集権主義への渇望もあったであろう。また1793年および1871年のパリ・コミューンを経験したあとでは、首都に一定の自治権を付与することへの懸念もあったであろう。軍隊の移動を容易にするという戦略的配慮はそうした懸念による（パリはフランスの交通網の中心という特権的地位に対する代償を払っていたのだろうか）。おそらくはもっと明確であさましい理由があったのであろう。1858年、コンセイユ・デタは地主の利益を擁護し、不要とされた残地を地主に返還することを義務づけて、オスマンの計画案の相当部分を頓挫させたことがある。パリ市の計画は、メトロを20区内に限ることによってパリの地主を優遇するものだった。これとは反対に、技術委員会の案は、懸案の都市鉄道網を全面的に既存の鉄道網に接続することで、郊外の農地を利するものだった。コンセイユ・デタはこの案により傾斜していたのだろうか。

　この決定は本当のゲリラ戦の始まりを告げるものだった。政府とパリ市は12年間にも及ぶ戦いで消耗し尽くすのである。公共事業省は「メトロは国レベルの鉄道網の付属施設」という姿勢を崩さず、パリのケースを一般規定の例外とするこ

とに固執した。他方、パリ市は、市域内に限定された純粋に都市的な鉄道網を望んでいた。さらに右派が上院多数派を占めるときに左派を支持したパリは、中道左派が下院で磐石な多数派を形成しているときには、今度は右へと舵をきっている。そのことが状況をさらに悪化させた。1880年以後、パリ市当局はさまざまな計画案を次々と提案しているが、政府はこれを拒否している。まず使用すべきエネルギーについて議論した。つまり蒸気なのか電気なのか。電気についてはこれを非常に重いバッテリーに充電して用いるしか途はなかった。他方、蒸気も地上の路線の場合にしか使えなかった。ただし当時の人々は、蒸気機関車が必ず発生させる大気汚染に脅威を感じているようには見えない。建物の中庭を次々と繋ぎ建物内部はトンネルで通過するような路線を構想している計画案もある。これは「道路を塞がないという利点」をもっていた[21]。また「建物を完全に取り壊すことなく、ただ路線上の住宅を貫通する穴だけ」ができるであろう。幸運な住人は、文字どおり戸口に、また天井にメトロをもつことになる。……より穏当な計画案は主要な大通りにモノレール形式の、かつ複線化した線路をもつ地上メトロを構想している[22]。オスマンの構築した街路網を2倍にする必要性は常々指摘されてきた。しかし2本の軌道に要するスペースは致命的な欠陥に思われた。そこでガルニエ（1884年）は、2本の軌道を1本にし、「共有軌道の交換ポイント」として駅を利用するという案を示唆している。こうして一体化された軌道は、メトロの電車が2回運行される間に、鉄道車両を駅と駅の間で走らせることもできるものだった。ここには鉄道駅を相互に結ぶこと、物流を容易にすることへの願望がみてとれる。それは技術委員会の重要な考慮点の一つだった。ノルドリング（1887年）も興味深い路線を構想している。それはクローバーのかたちを成し、パリの心臓部とされる証券取引所に集中するような三つの曲線を描いている。これは19世紀を通じてナポレオン1世時代のショセ＝ダンタンからナポレオン3世時代のオペラ座へとすでに移動していたパリの古くからの中心を再び重視するものである。またケーブル・カーを用いた興味深い解決策もあった[23]。この場合、車両はケーブルに繋がれ、固定されたモーターの力によって軌道の上を走ることになる。このスマートな解決手段はサン＝フランシスコのようなケーブル・カーをパリに走らせることになろう。しかし輸送量が小さかった。

1887年までに構想された路線の大半は地上を走るものである[24]。蒸気に依存する限り、地下鉄道は考えられなかった。アキュムレータ（蓄電器）とともに電気による牽引を提案している場合も地上の軌道を選択している。地上を走る軌道に要する経費は巨額にならざるをえなかった。しかし、いくつかの提案は、道路のアーケード下に位置する路線沿いの商店を賃貸し経費の相当部分を埋めようとしている。それは利便性の大幅な向上が生み出す不動産価値の増価分を回収することだった。例えばハーグ（Haag）の案は、1858年以前、オスマン自身が都市改造による地価の増価分を回収するために依拠した手法を用いている。しかし世論は、この巨大な輸送手法が大通り沿いに生み出すであろう景観劣化に敏感になり始めていた。具体的には、代表者ヴィクトル・ユゴーの偉大な名前を誇りにする「パリ記念碑協会」（Société des Amis des monuments parisiens）の活動が地上を走るメトロ案に不利に働いた。彼らの努力は地下鉄道網という選択に少なからず寄与している。また予想される競争に動揺したCGO（乗合馬車綜合会社）は、パリがメトロを必要としないことを示すための検討に資金を提供した[25]。つまり、パリの人口密度がロンドンの2倍であること（パリの面積はロンドンの4分の1、人口は2分の1）また、ロンドンを走る車両は人口1,000人当り75台であるが、パリは166台であること、さらにイギリスの首都で1台の車両が年に10万人の旅客を輸送しているとすれば、パリでは20万人を輸送していることなどを訴えた。この報告書は、自己の利害のための弁護を超えて、郊外に対するパリジャンの軽視を表している点に特徴がある。つまり都市住民がスピーディーに郊外に移動できるロンドン都市圏に対し、交通の便の悪い郊外を完全に忘却している城壁都市（intra muros）、パリを浮き彫りにしている。

　1887年、機は熟していた。計画案は充分に練られていた。そのなかには右岸の河岸の利用を考えたものもある[26]。のちにこの案は、左岸のオルセー線として実現する。また著名な技師ベルリエ（Berlier）は、工事中、地上の交通を妨げないようにシールドによるトンネル・システムの建設を示唆するとともに、電気による車両の牽引を提案する。この提案に大きな魅力を感じたパリ市は、ヴァンセンヌ～ドーフィーヌ門間の路線の建設認可を彼に与えようとしていた。偉大なエッフェル自身も北部鉄道会社と協力して計画案を準備した（1890年）。しかし、

公共事業省は常に計画案に反対した。政府によれば、メトロの計画案は一般的利益を有しており、少なくとも部分的には大鉄道会社に委ねられるべきものだった。しかし、今ひとつの計画案がパリ市を鼓舞した。すなわち1900年のパリ開催を予定する万国博覧会である。その成功はパリが来場者をスムーズに移送できて初めて見込めるものだった。政府は当初、この小さな脅しをはね除けようとするが、その後パリ市の主張の正当性を認めて譲歩した。公共事業相ルイ・バルトー (Louis Barthou) はついに（1895年11月22日の書簡）、パリのメトロが地方的利益を有する鉄道であることを認めなければならなかった。実に40年間待ち続け、25年間論議を重ねた末、ようやく都市鉄道が可能となった。ヨーロッパの都市計画において、間違いなく一つの記録である。

　パリ市は性急になることなく計画案を再検討した。メトロの基本設計の確定にはさらに1年半を要した。インフラ（トンネル、橋梁、線路、駅など）はパリ市が建設し、その公的資産になる。パリ市はそれらの建設にあたって1億6,500万フランの市債を発行した。他方、経営権は法律に従って35年間の契約で認可会社に委ねられることになる。この認可会社は地上出入口を建設し、路線を管理し、旅客1人当り5サンチームの通行料をパリ市当局に納めなければならなかった。そして契約期間の満了とともに、パリ市が全路線の所有者となる。経営権は、非常に複雑な手続きを経て、市街電車建設の実績をもつベルギーの大実業家アンパン男爵 (baron Empain) に委ねられた。彼は「総合牽引会社」(Compagnie générale de traction) を設立するが（1897年1月）、管理会社はフランスの会社でなければならなかったため、その子会社として「パリ首都鉄道会社」を設立している（1898年5月）。1896年以降、建設工事はブルターニュ出身の技師フルジャンス・ビヤンヴニュによって管理され、彼が竣工まで主導した。しかしパリ市が彼に提示した計画は漠然としていた。つまり一方で、「現在のパリの交通手段の不足を補うこと」を求め、他方でティエールの城壁の内側において「首都周縁の人口の少ない街区を開発すること」を要求していた。彼は城壁内のパリの人口を市域内に均等に分散させるべく、中心部と周縁に位置する街区の両方を同時に整備しなければならなかったのである。郊外については何も語られず、完全になおざりにされた。またパリは公共事業省（政府）が「自分の」メトロを統制しよう

とすることについては容赦しなかった。つまり1897年、市議会が議決したパリ市の技師の手になる計画案は、新しい路線の独立性を詳細に保障していた。軌道は狭軌とされ（1m）、車両の幅も2m以内と予定された。かくしてメトロと国有鉄道網とは完全に分離されることになる。実を言えば、単に首都の独立性を守ることだけが問題だったのではなく、人口を城壁内部に集中させることによって、また郊外への流出を制限することによって地価を一定水準に保つことが課題だったのである。アルバン・デュマ（Albin Dumas）は1901年の時点で極めて正当にも次のように指摘している。「首都鉄道の最初の計画案は、郊外へのパリジャンの流出を可能にするあらゆる手段を徹頭徹尾遠ざけるものだった」[27]。だが認可会社はあまりに小型の車両に不安を感じた。そこでパリ市は、軌道を1.30mに、車両の幅を2.10mにそれぞれ広げることを、それらが鉄道よりも小規模であるという理由で受け入れる。また起債には法律による許可が必要だった。下院は、この条件を、標準サイズ（1.44m）への軌道の拡幅に利用した。パリ市当局は譲歩を欲せず、トンネルの形状という面で挽回した。すなわちトンネルは幅7.10m（9mの代わりに）、より小規模な径で曲線を描いている。こうして、メトロの車両はおそらく鉄道の軌道を走行できるであろうが、逆は不可能となった。標準的な鉄道車両はメトロの軌道を利用できないであろう。さらに、イギリスが19世紀初頭に範を示したことによって、世界のあらゆる鉄道が左側を走行しているのに対し、メトロは極めて用心深く右側走行を予定される。90年後、RATP（パリ交通公団）とSNCF（フランス国鉄）は、相互に二つの路線を接続しようとしたときに深刻な問題に直面するのだった。つまりRER（首都圏高速鉄道網）の同じ1本の路線でも、その線路は二つのトンネルに分離されなければならなかった。それらは駅に応じてときに左側を、ときに右側を走行するために二度交差する。

　路線網のために選択された計画は明確な論理に応えていたとは思われない。法律の一規定が路線の大半を決定づけた。つまりフランスの法律は、アメリカ法とは異なって土地所有権を一定の深度までに限定していなかった。アメリカ合衆国ではしばしば複数の石油会社が数層に及ぶ地下所有権を共有している。幸運にもフランスの地権者の所有権はいわば地球の中心にまで及び、当然ながら、法は、その財産内でトンネルを掘る企業に対して使用料を要求することを認めていた。

具体的な選択肢としては、都市規模に応じた総合的な方法による使用料総額の交渉、地下部分の収用という特別手続の適用、あるいは土地所有権の交換などが考えられた。しかし、所有権に再び手をつけるということは、たとえ技術的な理由によるにせよ乗越え難い困難を顕在化させる。技師たちはよりシンプルな打開策を選択した。それは公有地の地下にトンネルを敷設するという方策だった。結果、地上の道路軸の現状とバランスがとれるような新しい地下鉄路線網を構想する代わりに、幹線道路に従うこと、地下においてオスマンの街路網を再現することを余儀なくされた。こうしたメトロの路線網によって、住民、事務労働者、顧客の集中するような一つの中心が決定されることは必然だった。その選択は重要な課題だったが、多くの関心を集めたようには思われない。当時、パリのさまざまな活動の中心はオペラ座周辺およびグラン・ブールヴァールの起点周辺にあった。オペラ座と証券取引所の大規模事業に引き寄せられて、歴史的な古くからの中心から北西部へと移動していたのだった。いくつかの計画案は中央市場で主要な交差点を形成することを構想していた。しかし最終案に見てとれるように、メトロは貨車の走行を禁じており、中央市場への交通手段として直接機能することはもはや不可能となった。しかし、この街区は依然極めて重要な役割を担っており、1900年の計画案もサン＝トゥスターシュ教会付近で地下の十字路を予定している。つまりパリを東西および南北に分割する主要な２路線が交差することになったのがこの地点である。なかでも南の路線はレンヌ街に沿っていたが、この街路はオスマンが基本的な道路軸にしようと望んでいたものの、信じ難い計画ミスによってサン＝ジェルマン＝デ＝プレ教会の前で半ば袋小路のように終わっていた。レンヌ街は本来ならばセーヌ川を渡って中央市場方向へと真っすぐ進み、最後にセバストポール大通りの軸と連絡しなければならなかった。モンパルナス駅と中央市場とを結ぶ路線を建設したいというこうした願望は、必要性を指摘されながらサン＝ミシェル大通りの軸がなぜ避けられたかを説明してくれる。今日ではRERがこの軸に沿って走っている。しかし非常にロジックなこの路線は全く思いがけない反対によって頓挫した。すなわち、振動が辞書編纂の妨げになるという理由から、アカデミー・フランセーズがマザラン宮地下でのメトロの通過を受け入れなかったのである。この名望家の共和国において、アカデミシャンたちは

路線を変更させるだけの充分な影響力をもっていた。軌道はサン゠ジェルマンで大きく屈折し、オデオンを経てサン゠ミシェルでセーヌ川を越えたのち、再度全く奇妙なカーブを切って中央市場に連絡するという選択を余儀なくされた。度量の小さな人々の反対は軽視できない結果をもたらした。路線が長くなりより経費が嵩んだだけでなく、当初もっと北に位置するはずだった路線網の中心がシャトレ広場にきたのだった。RERの最近の路線（少なくともパリにおいてかなり自由になった）が、もはやシャトレではなくサン゠トゥスターシュ地下に中央駅をもってくるなど、部分的にかつての計画案を採用していることは注目すべきである。エチエンヌ゠マルセル界隈の近年の発展はその明白な帰結である。

公有地の地下の掘削を余儀なくされたことは、オスマンの実現した街路網の過ちを繰り返すことによって重大な結果をもたらした。つまり左岸に比較して、右岸の路線網の密度がより高く、都市のアンバランスを増幅したのである。右岸においても、例えば、マレ地区は幹線道路によって他地区に開かれたものとはなっていなかった。オスマンはフォブール・サン゠ジェルマンを迂回したように、そこにまだ多数残っていた貴族の屋敷に手をつけないよう注意深くマレ地区を回避していた。結果、マレ地区はメトロも通らず、今日でもパリで最も交通機関の整備されていない街区の一つになっている。当時の技術では軌道に大きな斜度をつけえなかったために、丘（モンマルトル、とくにサント゠ジュヌヴィエーヴの丘）の上に位置する街区にも駅ができなかった。結局、北部では地下深く軌道を埋設することを回避するために、通常の2倍のコストを費やして軌道を地表に出し、北駅および東駅の線路を越えるようにしている。ロシュシュアール大通りに沿って地上を走る哀れなメトロにはこうした事情がある。他方、パリ市は「首都鉄道」しか望まず、地方路線だけを建設する権利を力ずくで取得していた結果、多数の駅の建設が可能となった。それらは非常に近接しておりしばしば互いに見通すことができるほどである。しかし奇妙な過ちも犯している。例えばヴァンセンヌ〜ヌイイ線と、すでに存在し大いに利用されていた環状鉄道との間にはいかなる接続路線も予定されていない。のちになされた経営権譲渡契約が、より大型で贅沢に装飾された駅を備えた南北線（現在の12号線）のように、新路線を開通させ異なる認可会社によって経営させることを認めていたからである。その当然の帰結

第3章 光の都市（1890-1930） 173

として、今日でもメトロの課題となっている一体性が失われた。つまり（一つの路線から他の路線へとエスカレーターで移動できるロンドンのように）垂直方向に乗り換えを設計する代わりに、相当に離れたホームとホームを繋ぐ非常に長い通路に依存している。またホーム1m当りのコストは軌道1m当りの3倍のコストを要したため、その長さを厳格に必要な長さに限定した。つまり72mの車両に対し、ホームは75mとされた[28]。

　メトロの建設には巨費を必要とする。レールや横木などに1m当り80万フラン、トンネルに300万フランなど、1901年当時、65kmの路線網の整備に総額3億金フラン（francs-or）を要した。しかしその成功は疑いえない。1901年の開業直後から、ロンドンの旅客輸送量の1.5倍、ベルリンの約2倍を記録した。では交通問題は解消されたのだろうか。否。当時の人々はこの事実に驚きを隠さない。大都市中心部における交通手段の供給増がさらなる需要を惹起するということを人々は予想していなかった。新しい路線の利用者はますます増加し、すぐに飽和状態になっている。1901年早々から車両のキャパシティは不充分になり、運行頻度を高めねばならなかった。世論は、今日なおよく認識されていないようなこの真実にすぐに気づいた。

　　　首都鉄道を議決したとき、人々は、それが旅客という荷の移送を地下で担い、車道の車両は一掃されるものと期待していた。しかし何ら効果なく、人々に交通手段を提供すればするほど、人々はますます移動するようになるという真実が浮き彫りになった。1903年、メトロは1億人の旅客を受け入れ、1,700万フランの収益を上げた。1907年には1億9,500万人を運び、収益は3,400万フランに達した。しかるに乗合馬車総合会社（CGO）はそれでもなお2,600万人を運んでいた。……競合する他の会社について言えば、それらが移送した旅客数は約5,000万人である。
　　　かくして街路は全く一掃されなかった。パリはますます目まぐるしく動くようになった。ただそれだけのことだ[29]。

　この文章は、CGOの経営権が1910年に満期を迎え、かつCGO側がその契約更

新を望んでいたという事情もあって公表に至らなかったということはありうる。しかし、この指摘の明晰さは注目に値する。

メトロはパリの交通問題を解決していない。交通の流れが一層悪化しただけでなく、新しい移動手段が街路を占めるようになる。すなわち1908年当時、23万台を数えた首都の車輌のうち、およそ5万台は自動車であった。また車輌全体の過半は自転車である（16万5,000台。1910年には27万台になる）。馬車の凋落と自動車の跳躍とのはざまにあって、世紀の最初の数年間、パリは自転車の黄金時代を経験した(30)。自転車はいたるところで利用され、「小さな王妃」(petite reine) という渾名に値した。こうしたなか、A. ドゥ・ルサンスキは『自転車』と題する新聞を創刊する。これは大成功を収め、1904年には『パリ—自転車』(Paris-Vélo) となるが、それは丁度最後の鉄道馬車（Tramway à cheval）が姿を消そうとしていた時期だった（1907年）。また1905年には蒸気乗合自動車の試走が始まった。さらに初の自動車レース（パリ～ルーアン間、1894年）が発動機付き車両の質の高さを示している。しかし世論はさらに先に行っており、首都における空輸手段を夢見始めていた。

オスマンの事業は交通分野では大きな成功を収めなかった。事業が終了し（1880年頃）、パリの既存の都市空間秩序 (tissu urbain) にサーベルで刻んだような幹線街路が開通して20年、交通量の増大と交通渋滞の多発は深刻であり、地下および地上における根本的に異なった解決手段の採用へとパリジャンを導いたが、以前と同じ失望を味わうしかなかった。問題の深刻さはいくつかの数字に凝縮されている。ちなみに1819年当時のパリは2万3,000台の車両を数えたが、70年後には倍増した（1891年には4万5,000台）。しかし20世紀初頭には20倍（1910年時点で43万台）となる。パリ市の歳入もそれ相応に増加していなければならなかったであろう。しかし同時期、歳入は、逆に入市税をめぐる論争によって危機に瀕していた。

パリ市の新しい歳入

世紀の転換期、パリは新しい財源を緊急に必要としていた。およそ25年間でパリの人口は25％増加していたが、その歳出は50％増となっていた(31)（表2を参

照されたい）。

1876年に黒字であった一般予算は、1899年にはかろうじて均衡を保っている状況だった。民生関連支出（公的扶助と公教育）がほぼ3倍に増加したことに加え、オスマンの残した負債の重みが、人口増の速度をはるかに上回る勢いで歳出の膨張を招いていたのだった。すなわち負債は予算の2分の1から3分の1、住民1人当り年に45金フランを占めている。対して歳入は、今日の目には極めて不健全な状態に映る。つまり歳入は主として間接税に依存していた。所得への直接課税を人々が拒否していた時代にあって、それは回避し難い事態だった。さらに深刻なことは、この歳入の半分を入市税に依存していることだった。ゆえに入市税問題は決定的に重要だった。パリジャン1人当り、年に平均64フランを納税しているときに、入市税をさらに重く課さねばならないのだろうか。あるいは反対にこれを廃止すべきなのだろうか。廃止するとすれば何によって代替させればよいのか。

入市税[32]は、飲料、食料品、燃料、建設資材など、パリに持ち込まれる物資に対する課税の全体を指す。その結果、住居費も上昇する傾向にあったために、パリ市の都市計画行政にも軽視できない影響を与えていた。

表2 パリ市の歳入と歳出

	1876年	1899年
人口（人）	1,946,000	2,500,000
歳出（100万フラン）	198.2	304.4
負債	96	111
初等教育	9.2	28.2
公的扶助	13.1	31.1
警察	19.4	33.2
住民1人当り歳出	102（フラン）	122（フラン）
歳入（100万フラン）	218.6	304.4
入市税	124.5	157.8
付加税	24.2	34.5
ガス料金	8.3	14.6
水道料金	8.8	18.7
警察行政交付金	6.9	11.7
住民1人当り歳入	112（フラン）	122（フラン）

　　パリ住民の流出に最も影響した諸要因の一つとして、入市税の徴収を目的とした徴税請負人の壁の建設を挙げなければならない。その影響は大革命以後になって初めて現れる。というのも、この囲いは1784年に着工したものの、憲法制定議会が入市税および入市税関を廃止した1791年にはまだ竣工していなかったからである。……しかし、1798年には再び入市税を導入しなければならなかった。……このことによって、多くの住民が修復された壁の外側に定着したのである[33]。

入市税は12世紀に遡ることが裏づけられているが、その当時から批判されてきた。1790年、民衆がその廃止を要求したときも、議会はこれを維持するとともに、これを緩和する一部免除規定さえ廃止した。街頭デモに譲歩し自由な商取引を確立しようとした革命政府は、1791年2月、これを完全に廃止した。その結果、生活費の負担はわずかに軽減されたが、管理運営費のすべてを入市税に依存していた施療院は破産し、閉鎖を迫られた。しかし、入市税は1798年早々にはフランスおよびパリで復活していた。1809年、ナポレオンがさらにこれを再組織化する。問題の重要性は、大革命以来、あらゆる政治体制が入市税を厳しく統制しようと腐心してきたことにみてとれる。パリにおける徴税担当官は政府によって任命された。その税率はパリ市が設定したが、政府による承認が義務づけられた。パリの入市税は桁外れの重みをもっていたのである。ちなみに、およそ1,500のフランスの都市が入市税の課税客体を有していたが、パリだけでフランス全土で徴収される総額（1896年時点で3億2,600万フラン）の半分近くを占めていた（1億5,600万フラン）。奇妙なことに、この総額は19世紀を通じてほとんど変化していない。つまりパリを特例扱いしなければ、この税を維持・管理することは困難だった。このことはデリケートな問題であり、パリ市が常に一般法の枠外に置かれることを不満としたのは正当な主張だった。論争は1890年代初めに頂点に達する。つまり1870年から1890年にかけてパリ経済を襲った長期の危機が入市税の負担をより重く感じさせていた。住民1人当り、毎年、平均62フランの入市税を負担していた。年に約2,000フランを稼ぐ4人家族の労働者世帯にとって、その負担は収入の12％近くを占めていた。また主としてオスマンの残した市の負債もどっしりと重くのしかかっている。それは住民1人当り、1880年に24フラン、1890年19フランと、この時期、19世紀を通じて最も重くなっている。1900年時点のパリ市の負債は50億金フランにのぼっていたが、それを償還するには1974年まで待たねばならないと予想されていた。

　久しく何世紀にもわたり、とくに19世紀において、世論は入市税廃止を要求している。1815年のブルボン朝や1848年の革命家たちはともに廃止を約束したが、それを果たすことができないか、あるいは守ろうともしなかった。問題は第二帝

第3章 光の都市（1890-1930）

政期の世論に火をつけた。例えばフレデリック・パシー（Frédéric Passy）はその廃止を倦むことなく要求した。またフランス農業経営者協会（Société des agriculteurs de France）も入市税反対の活動を展開したが、それはフランスのどれだけの都市が農村の主要な市場となっていたかを物語る興味深い運動である。他方、入市税を擁護する者もいた。1851年から1859年にかけて提案されたいくつかの改革案は、上院によって、また下院によって次から次へと拒否された。彼らはその廃止が不動産課税によって代替されることを恐れていたのである。国会はその用心深い庇護者だった。なかには課税を強化しようとの提案もある。その目的はパリから工業を排除すること（ドゥヴァンク〈Devinck〉の提案）、危険と思われる一群の労働者をパリから駆逐すること、そして首都を商業と奢侈産業に特化した都市にすることにあった。すなわち入市税は社会的フィルターの役割を果たすことになる。こうした考え方は、1860年時点で約2万2,000の工場と20万人の労働者を擁していたパリにおいて大胆な提案だった。しかしパリにはすでに多くの商業系企業と事務労働者もいた。1869年、よりリベラルな姿勢に転換した帝政政府は、入市税を課すすべての都市に、その廃止に関する意向調査を実施した。1870年に発足した検討委員会の見解は内部で分裂した。つまり多数派は入市税廃止に反対するが、一部の物品への低率課税によって負担の軽減を図ることを示唆し、併せて市域拡張の禁止を示唆した。検討委員会は1860年に成されたパリ市への郊外コミューンの合併を充分に念頭においていた。それは入市税の対象地を拡張することによって、歳入を一挙に20％近く増加させていたのだった。他方、少数派は入市税の漸次的廃止を提案する。しかし1870年から1871年にかけての惨事が計画を頓挫させた。ただ少なくとも、入市税の欠点は広く認識されることになった。1870年から1897年にかけて、共和政政府は議論を重ねさまざまに対応策を検討する。すべての人々が入市税廃止を支持していた。ではいかなる手段でそれを補填すべきなのか。パリ市の予算の2分の1に相当する1億5,600万フランを他の手段で調達しなければならなかった。入市税が主に飲料に賦課されていたために、問題は、葡萄栽培者を保護しつつアルコール中毒（当時すでに社会を害する大きな災いと指摘されていた）と闘おうとする政府の政策、むしろ矛盾した政策によって一層複雑になっていた。

歳入を確定し、つまるところパリ市の政策を決定づけることになるこの論争に今少し光をあててみよう。ガルティエ（Galtier）は、入市税の長所と短所を次のように列挙する[34]。

——入市税は累進課税ではない。それは価格ではなく量を基準にしているだけに、富裕な者よりも貧しい人々に一層重くのしかかる。見事なシャトー・マルゴー1リットルへの課税額は、ラングドックのむかつくような安い2番葡萄酒のそれと同じである。

——それは弱者を抑圧するもとであり、不正行為を招くものである。例えば、入市税の壁の下に管を通し、市内で葡萄酒を吸い上げる者もいた。新聞や民衆向けの小説は税関職員を欺くためのかなり幸運な策略に満ちている。

——入市税は労働者の実質賃金を引き下げている。この点こそ激しい論争を招いた主要な論点だった。この実質賃金の目減りに労働者が打ち勝ったと主張する者もいる[35]。例えば、リヨンにおける入市税の導入がリヨン市外への絹織物業の転出を促したという事例がある。それは、労働者たちが税負担の増加を埋め合わせるためにより高い賃金を労働者たちが要求したことに端を発していた。

——この国内関税は、入市税の壁の外側に大規模倉庫を保有しない小規模企業ならびに農業を圧迫している。この的確な指摘に触発されて、入市税廃止の場合には農民の税負担を増やすべしと提案する大胆な論者もいた。想像できるように、これは激しい抗議を誘発した。他方で1888年、パリの木材業界が、入市税を利用し非競争的な市場を形成して、法律によらずに実質的に保護主義を確立しようとしたことも明らかにされている。

税が安易に徴収されている点も批判されている。そのことがコミューン（基礎自治体）を浪費に導き、徴収コストも増大したのである（税の4分の1は入市税徴収事務に用いられた）。

しかし、この税を支持する議論も古くからあった。つまりそれは一つのコミューンの富（豊かさ）の変化をすみやかに表すものであり、不可欠の指標であるとの見解である。またこれに代わる税は、「少数の富裕者に対抗する貧しい大衆によって支持されるものである以上」危険であることも指摘する。問題の難しさはまさにこの点にあった。入市税に取って代わる税は何か。資産を襲うであろう

危険がさまざまな想像をかきたてた。巨額の国税の一部について、国からコミューンへの税源移譲を提案する者もでる。メニエ（Ménier）は市場価値に基づく不動産課税や家賃課税を提案したが（1884年）、それは地主らを真っ向から直撃するものだった。この案には大多数の国会議員が反対した。所得課税も提案されるに至るが、これは人々を恐れさせた。他方、煙突への課税も提案されたが（ピール［Pieyre］案、1882年）、これは人々の失笑を買った。こうした危険な提案はすべて次々と葬られた。議決されなかった法案は各会期の終わりには無効となったが、次の選挙の後にすべてを初めからやり直すといっても、不安を残す提案について長々と議論を続けるだけだった。こうして入市税問題は、パリの財政にとってあまりにも重大であったがために、およそ30年間、会期から会期へと引き継がれていった。とはいえ問題は七月王政および第二帝政期にすでに充分論じ尽くされていた。しかしフランスは依然として農業国だった。フィロキセラの危機が事態を打開する糸口になる。つまり危機に瀕した葡萄栽培者の市場を拡大しなければならなくなった。ついに1897年の法律は各コミューンが入市税を廃止し（コミューンは久しい以前からこの権限を有していた）、その代替税を選択できると決定した（しかし、いかなる税で代替するというのか）。また廃止しない場合、コミューンは「保健飲料」への課税を大幅に減税しなければならなかった。このことがパリの収支バランスを大きく変える。つまりパリ市は4,400万フランを失い、葡萄栽培者がこれを得たのだった。ではこの選択はより望ましい保健政策のためにプラスになったのだろうか。否である。「保健飲料」にはビールや葡萄酒も含まれていた。パリに持ち込まれる葡萄酒は、かつてのように100リットル当り11フランではなく、もはや4フランでしかない。政府がアルコール中毒の撲滅を宣言した時期において、それは奇妙な決定だった。こうした「葡萄栽培者が望んだ改革」は何も解決しなかった。逆に、パリ市は新財源を探さなければならなかった。パリ市は不動産により重く課税することに新財源を見出す。すなわち地価に応じた土地への新規課税によって1,300万フランを確保し、家賃に対する今ひとつの課税によって2,300万フランを確保する。結局、不動産は収益の29％相当を税として納めることとなった。債務を控除するならば43％に相当する。国会やコンセイユ・デタのような国の重要機関が不動産に対して変わらぬ配慮（すでに複

数の事例を挙げてきた）の姿勢を取ってきた一方で、力尽くで不動産課税に踏み切ったパリ市の姿勢が見て取れることは驚くべきことである。農村では土地は象徴的な価値を有し、神聖なものだった。他方、より近代的な考え方にたつパリ市の議員にとって、土地財産は資本主義の幾分アルカイックな一形態でしかなかった。こうした認識の相違は、国会が数十年にわたり家賃を統制しパリに多大な犠牲を払わせた戦間期においてとりわけ大きくなる。他方、動産に課された負担はずっと小さかった。こうした政策の背景には、おそらく貪欲な家主という旧弊なイメージ（M. Vautour）が幾分かは作用しているのであろう。1900年に始まる住宅危機は家賃統制の一つの結果だった。

　教会と国家との政教分離はパリ市の負担を一時的に軽減した。大革命による莫大な財産の没収にもかかわらず、教会が保全しえた、あるいは再び取り戻すことのできた資産には驚くべきものがある。1905年、中央政府は、細心綿密に信仰に必要な建物と動産を教会の手に委ねた。しかし国はフランス全体で5億2,000万フランの資産を、パリで約4,000万フランの資産を改めて取得していた。首都におけるこの資産は、富裕なブルジョワの資産と全く同様、主に不動産（1,900万フラン）と国債（1,500万フラン）からなる。これらの財産は寄進と相続によって取得されたものだった。中世前期以降、地獄の恐怖におののく信者たちは、自己の信仰を汚れなきものとするために、資産の一部を遺贈したのである。このように遺贈された財産は、多くの場合、慈善施設に役立てられるものと定められていた。しかし、この1世紀、国家が社会政策に取り組み始めたことにともなって、教会はますますこうした社会活動を軽視するようになっていた。没収された財産はその大半が学校や病院の建設に用いられ、その分、パリ市の財政負担を軽減した。

　1897年法はコミューン財政の健全化、とりわけパリ市の財政健全化には寄与していない。そもそもそれはこの法律の目的ではなかった。メトロの建設と同様、パリの課税制度の改革にどうにかこぎ着けるには少なくとも40年に及ぶ議論が必要となる。パリの利害と国会を牛耳る地方名望家の利害との常に変わらぬ衝突が決定を遅延させ、またそれを地方に有利なものとした。一般に人が思うであろうこととは反対に、パリの不動産所有者たちには相手を打ち負かす力はなかった。

パリ市の課税は、彼ら不在のなか、その意に反して、国会においてなされた。パリにおいてさえ、彼らはもはや支配的集団ではなかった。1900年以降の商業の発展、大規模工業の飛躍的発展が彼らを後景に押しやったのだった。表3のような付加税（国税の一部であるが、パリ市の歳入として移転されたもの）がそのことをよく物語っている（1900年時点）。

表3　付加税
（単位：100万フラン）

戸窓税	7
人頭税	14
地租	20
営業税	26

今や産業家らが不動産所有者たちを支配していた。

郊外の荒廃：景観の破壊（1890-1930）

このようにパリ地域圏において、不動産はその優位性を失っていた。そのことは、パリにおける商業活動と郊外における工業生産が最も重要な役割を担うようになってきたという意味合いで、たしかに経済的発展の一つの証だった。しかし不幸にも、土地問題に無関心だったパリの社会は郊外の発展を阻害したのである。

パリの大規模工業

1871年の敗北の後、約25年間に渡って経済を停滞させた長期の危機は1890年代に収束した。1896年以後、景気は力強く立ち直っていったが、それは新しい条件においてであった。危機の最中、企業数および労働者数は伸び悩んでいたが、投資の面では相当なものがある。生産能力は大いに高まり、同時に生産性も向上した。ちなみに整備された機械の数は倍増したが、その生産能力は4倍となる。10年（1896-1906年）で、産業は変化し、これに先立つ25年間よりも速い速度で進歩した。労働者数も22％増加する（1906年時点で64万8,000人）。大規模企業（労働者500人以上）の労働者はほぼ倍増した。こうした景気循環の初期に通常見られるように、技術革新も寄与している。当時、電気、ガス、石油、自動車の各産業が先端産業であり、パリ地域圏はこれらの産業分野を非常に質の高い労働力とともにごく自然に引き寄せたのである。労働者という人間自体が変化していた。彼らが一般の人々に与えたイメージは次のようなものだった。

こう語る人物は、30から32歳ほどの働き盛りの男である。たくましげなその顔はくっきりとした黒い口ひげをそなえている。広く立派な額の上にはウェーブのかかった豊かな髪が整えられ、こめかみや襟首にもかかるように凝っている。
　この軽航空機製造に携わる玄人は飾らない服装はしているが、たしかな品の良さを保っている。細部にみられる平凡な趣味に、この人物が言葉の正確な意味において明らかに社交界の人間ではないことがみてとれるものの、むしろ現代の世代の労働者、礼儀正しく、上品といっていいほどに好ましい性向を備えた労働者の一人であることが表れていた。彼はスノッブではなかった。しかし、もはや与太者でもなかった(36)。

　二重に重なる動きがパリをフランスの産業イノベーションの中心にしていた。すなわち一方で、伝統的分野（とくに織物、そのなかでも被服）で活動していた企業が首都を離れ、郊外に、さらに地方へと移転し始めた（パリに立地していた大規模企業数は1872年に最も多く489に達していた。その後この数は規則的なペースで減少する。1914年にはもはや307カ所しかなかった）。他方で、新しい企業がパリで誕生し続けていた。また地方の会社もパリに進出し近代化を進めて新事業に従事していた。例えば、精密機械、電気、誕生期にあった自動車や軽航空機などが、必要とする高い質を備えた労働力を首都に求めて移転する。この動きは1900年まで続いた。しかし、広範囲の社会階層の今ひとつの極にいる、未熟練ではあるが非常に有能で熟練工に較べてはるかに多い労働力を軽視することは誤りであろう。彼らは首都の生活に必要な細々とした無数の仕事を担っていた。くず屋（chiffonniers）、回収業者（récupérateurs）、職人（petits artisans）など、彼らは「ごみ箱のなかに大金を」(37) 見出していた。

　　毎日、（中略）ごみ箱に5万フランも投げ捨てる人々をあなたはどう思うだろうか。この浪費癖はパリジャンすべてに共通する。1年の終わる頃には1,700万フラン以上のお金を道に捨てることになるのは彼らである。……
　　毎晩、各世帯が山積みのごみを道に放置しそれを犬や車が四方に散らかし

ていた、さほど昔ではない時代を覚えていない者がいるだろうか。……そこでプベル氏（M. Poubelle）が有名なオルドナンスを発した。それは首都の各世帯に対し、収集車が収集に来る早朝までごみを亜鉛製の大きなごみ箱で保管するよう命ずるものだった。

くず屋は抗議する。彼らは４万人もいた。行政は彼らにコンシェルジュらとの交渉を認め、以後、くず屋は（40フランから300フランで）ごみ回収という自分の権利を買っている。

　その権利は、パリ市の収集車がやってくるおよそ１時間前、早朝５時頃、所定の数の建物に入り、共同のごみ箱から役立ちそうなあらゆるものを回収することができるというものである。その代わりに、くず屋は自分の仕事を終えたあとにこのごみ箱を歩道に出さねばならない。くず屋はたいていシャロンヌ、ラ・グラシエール、あるいはパリの城壁の外側、例えばクリシーに住んでいる。
　彼はまずその収穫物から何か夕食にできるような物を探すことから始める。ハムの脂身、羊のもも肉やローストビーフの皮、キャベツの芯、腐りかかって捨てられた卵、わずかに肉の残っている骨など。それらはすべて、固くなったパンくずと一緒に一つ鍋に放り込まれ、ゆっくり煮られて滋味豊かなポトフになる。

あるくず屋が説明するように、あらゆる物が回収された。

　この傷んだパンのくず。自分の馬でさえ欲しがらないし、鶏も同じだ。自分はそれをキロ１スーで総菜屋に売る。（中略）彼らはそれを炒っていやな臭いを取り除き、（中略）粉にする。（中略）こうして、ハムにまぶすためのパン粉ができる。またコーヒー炒り器のなかにはほとんど手に感じないほどに細かい黒い粉が残っている。総菜屋は今度は自分がそれを特別な生業に売る。その店はその粉から歯磨き用の粉や上等のチコリーを作ってくれる。

二つ目の袋には褐色の練り粉のようなものが入っている。これはレストランのごみ箱から集めたコーヒーの出しがらでつくったものだ。自分はこの出しがらを一人の生業に転売する。そいつはそれから新しいコーヒーをつくる。つまり彼はそれを乾燥させ、それにごく少量（５％）の本当のコーヒーの粉、炒ったライ麦、溶かしたカラメル、そして糖蜜を足す。あとは銀紙でできた箱に入れてお客に渡せばいいだけだ。

　雉や山うずらの頭はレストランの経営者に15サンチームで転売される。彼らは店のジビエのテリーヌが本物であることを示すために、その上に置く。さまざまな仕事はよく組織されており、他の仕事からけっして独立してはいない。つまり「くず屋の頭」はごみ箱をあさることが好きな人間から、一度選り分けられた彼らの収穫物を買い取り、そのなかの堀り出し物を他の生業や職人に再配分する。例えば「カンブリュリエ」（cambrurier）は古い靴底を利用し、その縁を切って新しい靴を作っていた。

　彼は、男の靴の靴底から女用の靴底を切り取り、さらにそこから子ども用の靴底を切りとる。こうして多くの靴底とかかと補強材が生まれ、何年にも渡って、その都度薄い新しい革に包み直されて、足から足へと使い回されていく。パリにはおよそ60人のカンブリュリエがいた。彼らのうちの主要な者は10人から12人の職人を雇い、平均、日に５フランを稼ぎ出し、50万もの靴底とかかと補強材をつくり出している。（中略）紐孔や鋲でさえ無駄にしなかった。地面を掃き、ごみの上を磁石で調べ、鋲や金属でできた紐孔を集めて銅と仕分けする。
　パリで出される動物の廃物はすべて、山のようにイヴリーの工場へ送られ、そこで乾燥されて粉になり、肥料として地面に吸収されやすいようになる。こうした工場は、夏の夕暮れ、首都に悪臭を発散したが、蹄鉄工が馬の蹄からとった削り屑まで、また乗りつぶされ、老いさらばえた辻馬車の馬まで受け入れている。（中略）まだ肉のついているこうした骸骨のかたまりのような馬が腐っていくのは、またそれらが工場の空地に積まれていくのはぞっと

するような光景である。こうした骨からあらゆる物がつくられる。1本のエンドレスベルトの前に女たちが座り、前を流れていくものすべてを拾い上げる。それらは象牙の代わりとして細工物の製造業者に送られるのだった。肩胛骨や平たい骨からは、押抜き器でキュロットのボタンや扇子の柄がつくられる。髄骨からはナプキン・リングが、またあばら骨からは歯ブラシの柄ができる。

　毛皮用のうさぎはすこぶる丁寧に扱われる。毛皮は薄くはがされてなめされ、しなやかにされて、最後に、——そのまま「白テン」になる白うさぎは別にして——さまざまな染料の桶に浸けられる。そうしてチンチラやかわうそ、青ぎつねなどの毛皮ができ上がる。フランスのきつねほど値打ちのあるものはなさそうだ。この毛皮についてはヨーロッパをはじめアメリカでさえわれわれの植民地である。パリには日に1万5,000匹ものうさぎの毛皮を「加工する」毛皮裁断師がいるのである。

　また、パリの住民からは毎日50kgもの頭髪が梳かれている。くず屋はそれをリーブル（半キロ）当り4.5フランから6フランでいくつかのかつら製造業者に売る。鰯やその他のさまざまな保存食品の缶詰の空き缶は100kg当り3フランで「溶接工」に売られている。彼がそれらの缶を大きな火鉢に入れると、缶をはんだ付けしていた錫が溶け、金属部分がばらばらになる。この錫は100kg当り18フランから20フランで転売され、新しい缶のはんだ付けに再利用される。小さな金属板は入念に平らにされ、またきれいに洗われて、婦人用小間物や玩具、またくるみボタンの製造業者の手に渡っていく。割れたビンについては、これを砕いたうえで粉々に挽き、紙ヤスリがつくられた。

　微量の金を含んだ食器類（中略）もごみ箱行きになる。くず屋はその破片を丁寧に拾い集め、「陶器洗い」に100kg当り3フランで売る。彼はそこから4グラム、5グラムもの金を取り出す。

　この作品は、逸話的な興味を満たしてくれるものではあるが、それ以上に、生活水準は著しく低く、労働に対する報酬も極めて悪い上に不正行為も広く浸透しているような今ひとつの「ベル・エポック」（良き時代）を証言してくれている。

毛皮や歯ブラシを製造している生産活動と二つの役割を担っていたくず屋との間の関係は親密だった。つまりくず屋は生産者に原料を供給するだけではなく、消費地である都市と生産地である郊外とを結びつけていたのだった。

　20世紀初頭、状況はさらに変化した。大規模工業は最も近代的なものでさえ、結局パリを離れた。企業数はあらゆる分野で減少したが、この実質的な喪失はその後も取り返すことができなかった。1900年以降、パリはもはや工業都市としてではなく、サービス供給都市としての役割を使命としたのである。影響力を維持していた唯一の分野（既製服の製造、書写芸術：アート・グラフィック）は工業よりも職人仕事にはるかに近かった。まさにこの点にこそ注目すべき現象がある。つまり復古王政末期に始まり、とりわけ七月王政とともに本格化したパリの工業化という大きな流れの終焉という現象である。それはフランスにおける工業の順調な成長と同時に、首都が一定程度権力を喪失したことの表れでもあった。世紀末に重要になる衛生政策も、災厄の汚染源たる大規模な工場の流出に影響する。さらに新しい交通政策（メトロも開通したが、とくに路面電車の発展がパリを郊外に結びつけた）が立地の変更を容易にした。また第二帝政期、鉄道の跳躍にともなって衰退していた水路が、1900年以降、重要性を回復した。燃料および重量のある原材料の半分、また飲料とくに葡萄酒の大半はセーヌ川とサン＝マルタン運河を利用してパリに運ばれた。恐ろしい亡霊にまつわる実に多くの冒険譚がベルシーの倉庫で生まれたのは偶然ではない。つまり葡萄酒市場はその重要性と役割によって、民衆神話を生み出したのである。パリの工業はいずれも輸送手段、とくに水路に近い三つの拠点的な街区に集積していた。そうした街区の一つがラ・ヴィレット界隈で20以上の重要な企業を数えた。今ひとつはシャロンヌおよびピクピュス界隈で、鉄道駅とセーヌ川に面した船着き場を有し、その上流に18の企業が立地していた。またこの界隈にはくず屋も集中していた。三つ目はセーヌ川下流地域にあたるオートゥイユおよびラ・ミュエット界隈である（29の企業が立地していた）。パリ周縁の街区はこのように工業を集中させていた。だが、工業は郊外に移りつつあったのであり、1900年以降、郊外がパリという都市それ以上に、フランスの工業の本当の中心になる。他方、パリは小規模企業の中心にとどまっていた。

郊外の跳躍

　急速に工業化しつつあったとはいえ、第一次世界大戦前夜の郊外は主として農村地域だった。首都に近い土地で耕作していた農民の生活を知るには、幸い、極めて詳細な研究があり手掛かりになる(38)。そこでは土地の起伏と歴史によって、二つの全く異なるタイプの農業が成立していた。一つは平地および台地における大規模農業であり、今ひとつはそれらを切る谷間における小規模農業である。

　パリを囲む台地と広大な平地は修道院によって開墾され、久しく大規模農業に供されてきた。土地は肥沃ではあったが土質は硬かった。結果、農作業は容易ではなく、強力な手段（1頭もしくは数頭の馬に鋤を引かせた）、すなわち巨額の資金を必要とした。主作物は砂糖大根、小麦、エンバクである。広大な農地は貴族、あるいは、パリに暮らしめったに現地を訪れない大ブルジョワの手中にあった。彼らはこうした農場の経営を大借地農（grands fermiers）、むしろ郷紳（gentlemen-farmer）と形容すべき人々に委ねていた。この人々は学識深く、進取の気性に富み、栽培に関する近代的な手法に精通しており、農場の真の主人だった。彼らはしばしば「堆肥の貴族」という皮肉な呼称に似つかわしい尊大な態度を取り、自分の子息たちはパリの大教会で結婚させた。また通常、彼らは代理人を介して農業労働者と交渉した。彼ら労働者は、たくましいが酒飲みで、深く考えることのできない粗野な人間として通っていた。「彼らはいわば類なき運搬用の家畜のような存在であり、必要ならば、朝の3時から夜の8時、9時までへたばることもなく働くことができる」(39)との描写もある。しかし、この「粗野な人々」は、1906年の冷静かつ効果的なストライキに見られるように、組織的に行動し、組合を立ち上げ、賃金の大幅な引き上げを獲得する術を心得ていた。こうした労働者の大半はベルギー人だった。ほかはフランス北部の出身者である。彼らは大きな町に集まって暮らしていたが、そこでは居酒屋の主人が重要な役割を担っていた。そうした主人は教養をもち、葡萄酒をパリで買っていた大借地農からは独立し、最良の顧客たる労働者らと共生していた。つまり労働者に助言し、しばしばストライキのリーダーとしての役割を担いながら、彼らの要求を「分別をもって」一定のところで抑える術を知っていた。また資産家でもあった。

こうした三つの社会集団（地主、借地農、労働者）のなかで、借地農が主要な役割を果たしていた。不在地主は、有用とはいえ目立たない、かつ困難な調整役の役割を果たしているように思われる。すなわち農業賃金が上昇していたとき、あるいは砂糖大根の価格が下がったとき、利益を減らした借地農は地主に訴え借地料の引き下げを勝ち取っていた。このように、地主たちは「好況時に節約して溜め込んだ富を、危機の時期には農村社会全体のために放出したのだった」(40)。こうした牧歌的な捉え方は誇張されたものとはいえ、広く浸透していた。そのことは、ほとんど何ももたらさない農場や、全く利益を生まない牧養場の状態で富を不動産化することに倦んだ大地主たちが、第一次世界大戦の少し前からそれらを不動産開発業者に売却するか、自ら画地分譲する途を選択し始めていることを物語っている。デュリウは、パリから25kmのこうした大規模農業を営む近代農場の一つを紹介している。面積は120ha、小麦と砂糖大根を栽培し、併せて地元消費用にエンバクを栽培している。1ha当り3,000から4,000フランの価値を有し、年100フランで賃貸されていた。つまり地主は約2％しか利益を得ていない。他方でグラン・リーブル（grand-livre：確定利付証券）の利子は3％だった。またこの農場には常に20人ほどの使用人がいた。結局、同じコミューンにおいて、3,000haの耕作地が毎年およそ30万フランの利益を地主にもたらし、同じだけの利益を借地農に、そして15倍の人数に上る労働者には90万フラン近くをもたらしたのである。

　小規模農業はこうした状況とは全く異なり、パリの市場によって、またそのために発展する。この市場は最も上質な生産物を求め、その高値にも応じてくれた。こうした農業は主に丘の果樹園や谷の斜面を利用した畑というかたちで発展していた。それぞれ特産地としての歴史は非常に長く、それが果物や野菜の名称の元にもなっている。例えばモントルイユの桃、アルジャントゥイユのアスパラガス、クラマールのエンドウなどである。実際のところ、1910年時点でアルジャントゥイユのアスパラガスは梨の木に取って代わられ、クラマールでもエンドウは生産していない。というのもこの農業の今ひとつの特質がその柔軟性、消費者の選好や新しい栽培法を取り入れるその素早さにあったからである。パリ郊外のいくつかの村ではさらにランを栽培し、全ヨーロッパに出荷した。これらの小規模農家

第3章　光の都市（1890-1930）

は丘の中腹に広がる大きな町に暮らしていた。そうした町は8,000人ほどの人口を擁することもあったが、奇妙なことに商業や多少とも贅沢なサービス業を欠いていた。つまりパリがあまりに近く、その競争力には圧倒的なものがあったのである。住民はほぼ全員、県の農業指導員が巡回講習会を通じて提供する高水準の技術教育を受けていた。なかでも、毎日出かける中央市場でほかの生産者や消費者と日常的に接触していた。デュリウはそうした耕作者の一人に同行している。

　（午前2時、荷馬車に乗って出発する。ひっそりとした町をいくつも抜けると）そこは城壁に沿った市門（barrières）の外側の空き地、入市税の柵門の前だ。いつもの徴税官が大型の角灯を手に半ば居眠りしながら、あきれるほど意味のないような書類を確認する。
　ようやく手続きが済み、（中略）中央市場に続く街路を再び進む。
　近くの街路からざわめきが聞こえ、長い荷馬車の列があらゆる方向から市場に向かっていく。そして間もなく早朝だけの直売場のどよめきの只中に置かれる。そこではあらゆる種類の手続を踏まねばならず、とくに自分たちの商品（果物：梨、りんご、桃、アプリコットなど）を並べるための4m²ないし5m²の場所を借りる必要がある。
　パリ市に納める使用料のほかにも負担すべき多くの経費があり、それらが何かしら役に立っている夥しい人々、市場にごった返している人々すべての暮らしを支えている。（中略）例えば馬の手綱をしっかりと摑んでいる女がいる。彼女は、市の開かれている間、荷馬車を駐めておくことを目的に周辺街路の使用許可を得た者の使用人である。彼女は3時間、馬を世話してくれる。しかしそのために、許可を得た者に1フラン、使用人へのチップとして50サンチームかかる。……また「中央市場の運搬人」はわれわれの荷を降ろす権利を持つ唯一の存在であり、それぞれ10kgはある30ないし40の篭を指先で通りに降ろしていく。その費用は1.5フラン。哀れな生産者はあらゆるところから金を搾り取られる。
　連れは、すべての村々とその特産物を一つひとつ私に教えてくれるが、身動きがとれないほどだ。ある人々は車道部分を借りているが、そこは他所よ

り人通りが多いため商いには好都合かつその分使用料も高い。ほかの人々は節約したがために歩道に押しやられ、車道で店を開く人々の後ろでしか商いができない。買い手が欲しい物を探して歩き始めると市場言葉で呼び止められる。市場では「チュトワイエ」がきまりだ。……また市場ではありったけの策略と身につけたコツが必要となる。きまりより早く商いを始めること、1スーの値引きですぐに鎮まるような見せかけのかんしゃくなど……。市場を支配しているのは二種の典型的な人物である。一方は仲買人であり、専門的な投機家で典型的な都市型人間である。大声で話し、大げさな身振りをしながら売り手と商品をじろじろ眺め、上にきれいな果物を並べ底に傷んだ商品を隠しているような細工をほどこした篭を見抜こうとする。他方は生産者である。並べた篭の真ん中に立ち、静かで穏やかななかにも、安くとも売ろうとする大勢の仲間に頑固に抵抗している農民である。8時に鐘がなると、直ちにすべての商品を片づけねばならない。そして農民は大急ぎでそれぞれの村へと帰路につくのである(41)。

　小規模農業は、一般に思われる以上に不安定だった。価格の変動幅は大規模農業における畜産に較べてはるかに大きかった。ちなみにエンドウは1時間足らずで、100kg当り50フランから8フランへと変動することもあった。かぶの場合も、5フランから40サンチームへと値が動いた。この農業には強健な体が必要だったが、賃金労働者のような人手はほとんどあるいは全く不要だった。農場経営者は、夏の間だけ季節労働者を雇わねばならなかった。それはしばしばブルターニュの人々やロレーヌ地方の人々だった。
　二つのタイプの農業は互いに反目しあっていた。しかし、いずれも近接する巨大な首都の存在があればこそ誕生し、存続してきたのである。パリとの、また中央市場との近接性は芽生え始めていた小規模農業の専門化を促した。大規模農業も同様だった。首都は、台地に広がる大農場に必要な資本を提供していたし、そこで生産される農産物に巨大な市場を約束した。またその富によって第一級の農産物の生産を奨励したが、人的な繋がりを豊かにすることを通じて農業近代化に貢献するとともに、生産面での柔軟性を高めることにも寄与した。パリを囲繞す

る大規模農地はそっくり郊外の一部でもあり、貴族の大地主やブルジョワ化した借地農といった支配的な住民はほとんどパリジャンといってよかった。首都の影響力は広範囲に及び、主として鉄道によって郊外を支配していた。しかしその路線は、パリが城壁を越えて拡大するずっと以前の1840年頃に定まったものであり、重大な帰結をもたらしていた。タラボやパロンソーといった、パリを起点とする最初の鉄道路線を選択した公土木学校の技師たちは、1810年から1840年にかけてフランスの主たる運河網を建設し終えたところだったのである。非常に緩やかな斜度を実現しようとの思いに固執していた彼らは、まだあまり発達していなかった商業機能をほとんど考慮していない。つまり彼らは谷の部分に、またしばしば丘の中腹に鉄道路線を設定している。パリジャンが郊外を蚕食し始めたとき、彼らは当然にも駅に近い最も交通の便のいい場所、つまり小規模農業が展開する谷の斜面に沿った場所を選択している。しかし経済的観点から言えば、それは非常識だった。なぜなら野菜の小規模栽培地の地価は非常に高く（1 ha 当り2万-8万フラン）、台地に広がる土地の地価（1 ha 当り2,000-5,000フラン）よりも、宅地（イヴリーでは1 ha 当り20万フラン）の地価に近かった。今ひとつのやっかいな帰結は多少とも計画的な画地（lotissements）が欠落していることである。丘の地所は非常に細かく細分化されていた。そうした地所は小規模地主によって一片一片転売され、一つのまとまったかたちを成しえぬまま、小規模住宅しか生み出しえなかった。小さな庭つきの最初の安普請住宅（pavillons）は19世紀中葉に出現していたが、それらが増加するのは1890年以後であり、とくに谷において顕著だった。他方、台地の地所が画地分譲の対象となるのはずっとのちのことであり、様相も異なっている。20世紀初頭、大地主たちは海水浴の流行を追い始め、ニースやカンヌ、またドーヴィルに住宅を持つことを好み始める。ビアリッツは第二帝政期からすでに売り込みが始まっている。パリ付近での狩りはますます困難になっていった。林業ではほとんど収益が上がらず、牧養場は高くついた。すなわち、不動産への投資は年に6％以上の利益を生んだが、近代的な大規模農業の利益は2％に満たなかった。こうして、広大な台地を利用した林業や牧養場は、第一次世界大戦直前、交通機関の発展にも促されて初めて画地分譲されることになる。大規模農場の農地の画地分譲はさらに遅れ1919年以後になる。

戦争に先立つ20年は公共交通の黄金時代にあたる[42]。つまり郊外の交通機関が飛躍的に発展した。政府は、開業間もないメトロとの競合を懸念するパリ市議会の見解に抗して、オーステルリッツからパリの都心部たるオルセー駅まで、鉄道の延伸を決定した（1898-1900年）。また新しい運賃体系も公共交通の発展に寄与する。つまり1900年から1905年にかけて1週間用定期券が導入された。放射状ではない、しかし郊外コミューンを相互に結ぶ最初の鉄道路線が建設されるのは1900年である。つまり路面電車がブーローニュとヴァンセンヌとを結んだ。1907年には初のバス（乗合自動車）の運行が始まった。バスはパリでも利用されたが、それ以上に運行距離の長い郊外で役立った。またもっぱらパリ南部の郊外、アルパジョネとの連絡を企図した地方鉄道も建設される。この鉄道は1894年に運行を始め、シリー＝マザラン、ロングジュモーを経由するかたちでシャトレとアルパジョンとを結んでいたが、一般の乗客を乗せるのはオデオンの四辻を過ぎてからだった。つまりその主たる役割は郊外とレ・アール（中央市場）との連絡であり、それはパリ市の変わらぬ関心事だったのである。結局、この鉄道は1936年まで運行された。これらの交通機関は明らかに西の郊外を優遇するものだった。他所に較べて起伏が緩やかであったこと、西の郊外に主要な都市（サン＝ジェルマン＝アン＝レやヴェルサイユなど）があったこと、おそらくはこうしたことが理由であろう。そうした諸都市は自らの利益のためだけにこうした投資を正当化した。反対に、パリ東部の郊外はアクセスしにくい台地の存在に苦労していた。ブリー地方（Brie）には、パリに近いこれといった核となるような都市もなかった。ジャン・バスティエは、パリ周囲に最初の高速道路が建設される50年後にも同様の不平等が見られることに注意を喚起する。すなわち建設はまず西部で、次いで南部で進められ、パリの不均衡な成長を助長したのだった。首都は今日なおこの不均衡に苦しんでいる。

郊外開発は30年がかりの事業であったが、その帰結としてパリと郊外との確執が顕在化する。パリは、重要な軍事的構造物（要塞、稜堡や砲台など）は別にして、倉庫、車庫、刑務所、操車場、貯水場など、不可欠ではあるが貴重かつ広闊な空間を必要とする種々の施設を免れていた。反対に周辺コミューンは、しばしば周囲の環境を汚染する、大都市に必須ではあるものの域内での立地は望まれな

いこうした重要施設に蚕食された。われわれは、さまざまな産業がパリを離れ、地価の安い周辺地域に移転したことを確認した。例えば、パリ南部の郊外はもともとマレ地区に立地していた化学工業を受け入れた。パリ北部の郊外は運河や鉄道によって、フランスで最も工業化の進んだ地域（北部および東部）と結ばれており、重工業の発展を見た。しかし1900年以後、なかんずく郊外では、もはや首都には依存しない大規模な機械工業と化学工業が誕生し、それらは独自に成長を遂げ、ついには一定の自立性を獲得することになった。世紀の転換点はパリ郊外が成熟段階に進み始めた時期である。ただ不幸にも、この急激な発展は全く顧みられないままに進んだ。パリ市当局は郊外を軽蔑し、郊外へのメトロの乗り入れを注意深く回避するほどに背を向けた。またパリを囲繞する諸県の県議会には勇気も手段もなく、中央政府もこれを無視した。郊外はこうして見捨てられ、完全な無秩序のなかであまりにも急速に成長したのだった。

　　第三共和政の失策の一つは、1880年から1930年の間、郊外が孤立したままに変貌することを放置した点にある。無秩序な成長をコントロールするために、都市計画に関する的確な法律を制定するという、コストを要しない対応をとるだけで充分であったはずにもかかわらず。実際、将来への備えは何もなされていない。道路の延長、緑地空間の保全、工業地域と住居地域との分離、各コミューン相互の断絶の解消など。その結果がはなはだしい混乱であった。あらゆる形態と様式の、醜悪とはいえなくとも平凡な、極々小さな庭をもった戸建て住宅が軒を連ねて建ち並び、それらが工場や鉄道、また行政庁舎と混在している。その一方で、公共施設や公園、広場や緑地、新鮮な大気に必要な保留地、観光センター、都市美や調和のとれた都市景観を生み出しているもの、それらは皆失われ、分割され、分解され、歪められ、最後には無に帰せしめられる[43]。

パリ、世界の女王（1889-1930）

　郊外の景観破壊は、部分的には、1860年以降、首都が郊外を放棄したことによ

って説明されてきた。しかし今ひとつのさらに重大な背景がある。すなわち、住宅不足と交通機関の未発達というパリ都市圏の二つの大問題を解決するための一貫した都市政策の欠落である。しかしそれでもなお、パリは世界で光を放っていた。

　　都市形成の計画化（planification urbaine）に見られる不完全さも、19世紀末から20世紀初頭を特徴づける沸騰するような国際的な交流のなかで、パリがその中心となることを妨げてはいない[44]。

　フランスの首都は、人々に、「ベル・エポック」（良き時代）と分かち難いものとして長く記憶されることになった。ライヴァルたる今ひとつの都市、ウィーンにも優位していた。数年に及ぶ戦時の空白の後、1920年になってパリは再びこの国際的な優位性を獲得したが、それは勝利の威信によってさらに確固としたものとなり、1931年の深刻な危機まで保たれた。

ベル・エポック（良き時代）という神話

　1900年当時、パリはすでに他の主要な首都の後塵を拝していたが、特権的な地位にあった人々はそのことを理解せず、ベル・エポックという神話がパリの都市計画に内在する重大な欠点を忘却させていた。この時代は、同時代を生きながらも、戦争やそれに起因する大混乱を経験しなかった人々にとって、それほど麗しいものだったのだろうか。舞踏会、贅沢、マキシム［Maxim's：1893年創業のレストラン。］の小娘たち（petites femmes）、平和などが一般にイメージされる[45]。これらは小説や舞台を通して広まった型にはまった表象ではあるが、実際とは異なるのだろうか。人は一般に、タレイランの「大革命よりも前の時代を生きた者でなければ生きる歓びはわからない」という見事な表現が頭から離れない。また同時代の外国人は次のように証言する。

　　自然で気取りのない、しかし慎み深さをともなった安逸な生を、パリほどに幸福感をもって感じとれるところはほかにない。美しい街並、穏やかな気

候、富と伝統のなかでパリが輝かしく際だっていたのはまさにこの点において
なのである[46]。

そこにはノスタルジーしかないのか、あるいは幾分なりとも真実があるのか、
明確にできればよいのであろう。しかしこうした考察は本書の枠組みを越えるこ
とになる。ここではいくつかの主要な主題について明らかにすることにとどめよ
う。すなわち奢侈と悲惨、「パリの小娘たち」、暴力と不安、という三つの主題で
ある。

　セーヌ県にはフランスの富の24％が集中していた。これに近郊（セーヌ＝エ＝
オワーズ県）を加えるならば、その割合は27％に達し、最も貧困な50の諸県の富
に相当する。社会的格差には著しいものがあった。いくつかの指標が参考になる。
例えば19世紀末、葬儀の55％は「貧者の霊柩車」によって、つまり実に質素にな
された。また1878年時点で、住宅の3分の2は年300フラン以下という極めて低
廉な家賃で賃貸されていた。ルーア（Loua）は葬列のタイプを手掛かりに住民
を二つのカテゴリーに大別する。すなわち金持ち・富裕層（les riches/aisés）は
住民の27％にとどまり、貧困・困窮層（les pauvres/indigents）が73％を占めて
いた。8区では富裕者10人に対して、貧困者8人という割合だった。他方、13区、
19区、20区では富裕者1人に対して7人ないし8人の貧困者という割合である[47]。
さらに富裕者の死亡率が貧困者のそれよりも低かった点も考慮すべきである。ま
たパリの死産率は農村部よりも高かったが、地方諸都市と比べて著しく高いとい
うことはなかった。ちなみに出生数1,000に対する死産児の割合は、フランス全
体で44、パリで68、ブリュッセルで85、サン＝テチエンヌで95であった。アパル
トマンのなかに眼を移すならば、富裕層の奢侈は、豊富な装飾品、数々の置物、
豪華なカーテン、壁掛け、絵画といったものに見てとれる。

　　暗い色調で塗られた壁の間に真っすぐな階段がつき、壁には東方の織物、
　トルコの数珠がかかり、日本の大きな提灯が絹の細紐で下げられていた。（中
　略）彼女は多くの神秘的な壁のくぼみ一つにスワンを招き、彼を自分のそば
　に座らせるのだった。そうした場所はサロンの奥まったところにあり、シナ

の装飾鉢に植えられた大きなシュロの木で隠されたり、写真や結んだリボン、また扇子で飾った屛風などで守られている。(中略)しかし、従僕が多くのランプを次々と灯すと、それはどれもシナ製の大型陶器に収まっており、一つだけであるいは対になって祭壇のようにさまざまな家具の上におかれて燃えていた。(中略)彼女は、ランプが決められた場所に置かれているかどうかを確かめようと、彼を横目で厳しく監督していた。サロン全体の感じは置いてはならない場所にランプ一つ置くだけで台無しになると、彼女は考えていたのである。(中略)陶器に描かれたり衝立に刺繍されたキマイラ(焔の舌を持つ怪獣)、ランの花束の花冠、マントルピースの上で翡翠のヒキガエルと並んでいる、眼にルビーをはめ込んだ黒金象眼の銀のひとこぶらくだなど、彼女はそれらを次から次へとスワンに見せていった[48]。

裕福であると同時に幾分俗っぽいオデット・ドゥ・クレシー［M.プルースト『失われた時を求めて』の主人公の一人。］は、1900年のパリのヒロインの一人である。「グランド・オリゾンタル」(grandes horizontales)とも呼ばれた高級娼婦たちは、ベル・エポックの最も注目すべき特質の一つを成していた。それはおそらく、彼女らが19世紀中葉においてはこの時期ほど多くなく、あるいは社会においてもっと見えにくい存在であったこと、また第一次世界大戦によって金利生活者が破産したのちは姿を消していったことが背景であろう[49]。オスマン以前、パリの売春は路上の生業だった。警察は交通を整理するように、欲望を一定の方向に導かねばならなかった。19世紀の売春婦は、大規模な労働者の移住が首都に引き寄せた存在であり、依然として「売春宿」に囲われる夜の女であった。官権は、彼女らに対し、二重の感染への不安から路上での商売を禁じた。すなわち病気を持ち込むという理由から身体的感染へのおそれが生まれ、悪徳を教唆するという理由から道徳的感染への不安を抱いていた。さらにオスマンの実現した大通りはパリを切開することによって公道を照らし、安全をよりたしかなものにするとともに歩道の風紀を正したのである。しかし宗教的な道徳心の希薄化が売春婦の存在をさほど罪深いものとは感じさせなくなり、彼女ら「娘たち」(filles)が再びパリに戻ってくる。こうしておよそ300件の売春宿が第二帝政期のパリを有名にしたのだった。1900年にはも

はや47件しか残っていない。とはいえ、「パリの小娘たち」(petites femmes) は著名な名士（例えばウェールズの名高い皇太子）らを含めて外国人を魅了し、ベル・エポックに情事と奢侈の雰囲気を醸し出していた[50]。かくして世紀の転換期に成功を収めた売春婦は、人を魅惑する豪奢なスターのように見えたのである。反対に、思想健全で保守的な人々は彼女らが成功の印を誇示することを不満に感じた。同時に、ブルジョワの子弟たちが足繁く「娘たち」のもとに通う習慣を持ち始めるにつれて、性病に対するおそれも増していった。彼女らの健康が一つの重大な問題になったのである。当時の医学が恐るべき科学的言説のもとに宗教的メッセージを再度取り上げ、梅毒と自慰の破滅的な帰結についてブルジョワたちを脅したために、売春婦たちは快楽と死の陶然たる、かつ恐るべき世界を獲得したのだった。19世紀、自分たちが破滅させた愛人たちによって世に知られることになった彼女らは、20世紀には自らを取り巻く危険によって有名になったのである。また生活水準が労働者階級においても改善された結果、「娘たち」のリクルートが困難になり、市井の白人女性の売買が始まる。売春婦では民衆の心情を満足させることが難しくなり、上品なブルジョワの堕落が一層進んだ。つまり手慣れた「娘」がファッションや香水同様、パリの洗練を示す典型的な贅沢品の一つになった。光の都市（la Ville lumière）の魅力はその多くを悪所の名声とそれが黙認されてきたことに負うていたのである[51]。既婚の女性たちは、一般に、妻を寝取られることへのおそれが当時の芝居のメインテーマになるほど小・中レベルのブルジョワの間に浸透していたがために、貞節を求める規範的な言説に従っていた。言い換えればエロチシズムはこれを職業とする者の専売特許だった。しかし、ボードヴィル（軽喜劇）は女性たちが自由に振る舞い始めていること、貞節を守るのはそれが夫婦で共有されている場合だけに限られることを物語っている[52]。売春に走る女性たち（ココット：尻軽な女）は社会的な逸脱行為を成していたが、それこそ彼女らが発揮する幻惑の源泉だった。彼女たちが依存していたのはもはや「ひも」ではなく、衣服・装身具を売る女商人や装飾家、また絨毯・壁布販売業者であった。こうした人々が彼女らの魅力を顧客のそばで褒めそやし、また彼らに売り込んだのである。このような売春には序列があった。「高級娼婦」(grande horizontale：例えばリアーヌ・プジーの『回想録』を手掛かりに判断すれば、そ

のなかには驚くべき知性と感性の持ち主もいた）の下に、「遊び女」(soupeuses)がいる。彼女らは晩餐を陽気にする存在であり、オペラ座の舞踏会⁽⁵³⁾や、より容易にはフォリ・ベルジェールの立見席で（そのために「子牛市場」(marché aux veaux) と呼ばれた）声をかけることができた。序列の下方に、とはいえ魅力という意味ではなく、ダンスホール（マビーユ・ホールや関の小ダンスホール）に出かける未婚の女性店員たちが社会的な媒体の役割を果たしていた。貧しかった彼女らは一般に労働者を拒み、ブルジョワの子弟に関心を寄せた。そのさらに下に、トゥールーズ・ロートレックを虜にしたムーラン・ルージュのしたたかで破廉恥な踊り子たちがいる。そしてずっと下の底辺に、城壁や通りの闇に生きる数千の「下級娼婦」(pierreuses) がいたのだった。チャンスと才能に恵まれた「妾」(biches) らはしばしば自分を売り出すことができたが、なかんずくその名前が悲劇的な大恋愛によって評判となったときにはそうだった。彼女たちは目がくらむほどの速さで社会の梯子を駆け上がっていった。人は豪奢なカレーシュ（軽四輪馬車）に乗って、森の大通りの屋敷に向かう彼女らとすれ違った。

　ファンドールはこのイザベル・ドゥ・ゲレを知る機会をすでに得ていた。それはセーヴルの女子高等師範学校を卒業した若き教師だった彼女が、彼女のために自殺した親族の一青年とのかなり込み入った、通常認められないような出来事に巻き込まれたときだった。女教師はそのときデビューしたのだった。彼女は娼婦（haute bicherie）たちの間で名が知れていた。彼女はそこに自分の道を見出したのだった⁽⁵⁴⁾。

　大規模な売春はあらゆる時代に認められるが、世紀の転換期におけるパリほど公然と繰り広げられた例、人目を引くと同時に社会に浸透した例はない。ゾラは『ナナ』のなかで、売春を類型化しその変化について述べている。売春は別なやり方で貴族をも射止め、彼らは「無一文」となって自分の称号と品位を富裕な相続人に転売することとなった。かくしてボニ・ドゥ・カステラーヌ (Boni de Castellane) はあっという間にアメリカ人の妻を破産させ、次のように溜め息をついた。「金がないのは実に悲しかった。もし金を使ってはならないと言われたら、

もっと悲しい！」1900年当時の女性にとって、売春は、ある意味で中世の教会が男性に対して担った役割を果たしていた。すなわちこうした制度は、階統制的な仕切りのある社会において、貧しい庶民がすみやかに高い社会的階梯に達することを可能にする唯一の民主的な手段、唯一の途だった。

　しかし、社会の階梯の底辺では、売春には暴力がついて回った。実際のところ、1900年当時のパリの街路は19世紀に比較してずっと危険ではなかった。つまり農村からの移住民は言葉のあらゆる意味で「都市化」されていた。とはいえ新しいタイプの犯罪が顕在化していたがゆえに、一般の人々は暴力が復活するものと信じていた。つまり無政府主義者は政治的理由から暴力に訴えようとしたが、ならず者たち（Apache：アパッチ）は社会的混乱を表面化することで人々を恐怖に陥れた。最初のならず者がパリの騒擾のメッカたるベルヴィルに現れる。1902年のカスク・ドール（黄金の髪）事件は人々に動揺を与え、一つの神話を生み始めた(55)。アパッチたちは「パリの路上の騎士団」を形成していた。つまり複数のグループに組織され（ギャングという名前はまだなかったが）、労働者たちの子弟が自分たちのパリを取り戻そうとするかのように、街区を占拠し、しばしば流血の抗争によって縄張りを争った。こうしたグループにおいて女たちが重要な役割を果たしている。彼女らは売春婦ではあるが極めて自由であり、男たちと対等だった。またアパッチたちは身体や美を崇め、熱心に体を鍛練して主に物理的な力を尊び、奇妙な目印を入れ墨している。極めて厳格な掟に従った自分たちだけの裁きの場をもち、ボス崇拝を育んでいた。何よりも無産階級からの脱出を願っていた彼らは服装や髪型に非常に神経を使っていたが、ブルジョワ向けの新聞はそうした彼らをしばしば女のようだと批判している。実際のところ、いかなる希望ももてない暗い労働者世界のなかで、彼らは差異と誇らしさを希求していたのだった。その多くが自動車を持ち新聞の第一面を飾ることを夢見ている。ブルジョワ社会を最も混乱させたことは、彼らの深刻な強盗行為よりも、その新しい側面だった。つまりこの貧しい人々の子弟たちはただ単に物を盗むことが目的ではなく、社会に認められることを求めていたのである。彼らは、七月王政の貧しい人々のように生き延びるという理由からではなく、あるいは無政府主義者のようにブルジョワを殲滅するという理由からではなく、彼らを模倣するためにブルジ

ョワ階級を襲撃していたのだった。われわれにとって、今日、こうした動機は目新しいことではない。しかし当時はほとんど理解できないことであり、人々を大混乱に陥れたのである。

　パリを恐れおののかせ、一定の時間には間違いなく首都全域を支配しているような悪党たちがしばらく前から大変な勢いで増えている、その速さを確認するとき、激しい恐怖感で体が震えるのを禁じえない。……あらゆる方面から聞こえてくるのは叫声だけだ。パリはアパッチに襲われているのだ！……首都周縁部のいくつかの街区や郊外の一部の地域において、治安の確保がもはや充分ではないことはたしかである。サン＝トゥアン、クリシー、サン＝ドニ平地、……またパリの内部においてさえ、ムフタール、ポパンクール、ラ・ガール、クリニャンクール、ベルヴィル、シャロンヌといった街区にはアパッチたちの多くの巣窟がある。同様に中心部の街区、つまり４区のサン＝メリ地区も深刻に汚染されていた。……人々がこうした呼び名（アパッチ）で指し示す恐ろしい性格を持つ者は通常非常に若く、16歳から25歳だった。彼らは幼年期から堕落し、なんといっても空威張り屋だった。大きな企てを成すには経験が乏しかった。（しかし、1910年１月、シュレーヌのエリソン・グループは２軒のビストロを襲い、店主を殺害したうえ３人の警察官を負傷させた）……これらの悪党のなかで最も大胆な者が、一般に最も教養を備えていた。ではこうしたごろつきはどこで、どのように暮らしているのか。……アパッチたちはほとんどの場合決まった住所をもっていない。警察の追跡を逃れるためにガルニ（家具付の民衆向け安宿）に逗留しているのだ。食事はレ・アール（中央市場）近くやティクトンヌ街、コキィエール街などのレストランですませる。夜はフォブール・モンマルトルやレ・アール（中央市場）、モベール広場の酒場で過ごすか、郊外の大通りの劇場にいた。蓄音機や映画、最低の「メロドラマ」やミュージック・ホールの「レビュー」など、彼らほど熱心な愛好家はいない。午前２時から３時になってようやく、しばしば夜明けになって、アパッチは宿に帰る。遅い眠りにつくがゆえに昼まで惰眠を貪り、再び次の日まで通りが彼らの場所となる。

中心部でアパッチの手に落ちた街区が一つだけある。それが陰鬱なカルチエ・サン゠メリである。タンプル大通り、ランビュトー街、そしてヴェルリ街に続くロンバール街に囲まれた街区（今日のボブール地域）には、迷路のような薄汚い小路をぬうようにひどく汚いあばら屋が固まって建ち、そうした家屋の集合が10から12もある様相を想像してみるがよい。多くの小路、伏魔殿、曲がりくねり暗く不潔でひどい悪臭を放つ狭隘な路地、手押し車さえ通行困難でごみが山となり雨が降ると掃き溜めができるような、そうした路地にあるのは、居酒屋をはじめ、骨董屋や質屋といったいかがわしい場所、なんとも不潔な胡散臭いホテルだけだった。角灯の下、そこにはいつもきまって次のような掲示がでていた。

トイレ付き1部屋
1泊1フランから

他方、居酒屋や樽買いの酒を小売りする店、あるいはより単純に「樽」と呼ばれた店はどうかといえば地下にあり、その空気はあまりにもどんよりと淀んでぞっとするような悪臭が立ちこめ、真昼でもごくわずかしか太陽の光が届かなかった。ために、慣れている者でなければ敷居をまたいだとたんに吐き気を催したし、濃霧のなか、恐るべきこうした店の顧客たる人間のくずたちがうごめいているところへと進み入るには大変な苦痛がともなった。……アパッチはビアホールのテラスも支配していた。そこかしこ、彼らは有名な店であつらえた洋服に身を包んで気取っていたが、前の年にはやった緑色の小さなハンチングに取って代わったイギリス風の大きなハンチングや黄色の深靴、打ち張り細工を施した指輪、取り付け襟とネクタイをつけて首周りを楽にしている様子、とくにいつも最新の流行にカットした髪型によって、人はすぐに彼らに気づいたのだった[56]。

ブルジョワ階級は、とりわけアパッチの女たちの自由奔放さに目を見張ったが、またブルジョワの道徳心を尊重していた労働者、工場労働者あるいは事務労働者に対するアパッチの軽蔑に驚いた。恥知らずにもぶらぶらと無為に過ごし他人に

寄生している姿は、人々が実に注意深く教えてきた労働倫理とは全く反対の姿だった。しかし、同時に、それはなんと大きな魅力をもつものだったろう。アパッチは家庭をもつ父親や母親たちを恐れさせたが、コレット（Colette）の描くような無邪気で自由奔放な良家の子女らに情事や粗野な恋愛体験を夢みさせたのだった。ボス崇拝、粋好み、無為によって、また自分の居場所のない都市のなかに一つのテリトリーを確保しようとする態度によって、1900年当時のアパッチは、実に現代的な社会的逸脱の一形態を表現していた。パリはこうした点において時代の先を行く都市だった。

　パリにおける第一次世界大戦前夜という時期は、ノスタルジーによってしか、また紛争の恐怖との対比によってしか「良き」（belle）時代と認識されないのだろうか。おそらくはそうであろう。しかしこの「良き」という形容詞は、パリを揺さぶり、20世紀の誕生を告げたさまざまな思想と選好、また試行の、目を見張るような沸騰によっても正当化される。ここは1914年以前にみられる芸術の激変を跡づける場所ではない。キュービズムの最初の試み、建築の変容、数年の間に極端から極端へと変化するような様式の変容、新しい音楽の傾向、文学に見られる不協和音、これらすべてが新しい時代の到来を告げていた。第一次世界大戦はこうした変化を惹起する契機だったのではない。反対に、大戦はまずその変化の歩みを止め、次いでその方向を変え、より一層ペシミズムとニヒリズムへと向かわせていった。1910年のパリは、ヨーロッパにおいて新しい世紀を形成する二つの坩堝の一つだった。

今ひとつの都市：ウィーン、カカニアの首都 ［Kakania：ハブスブルク家を意味する言葉でドイツ語のKaiserlich und königlichという表現に由来する。］

　今ひとつの都市、芸術と知の沸騰のなかで、鏡に映ったようにパリとは反対の姿で競いあうとともに、パリに対抗した都市、それがウィーンであった[57]。このオーストリアの首都はパリとほぼ同時期に近代化されたが、それはパリとは相当に異なった諸条件のもとで成し遂げられた。すなわち、旧市街（アルトシュタット）のなかに、宮廷、貴族階級、由緒ある教会、大ブルジョワジー、主要な高級品店など、すべてが集中している。パリとは異なり、17世紀末に至るまで、旧

市街には新規の建築物はほとんど何も建てられていない。それはロンドンのように大火に見舞われたからではなく、定期的に邸宅を改修し近代的な好みを採り入れていけるほど、貴族階級が豊かだったからである。ウィーンはヨーロッパの大きな動きから離れ、久しく一地方都市にとどまっている。ちなみに1843年のある観光ガイドは、ロンドンについて200件のホテルを紹介できたが、ウィーンについてはわずか2件にすぎない。またパリの徴税請負人の壁は、1857年12月、皇帝（ナポレオン3世）がこれを撤去し建設業者に供給することを決定すると、跡地は貴重な建設用地となったが、ウィーンを囲んでいた城壁はもっとのちまで維持された。1860年、自由主義者たちがウィーン市政の権力を掌握し、30年に渡って大規模な都市改造を経験することになる。パリ同様、安定した政治権力が都市改造を支える条件だったが、ウィーンの場合はパリに比べてより自由主義的だった。空地となった環状帯は堂々とした並木道、"リングシュトラーセ（環状道路）"に生まれ変わり、その沿道には大公共建造物（美術館、オペラ劇場、大学、議会など）と広壮な住宅が建ち並んだ。パリと同様に、都市改造は旧市街（アルトシュタット）と郊外（フォアシュタット）との分離を深刻にしたが、パリとは全く異なる様相を呈している。つまり地価があまりにも高く、かつ陋屋が存在しなかった旧市街については、建物を全く取り壊さなかった。他方、パリの労働者よりもさらに貧困だった労働者は中心部から遠く離れ、新たに広がった郊外で非常に貧しい生活をおくっていたのである。リングシュトラーセは緩衝地帯としての役割を果たし、しばしば新興ブルジョワの居住地となった。建築の面でもパリとウィーンは対称的である。オーストリア人は外見を非常に重視しているように思われる。例えば、建物のファサードと主たる階段はとりわけ贅沢に王侯の宮殿を模して豪華に飾られた。その背後の通常非常に狭い住居（アパルトマン）にはしばしば台所と1部屋しかなく、ときに恵まれた世帯の場合、もう一部屋、補助的な小部屋がある程度だった。独身者の場合は、アパルトマンの廊下の奥にしつらえられたベットを借りる、ということも稀ではなかった（Bettgeher）。実際、ウィーンで話されているドイツ語には、さまざまな部屋を区別するための言葉が極めて乏しい。一般的な表現としてはツィンマー（Zimmer）が、ときに補助的な小部屋を指すためにヴォーンツィンマー（Wohnzimmer、chambre d'habitation）あ

るいはカビネット（Kabinett）が用いられる。このようにみると、パリはロンドンとウィーンの中間に位置していたといえる。ロンドンでは労働者であっても、それぞれの用途をもつ複数の部屋からなるかなり広い住居に住み、ウィーンでは富裕なブルジョワでさえ、ごく小さな住居に押し込まれていたのだった。しかしながら、ウィーンのファサードは見る者の心を捉え、狭い住居に通ずる階段を昇るときには宮殿の豪華さを感じ取ることができた。イギリスの家庭が質素な外観ながら快適な住居で堅実に慎ましく暮らしている一方、パリジャンたちはカフェやレストランに出かけ、ウィーンの市民たちはアパルトマンの一つしかない部屋で贅沢に人をもてなそうとしていたのである。またパリの個人の屋敷は街路に背を向け、私庭に顔を向けていたが、ウィーンの貴族の邸宅はそのファサードが街路の一部を成していた。このように、ウィーンは歩行者の街としての魅力をもっており、人を魅了するあらゆる活動が中心部とリングシュトラーセの内側に集中していた。オスマンはバルコニーのディテールから大通りの設計に至るまで配慮し建物の均質性の確保に努めたが、これは彼の重要な功績の一つである。これとは反対に、リングシュトラーセの建設には一体感がなく、これに沿った建物あるいは街路の交差点を旧市街に結びつけようとの配慮がない。1893年以降、オーストリアの首都の拡張計画に携わったオットー・ワーグナー（Otto Wagner）は、リングシュトラーセに並行して同心円を描く街路、ならびにリングと交わり中心部の一点に向かうものの内部にはけっして入って行かないような幹線街路軸を設計した。こうしてウィーンはパリとは対照的な方針に従って発展した。つまりオスマンは中心部において大通りを開通させたが、郊外の計画的整備を無視したがゆえに、それらは市門の地点で止まっていた。他方、ウィーンでは世紀の転換期に郊外の幹線道路網を敷設するが、それらはリングシュトラーセで止まり、慎重に離された旧市街にはけっして入っていかなかった。

　しかし、両都市の密接な関わりはこうした点にとどまらない。言い換えれば、ウィーンはただ単にパリ都市圏の整備計画とは正反対の姿を提供していたのではない。第一次世界大戦前、ウィーンはまた、ヨーロッパの今ひとつの文化的中心だった。つまり輝かしさと名声ではおそらくパリに劣るが、パリよりも奥行きの深いものをもち、先駆的な試みをより豊かに育んだ中心だった。パリの場合と全

く同様、ウィーンの文化的な生活もその多くがカフェで繰り広げられた。ウィーンのカフェはパリのカフェと同じように有名だが、おそらく、より重要な位置を占めている。つまりそれらは単に社会的関係の形成を促したのではなかった。むしろ討論の場、さまざまな思想を生み出す揺籃場としての役割を果たしており、派手な軽薄さをもつパリのカフェと親密で頻繁な交友の場たるロンドンのクラブとの中間的な特質をもつ。ウィーンの知的影響力は、なかんずくオーストリア＝ハンガリー帝国の文化的多様性と小規模都市であること自体に起因する。ラテン、ゲルマン、スラブ、トルコの各文明、そしてもっと異国的なマジャール人の文明を忘れてはならないが、これら諸文明の四辻であったオーストリア＝ハンガリー帝国は、最も同質的かつ世界一中央集権的な国家の一つであるフランス共和国とは正反対の存在だった。たしかにパリは世界中の芸術家、とくにヨーロッパの芸術家を魅惑したが、偉大な思想がぶつかりあい、新しい思潮が芽生えていった真の坩堝はウィーンだった。とはいえ、パリジャンは、ドイツの勢いと、ロンドンあるいはニューヨークの豊かさとの間で競争を強いられているとの思いにさいなまれ、オーストリアの首都との競争を意識していたようには思われない。彼らは続く数十年が、主としてウィーンで練られ、生み出されたものによって特徴づけられるとは予想だにしなかった。具体的に言えば、精神分析学の跳躍や物理学者マッハ〔オーストリア生まれのE. Mach〕の知見、オーストリア・キリスト教会による暴力的な反ユダヤ主義と浮浪者、アドルフ・ヒトラーのあいまい模糊とした思想、そして新しい芸術様式の誕生などがある。この芸術様式については、詩論におけるフーゴー・フォン・ホーフマンスタール（Hugo von Hofmannsthal）、音楽におけるシェーンベルクの様式、絵画におけるクリムト、とりわけオスカー・ココシュカやエゴン・シーレの画風、建築分野におけるロースのデッサンなどを例示できよう。最後に、ヴィトゲンシュタインによる言語分析に基礎をもつ新しい哲学の様式がある。これだけのものを、またこれほど多様な思想を生み出した首都は、ベル・エポックのウィーンをおいてほかにないのではないか。

　ウィーンは同時代を生きた才能ある人々の数による以上に、その大胆さ、さらに言えば、彼らによって新たに生み出されたものの多様さによって人を圧倒する。かくも一体性のない帝国の首都だけがそうしたものを抱えうるようにも思われる。

一例を挙げるならば、ジッテ、ワーグナー、ロースという3人の建築家の間には、ともに同時代人ながらなんと大きな違いがあることだろうか。ジッテは1889年に『広場の造形』（美的原則による都市の計画：*Der Städtebau nach seinen Künstlerischen Grundsätzen*）を刊行、オットー・ワーグナーは1893年、ウィーンの新街区の開発計画で賞を獲っている。またアドルフ・ロースは、1898年以降、独自の都市計画思想を発表し、1908年にはそれを著名な作品『装飾と犯罪』（*Crime et Ornement*）にまとめている。彼らはほぼ同じ時期に自分の思想を世に問うているが、それらは互いに異なるとともに、20世紀の主要な潮流を表現していた。オスマンとは対照的に、ジッテは、芸術家が、科学や商業の信奉者たち、また根無し草たちの破壊した世界を、人々に生きる力を与えていた古い神話とともに再建することを願っていた。都市計画家としてはさほど野心家ではなかった彼は、主要な幹線道路および新街区の建設計画を技師たちの手に委ねることを甘受した。だが、人がそこで夢を見ることができるような人間的スケールの閉じられた広場と緑地空間の整備については自らが担当する、という条件付きだった。オットー・ワーグナーはジッテと相当に異なり、ジッテにとっては嫌悪の的だった交通機関に躊躇することなく主要な役割を与えている。彼はオスマン的手法とは対照的に、取り壊しについて論議されていない旧市街を無視し、次のようなウィーン郊外のビジョンを提示して都市周辺地域の計画的整備を構想した。つまりそれぞれに中心部と緑地のある互いに類似した街区からなり、同時に環状道路と並行するバイパス道路ならびに中心部に向かう放射状道路からなる広域的な道路網を備えているという郊外の姿だった。パリの建築が歴史に目を向けることをためらわず、過去の様式をさりげなく表現したのに対し、ワーグナーはあらゆる歴史主義を徹底的に退け、自らが生きる生活を基礎として自分の作品を創造した。"*Der Zeit ihre Kunst, der Kunst ihre Freiheit*"（「それぞれの時代に固有の芸術があり、その芸術には自由がある」）。彼のスローガン、"*Artis sola domina necessitas*" は、芸術を必要に従わせるというものであり、それは彼にとって現代人の合理性を意味していた。ロースはワーグナーよりもさらにラディカルで、ギマールのアール・ヌーヴォーに対してと同様、オスマン的古典主義から遠く離れ、すべての装飾を排除した。すなわち彼はさまざまな建物を建設することを欲し、純粋に機能的な

建物を設計しようとしたのだった。彼は、文化の進歩は実用物から装飾を排除するということにあったと、『装飾と犯罪』のなかで指摘した。彼がミヒャエル広場（Michaelplatz）に建てた建物は想像を絶するような激烈な論争を惹起する（1910-1912年）。当時、フランスの新しい都市計画規制がパリの建築家に張り出し窓や彫刻による装飾など変化に富んだファサードの設計を可能にしていたが、ロースはその過度の装飾好みをオーストリア人に向かって慨嘆している。彼はまた、かつてポチョムキン（Potemkine）が皇帝〔エカテリーナ女帝〕にロシアの豊穣なウクライナ地方を訪ねる幻想を与えようと木と厚紙でつくらせた模造の村にウィーンを重ねていた〔外見だけを取り繕うとする姿勢を批判して。〕。

　パリがドレフュス事件によって大混乱を経験していたとき、オーストリアの首都はヨーロッパ文化の一段と深い部分、その根底を揺るがすような論争と激しい変化に見舞われていた。40年間ウィーンを支配してきた自由主義者たちの政権の終焉が危機の深刻さを物語っていた。キリスト教社会主義の指導者であったカール・ルーガー（Karl Lueger）が1897年以降ウィーンを支配する。カトリック教会の圧倒的支持を得た彼は、度を越した反ユダヤ主義の言説を通して、都市郊外の労働者ならびに「無国籍の」銀行家らに厳しく敵対した。

　そうしたなか、彼は反ユダヤ主義を象徴する最悪のものの一つ、コッホ（Coch）を称える記念碑をウィーンに建立させた。芸術家たちもまた過去の諸価値への回帰と、今という世界への適応との間で逡巡していた。1897年、最も才能ある人々が既存の機構に与する芸術家たちと決別し、ウィーンに新しい「芸術の春」を興し（彼らの機関誌は『ヴェール・ザクルム』〈Ver Sacrum〉と呼ばれた）アール・ヌーヴォーを受け入れようと、ゼセッション運動〔分離派と呼ばれる新芸術家集団による運動。〕を起こす。この運動の指導者がグスタフ・クリムト〔Klimt Gustav（1862-1918）：官能的作風で知られるウィーン世紀末芸術を代表する帝政オーストリアの画家。〕だった。1900年のパリ万国博覧会は近代技術を称揚し、進歩に対する信念を例証してみせたが、皇帝の金婚式のために組織されクリムトによって統括された1908年のウィーン万博は、帝国を引き裂いていた数々の利害の対立をいかにして一つにまとめることができるかを示している。ちなみに、農村地域の代表がときに12世紀まで遡れるような伝統的衣装を身にまとって行進する一方、芸術作品の展覧会（Kunstschau）ではアヴァンギャルド（前衛芸術）の勝利をみていた。パリの

アヴァンギャルドはもっぱら芸術分野で試みられ、詩や絵画、舞踊のスタイルを激変させたが、ウィーンのそれは社会の基礎を成すものを議論の俎上にのせたのだった。伝統的な道徳主義は退けられ、剥き出しの本能を復活しようとした。つまりそれはエロチシズムの肯定であり、さまざまな制約にとらわれないことを意味した。オスカー・ココシュカ〔Kokoschka, Oskar (1886-1980)：ウィーンの工芸美術学校で学んだのち、ベルリンで活躍した表現主義の画家。『シュトルム』(嵐)の同人。〕は『夢見る少年たち』(*Die traümenden Knaben*) を表すが、スキャンダルを引き起こす。同年、シェーンベルクは『空中庭園の書』(*Le Livre des jardins suspendus*) を公刊し、不協和音を自由に用いるとともに調性を排除した。こうした新しい発想の沸騰は必然的に緊張と苦痛をともなうものだった。デュルケームはウィーンとパリとを比較して、オーストリアの首都が過去の自殺の全記録を塗り替えていることを指摘し、この都市を「社会問題に満ちた実験室」と見ている。作家ムージル〔Musil, Robert von (1880-1942)〕(58)もまた、沸き立つようなさまざまな思想、社会が抱えている諸矛盾、芸術家と知識人の満たされぬ思いと彼らが感じ始めている獏とした不安を描いている。

　ウィーンの優越性は、おそらく、パリの名声を不動のものにした特質とは決定的に異なる二つの相矛盾した特質の不安定な結合によっている。ウィーンの知識人たちは相当数にのぼり、かつ多様であったために、著名な人物を中心にしたクラブに分かれていた。例えば、ジャーナリストのクラウス、バール、作家のアルテンベルク、シュニッツラー、フーゴー・フォン・ホーフマンスタール、音楽家のシェーンベルクやヴィトゲンシュタイン家、建築家のワーグナーやロースといった人々である。しかしながら、ウィーンは小規模な首都であり、こうした人々のクラブは互いに知らぬふりをするのではなく、相互に交流していた。例えば一つのクラブに頻繁に通っている場合でも、別なクラブの夕べにも熱心に参加している。このようにさまざまな新しい思想はかなり自由に形成され、多様なチャンネルを通じて伝播した。政治が宮廷の専管事項であったがゆえに、知識人は美学論争や哲学論争に引きこもっていた。ウィーンの学生はといえば、パリの学生が象徴主義や無政府主義あるいは社会主義を奉じていた一方で、彼らは依然として印象主義を賞賛している。その結果、表面的には軽薄さを感じさせたが、さまざまな作品をみればそうではないことがわかる。オーストリアの首都の輝きは、多

第3章 光の都市 (1890-1930) 209

様な民族文化の接触と、それら相互の密接な関係との間の不安定なバランスに依存していた。逆に、ウィーンに比べより持続性を有する反面、より表面的でもあったパリの輝きは、相当に堅固な基礎に支えられていた。つまり非常に強固な国民的一体性によって、さほどためらうことなく外国人芸術家を受容している。しかし、パリジャンには気にいらないかもしれないが、1910年当時、ヨーロッパの、そして間違いなく世界の真の文化的中心はウィーンだった。だがそれは必然的に短期間のことだった。オーストリアの首都は第一次世界大戦末期、戦争の破壊行為によってではなく、それよりもさらに深刻な帝国の崩壊によって荒廃する。人口の7分の6を失ったオーストリアは、1918年以後、もはや一つの首都を形成することしかできない。ウィーンはおそらく、ヨーロッパにおいて、わずか数年の大混乱のなかで一地方都市のレベルにまで縮退した大都市の唯一の事例である。他方パリは、およそ10年で知的活動の中心としての首都の役割を獲得したのだった。

　フランスの首都は第一次世界大戦による惨禍をほとんど被っていない。しかしながら、パリは戦争の初期段階で首都としての戦略的役割を担っている。すなわち、不手際にもフォン・シュリーフェンの計画に従ったモルトケがフランス軍の左翼を回り込む大規模な包囲作戦をとると、ジョフル元帥は謎のスパイ、「復讐者」(le Vengeur)が参謀本部に売った情報を無視して部隊をロレーヌに進め、敵の策略に陥った。しかし彼はその詳細を知っていた[59]。ドイツ軍はマルヌ川まで進攻し、パリの運命を決することになる。フォン・シュリーフェンは右翼を固める部隊が非常に強力であると予想し、この部隊がルーアンの南でセーヌ川を越え、さほど不安なく両翼から首都パリを攻略できると考えた。つまり、言うまでもなく開放型都市だったパリは難なく占領できるであろうし、軍事面で考慮すべき点は全く無かった。しかしモルトケは右翼の部隊を大幅に縮小し、ドイツ第1部隊を南西方面に向け、部隊の幕で全方位からパリを覆うことを決断する。従来しばしばパリの戦略的位置が強調されてきたが、ガリエニは直ちにパリからフランス第6部隊をもってドイツ軍のわき腹めがけて反撃する。実際、パリの役割は決定的に重要だった。ドイツの将軍たちがのちに認めているように、それは何よりもパリが鉄道網の結節点であったことによる。

しかしそれは大きなリスクをともなった。というのも、敵がパリに繋がるよく整備された鉄道網によってはるかに強力な部隊を集結させ、わが軍がひとたびパリ東部で守勢に回り彼らに作戦上の大きな自由を与えたならば、敵はわれわれを包囲すべく部隊をさらに北方へと移動させえたということだった[60]。

何万という人間をロレーヌからアルトワへ、海へと繋がる陸路で移送しなければならないとき、鉄道は依然として非常に有効だった。フランスの鉄道網をすべてパリに集中させたルイ・フィリップのかつての選択は、首都を戦略上の特異な要衝としたという点でフランスの主要な勝因の一つとなった。「ベルタ砲」、すなわち1918年に首都を襲った３門の小口径の長距離砲による砲撃を別にすれば、パリはほぼ無傷のままに戦争を終え、新聞にはっきりとみてとれるように、勝利を収め自由を擁護したことを世界中で称えられた。そして祖国で評価されるにはあまりに革新的であったり、その主張や出自によって迫害されていた外国人芸術家たちが一層多くパリに移住する。戦争が繁栄をもたらしたアメリカにとって、パリへの旅は文化に触れることであり歓びをたしかなものにすることを意味した。

モンパルナスと「狂乱の歳月」

移民たちは「狂乱の歳月」のパリの輝きとモンパルナスの名声に寄与している。しかしこの街区の形成はすでに大戦以前から始まっており、分析に値する。つまり一つの街区が形成され、そこに独自の個性が付与されていくメカニズムを知るうえで格好の事例となる。再び世紀初頭に立ち返ってみよう[61]。1900年当時、モンパルナスはまだ一つの街区を形成してはいなかった。このパリ南部の地域は農村的特質を残していたが、そうした事情から19世紀に建立された一教会が「ノートル＝ダム＝デ＝シャン」〔Notre-Dame-des-Champs：Champsは田園の意。〕と名づけられる。かつてこの一帯には、天文台を包み込むようにリュクサンブールのシャトーの広大な庭が広がっており、1815年には復古王政がネー元帥〔Ney, Michel (1769-1815)：ロシア遠征で功を挙げモスコヴァ公となる。〕を密かに処刑する場所に選ぶほど著しく市街から孤立していた。モンパルナス大通りの南

側、14区に属する地域は、20世紀初頭でも、小麦畑、牧場、大農場、無数の厩舎、倉庫などとともに依然として驚くほどに農村的な空間を形成していた。他方、6区に属する北側の地域にはもっと多くの建物がたち、職人世帯やブルジョワたちが暮らし、すでに画家たちも住んでいる。ただし彼らは陽の当たるところにいるもったいぶった「大時代の作風」を特色とする画家たちだった。また街区の静謐さやカルチエ・ラタンに近いことに魅力を感じたソルボンヌの教授たちもいた。全体として、のどかで人里離れたような場所だった。数多くの宗教施設とそれに付属する壁で囲んだ広大な庭、また一般にカトリックであったが、ときにプロテスタントもしくは宗教から自由な（一例としてアルザス学校［École alsacienne］）、しかし常にブルジョワ階級を対象にした私立学校が立地していた。モンパルナスの静けさはこうした状況やパリの南端というその位置による。だが、そうした事情が少し先で全く反対の結果をもたらすことになる。つまりモンパルナス墓地をパリの市域の外側におくために、徴税請負人の壁が建設されていた。その結果、市門が近く、入市税を負担せずに酒が飲める居酒屋やガンゲットが、18世紀末以降、ゲテ街で大いに繁盛することになる。こうして、そこにレストラン、ビストロ、劇場、ダンスホールが一体となって、有名だがあまり評判の良くない歓楽街が形成された。北側のアサス街に沿った静かでブルジョワ的な街区、南側のゲテ街にはカフェ・コンセールのある歓楽街、そして大通り沿いには半ば農村的で地価の安い広大な空間の混在。1900年のモンパルナスは一体感を欠いていた。やがて最初の中心がクロズリ・デ・リラとともにポール・ロワイヤルの四辻に花開く。学生たちや芸術家らにとって、その魅力は、向かい側のダンスホール、ビュリエ（Bullier）の輝きによって一層大きなものとなっていた。カルチエ・ラタンを抜けた位置にあり、エコール街の雑踏から離れていたクロズリは詩人たちを魅了し、20世紀初頭、文学者たちの拠点になる。モレアス ［Moréas, Jean (1856-1910)：ギリシャ生まれの詩人。］、次いでポール・フォール ［Fort, Paul (1872-1960)：詩人。アポリネールらを育てた「詩王」。］ が常連となる。ビュリエとクロズリは19世紀初頭から知られてはいた。しかし、人々がカルチエ・ラタンと田園との接点といえるような場所により静かな会合の場所を見出すには、パリの成長が必要だったのである。1910年、モンパルナスは、作家たちが集うクロズリにあった。

1911年、ラスパイユ大通りが開通する。モンパルナス大通りとヴォージラール

街とを結ぶべくオスマンによって計画されたものの、50年を経て実現したこの大通りは、ヴァヴァンの四辻に新しい重要性を付与し、街区に大きな変化をもたらした。同じ頃、画家たちが、あまりにも有名になり観光地化したモンマルトルを離れ始めていた。かつて田園とほどほどの家賃の住宅を求めたクールベを、次いで印象派の画家たちをモンマルトルの丘に導いた力と同じものが、今度は画家たちをモンパルナスに引き寄せる。彼らは、駅の裏手、モンパルナスからいくらか離れた隣接地といった感のプレザンス、モンスリ、ヴォージラールといった街区に質素ではあるが極めて低廉な家賃の住宅を見出すことができた。1905年、一人の篤志家が市域の境界、ダンツッヒ街に沿った土地を安く取得し、ここに、万国博覧会で残された建造物を活用して芸術家たちの拠点を創った。それがリューシュ（Ruche：蜂の巣）である。安く賃貸された150ものアトリエが画家たちをそっくり受け入れ、彼らは夜毎モンパルナスに集まったのだった。ついにはゲテ街のミュージック・ホールや劇場の影響力がヴァヴァンの四辻にまで達する。こうした展開は、当時、アポリネール［Apollinaire, Guillaume (1880-1918)：現代詩の開拓者。］やマックス・ジャコブ［Jacob, Max (1876-1944)：キュービズムを代表する詩人の一人。］といった文学者、ピカソのような画家、あるいはザッキン［Zadkine, Ossip (1890-1967)：アフリカ彫刻とキュービズムの影響を受けたロシア出身の彫刻家。］のような彫刻家を互いに結んでいた親密な関係によってさらに促される。カフェの存在はそうした彼らの親交を一層深める場となった。例えば主にドイツ人たちが通った「ル・ドーム」、なかんずく「ラ・ロトンド」（そのオーナーであったリビオン〈Libion〉は無一文の画家たちを迎え入れ、彼らがクロワッサンを盗むようなときは目を閉じる術を知っていた）が中心的な役割を果たしていた。女たち、作家、画家あるいはモデルたち、彼らは、社会道徳の弛緩もあり、40年前の印象派のクラブでの位置と比べてはるかに重要で中心的な位置を占めていた。キキ（Kiki）という人物はその一例である。活発で自由なこの女性はモンパルナスの著名人の大半と知己であり、その愛、妬み、争い、和解によって、他の多くの人々とともにヴァヴァンの四辻のクラブの隆盛に貢献した。1912年以後、アポリネールの主宰する雑誌『パリの夜』（Les Soirées de Paris）は、モンパルナスにおけるさまざまな芸術のありようを総合的に最もよく表現している。また首都の文化的威信に魅了されたスカンジナヴィア人およびドイツ人の同郷グループが、20世紀初頭からモンパルナスに移住して

第3章 光の都市 (1890-1930)

いた。これに、宗教的迫害と人種差別によって追われた多くの東欧出身のユダヤ人芸術家が加わる。つまりモンパルナスは、ヨーロッパで頭角をあらわしつつあると者と見なされていた知識人と芸術家すべてが集まる場所だった。モンパルナスのカフェを頻繁に訪れていたソヴィエト共産党のロシア人（レーニンは伝えられるほどではなかったが、トロツキーは間違いなくもっと頻繁だった）は、1917年以後、白系ロシア人に取って代わられる。こうしてスーチン、シャガール、モジリアニ……らの外国人画家とともにエコール・ド・パリが形成される。とはいえ、モンパルナスのクラブはもっと大きかった。フジタのような画家、ブランクーシ、次いでカルダーのような彫刻家、詩人や小説家（エズラ・パウンド、ヘミングウェイ、ミラーなど）たちが、それを世界的な規模にまで成長させたのである。

　第一次世界大戦はこのすべてを変えてしまった。1920年以降、最も有名な画家たちはモンパルナスを離れていった。その大半は成功を収め旅立つ資力を有していたからである。アポリネール、モジリアニ、パスキンはこの世を去っていた。しかし逆に、ゲテ街の影響力は強まり、「狂乱の歳月」の最中、モンパルナスは歓楽の中心になる。1923年、「ラ・ロトンド」のオーナーが変わり内装が一新される。新しいオーナーは貧しい画家たちを追い出し、ブルジョワ層を引きつけようとした。同じ年に創業した「ル・ジョッキィ」はすぐに夜の中心の一つになる。一晩中店を開けている「ル・セレクト」（1924年創業）や、エドガー・キネ大通りに店を開けた売春宿「ル・スフィンクス」も同様であった。後者は豪華さと凝った店づくりで神話となる。1927年には「ラ・クーポール」が創業した。少し前まで、それはモンパルナスの象徴であったが、反面、この街区の輝かしい日々の終焉を告げていた。1929年の危機がヴァヴァンの四辻の飛躍的な発展を打ち砕き、第二次世界大戦の終結に至るまで続くゆっくりとした凋落が始まった。

　モンパルナスの飛躍的な発展と変容は、一つの街区が弁証法的といえるような道筋を辿ってどのように変化しうるかということを示している。アンフェール門に近く、パリの周縁にあったことは、19世紀末の静かな生活の主たる背景であったが、同時に、ゲテ街の夜の喧騒と1900年頃の「ラ・クロズリ」方面への知識人の移動の要因でもあった。さまざまな芸術のかたちを融合させた前衛芸術の試み、

モンマルトルの急速な衰退、ラスパイユ大通りの開通などが、あれほど多くの、かつ多彩な芸術家がヴァヴァンの四辻に引き寄せられた理由を説明してくれる。こうした芸術家の成功それ自体と街区のいや増す名声が第一次世界大戦後の不可抗的な変容を導いた。三つの主要な要因が変化を決定づけたように思われる。第一はヨーロッパのあらゆる地域からやってきたさまざまな習俗と文化的背景をもつ住民たちの親交と極めて頻繁な接触である（クレスペルは、しばしば自分自身も移民であった画家たちが絵のモデルとした女たちのなかに、いまだ家父長制をとる家族と暮らすナポリ出身の娘たちが数多くいたと指摘している）。関連して、物的環境、歴史、社会的実態において互いに異なる街区の間での接触も重要である。ちなみにブルジョワ的なアサス街にはカルチエ・ラタンの知的伝統が、またポール・ロワイヤルの四辻にはいまだ田園的な雰囲気があり、プレザンスには貧しい街区が、ゲテ街には悪童たちが集まっていた。第二の要因として社会的移動の重要性があると思われる。つまりラ・クロズリの知識人たちは少しずつヴァヴァンの四辻を訪れるようになり、ゲテ街の影響も徐々にモンパルナス大通り方面へと拡大する。モンマルトルの画家たちも左岸へと移ってきた。強烈な個性を有するこの街区の漸次的形成は、ヴァヴァンの四辻という同じ場所で、かつ望ましい時期に、異なるさまざまな動きが合流したことの帰結である。第三の最も重要な条件は自由であると考えられる（移動、移住、思想の自由、習俗の自由など）。こうした自由のもとにはじめて多様な男女のカップルが生まれ、分かれ、また新たに結びつくことが可能になったが、その際には18世紀のサロン同様、20世紀において人々が集う場となったカフェが重要な役割を担っている。住居に要する負担が小さかったことによる経済的自由も大きく、そのことによって駆け出しの芸術家もパリに暮らすことができた。モンパルナスは、ときに相入れないような諸条件が幸運にも時宜に適うかたちで出会う場を生み出した。このことは、今日、危機にある新都市や郊外で中心市街地の形成と活性化に従事する都市整備担当者、つまり20世紀初頭には「ユルバニスト」（都市計画家）と呼ばれ始めていた人々が改めて熟考しなければならない点である。この呼称は、半世紀に渡る深刻な住宅危機が顕在化するのと同時期に生まれた。

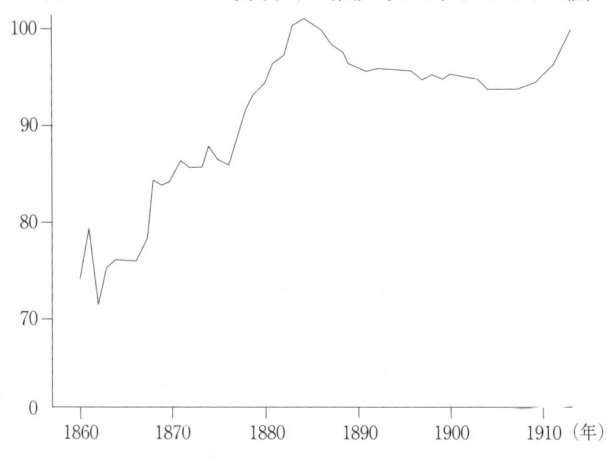

図20 パリにおける家賃水準の推移（1913年を100とした値）

住宅危機と都市計画の始まり

　市場に対抗するというよりもむしろこれに追従したオスマンは、労働者向け住宅の建設を全く考えていなかった。しかし労働者数は、賃貸住宅の供給数よりも速いスピードで増加した。低水準にあった家賃は1860年から1900年の間に倍になる（図20）。加えて、新たな需要はより高い住宅の質を求めるようになり、それがより大きなコストに結果した。他方、投資家たちは不動産をなおざりにしていた。1880年におけるパリの平均的な家賃収入は、1戸当り年6,000フランであったが、その額は街区によって大きく異なる[62]。8万4,000棟の建物のうち4万5,000棟では、1戸当りの収入が3,000フランに達しなかった。高額家賃（1万フラン超）の建物の半数以上（1,834棟のうち987棟）が8区に立地していた。ジャン・バスティエ[63]は、パリ近郊での戸建て住宅の家賃が、1885年から1910年にかけて、400から500金フランであったものが700から800金フランへと上昇し、1910年から1914年にかけてさらに10％上昇したと指摘している。たしかに1890年まで、経済的危機が家賃の上昇を抑制していた。しかしこの時期以降は、供給が需要に追いついていない以上、より急速な上昇しかなかった。ちなみに、1890年から1901年にかけて、家賃500フラン以下の住宅が9万戸建設されたが、これに

図21　パリにおける空き家数

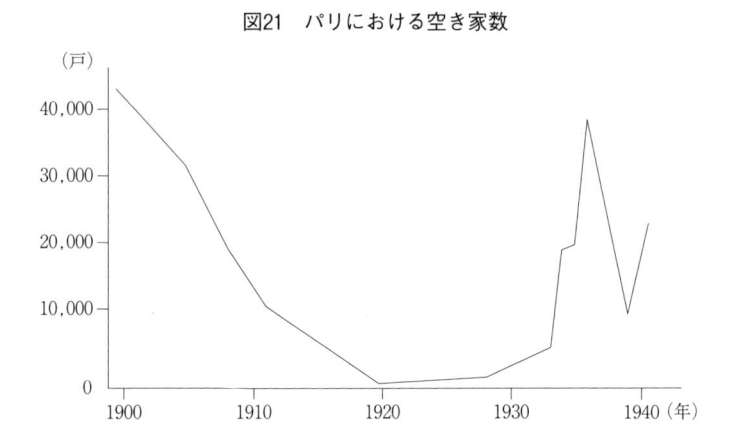

(戸)

続く時期（1900年から1911年）での建設は5万戸にすぎない。危機のたしかな指標である空家数は、1899年4万2,000戸、1906年3万1,000戸、1908年2万1,000戸、1911年には1万800戸と、急速に減少した（図21）。

さて1901年に制度化された新しい税制度は、動産に比べ（地租の2.5％）、不動産に対してはるかに重くのしかかることになる。フランスにおいて、不動産所有者の課税対象収入はおよそ6億3,300万フランだったが[64]、彼らはその24％をすでに租税として負担していた。新制度はこの税負担を29％にまで引き上げた。抵当権の設定された負債を控除するならば、不動産所有者の負担は収入の43％近くに達した。従来フランスのブルジョワは、金融機関の助言のもとに、何よりもまず投資の安全性を求めてきた。すなわち彼らは、慧眼にも、確定利付証券、とくにツァーリ（ロシア皇帝）の体制のごとく堅固な政治体制にある国家の国債を購入してきた。結果、世界第2の投資先であるパリは不動産のための資金を欠くことになる。とりわけ第一次世界大戦に先立つ数年間、パリは深刻な住宅危機を経験する。地方に比べてはるかに重症な人口過剰にパリはあえいでいたのだった。ベルティヨンは1911年の国勢調査を手掛かりに表4のような評価を試みている[65]。

このように、パリ住民の半数近くが居住空間の不足状態にあった。つまりパリには5万戸の住宅が不足していた。より急速な人口増を経験していた郊外の状況

はさらにひどいものだった。こうしたなかで民衆向け安宿や家具付き賃貸住宅が増加していく。

世論はこうした状況に不安を感じていた。大ブルジョワ層は、フランスの実証主義者の伝統に従っ

表4　1人当り居室面積に基づくパリ都市圏の住宅分類

(単位：人)

過剰群居（1/2部屋以下／人）	234,000	8.4%
狭小（1/2-1部屋／人）	968,000	34.5%
適当（1部屋／人）	836,000	29.8%
充分（1-2部屋／人）	467,000	16.7%
余裕（2部屋以上／人）	297,000	10.6%

て、現代都市に関する調査研究機関を設立すべく結集する。具体的には、第二帝政初期に建設されたミュルーズの労働者住宅の先例から大きな影響を受けたジュール・シグフリード（Jules Siegfried）、禁酒同盟会長で元ル・アーブル市長のエミール・シェイソン（Émile Cheysson）、そしてシャンブラン伯（Comte de Chambrun）らが、1894年11月、「ミュゼ・ソシアル」を設立した。この組織は大きな成功を収めた。つまり討論会を企画し、外国調査のための資金を提供するとともに、多様な都市問題を把握するために分業化した専門担当組織を編成し、「都市計画」（urbanisme）という理念、「都市の計画的整備」（une planification de la ville）という理念の明確化に、他のいかなる機関よりも貢献した。主たる研究の場は、言うまでもなくパリであった。シグフリードの主導のもと、1889年の万国博覧会の折には、パビリオンの一つが社会経済学と労働者住宅というテーマにあてられていた。そうした活動から1890年には、「フランス低廉住宅協会」（Société française d'habitation à bon marché）が創設される。HBM（低廉住宅）の財源確保は、シグフリード法（1894年11月30日）によって幾分は容易にはなっている。つまりこの法律はHBM向けの不動産投資に対して減税措置を講ずるとともに、慈善団体の参加を認めている。また受益者は所有者ではなく、自らの賃金や労働で生活する人々でなければならなかった。1897年、「家主会議」（Congrès de la propriété bâtie）は、労働者の家賃負担軽減を企図した基金の設立を提案する。それは借家人と所有者の双方の負担を原資とし、窮乏する借家人に代わって家賃を収める仕組みになっていた。パリの大衆小説もこうした社会状況をすばやくキャッチしているが、それは状況がいかに危機的であったか、その深刻さを物語っている。例えばFantômasの魅惑的な女主人、ベルタム夫人は、こうした事業の会計係という設定である。

彼女は、貧しく子沢山の世帯、労働者、また病人に対する援助を目的とする、富裕な上流階級の女性たちからなる慈善団体の会員だった。この慈善団体は貧しい人々の家賃を、その一部ではあったが負担していた。会員はそれぞれ自分の善意を示すために、それなりの額を寄付しなければならなかった。夫人は、昼間、家賃を渡したり、寄付金を受け取ったりといった仕事をしたが、あとは何もすることがなく、翌日は、家賃の受領証を家主に届けに行った[66]。

　こうしたなか、ストロース法（la loi Strauss：1906年4月12日の法律）はHBM協会の資金調達を改善しようとする。つまり各市町村、県、貯金供託金庫（Caisse des dépots）がHBMに融資できるようになったが、なされた融資はパリでさえ小規模にとどまる。他方、リボ法（la loi Ribot）は、当時大きな社会不安を惹起していた農村人口の大量流出に歯止めをかけるために、農民を農村に引き止めようとの策にでた。つまり、この法律によれば、労働者は有利な融資を受けて（国は3.5％で借りていた原資を貸付金利2％で融資することに同意した）土地を購入し、建物は後日に建設するという権利を有することになる。議会は、未曾有の危機に具体的行動をとることを余儀なくされた。労働者世帯は、借家人組合を設立していたジョルジュ・コション（Georges Cochon）なる人物をリーダーとしてパリの街頭を行進し、なべをたたきながらあまりにも高い家賃に抗議した。この事件は「聖ポリカルプ（Polycarpe）の騒擾」[67]と呼ばれている。1912年、国会議員らはボヌベイ報告（Bonnevay）を審議するが、これは最終的に一本の法律に結実した（1912年12月23日）。それは田園都市（cités-jardins）の建設ならびに、住居と商業（résidences et commerces）との用途の混合を認め、HBMに関するシグフリード法の規定をさらに拡充し、低廉住宅公社（offices publics）が創設された。大戦によって遅れるが、こうした組織が戦間期に低廉住宅を建設していった。ちなみに1920年から1939年にかけて、パリの低廉住宅公社（OPHBM）は2万2,000戸の住宅を供給する。

　労働者のための住宅は、ただ単に供給量が少なく家賃が高かっただけでなく、

不衛生でもあった。19世紀半ば以降、知識人たちはパリの住居の不衛生に関心を寄せてきた。実際、彼らは、そこに住みながらも、どちらかといえば家賃の高さに苦しんでいた労働者自身よりも事態を憂慮していた。世紀の変わり目、結核菌を特定したコッホ［Koch, Robert（1843-1910）: ドイツの細菌学者。］の業績とともに、この病が都市を壊滅させる真の要因と認識される。また1893年には建物を対象とする「衛生記録」（le casier sanitaire）保管制度がつくられ、建物の衛生状態の定期的な記録が義務づけられた。抜本的対策を欠いたなかで、それは最初の一歩としての意義を有していた[68]。1905年には、アンブロワーズ・ランデュ（Ambroise Rendu）の長年の運動の結果として、パリ市当局は「不衛生地区」（îlots insalubres）の存在を認める（とくにアルシおよびモベールの古くからの街区で）。しかし市はそれらの衛生状態を改善する具体的方策を欠いていた。すでに1886年以来、都市の公衆衛生の改善を企図したシグフリード法案が提案されてはいた。しかし、喫緊の課題であることを認識しない農村選出議員の多数から拒絶され、再検討され、長きにわたって修正を施され、ようやく1902年に至って成立したのである。法律は、1872年のイギリス法の主要な規定を30年遅れて採用していた。しかしそれはムラン法（1850年）制定以来初めての、フランスの都市の衛生を確保するために採択された重要な法的手段だったのである。とはいえ、さまざまな思想の変化が都市整備の領域にも何がしかの影響を及ぼし始めていた。1902年から1903年にかけて、建築家と不動産所有者の圧力のもとに新しい建設法典がまとめられる。具体的には建物の高度を増すことが許され、1900年の万博後、シャン・ド・マルスの両側での画地整備に際して過度に利用された。高度規制の緩和への批判、シャン・ド・マルスの狭隘化への批判が相俟って、1904年には法典改正の要求がでる[69]。他方、私的利益を主張する側も、なかんずく首都パリへの不動産投資を保護するために結束し、ウジェーヌ・エナール（Eugène Hénard）を代表として「新パリ協会」（Société du Nouveau Paris, 1903）を設立するが、郊外はまたもや無視された。郊外はすでに大きく成長し、首都を取り囲む景観は損なわれていた。1901年、急進派の国会議員、シャルル・ボーキエ（Charles Bauquier）は、パリで「フランス景観保護協会」を設立する。とくに大ブルジョワの関心を集めたこの協会は、1837年の法律が歴史的記念碑をランク付けしどうにか保護していたように、

景観をランク付けし保護するような法律を制定しようというボーキエの努力を後押ししている。ただしボーキエ法（1906年4月21日）には罰則規定がほとんどなく実効性はなかった。

　景観に対する新たな配慮、衛生の重視、急速な成長を遂げつつある郊外への不安、これらすべてが緑地空間へと人々の関心を引き寄せるようになった。1902年、パリ市議会が入市税の負担を軽減する目的から、庭園および菜園への新税を可決した際にはすでに抗議が殺到している。新税は私的所有にある大邸宅の庭園や大規模な資産を対象とするものだ、といった欺瞞的な説明では、批判を和らげるに充分ではなかった。時代は変化していたのである。つまり相互に非常に異なった運動が緑地空間を保護し拡大しようと力を合わせていた。その一つ、ルミール神父［Lemire, Jules Auguste（1853-1928）：キリスト教民主党の代議士として活躍した。］の提唱した労働者の菜園は、家族の一体感を維持するとともに、彼らが必要とする食料を低コストで生産することによって、行きすぎた商業システムから、より一般的には都市の悪弊から労働者を守ることを目的としている。言い換えれば、身体的健康よりも、首都の悪徳から開放された精神的健康が一層重要になっていた。この運動は、1903年、パリで会議を開催している。今ひとつ、全く異なる運動として、ジョルジュ・ブノワ＝レビ（Georges Benoit-Lévy）を牽引力とする「フランス田園都市協会」（Association des cités-jardins de France, 1903）の運動がある。この運動は、家族の自律（autonomie des familles）を一層強調するとともに、必ずやプラスになる自然とのふれあいを主張しつつ、相当にイギリス的な思想をフランスに普及しようと試みていた。1904年以降、ブノワ＝レビの著作はとくに知識人に影響を与えている。ただし一般大衆には多くの読者を獲得できなかったことがうかがわれる。政治の世界においても影響力をもたなかった。より深く社会に浸透し、すぐれてフランス的と思われる第三の運動は、肥沃で聡明な農村を、近代的で行きすぎており常軌を逸した都市に対比させることによって、大地への回帰を推奨するものだった。言い換えれば、アウグストスの時代の「農民はもし自分の幸福を知っていたとしたら最高に幸福であろう」という田園礼賛から、フランスの地方に小名望家をつくろうとする主張への奇妙な転換である。しかしながら、それは、ヴィシー体制まで、さらには今日まで続くフランスの政策の底流を成す一貫した傾向の特徴をよく示

している。この牧歌的なビジョンを称揚したのがジュール・メリーヌ〔Méline, Jules (1835-1925)：農相、首相を経験する保護貿易主義者。〕だった。彼は、その名を冠する農民の利益を重視した一連の保護主義的法律によって第三共和政の歴史に名を刻んでいる(70)。こうしたさまざまな運動は、パリの場合、城壁（ティエールの城壁）周辺の整備をめぐる議論に収斂する。それは最終的に40年もの歳月を要する課題となった。例外的なことは、パリ市と、辣腕のセーヌ県知事、ジュスタン・ド・セルヴ（Justin de Selves）の代表する国との関係が悪くなかったという点である。そうしたなか、エナールは、グリーン・ベルトの建設を提案した（1903年）。彼はここでも郊外を棚上げし、パリへの肺臓の付与という観点からしか城壁周辺の整備を構想していない(71)。1905年以降、議論は発展し、1908年には、ミュゼ・ソシアルのなかに「都市と農村の衛生に関する研究部門」が生まれる。言い換えれば、環境やエコロジーといった問題を、こうした言葉が今日有するような意味で議論し始めたのである。1907年7月、ジュール・シグフリードがパリの城壁周辺整備のための法案を提出した。これを受けて内務大臣のもとに設置された中央整備委員会が、幹線道路軸の設定、緑地空間の整備、国有林の保全を内容とし、併せて不動産所有者による公衆衛生規則の遵守を求めたパリ拡張計画を策定することになる。同時にこの委員会は、パリの市域を越えて、城壁の10km先のエリアをも検討の対象とした。まさにシグフリードの法案は現代都市計画の基礎を成すものだった。しかし一般の市民はこれに関心を示さず、国会議員たちも同様だった。国とパリ市は城壁整備のコストに難癖をつけて折り合うことができなかった。一方で、ボーキエが幾分内容を異にする法案を提出する（1909年1月）。それは人口1万人以上の都市に「拡張・美化計画」の策定を義務づけるものだった。しかし、このボーキエの法案ならびにシュナル（Chenal）の手になる第三の案も、ともに同じ無関心に晒される。こうしたなか、コルニュデ（Cornudet）が、賞賛すべき忍耐心をもって、シグフリード、シュナル、ボーキエらによる3案を一つの総合的な法案に取りまとめ、1914年6月、改めて国民議会に提出した。国民議会は1915年にこれを可決したが、上院が1918年まで棚上げする。結局、コルニュデ法は、1919年2月に公布された。両院における主要な論点は、主として景観美の保全のあり方であり、副次的には緑地空間の保全だった。交通渋滞と住宅危機というパリの二つ

の深刻な都市問題に、国会議員は何ら関心をもたなかったのである。とわいえ、シグフリード法はフランスにおける最初の重要な都市計画法となった。3年以内の開発・美化・拡張計画の準備をはじめ、街路、緑地空間、公共建造物の管理、衛生規則の遵守の監督および上下水道の管理を都市に義務づけたのである。ただこの法律はそれらに要する財源についても、不動産所有者に対する強制手段についても何も規定していない。シグフリードが導入しようと期待していた公用収用という手段は厳しく遠ざけられていた。強制手段を奪われた法律は、いうなれば施行されないも同様の結果となった。拡大しつつあるパリ郊外の整備に基本的な役割を担いえたであろうが。

パリ市議会は城壁の周辺整備の検討を継続していた。そこには600haもの演習場と、一般の建設を制限した700haの行政地役（公益地益）対象地がまたとない整備の場として広がっていたのだった。最も積極的な議員の一人であったルイ・ドーセ（Louis Dausset）は、1908年、城壁を取り壊し、その跡地に、住宅で縁取られ、外側をグリーンベルトで囲まれた環状大通りを建設する案を提起する。市議会はこの案をあまりに野心的と見なす一方、城壁の取り壊しが入市税の徴収を妨げ、同時に郊外へのパリジャンの転出を促すものであると彼を非難した。それは「パリの地価は暴落しないのか」という懸念の表明だった。そこでドーセは、グリーンベルトに沿って、夜間照明つきの巡回道路を取りつけることを提案する。……しかし、パリ整備の必要性はますます大きくなっているように感じられていた。1910年、ドーセは郊外をも取り込むパリ拡張計画の策定を示唆する。この案は全く斬新で、ほとんど革命的といってもよい。これを受けて、1911年、セーヌ県知事は「パリ拡張委員会」を設置し、1913年にはこの委員会において整備すべき道路および緑地空間に関する計画を含む優れた報告書がまとめられた[72]。緑地空間は、新公園の開設、とくに士官学校（エコール・ミリテール）周辺に予定された新公園によって、そしてなによりも演習場に計画された幅350m、長さ34kmのリング状のグリーンベルトによって、223haから333haへと拡大することが予定された。さらに城壁の先に独立して設置されていた要塞（forts）と各要塞を囲む行政地役をも活用し、その跡地におよそ50haに渡って再度植林を施すこと、また同様にノジャン（Nogent）とオベルヴィリエ（Aubervilliers）の

間に、1,400haの面積をカバーする長さ17kmの緑道の建設が可能とみられた。全体で、委員会は、演習場（zone）に600haの庭園、北東部に1,400haのグリーンベルト、コロンブ（Colombes）およびティエ（Thiais）に1,650haの二つの緑道、さらに12カ所の公園の開設を見込んでいた。最終的に、既存の2,500haの緑地に加え、4,320haの緑地空間が新たに整備される計画だった。ロンドンにおける住民1人当りの公園面積が5.5m^{2}でしかなかったのに対し、これは、パリジャンおよび郊外居住者に、1人当り16m^{2}の緑地を確保する規模に相当した。計画内容は壮大かつ実現可能なものだった。反面、それがさまざまな利害と衝突したために、委員会メンバーはその必要性を明確にしたいと感じる。委員会は、かつて入市税の壁（徴税請負人の壁）の先に広がる一定地域での建築行為を許した1847年のオルドナンス（行政命令）を慨嘆しつつ、次のように主張した。

> 現在の城壁の撤去にあたっては、同じ過ちを犯すことはないだろう。……今度は、これほどの豊かさを無駄にはしない。パリ市と国との間で一つの契約が締結された。あとは国会の承認を待つだけである[73]。

戦争、それ以上に、無関心と腐敗がいつのものように相俟って委員会の希望を打ち砕く。グリーンベルト構想は忘れ去られた。この計画の放棄は、間違いなく、パリの都市計画における最大の汚点の一つである。結果、野放しにされた開発業者が一帯を蚕食し、すっかり建物で覆ってしまった[74]。たしかに大戦後、住宅難に対する彌縫策として、計画を再度取り上げて演習場の4分の1を住宅建設用地として留保することを決定した法律（1919年）がある。つまりすべてが失われてしまったわけではなかったが、行政は逡巡していた。一帯でパリ市の公有地を不法に占拠する人々の組織による懇願と脅迫が続き、ついに一般の無関心のなかで、城壁外の土地を格下げして建築可能とする法律が可決された（1926年8月4日）。1m^{2}当り10フラン程度だった地価は数百フランへと跳ね上がり、パリ市は、いくつかの小公園や必要な道路を建設すべく、ごく小さな一片の土地を買い戻すために巨額のコストを負担しなければならなくなった。それはかつて市当局の手中にありながら、いとも簡単に放棄された土地だった。地価の高騰は次第に公用

収用を困難にする。死産となったグリーンベルトに工場や大規模な建物が合法的に建設されていく。やがてラファイ（Lafay）法（1953年2月7日）がこうした美しい夢に最終的に止めを刺した。ノジャンからオベルヴィリエにかけて、公園に沿って17km続くはずだった堂々とした緑道もひそかに画地され、建物が建設されている。人はしばしばパリの人口密度の高さを指摘してこれを慨嘆する。しかし、パリの都市空間にゆとりを持たせることを可能にしたであろう、この容易に実現できたはずの計画が、戦間期、怠慢と腐敗が重なるなかで、人々の無関心のもとにひそかに握りつぶされ放棄されたことをたいていの場合忘れている。

しかしながら、都市整備に向けた努力がなされなかったわけではない。1903年、マルセル・ポエット（Marcel Poëte）はコレージュ・ド・フランスにおいてパリ史に関する講義を始めている。H. G. ウェルズ（H. G. Wells）の空想科学小説、あるいはむしろ空想政治小説ともいえる作品も、1904年から1910年にかけてフランス語に翻訳され、大都市の未来の姿に人々の注目を集めた。また1911年にはフランス都市計画家協会（Société française des urbanistes）が設立される（「ユルバニスト」という言葉自体は1910年にフランスに生まれている）。実際、傑出した世界的都市計画家の幾人かはフランス人だった（エナール、トニー・ガルニエ、ジョスリ、プロなど）。彼らは皆外国で活躍していた。しかし公権力の怠慢、重大な都市問題への政府の無関心がフランスのすべての大都市、とりわけ住宅難と交通の麻痺の最中にあっても都市圏としての成長を続けるパリの足かせとなっていた。開明的な大ブルジョワ、数多くの民間団体（アソシアシオン）の努力、最も目にあまる法律の不備を埋めようとしたさまざまな法案は、その都度、都市の諸問題を考えようともしなければ、パリのために税金を使おうとも思わない下院の、また、主として農村部を代表する上院の、無関心というよりはむしろ敵対的な姿勢とぶつかっている。そこでは私的所有権の保護が久しく主要な関心事であったがゆえに、首都は必要な手段をいつも欠いていた。1914年当時、パリは世界の大都市に比べて30年遅れていた。都市整備の一大中心地はドイツに移っていた。隣接する国々の首都に比して、これほど重大で緩慢な対応や遅滞、1930年の大不況まで深刻になる一方の遅滞がなぜ生じたのか[75]。最も明白な要因は法的枠組みの不備にある。シグフリードのような先駆者たちが提出した法案は、その大半

が、言い逃れ、躊躇、修正に数年も費やされたのち、その後にようやく可決され法律のかたちになっていった。非常に有効と思われる法案を流産させるべく、これをあえて白日のもとに晒して攻撃するために両院が広く用いた手法は、一つの検討委員会を立ち上げて、会期の終了まで際限なく法案の提出を引き延ばすというものだった。新議会の選挙となれば、すでに提出をみている法案は自動的に廃案となり、すべてをやり直すことになる。とはいえ、都市整備の努力が水泡に帰すようにするための最良の手法は、法案が予め予定していたあらゆる法的拘束力を剥奪することにある。可決された法律の規定はこれを冒しても罰せられず、ただ単に忘却の対象となる。つまり大半の法律は充分な罰則規定を欠いていたがゆえに実効性をもたなかった。例えば、コルニュデ法（1919年）は、整備計画および具体的な事業計画の策定を開発業者に義務づけるとともに、建築許可の申請、売却対象画地の接道義務を課していたが、法案審議の過程ですべての罰則規定を奪われていたために、骨抜きにされた。このように執拗に続けられ効果を発揮した妨害については、これまで充分に研究されていないが、下院議員たち、そして彼ら以上に執念深い上院議員たちの責任が問われよう。では、これほどに都市計画に関連する法律からあらゆる実効性を奪おうとするのはなぜなのか。圧力団体の行動を推測できるし、腐敗も稀ではなかったと想像できる。しかし、最も説得力のある説明はほかに求めるべきであろう。すなわちパリの利害と農村の利害との対立である。郊外に流入する移住民の人口圧力、パリ地域圏の深刻な住宅難、「赤いベルト地帯」での新産業の飛躍的発展、地価の急激な高騰、問題それ自体の重大さ、こうした要因のすべてが、断固とした法制度、厳格な規制、抑止的な罰則がパリに必要であることを物語っていた。反対に農村では、人口圧力は比較にならないほど弱く、むしろ小さくなる傾向にあった。建物のある土地よりも農地のほうが重要であり、さまざまな規制はパリに比べて正当化されにくく、また容易には受け入れられなかった。またパリ周辺の土地は資本主義の市場で取引される財産であり、市場がその価値を決定した。しかし農村における土地は、その市場価値やそこからの利益とは同じ尺度では測れない非常に重い感傷的な価値を帯びていた。全面的な都市化の渦中にあるパリ郊外の必要を満たすような法律を、眠り込んでいるような地方の小さな町の利害と対立することなく制定することは

困難だった。

　パリの都市計画の遅滞については、良識を無視した法案を起草する凡庸な議会に今ひとつの理由を求めるべきであろう。理由はいかなるものであれ（性急、無能力、打算的な悪意など）、驚くべき不備が投機家たちに法の盲点を突くことを許した。彼らがそこに集中するのは必至だった。かくして1902年から1924年の間、開発者たちは惜しむべき法の空隙を利用している。ちなみに1902年の法律は、おそらくは、また従前同様、パリ周辺では必要な法的拘束力から地方を自由にするために、人口２万人以上のコミューンにおいてしか建築許可の申請を求めていない。パリ郊外の小規模コミューンでは、20年間、交通手段を確保することもインフラ整備をすることもなく土地を区画して売却することが合法だった。土地の購入者は役場に出向き、道路の建設や下水道の敷設、上水道や電力供給の整備を要求しなければならなかった。それらに要するコストは小規模コミューンが負担するにはあまりに重かった。法の放任主義（laxisme）はすでに一定の整備をおえた古い町では容認されたとしても、パリ郊外においては惨憺たる結果を招いている。当時は、質素で小さな戸建て住宅が立ち並ぶような郊外の無秩序な「不良画地」（mal-lotis）が華盛りだった。その数があまりに多かったために、当初は狭い意味で用いられたこの言葉も普通に使用される表現となる。パリ地域圏の住宅難の極めて深刻なさまはこれまでに見てきたとおりであるが、そのことはまた、開発者がなぜインフラの整わない画地をそれほどやすやすと売却できたのかを説明してくれる。

　法律の不備による整備の遅延と住宅難は1914年段階ですでに非常に深刻だった。国際的紛争はその1914年に勃発する。それは危機の深刻度をさらに深めるだけだった。８月２日、動員令が発令され、その翌日には、法律によって家賃の支払いを３カ月猶予するモラトリアムが借家人に認められた。つまり戦争は短期間で収束するものと考えられていたのである。しかし1916年２月、モラトリアムは更新される。今度は家主たちが納税を拒否する。政府は、総額10億金フランと見込まれる未払い分を、「勝利のあとに」弁済することを約束しなければならなくなった。しかしこの約束は反故にされた。モラトリアムは３カ月ごとに1918年まで延期されたのである。

休戦協定の締結後も、フランスの世論は、その指導者たちと同様、人的また物的損失の甚大さをよく理解していなかった。およそ10年間、フランス人は「以前のような状態に戻れる」というユートピア的な夢を抱いていた。しかしながら、戦争にはらった犠牲は計り知れないものだった。アルフレッド・ソーヴィは、軍人の死亡（戦死者は130万人）に、民間人の死亡率上昇（20万人）および出生率の低下（140万人の減少）を加味し、人的損失をおよそ300万人と試算している(76)。かくしてフランスは、550億金フランを失い、同盟国に対して180億金フラン以上もの負債を抱えなければならなかった。多くの死者を出したことで、フランス国民の高齢化も急激に進行した（60歳以上の国民は13.5％となった。対してドイツとイギリスは9％、ロシアとアメリカ合衆国は7％だった）。他方で、100万人の国民に住宅を与えなければならなかった。国家に占める首都の役割は著しく大きくなっている。第一次世界大戦はフランスの経済と社会を大きく変化させた。農村は過疎化が進みパリ以上に急速に高齢化していったが、パリへの移住者は依然多かった。兵隊や労働者が軍需産業で働くようになったことの影響は、農村部出身の新兵らが文字どおり大量に殺戮されたことでさらに強まっていた。フランスは全体で、1913年における男子の労働人口の9.9％を戦死者および行方不明者として失っていたが、分野別に見れば輸送部門では8.2％、工業部門で8.8％にとどまっていた（動員兵士のうち、その多くが後衛で軍需物資の生産に従事していた）。しかし農業部門は10％を失っている。こうしてフランスの農村は、前線での戦死と大都市とりわけパリへの移住という二重に重なる要因によって若者を失っていた。実際、軍需産業は主にパリ地域圏に立地していた。こうした立地の選択は奇妙に見えるかもしれない。しかし、前線を突破して首都パリの城壁に再度接近した1918年春のドイツ軍の猛攻を思えば、これはフランスの参謀本部が無謀と見えるような確信をもっていたことを示していた。新しい機械工業（トラック、戦車、飛行機、大砲など）は熟練労働者を必要としていたが、彼らは主にパリにいたからである。物資をすばやく大量生産する必要性が、なかんずく郊外への工業の集中を促した。政府は「戦争を進め」、代償を惜しまなかった。戦争は、パリに大規模なかたちで機械工業を引き寄せる。ちなみに自動車工業で働くフランスの労働者数は1914年の10万8,000人から1932年には128万人に増加した。国防上の需要

がビランクールのルノーやジャベルのシトロエンを小規模な機械工場から現代的な大工場へと変容させたのだった。そうした発展はホチキス（hotchkiss：機関銃の巨大製造メーカー）、サルムソン（Salmson：ルノー社に近いポワン・デュ・ジュールにあった航空機製造メーカー）、パナール（Panhard：軍用車輛メーカー）、その他の多くの企業にも有益だった。たしかにリヨンでもベルリエ（Berliet）が軍需の恩恵に与ったが、首都パリが最も大きな部分を引き受けている。パリを中心とする鉄道網も非常に重要な役割をになった。このように、危険なほどに前線が近かったにもかかわらず、あらゆる条件が戦争遂行の営みの主要部分を首都に集中させるのに寄与している。1920年代、首都機能は著しく強化された。セーヌ県議会はその進歩と必要性を自覚していた。つまり1919年、野心的な大パリ（Grand Paris）整備計画を準備するが、そこには郊外のよく整備された工業地帯、三つの新都市（シャンブルシィ、ラ・クールヌーヴ、ランジス）、そして首都圏高速鉄道網の建設・建設が予定されていた。すなわちこの計画は、1960年代末に第五共和政政府によって実現される事業を40年も先取りする内容だった。だが、イギリスやスウェーデンの経験に触発された注目すべきこの計画は、必要な予算をセーヌ県に認めることを拒んだ上院の反対にあって挫折する。農村が首都に優位していたのだった。今ひとつ、アンドレ・シトロエンの手になる高速道路構想も同様の運命を辿る。

　住宅難は、主にパリ都市圏において、動員されていた兵士の帰還とともに抜き差しならない問題となった。しかし、直ちに不動産への投資を大々的に進める必要がありながら、インフレが国民の貯蓄をすっかり奪い、家賃凍結も貯蓄を不動産投資から遠ざけた。まずは貯蓄家が置かれた条件の変化を考察しよう。彼らの投資先は金利の変化に応じて一つの対象から別な対象へと変化しえたのだから。戦争に要した費用はあまりにも巨額で、政府は休戦協定締結後、三つの選択肢のなかから対応策を選択しなければならなかった。第一は戦争による損失への補償と戦時中に借り入れた借入金、とくに国防債の償還を誠実に成すことである。この選択では、およそ550億金フランの負担、つまり1913年当時の国民所得の15カ月分に相当する負担が経済に重くのしかかり[77]、過去の負債の清算のために未来を犠牲にすることになろう。第二は、破産を宣言し約束を反故にすることであ

る。これは、当時であればなおのこと容認し難い選択だった。第三の選択は、平価切下げのうえで負債をきちんと返済することである。この選択は、実際のところ第一の選択と同じ結果になるにしても、国民にははるかに受け入れやすいものだった。マキャヴェリズムによるというよりも、おそらくは弱さと無知によって、政府は最良の策と思われる第三の選択肢を選んだ、あるいはむしろこれを選ばざるをえなかった。なぜならそれが未来に過度の負担を求めないものだったからである。しかしそれはまた、すでに資産を失っていた貯蓄者を破産させることでもあった。もっともその資産は戦争の犠牲となった数百万の命とくらべればとるに足らないものだったが。アルフレッド・ソーヴィ[78]は、1928年時点での地方公共団体の債権者の損失を約1兆フラン（1928年の国民所得の3年4カ月分に相当）、国債所有者の損失を約370億フラン（国民所得の1.5カ月分に相当）と、最終的に見積もっている。1913年から1929年の間、私的財産の価値は平均して2分の1以下になった。社債や有価証券、抵当権など確定利付証券は最大の損失を被っている。それらの流通は減り、その価値はそれ自体として価値を下げた通貨によって表現されていた。1926年6月、有価証券は1913年当時の価値の90％を失っていたのである。最も驚くべきことは、インフレによって当然に資産価値が再評価された株式が、全く理に反して価値を下げていたことだった。当時の世論は依然信じられないほどに大きく変動する通貨価値に呆然とするほどだった。とくに大戦前に小ブルジョワが買い求めた外債の保有者も、1926年には資産の4分の3を失っていた。

　実物財産（インフレ期は不動産への投資を有利にする）を所有していた不動産所有者はこのような相場の暴落を免れるはずだった。しかし家賃凍結策が彼らをも完全に破産に追い込んだ[79]。1918年の3月9日の法律はモラトリアムを延長すると同時に、1914年以前に建設された住居用、企業用、店舗用建物のすべてに適用範囲を拡大した。さらに所有者に対しては家賃の値上げ、契約の解消、借家人の追い立てを禁じた。しかし多くの家賃が不法に値上げされていた。これに対し、借家人連盟（Union confédérale des locataires）は家賃凍結の継続を要求するためにパリの街頭で大規模なデモを組織する（1919年6月29日）。このように家賃の統制が始まるが、これがその後30年間続き、住宅建設を事実上ストップさ

せ不動産の維持さえも困難にするばかりか、住宅難を本当の破局（カタストロフ）へと変質させるのである。法定家賃は「1914年8月1日に支払い期限の設定されている」家賃に固定されていた。したがって1919年の家賃は宣戦布告のときと同じ水準のままであったが、フランがその価値の3分の2をすでに失っていたのだった。不動産からの収益は、モラトリアムの対象が徐々に拡大され、ついには戦間期に建設された建物を等しく対象とするに及んでますます目減りしていった。1922年のみ、建物の維持費への充当を目的に家賃の5％の値上げが可能となる（3月31日の法律）。しかしその場合も1914年の家賃の5％ということだった。1914年以降物価はすでに3倍になっており、この値上げ分で維持費をまかなえるか否か疑問が残る。1911年から1913年にかけてすでに縮小していた純所得、つまりこのことは大戦前に住宅難がすでに深刻化しつつあったことを物語っているが、それはなお3分の1に止まっていた。こうした状況のなか、不動産所有者らが新規の契約を拒むようになっていたために、1923年の法律は新規の契約の際に、租税の負担増、金利および維持費を考慮して家賃を引き上げることを認めた。ただし上限は家賃の75％とされた。同時に複数の法律が現居住者（借家人）の継続居住をさらに容易にする。例えば大戦前に結ばれた長期契約（9年以上）はけっして再評価の対象とはならなかった。1925年における実質的な価値でみた場合、家賃収益は1913年の5分の1（21％）に落ちている。また法律（1925年6月6日）によって、家賃の75％分の再評価が認められる。結果、1913年の家賃を100としたとき、21-36の引き上げが認められることになるが、それでも当初の価値の3分の1にすぎない。次いで1927年から1931年の間に期限の切れる契約については100％の値上げを条件に更新することが可能となった（1926年4月1日の法律）。つまり1913年に100であった家賃は19まで落ちていたが、これを38まで再評価しうることになる。民間資本はもはや不動産投資に何ら関心を持たず、政府予算も厳しいなかで、郊外は投機家たちに委ねられた。

　状況があまりに深刻なために、国会はついに、より実効性のある法律の制定を余儀なくされた。つまり1924年から1928年にかけての数年が転換期となる。不良画地に対する不満の声は政治家を不安にするほどに大きくなっていた。新法（1924年）は、新規の画地分譲について、その計画案を市町村当局に提出するこ

とを開発者に義務づけるとともに、県レベルの委員会の許可がおりるまではいかなる土地の売却も禁じた。また、難しい選挙の後、過去の誤りを正すために、サロ法が制定され (la loi Sarraut, 1928)、1924年法以前に着手された不良画地の再整備とともに、未整備のままの道路の建設や上水道網・電気の供給網の整備を命じた。こうした整備は1933年頃まで続けられる。他方、パリ地域圏整備の必要性の認識から「パリ地域圏総合整備開発中央委員会」(Comité supérieur d'aménagement et d'organisation générale de la région parisienne) が設置される (1928年3月24日のデクレ)。このCSAOGRPより簡潔にしばしばCSARPと呼ばれるこの委員会の使命は、内務省に設置されていることにもよく伺われるように、経済的あるいは社会的というよりも政治的なものだった。委員数は84名を下らず、そのことが委員会の弱体化の要因ともなったが、1919年法および1924年法の適用状況を監視することを役割とした。委員会は、マルサス主義的な立場から、パリ地域圏の発展のための整備方策を考えるよりは、むしろ人口膨張の抑制を主に考えていた。少ない予算、それ以上に果敢に対応しようとする姿勢の欠落が、オスマンによる改造のような大々的な都市改造の構想を許さなかった。まさにこうした時期の1927年、ル・コルビュジエはパリ中心部をそっくり取り壊し、そこに注意深く配置された高層建築の森を建設することを提案する。しかしこの極端な構想を実現しようと考える者は誰一人としていなかった。建築家が有名になる実現手段をもたない時代だったのである。

　復興は1928年にはほぼ成し遂げられた。結果、住宅問題は解決の端緒が開かれるが、不幸にも突然に終わりを迎えることになる。この時期の住宅政策を振り返るならば、大胆な構想に熱心な政治家で支持を得ていた（細心にして剛胆な政治家の異名があった）ルーシュール [Loucheur, Louis (1872-1931)：商相、労働相。] が、1921年12月以後、野心的なプロジェクトを提案していた。彼は10年間で50万戸の住宅の建設を考えていた。狭小な土地と住宅でも侵すことができないものとなろう。建設に要する国の負担は年2億5,000万フランと見積もられた。パリ郊外はこうした住宅のうちの大部分の建設予定地だった。郊外人口は急速に膨張していたが、フランスの総人口は横ばいだった。1926年の人口調査は首都の住宅供給政策の緊急度を物語っている。ちなみにパリジャン4人のうち1人が1部屋の半分ほどのスペースに暮

らしていた。また32万人がガルニ（家具つきの民衆向け安宿）で生活している。これは1912年に比べて10万人の増加であった。さらに結核が街で猛威を振るった。一例として、パリ４区では１年に人口10万人に対して4,200人の死者を出している。1928年７月13日、ルーシュール法がついに可決された。法律は５年間にフランス全体で20万戸の低廉住宅（HBM）および６万戸の平均的家賃の住宅の建設を予定していた。同時に、建物の建設コストに対する下限および家賃に関する上限を課し、衛生確保のための基本原則の遵守を求めていた。しかし計画はあまりに消極的だった。パリ地域圏だけで20万戸の住宅が不足していたからである。さらにHBMは「主として自らの給与で生計をたてている、ほとんど資産を持たない者」に対象を限定していた。つまり職人たちがフランス社会から消えており、工場労働者や下級職員が最も多い存在だった。法律は不動産融資の驚異的な拡大を惹起する。1927年から1929年の間、フランスにおける預金残高は著しく増大するが、それでも不充分だった。つまり1932年時点の総額は10億フランであったが、開発・建設業者はその２倍を必要としていた。最終的にパリ周辺で５万戸を超える住宅が、フランス全体でおよそ13万戸の住宅が建設された。

かくして1929年、人々は住宅難は解消されると考えることができた。1919年には13まで落ち込んでいたパリの建設指標は[80]、1921年には再び30まで上昇し、1924年から1926年の間に100に達する。復興は終わっていた。大戦後暴落していたフランもポワンカレの政策によって金価値の５分の１で安定していた（1928年）。建設活動もルーシュール法の恩恵を受けて再び活況を呈していた。しかし実際には、パリの都市計画の遅れは深刻だった。開発業者はじわじわと蚕食するように郊外を拡張し、広大な農村空間を貪って、この空間を質素で設備も満足に整っていない安普請の小さな戸建住宅で埋めていった。彼らはパリ周囲に整備される鉄道、郊外線の増加、また産業分散の最初の波を活用していた。ルーシュールの提唱したシテ・ジャルダン（田園都市）の代わりに、粗末な戸建住宅の世界が首都を取り囲む。少なくとも、経済は再び活性化し、社会は平和の訪れとともに繁栄を見出し、パリは世界中から憧れるツーリストを引き寄せていた。あらゆることがほぼ以前と同じように動き始めていた。大恐慌がヨーロッパを襲い、以前にもまして恐ろしい危機のなかに突き落としたのは、まさにそうした時期だった。

注

(1) C. E. Schorske, *Fin de Siècle Vienna*, New York, First Vintage Books, 1961, 序文。

(2) Cf. このテーマについては、M. Daumas [1977] の研究を参照されたい。

(3) L. Figuier の数多くの作品を参照されたい。一例として1862年の作品。また1914年の作品もパリのさまざまな商業施設を数多く紹介しているものとして興味深い。Ch. Prochasson [1991] も参照されたい。

(4) 1903年から1909年にかけて公刊された8巻の作品ならびに1909年のプロジェクトを参照されたい。それらについてはP. W. Wolf [1968] において優れた分析がなされている。

(5) Cf. A. Robida [1881, 1888, 1896]. なかでも1883年に公刊された、1953年のパリを描いた魅力的な空想図。

(6) T. Moilin [1869].

(7) "Quand tout le monde aura des ailes"（「みんなが翼を持つとき」）、*Lectures pour tous*, 1909, pp. 205-215.

(8) Cf. Schuré のヒットしたテクスト、*Les Grands Initiés*, 1889 ならびに Huysmans, Maeterlinck, Conan Doyle らの作品を参照されたい。

(9) Cf. M. Rébérioux, *La République radicale, 1898-1914*, Paris, Éd. du Seuil, p. 88 以下、p. 143 以下を参照されたい。

(10) R. Shattuck, *The Banquet years*, New York, Random House, 1968.

(11) Cf. *Les Concours de façades de la Ville de Paris, 1898-1905*, Paris, s. d., in-4°.

(12) Cf. 作者不詳の作品だが、*Hector Guimard et l'Art nouveau*, 1990 を参照されたい。

(13) Cf. C. Sitte [1889] ならびにそのフランス語版（1902年）、さらに les Collins [1965] の優れた研究を参照されたい。

(14) Cf. C. Sitte [1889], p. 100 以下を参照されたい。

(15) *Ibid.*, 補遺、p. 210.

(16) 主要な作品として、J. Bastié [1965]、L. Lagarrigue [1956] がある。ほかに M. Chassaigne [1912], R. Clozier [1940], G. Day [1947] を参照されたい。

(17) Cf. P. A. Ponson du Terrail, *Rocambole*, IV, *Le Club des Valets de coeur*, Verviers, Gerard, 1962.

(18) R.-H. Guerrand [1986].

(19) J. Hervieu [1908].

(20) 一つはブーローニュの森から、エトワール広場、グラン・ブールヴァールを経てヴァンセンヌの森に至るルートである。今ひとつはレ・アール（中央市場）を

起点にセバストポル大通りを通って北方面に向かうルートである。さらにサン＝ミシェル大通りとクリュニイを通って、モンルージュとオーステルリッツ駅を結ぶルートがある。委員会は各鉄道駅に向かう支線を増やすこと、技術上可能になり次第、セーヌ川の下を通るようにサン＝ミシェル大通りとセバストポル大通りとを結ぶことを勧告している。

(21) Dupuis, Nibart et Vauraillon (1886).
(22) Jullien, Fournier, Broca, Lartigue らによる計画。
(23) Mareschal による計画。
(24) Cf. A. Dumas [1901].
(25) L. Marsillon et al. [1886].
(26) Villain, Dufresne らの計画、Cotard, Sautereau らの計画。
(27) Cf. A. Dumas [1901], p. 14.
(28) *Ibid*.
(29) *Lectures pour tous* [1909], p. 209 以下。
(30) J. Bastié [1965].
(31) Cf. G. Cadoux [1900].
(32) Cf. F. Galtier [1901].
(33) Commission d'extension de Paris, 1913, p. 125.
(34) F. Galtier [1901].
(35) Breley の試算によれば、4人家族の労働者世帯が負担する入市税は、平均負担額（238フラン）を下回る150フラン（年）でしかない。逆に、入市税があるゆえに、労働者はいわば、公的扶助（1人当り50フラン）、低家賃の場合の動産税の減税、無償の初等教育（子ども1人当り130フラン）を受けることができる。差し引き、労働者は得ているのだ、と彼は結論づける。F. Galtier, [1901] における引用。
(36) P. Souvestre et M. Allain [1961], *Les Amours d'un prince*, p. 342.
(37) 引用は、*Lectures pour tous* [1907], pp. 265-271 所収のこのタイトルをもつ論文からのものである。
(38) J. Durieu [1910] の興味深い分析を参照されたい。また J. Bastié [1965], M. Philipponneau [1956] も参照されたい。
(39) J. Durieu [1910], p. 333.
(40) *Ibid*., p. 393.
(41) *Ibid*., p. 282以下。
(42) Cf. J. Bastié [1965] は基本文献である。
(43) J. Hillairet et D. Poisson [1956].
(44) A. Sutcliffe [1981], p. 162.

(45) Cf. *Le Parisien chez lui*（作者不祥）[1976], M.-C. Bancquart [1979], R. Burnand [1951] を参照されたい。この時代をイメージさせてくれる文学作品として、Ch.-L. Philippe [1905], A. Billy [1951], F. Carco [1954] などがある。1912年から1914年にかけて刊行された、読み手を夢中にさせる恐ろしい亡霊（Fantomas）物語も忘れてはならない。P. Souvestre et M. Allain [1961].

(46) S. Zweig, *Le Monde d'hier*, Belfond, 1982, p. 157.

(47) T. Loua [1882].

(48) M. Proust, *A la recherche du temps perdu*, Gallimard, t. I, pp. 220-221.

(49) J.-P. Aron [1980].

(50) P. Souvestre et M. Allain [1961] 所収の *Les Amours d'un prince* を参照されたい。

(51) André Lorrain の代表的かつ独特な作品、Pierre Louÿs の魅力的な作品、あるいは Huysmans の凝った小説は、1900年のパリの魅力についてかなり的を射たイメージをつくることを可能にしてくれる。

(52) G. Feydeau の未完の戯曲、*On va faire la cocotte* を参照されたい。

(53) G. Feydeau の *Séance du nuit* (1897).

(54) P. Souvestre et M. Allain, 1961, *Un roi prisonnier de Fantômas*, p. 11.

(55) Cf. P. Drachline et C. Petit-Castelli, 1990, また Jacques Becker の映画、*Casque d'or* (1952). を参照されたい。

(56) *Lectures pour tous*, 1912, pp. 303-312.

(57) 本書で参考にした D. J. Olsen [1986] は優れた作品である。前掲の C. E. Schorske, *Fin du Siècle Vienna* も基本文献である。ほかに、E. Nielsen (ed.), *Focus on Vienna 1900*, Munich, W. Fink Verlag, 1982, vol. 4 および S. Toulmin et al., *Wittgenstein's Vienna*. R. Musil, *L'Homme sans qualités*, Paris. Éd. du Seuil, 1979 にはカカニア（Kakania）の首都の見事な絵画が収められている。V. Tissot [1878] も併せて参照されたい。

(58) R. Musil, L'Homme sans qualité. *op., cit.*

(59) Général Lanrezac, *Le Plan de campagne français*, Paris, Payot, 1920.

(60) Von Kuhl, *La Campagne de la Marne en 1914*, Paris, Payot, 1927, p. 190.

(61) Cf. J.-P. Crespelle [1976] ならびに B. Klüver et J. Martin [1989] の素晴らしい図版入りの作品を参照されたい。

(62) Cf. T. Loua [1880].

(63) J. Bastié [1965].

(64) Cf. F. Galtier [1901].

(65) J. Bertillon [1912].

(66) P. Souvestre et M. Allain [1961], *La Livrée du crime*, p. 67.
(67) J. Bastié [1965].
(68) Cf. P. Juillerat [1906a, 1906b] の研究、ならびに P. Juillerat et A. Filassier [1916] を参照されたい。
(69) A. Sutcliffe [1981] の優れた研究を参照されたい。
(70) J. Méline [1905].
(71) E. Hénard [1909].
(72) この委員会の報告書は主としてマルセル・ポエットの筆になるもので、パリの成長の歴史を簡潔にかつ見事にまとめている。Cf. Commission d'extension de Paris, 1913.
(73) *Ibid.*, p. 95.
(74) Cf. Boyer, R. Franc [1971], pp. 137-144 にも同様の指摘がある。
(75) Cf. P. Merlin [1982a] および J. Vaujour [1970].
(76) 本文では次の優れた作品を参考にした。Alfred Sauvy, *Histoire économique de la France entre les deux guerres*, Paris, Fayard, 1965, 3 vol.
(77) *Ibid.*, vol. 1, p. 31.
(78) *Ibid.*, vol. 1, p. 291 以下。
(79) Cf. F. Marnata [1961].
(80) 同書。また後掲の図23（p. 245）を参照されたい。ここでは1913年の水準を100としている。

第4章　優柔不断と漠とした意思（1929-1952）

　ソーヴィは1930年代を総括して次のように指摘する。

　　著しく低い水準にまで落ち込んだ投資、古めかしく旧式化する施設とくに住宅、60％を超える貨幣価値の低下、物価上昇にあえぐ金利生活者や年金生活者、財政破綻、金保有高の7％縮小、高齢化、出生の低下など、状況は大半の項目において芳しくない。……停滞するこの8年間を、フランス人はその時点よりものちになって苦しむことになる。……その根本的な要因であった無知とマルサス主義は、どちらも、他から孤立するなかで国民に支持され、あるいは了解されていた[1]。

　1930年以後、フランスは惨憺たる8年間ののち、6年に及ぶ戦争と占領、さらにおよそ8年にわたる復興の時代を経験した。この20年を超える時間はフランスの首都の歴史においてとりわけ重くのしかかるものだった。相次ぐ政権はさまざまな問題に悲壮な挑戦を試みるが、古風な手法ではそうした問題を克服できなかった。他方、世論は、ベル・エポックの時代、また通貨が安定しフランスが農村中心であった時代のように理屈っぽく、欺瞞的な「良識」を賞賛し、自ら打開しようと臨んだ難題をマルサス主義的政策に与することによってさらに深刻にした。フランスにおいて最も近代化の進んだエリアであり最も急速に発展していたパリ地域圏は、発展にブレーキをかけ富の生産を制限しようとするこうした非論理的試みに、ほかのどこよりも苦しんでいた。なぜなら全般的な投資の停滞が成長の真っ只中にあった首都にほか以上に打撃を与えていたからである。加えて、モラルの名のもと、経済的発展に等しく背を向けた歴代政権のとった政策が、国を疲弊させていた経済問題に重なっていたからである。

全く新しい情勢

　ヨーロッパ社会は大戦がもたらしたさまざまな変化の大きさを充分に理解していなかった。相対的にみて最も疲弊しかつ高齢化していたフランスは変化への対応に依然として非常に苦しんでいた。1928年、国民は安定と繁栄の回復を信じていたが、大恐慌が世界経済を襲い、2年後にはフランス経済を混乱に陥れた。ヨーロッパは戦争へと突っ走っていった。

戦争の後遺症と大恐慌

　ポワンカレが政権を降りた1929年、フランスはその地位を取り戻したように思われた。つまりシュトレーゼマンの率いるドイツは協定を準備し平和の基礎を固めている。他方フランスの再建も1928年には終わり、フランは安定していた。深刻な住宅難も、ルーシュール法の恩恵を受けて解決の途上にあるものと思われていた。その1年後（1929年11月）、タルデュー〔Tardieu, André (1876-1945)：内相、首相、農相を歴任。〕は道路および住宅建設を重視した施策を含む野心的な整備計画を打ち出した。つまり彼は最初の権利移転の際の不動産税を廃止し、地租に対する減税を認めることで建設業の景気回復を企図していた。また1900年以後パリで顕在化していたものの、ヨーロッパの紛争で棚上げされていた住宅難の解消にも取り組んでいた。しかし、1920年代の狂乱の歳月の幸福感は幻想だった。つまり戦争の影響はまだ一掃されていなかったのである。インフレが1919年から1929年にかけてフランの価値を70％も下げ、その分だけ公的負債の実際の重みを軽減していたにもかかわらず、政府の負債は非常に重くのしかかっていた。1930年当時の予算に占める公債費の割合は、1913年の21％に対し、まだ38％も占めていた。1929年の危機はまずは世界的な物価の下方調整に起因するものだった。世界経済は、非常に大きな圧力に晒されていたポンドが譲歩した1931年、再度活気づいた。つまりロンドンが大幅な平価切下げに踏みきり、金本位制を放棄（1931年9月21日）すると同時に、従前ポンドで評価され名目的な価格に変化のなかった原料価格の過度の低下を促した。和らいだように思われた世界的危機はさらに深刻の度を増して第二次世界大

戦まで続いた。

表5　フランスの生活水準

	1914年	1921年	1931年	賃金／物価 比
賃金水準／日 1)				
パリ	100	342	648	1.121
他都市	100	400	710	1.228
小売価格（フランス）	100	324	578	1

注：1）　Prud'hommes, in Sauvy, *op. cit.*, vol. 1, pp. 501-505.

危機は生産を鈍化させただけではない。それはまた国民の精神を深く揺さぶり、人口的マルサス主義（出生数の制限）が久しく猛威をふるうなかで、フランス社会の一つの基本的傾向である経済的マルサス主義（生産制限政策、すなわち富を破壊しようとする試み）を再び顕在化させる。その最初の試みはすでに1892年、メリーヌ（Méline）の主導による保護主義的法律によって具体化していたが、それらはフランスのすべての政治指導者に共通する目的、つまり農産物の価格維持という目的を有していた。反面、それは都市住民にとって生活費の高騰をもたらすものだった。世紀初頭以来、たしかに生活水準はフランス全体で向上している。しかし賃金の上昇スピードについて言えば、パリのそれは他のフランスの諸都市を幾分下回っていた（表5を参照されたい）。

　1929年から1935年にかけて、危機は最も脆弱な企業を弱体化し、集中を促し、その当然の結果として、現代的で都市的な企業活動、あるいはカルテルによって保護された活動を強化した。反対に、危機は農村を疲弊させた。保護主義が農村を時代遅れの心的傾向（アルカイスム）のなかで眠るままにさせたのだった。ちなみに1911年から1913年にかけての小麦の平均的な生産性は、1 ha 当り13.6キンタル〔およそ120ポンド、100kg相当。〕と、オランダあるいはドイツの半分程度であった。1931年、つまり歴史上他のいかなる時期よりも速い速度で技術革新の進んだ20年を経た後であってもなお、生産量は依然として13.8キンタルにとどまっている。1929年から1935年にかけて、完成品（produits finis）は35％、仕掛品（produits semi-finis）は44％、それぞれ価格を下げ、原料価格（なかでも農産物）は平均52％も下落した。保護主義、戦争による殺戮、高齢化ののち、経済危機はフランスの農村に甚大な被害を与える結果となる。しかし、国のとった政策は、すべて、農村に積極的な近代化の好機を見出したり、農村人口の大量流出、つまり古めかしい産業から飛躍する産業への労働力移動に理解を示すのではなく、繁栄する諸都市とくに

パリにペナルティを与えることによってこの人口流出に歯止めをかけようとしたのだった。

　危機に直面した歴代政権は、適切さを欠き相互に矛盾した政策にうってでている。ジェルマン・マルタン（Germain Martin：1934年4月のフランダン政権）のとったデフレ政策、とりわけラヴァル（Laval：1935年7月、8月、10月）によるデクレが、その主要な帰結として人民戦線の形成を招くことになった。翌1936年6月、左翼は政権に就くと全く異なった政策に着手した。アルフレッド・ソーヴィは1936年から1938年にかけての数年を次のように総括している[(2)]。つまり国内生産は労働時間の短縮を主要因として4％から5％落ちた（同じ時期、ドイツにおける生産は17％増であった）。また価格は跳ね上がり、フランは57％も価値を低下させた。他方、家庭消費はほぼ横ばいだったが、投資は11％近く後退し次の時代に不利な状況を生むことになる。レオン・ブルム［Blum, Léon (1872-1950)：社会党の指導者として下院議員を務め、人民戦線内閣で首相となった。］の善意がその原因なのではない。しかし左翼のとった政策の結果は、その少し前の右翼の政策の帰結同様、惨憺たるものだった。こうした困難な時代のなか、パリは欺瞞的な政策によってカタストロフにまで変質した住宅難にあえぎ、さまざまな脅威の兆しに満ちた社会的分離が次第に強まっていくことに苦しんでいた。

預金危機と住宅難

　パリのような大都市にとって、預金の成長は決定的に重要である。なぜなら、それが民間投資、公共投資の規模を決定するとともに、住宅建設の動向を左右するからである。二度の世界大戦に続く二度の大きなインフレの波は、固定所得（revenu fixe）と位置づけられていた預金に甚大な損害を与え、不動産金融の循環を立ち切ってしまう。加えて、家賃はおよそ50年間凍結され、次いで厳しく統制されてきた。現代フランスが経験したなかで最悪の住宅危機はその帰結だった。たしかにフランス全土が影響を受けている。しかしパリは他のフランスの諸都市に比してはるかに大きな影響を被った。というのも首都はすでに1900年来、深刻の度を増す一方の住宅難に苦しんできたからであり、この半世紀、フランス国内からの移住民や外国からの移民を引き寄せる主要な場所だったからである。都市

第4章　優柔不断と漠とした意思（1929-1952）

圏人口はこの間ずっと規則的に増加したが、その一方で住宅建設のスピードは落ち、ときにストップした。建設はおろか、住宅の維持でさえ同様の状況だった。こうした状況はさらなる詳細な研究に値する目を覆いたくなるような複合的事態である。

インフレーションは金利生活者に大きな損害を与えていた。しかし預金危機はこうした傾向に幾分変化を及ぼし、給与所得者に一層大きな損害を与えた。アルフレッド・ソーヴィは、1930年から1935年の購買力について、給与はその6％を、株式はその3％を失ったが、逆に年金は46％、不動産所得は12％増加したと試算している[3]。とはいえ世界的なデフレーションを背景にするその回復もそれまでの損失を取り戻すにはほど遠く、フランスのインフレーションによってすぐに無に帰する。では不動産からなる資産はどのような変化を経験したのだろうか。これを明らかにすることは非常に困難である。当時、パリの不動産は大地主あるいは不動産資本の手中にあったからである。個人による共同所有という形態はまだほとんど存在しておらず、1920年代末になってようやくわずかに見られるにすぎなかった。厳しく統制された不動産所得は急速に維持費を下回るほどになる。厳格な統制のなかで、大半の住宅の価値はゼロもしくはマイナスとさえ言っていい状況にあった。なぜなら家主が手にする所得では必要経費を捻出できなかったからである。この不条理な条件のなかで不動産の購入に資金を投ずるには未来への賭けが必要であり、家賃はいつか統制から自由になって不動産は再び収入源になるだろうとの期待を前提にしなければならなかった。しかし、果敢にもこの賭けにうってでる人々が出るには数十年待たねばならない。この間建設は振るわず、建物の維持は深刻なほどに無視された。

1929年、家賃の支払猶予（モラトリアム）および立ち退き要求の禁止措置について新たな期間延長が可決された。それは最低水準の家賃を1939年まで引き延ばすことになる。他方、1930年には、古い賃貸借契約について、家賃を150％引き上げることが認められた。つまり1913年時点を100として17にまで落ちていた価値を42まで引き上げることを可能にした。また1931年以降、家主は毎年15％、家賃を引き上げることも可能となった。しかし、1931年から1937年の間、経済危機は実質的な家賃引き上げの実現を阻んでいる。さらに一連のデクレによって、ラ

図22　パリにおける家賃の推移

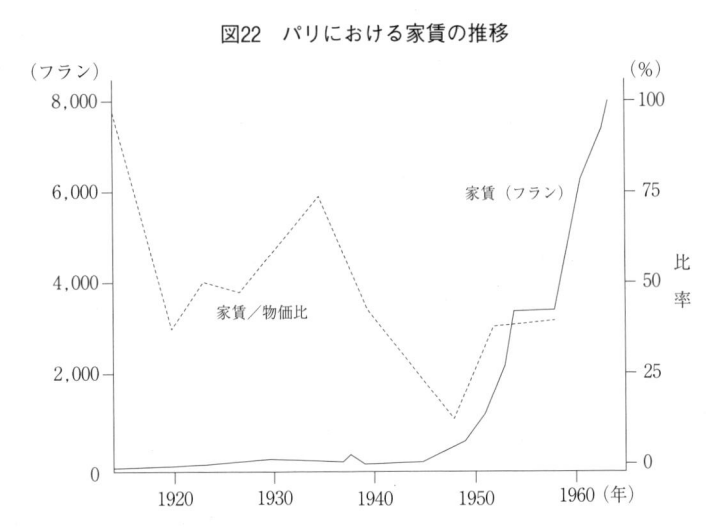

（フラン）　　　　　　　　　　　　　　　　　　　（％）

家賃（フラン）

家賃／物価比

比率

1920　1930　1940　1950　1960（年）

　ヴァルは家賃を強制的に10％引き下げた。また借家人の負担した諸経費は家賃の3分の1を上限としていたが、家賃が人為的に低く抑えられていたために、その費用は家主自ら負担せざるをえなかった。1938年になってもまだ、家賃は1914年時点の2.8倍に制限されている（1937年12月31日の法律）。17にまで下落していた100の家賃は、1930年の法律がすでに設定していた上限の42にまで、再度上昇していた。時価フランで表示すれば（図22）、家賃は1922年まではゆっくりと、1920年代の繁栄の時期にはもう少し早いテンポで、その後戦争までは非常にゆっくりと上昇している。しかしこうした絶対額は深刻なインフレの時期においてはさほど意味をもたない。むしろ小売価格（prix de detail）に対する家賃の割合のほうがより真実を語ってくれる。つまり生活費との相関関係で言えば、第一次世界大戦末期、家賃は1913年時点ですでにその3分の1にまで落ちていた。家賃の価値は不動産投資に充分なかたちで応えるにはすでにあまりに微々たるものとなっていたのである。われわれはすでに（図20）、家賃が目に見えて下がったのち、1913年にかろうじて1885年の水準にまで持ち直したことを確認している。相次ぐ家賃引き上げ措置は、わずかではあるが首都における家賃収入の水準の回復に寄与した。つまり家賃収入は1925年から1928年にかけて再度落ちているが、1934年には

1913年時点の価値の4分の3にまで回復している。しかしその後、人民戦線による三度の平価切下げとダラディエ内閣〔Daladier, Edouard (1884-1970)：急進社会党党首、人民戦線内閣では国防相、その後三度首相を務めた。〕によるさらなる切下げによって不動産所得は粉砕され、戦争を迎えた。相対的な価値からすれば、家賃収入は、1913年3分の1になっていたが、まさにそうした時期に戦争が勃発したのである。戦争とそれに次ぐ復興再建の数年間、家賃は再び統制され、1948年には1913年時点の価値の16％にまで落ち込んだ。しかるに人件費や建設費は生活費よりも速い速度で上昇している。つまり経済的発展が大量生産によって製品価格を引き下げる一方、労働価値を高めていたのだった。1950年代においてもなお非常に職人的な世界であった建設業でも賃金は上昇し、1952年まで続く決定的な建設資材の不足（セメント、レンガ、木材、ガラスなど）がさまざまなコストを一層急速に膨張させた。かくして、戦間期におけるパリの住宅ストックは全く顧みられず、1938年から1950年の間、完全に放置された。住宅ストックは1913年時点ですでに量的に不足していたが、その後40年間、首都への移住民の流れがやむことなくさまざまな需要を膨張させたこと、また質的な面での遅れ（浴室・トイレの不備、なおざりにされたファサードなど）がさらにひどい状態であったことを想起すれば、1950年代のパリの住宅問題の大きさが想像されよう。七月王政のもとでさえ、これほど由々しい事態ではなかった。

　たしかに、住宅建設は大恐慌前夜に再開していた。戦間期の郊外での鉄道路線の拡張は、パリから遠く隔たってはいたものの地価の安い小規模コミューンのアクセスビリティを改善し、駅周辺に開発業者を引き寄せた。こうした動きは、運河や鉄道路線に沿って立地したパリの工場分散の第一波によって加速する。こうして、19世紀末にすでに出現していた「小規模戸建て住宅の世界」が戦間期に広く郊外一帯を覆うことになる。古めかしく安普請でセンスのないこの家並みは、今日でさえ、パリ郊外の大半を特徴づけるものである。過大な需要と家賃統制との板ばさみになった開発業者は最小コストで質素な住宅を建て、住居を求める人々は他に選択肢のないままに競い合ってこれを奪い合ったのである。都市計画規程の欠落は、首都に対する国会議員の、また郊外に対するパリ市当局の伝統的な軽視だけでは説明できない。つまりさまざまな物資の不足が建設コストを引き上げ、すでに不足している住宅の供給をさらに制限することは必至であったであ

ろう。1932年当時、ルーシュール法の恩恵を受けて、およそ4万戸の住宅がパリ地域圏に建設されていた。しかし、1928年に5年の時限立法として施行されたこの法律も、1933年には経済危機の犠牲となって期限延長を認められていない。1934年、窮地に陥った政府は住宅建設を目的としていた融資の大半を廃止した。パリの建設指標は1930年に75程度まで落ち、1932年に93と持ち直したが、1938年には23まで落ち込んでいた(4)。加えて、他のヨーロッパ諸国とは異なって、従業員に住宅を提供する企業はほとんどなかった。ちなみにそうした恩恵を受けていたのはパリ地域圏の50万人の労働者のうち4,000人にすぎない。1934年以降、国民貯蓄金庫の預金引出し額が預金額を上回り、HBM財政は枯渇する。さらに資金の借り手の4分の1が破産していた。つまり、まずまずと言える程度の住宅の確保を主たる目的とした融資制度は充分に機能せず、不充分だった。結局、第二次世界大戦前のフランスでは年に平均9万戸の住宅が建設されたが、ドイツおよびイギリスでは平均20万戸近く建設していた。1913年に9,000戸あったパリの空き家数は1920年にゼロとなったのち、1934年までずっと著しく低い水準にあり、住宅難の重大さを物語っているが、1934年から1938年にかけて3万5,000戸に跳ね上がる（図21を参照されたい）。これが意味することは、立ち退きを要求されない借家人が保護されていることと家賃の相対的な暴落が、家主に賃貸を思いとどまらせたということである。こうしてパリの住宅は、需要が増加する一方で建設数が落ちるという状況にあっただけではなく、あれほど不安を抱えながら人々が求めていた利用可能な住宅が賃貸市場から消えていく、またそうして消えていく数が増していくという事態にあった。低廉住宅（HBM）においてさえ、20万人がパリで家具付き民衆向け安宿（ガルニ）に暮らしていた1934年当時、5戸に1戸は空き家であった。中央政府は、住宅建設を目的に契約された融資の利子の一部を政府負担とすることで、融資にともなう負担を軽減しようとする（1937年8月25日および1938年6月17日のデクレ・ロワ）。具体的には最長15年まで利子の半分を上限とした負担軽減が可能となった。こうした施策は無益ではなかった。しかし具体化された1938年という時期ではあまりに遅きに失したのである。

あまりにも深刻かつ容易に打開しえなかった住宅危機は、首都において次第にはっきりと、西部の「美麗な街区」と、北部、東部および南東部の庶民的街区と

第4章　優柔不断と漠とした意思（1929-1952）　245

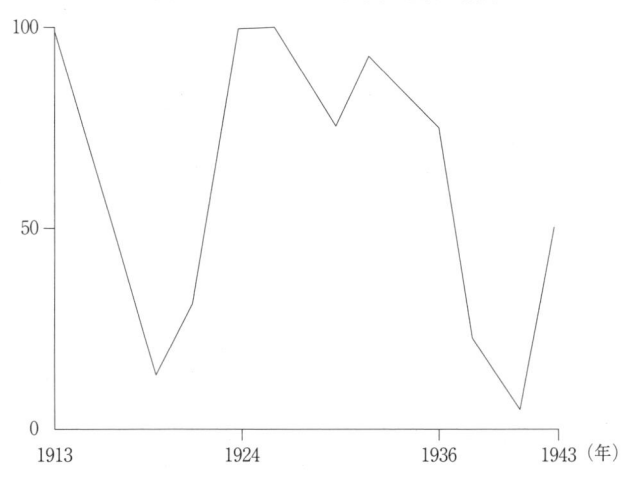

図23　パリにおける新規住宅着工指数

を対立させながら、社会的な分離を強めていった。パリ市とこれを囲んでいる郊外との、またパリ地域圏と地方およびフランスの農村との間も同様だった。かつて、金利生活者は社会的には多様な人々からなる一つの集団をパリに形成していた。富裕な人々もいれば貧しいといっていい人々もいた。しかし彼らには共通する特徴があった。1886年当時、彼らは大半の街区に分散しており、首都に一定の均質性を付与していた（図11を参照されたい）。しかしたび重なるインフレによって財産を失った彼らは、パリの社会構造において、より同質的で同じような年金を受け取っている年金生活者に取って代わられた。彼ら年金生活者はといえば、地域的にはより固まって生活し、そのことが社会的分離の増幅を促す。家賃の統制も同じような結果をもたらした。つまり主に若者、新たにパリに移ってきた移住民、新参者たちの利益に反して、多様な人々が混じり合って暮らすこと（brassage）を制限し、社会的地位の高い人々の居住の継続を保護する結果となった。さらに深刻だったことは、厳しい家賃統制が、よくあるように、違法な慣行を誘発したことである。例えば、家賃の制限を免れるための「賄賂」、いつ部屋が空くのか、空き部屋はないのかを教えてもらおうと住宅への入居希望者がコンシエルジュ（管理人）に渡す「心付け」、要求することができない家賃のほんのわず

かな部分でも取り戻そうと、入居者に擦りきれた絨毯や色あせたカーテンの代価として法外な代金を支払わせた詐欺的な「買い取り」や「権利金」などがある。これらの不正な慣行のすべてが、結果として、契約時に必要な費用を膨らませ、貧しい世帯や若者をパリから駆逐したのだった。たしかに、一度住宅を賃借できたならば、幸運な人々の負担は非常に小さかった（平均して、所得の10％以下だった。隣接するヨーロッパ諸国では住宅に所得の3分の1近くを費やしていた）。しかし入居時の最初の負担がすぐに使える貴重な手元資金を減らし、それがまた社会的分離の遠因になった。最後に、しかるべき口利きを介した希望者にしか空き部屋を提供しないという、人脈や「コネ」が果たした役割を付け加えておこう。50年間、「社会的な」と称される目的をもって家賃統制がしかれたにもかかわらず、こうしたパリの住宅市場のからくりすべてが、首都における社会的分離を深刻にする結果を導いたのである。

　では若者や貧しい世帯、資力のない新住民らはどこへ行ったのだろうか。郊外に、むしろさまざまな郊外に散ったといってよい。なぜなら住宅難があまりに深刻だった結果、相対的に恵まれ交通の便のよいパリ周辺のコミューンと、パリとの間に便利な交通手段がなく孤立したコミューンとの間にも社会的分離現象を誘発していたからである。交通機関への唯一の投資、つまり西部高速道路（autoroute de l'Ouest）とソー線（ligne de Sceaux）の建設が西部および南西部の恵まれた郊外で成されたのは偶然ではない。この数キロの路線を除けば、パリとパリを囲む環状エリア（couronne）との間にも、郊外にも、新たな路線は全く開かれなかった。首都とその周辺部との間で、地価に大きな格差が生じてくるのは、こうした社会資本の未整備の帰結である。そのことがまた新たなかたちで社会的分離を助長した。50年間、交通手段が全くといっていいほどに顧みられなかったこと、社会資本整備への公共投資がなされなかったことが、こうした格差を看過できないものにした。

　パリと郊外との対立は「赤いベルト地帯」（ceinture rouge）の形成に行きつくほどに激化し、この一帯の社会主義者や共産主義者の投票が首都のブルジョワ層を脅かした。つまり1935年の選挙は、あまたの郊外コミューンで共産党に勝利をもたらしている。人々が脅威に感じたこの帯はパリ周辺の大規模工業の成長に

も起因していた。1930年代、たしかに、政府はドイツ軍による不測の攻撃を回避するために航空産業の一部をトゥールーズに分散させていた。とはいえ、今日、驚異的発展を遂げている一産業の背景にあるこの分散も、その影響は第二次世界大戦前はまだ限定的だった。大規模な工業施設、人口の増加、抜き差しならない住宅難、増幅される社会的分離、社会資本への投資の無視、打ち捨てられ無秩序のうちに醜悪な姿を晒して成長する郊外の無残な景観。こうした混乱した動きを組織化し調和させるはずのパリの都市計画はどこに存在していたのだろうか。それは、賞賛すべき少数の先駆者たちの努力のもとに、ようやくわずかにかたちを成し始めたところだった。

パリの都市計画の萌芽

パリの都市空間を合理的に組織化しようとの最初の努力は世紀の変わり目にまで遡ることができる。だがパリ拡張委員会による1913年の提案も戦争の嵐のなかですでに葬りさられていた。1918年以後のインフレの猛威、世界恐慌が惹起した混乱はこれをさらに遅らせる要因となる。

プロ・プラン（1934）

1932年5月14日の法律がついにパリ地域圏の整備計画案の準備を決した。この「地域圏」は距離にしてパリから35km、パリを囲むその一帯を圏域とした。当時の交通手段を用いておよそ1時間で移動できるエリアである。この地域圏は657のコミューンから成り面積にして3,800km^{2}であったが、これは相当な規模だった（とはいえ1960年代のパリ地域圏連合区〈District de Paris〉が1万2,000km^{2}を覆うものであったことも想起されたい）。画期的なことは[5]、この法律がパリ地域圏の整備（1913年のパリ拡張委員会以後とっくに忘れられていた）に再度取り掛かろうとする国の意思を表明したものであること、そして、この地域圏を、社会的・経済的現実への関心をもって、行政上の観点よりも地理的な観点から確定した点にある。法律は2段階の整備計画を打ち出していた。すなわちコミューン段階の計画（plans communaux）とそれらの調整を図った地域圏計画（projet régional）である。第三者への対抗力を有し、公開意見聴取手続（enquêtes publiques）を踏んで策定されるこの地域圏計画は、法律によって承認されることとなっていた。1934年5月14日に提出された最初の地域圏計画が、その主たる責任者の名前から「プロ・プラン」（plan Prost）と呼ばれる。この計画には大別して二つの特質がある。一つは、空地の保全ならびに優れた景観を有する場の保護を目的としたエリア内の未建設ゾーンの管理の重視という特徴である。かくしてパリの市域の8倍に相当する周囲7万5,000haものエリアが保護された。こうした目的から、計画はまた、郊外コミューンをその地域特性や産業に従って線引きすることを提案し、極めて詳細な建築規制ならびに土地利用原則を含んでいた。今ひとつの特質は、このプロ・プランが主として公共交通、なかでも道路網の整備を重視し、パリを中心に放射状に広がる5本の高速道路を構想していた点にある。ピエール・メルランは、高速道路計画だけでこの地域圏計画の半分以上を占めており、公共交通の整備はアリバイにすぎないと指摘する。具体的には、サン＝ジェルマン＝アン＝レ、ボワシー方面へと地下鉄の郊外への延伸が予定され、RER・B線もすでに構想されていた。しかし実際のところ、計画の主眼はパリ地域圏の成長、画地分譲の拡張およびパリの稠密化を制限することにあった。それは郊外を徹底的に無視し、首都の将来的な「美化」、つまり幾分時代遅れの都市計画の可能性の芽を摘まないようにこだわっていた。テクストの主要部分にパリ地域圏の合理的な整備の胎動を認めることはできる。しかしその矛盾のなかに、大掛かりな地域圏計画を初めて準備した過渡期の時代のためらいがよく現れていた。すなわち、本当のところさほど関わりのないパリ市のみを取り上げるのではなく、パリ地域圏全体を取り込んでいたという点で、それは現代的（moderne）だった。だがそれでも、この計画は、従来どおり郊外をやっと存続できる程度のエリアに限定していたのである。また交通機関を最重要視しながらも（19世紀以上に20世紀に特徴的な配慮である）、18世紀の人々が美化に配慮したように、主に景観を保全しようとしている。最も激しい抗議の声はいくつかの郊外コミューンや地主たちからのものだった。彼らは、画地分譲や建設にストップをかけ土地を封鎖しようとする政府の要求をはねつけている。結局、プロ・プランは策定後かなりの時間を経た1939年6月22日のデクレによって承認され、1941年8月24日

の法律によって確定した。

　この計画は1960年に至るまでパリ地域圏の整備計画としては唯一のものだった(6)。しかしパリ郊外のコミューンの長らは、セーヌ県の行政区域は固定的なものではなく都市化した地域とともに成長している、と1936年頃から主張していた。こうしたなか、都市計画についての国レベルの政策を準備しようと、ダラディエ政府およびレイノー政府が崩壊前に成した努力がヴィシー政府に継承される(7)。ペタン元帥を首班とする政府は地域圏整備の計画化（planification régionale）に向けた基礎を築いた。つまり国土整備一般委員会（Délégation générale à l'Équipement）に附属させるかたちでパリ地域圏整備委員会（Commissariat aux travaux de la région parisienne）を設置したこと、とくにフランスにおける都市計画の基礎をなす1943年6月15日の法律の制定が注目される。ヴィシー政府はプロ・プランと、新たにセーヌ県、セーヌ＝エ＝オワーズ県、セーヌ＝エ＝マルヌ県という3県にまたがるより広域的な計画とを調和させようとした。法律はまた、パリ地域圏整備局（Service d'aménagement de la région parisienne：SARP）を、その附属機関としてのパリ地域圏整備諮問委員会（Comité consultatif d'aménagement de la région parisienne：CARP）とともに設置した。ジャン・ヴォージュールの指摘によれば、これらの萌芽的組織はパリの生活条件の改善を目的として設置されたものではなく、むしろ、国民革命（révolution nationale）のイデオロギーに通じ、徹底して反パリの立場をとった地域主義運動の最初の帰結であった。理由はどのようなものであったにせよ、ペタン体制はパリ地域圏の整備に必要な基礎を築くことになる。それはまた第三共和政の怠慢と第四共和政の無関心を一層浮き彫りにする。実際、CARPが練り上げねばならなかったパリ地域圏整備計画（Plan d'aménagement de la région parisienne：PARP）はけっして承認されなかった。繰り返し修正され、戦争によって棚上げされた結果、プロ・プランから1960年に承認されることになるパリ地域圏総合整備開発計画（Plan d'aménagement et d'organisation：PADOG）に至る時期は挫折続きの過渡期でしかなかった。しかもこうした計画の準備には多大な時間を要した。ヨーロッパ史における決定的な時代においてさまざまなことが実に早いスピードで進むなかで、プロ・プランはほとんど具体化されず、より野心的だったPARPも議論の俎上に載せられる

前に陳腐化していった。1946年、SARPが新設の建設・都市計画省の一組織となる。だが第四共和政は、首都圏整備に向けた努力を継続しようとの試みは全くしていない。それどころか、建設・都市計画省のとった政策はすべて、とくに大臣クローディウス=プティ（Claudius-Petit）が主導した政策は、パリを痛めつけ地方を利するものだった。この不作為の目的はおそらく首都における生活条件を困難にして移住民の波が逆転すること、パリが人口を引き寄せる代わりに駆逐することにあったのであろう。

プロ・プランの提案になる交通網、それは、当時アメリカの諸都市に整備されていた交通網と比較した場合はもちろん、ドイツの諸都市の場合と比較した場合でさえすでに不充分なものだった。瀕死の第三共和政はそのほんの一部しか実現していない。具体的には、1939年、サン=レミ=レ=シュヴルーズとリュクサンブールとの間にソー（Sceaux）線が開通する。西高速道路は1941年にようやく開通した。大山鳴動ネズミ一匹。1937年の万国博覧会の折にはシャイヨー宮が完成したが、これは利便性の面からそれまでのトロカデロ宮に取って代わるものだった。メトロの大半の路線は、1890年に採択された方針に従い、依然、パリ市への入り口部分で終わっていた。重度の経済危機、激しい政治的抗争、戦争へと歩を進める憂慮すべき事態は、もっとも善良な人々の心を捉えて離さなかった。

ドイツ占領期のパリ

1940年の5月から6月にかけての大混乱（敗戦）はあまりに短期であったため、無防備都市であることを宣したパリは戦争の災禍に見舞われていない。またドイツ侵攻後、総司令官に任命されたウェイガン将軍（Weygand）が最も気にかけていたことは、侵略者と戦うこと以上に、首都における社会的騒擾を回避することにあった。経験を積んだこうした将軍たちにとって、パリ・コミューンの記憶はまだ生々しかった。しかしそうした危惧にはほとんど根拠がなかった。というのも社会主義者たちは社会的騒擾を興そうとは全く考えていなかったし、共産主義者たちもURSSの同盟軍を失望させるようなことをしようとは全く望んでいなかったからである。こうしてドイツ人たちが占領されたパリにとどまることになる。劇場や映画館は接収され、選別された特定の作品を上演したり、上映した。

第4章　優柔不断と漠とした意思（1929-1952）

多くのレストランがドイツ軍の「兵士の憩いの場」となる。熱狂的な反ユダヤ主義を取っていた占領軍は、一部の道路の名称も変更した。ちなみにペレール大通りは数年間エドゥアール＝ドリュモン大通り（Boulevard Edouard-Drumont）と改称された［第二帝政期のパリ改造で活躍した銀行家ペレール兄弟はユダヤ系であった。］。さらに象徴的なことは、時計をベルリンの時刻に合わせて2時間進めたことである。パリは文字どおりドイツの時間を生きていた(8)。

　戦争によって混乱し、占領軍の徴発によって破産状態となっていた経済のなかで、フランスの大都市および首都は時を経ず最も必要な物資の欠乏に苦しむことになった。物資の配給はなかんずくパリで厳しかった。食料配給証明書による物資ではひと月のうち1週間しかもたなかった。パリジャンへの日々の平均的配給は1日当り850kcalまで落ち込んでいる。1937年当時、首都で12‰であった死亡率は5割も上昇し、1943年には17.8‰に達する(9)。他方、結核患者の数も戦時期に3分の1も増加した。セーヌ県の死亡者総数も24％も増大した。1944年11月、パリの小学校における男子児童の身長は7cmの、女子児童は11cmの成長不足を記録している(10)。結果、人々は闇取引に走らねばならず、そのことが一段と社会的不平等を助長した。それはただ単に一部の人々が急に富んだことによるのではなく（戦後、数多くの小説や映画の題材となった)(11)、食料確保の手段において各世帯間に著しい格差があったことによる。富める世帯は代価を支払うことができた。すぐに利用可能な物を生産している人々も同様であった。つまり戦時においては古くさい取引の形態ではあるが物々交換が再び重要になっていた。タイヤや機械の部品、また衣料品を手に入れることのできた労働者は、容易にこれらを農村で食料品と交換していた。最も苦しんでいた人々は、交換できるものを何一つ持たなかった第三次産業の俸給生活者（事務労働者、公務員など）であり、年金生活者だった。もはや果たすべき役割を何も持たなかった中規模都市を飛び越えて、首都と農村との間に、インフォーマルで秘密のネットワークが徐々に形成されていった。このように戦争の数年間は社会的な大混乱を招いたが、それは単に美麗な街区の富裕層だけを利したのではない。もっと深刻なことは、相対的には豊かな農村の状況と相対立する関係にあったパリジャンの全般的窮乏が、国土解放まで引きずるような農民に対する怨嗟の念を生み出したことにある。実際、

物資の配給は現場現場で拙速になされ、その管理も極めて杜撰だった。

　1941年7月16日、マルセイユから一人の伝令がやってきて、9万6,000トンものありとあらゆる種類の食料品が、長い貯蔵の末に傷み、結局廃棄されたと告げた[12]。

配給は軽視できない不平等を生み、適切な輸送管理ができなかったことによってさらに深刻の度を増した——実際、1944年以降は頻繁に爆撃された——。農民はけっして食料に困ることはなかった。それどころか、彼らにとって戦争の数年間は諸都市と首都に対する大々的な報復の機会となった。

　（1944年の）この夏の間、パリでキロ1,000フランもするバターがル・マンでは30フランである。輸送手段の不足が供給を生産地に限定しているからである。パリの消費者にとって悲惨なこの数週間、クレルモン＝フェラン地方ではあらゆる種類の物資が過剰となり、バター、チーズはカンタル県一帯にストックされている。肉はといえば、農村部のいたるところで、とうとう配給切符なしで配られている[13]。

1942年以後、農村部の諸県は出生数が死亡者数を上回る唯一の例だった。アンリ・アムルーは戦争中、西の諸県では死亡者数が11％も減少したこと、また一般的に、フランス農民の消費カロリー数が増加したこと、さらに1942年1月時点でパリの人口に占める死亡者数が1932年から1938年にかけての平均値を46％も上回ることを指摘している[14]。1世紀前からますます時代遅れになっていくままに放置された農業は、突然、富の主要な源泉になっていた。反対にすべての都市がさまざまな欠乏にさいなまれている。パリはその巨大な市場と富のゆえに闇取引に耐えることができ、またリヨン、マルセイユ、モンプリエといった各地方の中心都市に比べればその苦しみは小さかった。パリジャンは、都市の悲惨と引き換えに農民がもぎ取った利益を誇張したのであろう。だがしかし、全面的にパリを無視したヴィシー体制が農民の優遇を主要な政策にしていただけに、この悲惨な

数年によって、首都とフランスの農村とをすでに分っていた溝がさらに深まったこともたしかである。

　首都は、占領されていたがゆえに、ペタンが被占領地域以外の自由地域に課した国民革命（révolution nationale）を免れた。この新しい政策はその全体がそっくり反都市の性格を帯びていた(15)。国民革命とは、1930年代および1940年代のヨーロッパを支配した権威主義的体制の一翼を担うフランスが選択した政策であり、他国の同種の政策同様、反民主主義的であった。ただしドイツの運動とは異なって、根本的にキリスト教の精神に拠ってたっていた。ロベール・アロンはそこに二つの思想的源泉を見出している。一つはアクシオン・フランセーズであり、今ひとつはキリスト教の人格主義である。アクシオン・フランセーズは地方や職能団体に自治を付与しようとしていたが、この主張はコーポラティズムや極端な地方分権化政策に行きつくものであろう。過度に理想化されたそのモデルは、各種の免税や地方的特権を認められ、固有の議会をもつ旧体制下の「地方」（provinces）にあった。モーラス（Maurras）の運動は、資本主義に起因する権利の平等を拒否し、社会的（各集団にはそれぞれ異なる固有の特権が付与される）かつ空間的に結合された蜂の巣状の国家の再構築を求めていた。それはすなわち、教区、地方、祖国という要素からなる国家だった。このように階層化された空間のなかには、あまりにも急激に成長し、広く外国人と一緒に生産活動を進め、中規模の諸都市や中間的諸団体の頭ごなしにあらゆる地方に直接的影響を及ぼす巨大な首都のための場所は存在しなかった。中央集権や資本主義、また世界主義的な力に対抗したアクシオン・フランセーズは、ある意味で反パリの運動だった。他方、人格主義は集団主義（collectivisme）や国家主導主義に対するキリスト教的な反発であり、ますます私的領域を蚕食しつつある国家なるものに対抗して家族の権利を擁護することを表明していた。人格主義者たちは重要な権利を中間的諸団体に移譲することを求め、スローガンとして、1869年の共和派議会における言説から一つのフレーズを持ち出している。それが「国のものは国に、地方（レジオン）のものは地方（レジオン）に、コミューンのものはコミューンに」というフレーズだった。彼らは地方分権を希求することで、パリの位置づけに関して言えば、異なる方法ではあるが、アクシオン・フランセーズの政策に近いものに

到達していた。国土整備の唱道者であり最も辛辣な反パリ論者であったジャン=フランソワ・グラヴィエは、その風刺的作品において[16]、人格主義者のスローガン、つまり「国のものは……」に立ち返りながら（p. 210）、典型的といえるようなモーラス的思想を展開している。それは、ペタン政府のイデオロギーと、今日に至るまでパリに対する整備方針の基礎を成しているような思想の大部分との間に、強い連続性があることを物語っている。それは極めて興味深い連続性であるが、今日まで全く注目されてこなかったように思われる。

「大地への回帰」(retour à la terre) はヴィシー政府の基本政策の一つであった。それは農村人口の大量流出に歯止めをかけようとする闘いに、祖国の礎であり国民的絆の基礎たる土地への伝統主義的崇拝が合わさってできたものであった。同時にナチスの「血と大地」(Blut und Boden) に近く、自分の内に閉じこもること、外国人とりわけ離郷した民族の原型たるユダヤ人を排斥することを正当化するものだった。

> 私は国民に多くの災禍をもたらしてきた欺瞞を憎んでいる。しかし大地はうそをつかない。大地は国民のよりどころである。大地は祖国そのものである。耕されなくなった農地、それは死んだフランスの一部である。新たに種を蒔かれた休耕地は再生するフランスの一部である[17]。

権力を掌握して10日後、ペタンは農村を新体制の基礎の一つに据えていた。さらにのちの憲法改正案はフランスを純粋に農地に基礎をおいた経済体制に引き戻そうとしている。

> われわれの国の経済は新しい方向づけを経験することになる。フランスは、生産と交換の大陸的なシステムに統合され、しかし自らに有利なかたちで、再び、何よりもまず農業と農民に回帰する[18]。

ナチスが企て、ペタンが受け入れた新しいヨーロッパ秩序のなかで、ドイツは工業生産の大部分を担いその全体的な組織化を統制することになるが、その一方

でフランスは農業生産に閉じこもった。こうした役割分担のなかでパリは急速に衰弱するしか途はなかったであろうし、大地への回帰の主目的の一つはまさにそこにあった。つまり農村人口の大量流出の流れを逆転させ、都市の地獄へと道を誤った農民を田園に帰すことにある。

　都市計画に関する国レベルの政策を整備しようとの崩壊前のダラディエ内閣、レイノー内閣の努力はヴィシー政府に引き継がれたが、その目的は大都市の整備よりもその縮小におかれた[19]。フランスの農民は自分たちの代表を自由に選び、共同体を自ら管理することを認められた唯一の労働者となる。フランスの国家は彼らを信頼し、遠くから間接的にしか統制していない。逆に都市については、これをほとんど信用していなかった。ちなみにコミューンの議員たちは村々で公選されたが、2,000人超の町では任命制によった（1940年11月16日の法律）。かくして、都市部の議員たちは知事の用意した、あるいは大都市の場合は大臣が準備したリストの中から政府によって任命されていた。このリストには必ず大家族の家長と、私的な、一般にはキリスト教会の慈善活動において顕著な働きをしている婦人を含めねばならなかった。ペタン体制は、仮に戦後もなお存続していたとすれば、第三共和政が残してくれていたわずかな自由さえ、間違いなく首都から奪っていたであろう。占領下のパリは、フランスの大半の公的機関の協力を得たナチスによって、より強い拘束力をもって統制されていた。大掛かりなユダヤ人の一斉検挙、なかんずくいわゆる「冬季競輪場」（du Vel' d'Hiv）での検挙もパリの警察によるものであり、その熱意は子供や赤ん坊をも捕らえるほどだった。これはゲシュタポでさえ予期しないことだった[20]。ペタンがヴィシーを首都に選んだ理由の一つは、この湯治場に数多くの居室やアパルトマンを確保できることにあったが、ならばマルセイユのような大都市でも充分な場所を見つけることができたはずである。現実的に説明できる理由以上に、おそらくは都市住民に対する恐怖の念が働いたのであろう。しかし戦時中、そうした恐怖の正当性を裏づけるような根拠は全く見出せない。パニックに陥っていた住民が、それがいかなる権力であれ、自分を安心させてくれることを、確立した権力に求めていたからである。ちなみに1944年4月26日、ペタン元帥は、パリを訪れた際、熱狂的な歓迎を受けた。50万人ものパリジャンが彼を讃え、シュアール枢機卿はノートル゠ダ

ム大聖堂の正門で盛大に彼を歓迎した。その数カ月後、今度はド・ゴール将軍が、同じ枢機卿によってペタンのときと同様にうやうやしく迎えられた。同じように夥しい数の熱烈な群衆が彼を歓呼して迎えたが、その一部は間違いなくペタンを歓迎した人々だった。パリはもはや誰にすがってよいかわからなくなっていた。フランスが解放されたとき、首都は惨めな状態にあった。交通機関の整備の遅れ、住宅危機、郊外の乱開発などが戦前に惹起していたやっかいな都市問題は、戦争、占領と窮乏生活、連合軍の空爆——なかでも郊外の工業地帯や操車場への空爆（ラ・シャペルとヴィルヌーヴ゠サン゠ジョルジュへの大規模な爆撃は一帯を廃墟とした）——、さらに5年間の放置によって深刻の度を極めていた。

パリは焼失しなかった。しかし……

　1944年、アメリカの最高司令官は、パリにとって流血の惨事となるであろう市街戦を回避するために、東へ部隊を展開しつつあった連合軍に首都を迂回させ、これを包み込むような選択をした。たしかにヒトラーは、かつてポーランドでしたように、主だった建物に爆薬をしかけこれを爆破させる命令を下している。しかしドイツ軍将校フォン・コルティッツはこれに従わずパリを救った。そして最後の数日はパリの警察も合流し、またルクレール部隊の迅速な移動に助けられて、レジスタンス（対独抵抗派）の蜂起がパリを解放したのである。首都はフランスの他の諸都市（ブレスト、ロワイヤンなど）や激しい爆撃に見舞われたヨーロッパの大都市（ロッテルダム、ローマ、ミラノ、ロンドン、コベントリーなど）、あるいは徹底的に破壊された都市（ポーランドやロシアあるいはドイツの多くの都市）と比較して、軍事作戦の被害をほとんど被ってはいなかった。しかし、国全体として建築ストックの5分の1が破壊されていた。すなわちフランスは200万戸の住宅不足に陥っていたのである。占領軍のために働いていたパリの工業（機械、電気、なかでも自動車の製造など）も爆撃されていた。第三次産業（各種の商店、銀行、商事会社など）も占領下の不振にあえいでいた。第一次世界大戦終結のときと同様、戦争による損害は破壊された建物が元の姿に忠実に再建されさえすれば、そっくり補償されることが決まった（1946年10月28日の法律）。

だがそれは過去の姿に戻ることであって、国土再編に向けて強力な手法を必要とするような方策ではなかったのである。

　戦争が招いた悲惨は、20世紀初頭以来首都が捨て置かれてきたことによる諸問題ならびに戦間期に進行したフランスの全般的な疲弊に重なることになった。第一次世界大戦で多大な犠牲を払ったフランスは、1930年以降、出生率の低下と著しく高い死亡率に苦しんでいたが、後者は高齢化やアルコール中毒、また結核の深刻化を背景としていた。ちなみに死亡率は、イタリアの14.1‰、ドイツの11.6‰に対して、15.2‰であった。戦争終結と離ればなれになっていた男女の再会ののちに一般的に見られる出生数の急激な伸びには、フランスの場合、目を見張るものがありかつてないほど長期間続いた。ポール・レイノーの家族法典（1939年）がようやく功を奏したことがうかがわれる。1946年の出生数は驚くべきものとなるが（80万人）、1947年および1948年も同様の結果となった。その後、数値は漸減したが、その速度はヨーロッパの他の諸国と比べてずっと緩やかだった。結局、1946年から1951年の間、フランスの総人口は年に40万人の増加をみる。前世紀にかろうじて3,000万人から4,000万人へと増加したことからすれば、戦後の20年間の人口増は、4,000万人から5,000万人へと押し上げていくのに充分なものだった。言い換えればフランスの人口は若返っていた。1936年に総人口の30％でしかなかった20歳以下の層は、1962年には36％となる。1953年時点で、さまざまな種類からなる家族手当は全体で国民所得の12％を占めていた。実に驚くべき総額である。住宅ならびに都市基盤整備の需要の伸びには著しいものがあったが、1930年代の怠慢と大戦がこれらへの対応を大幅に遅らせていた。戦災復興は喫緊の課題であり、極めて大規模な事業だった。具体的にはフランス経済を近代化し、戦前、年に9万戸の住宅しか建設していない国において200万戸を建設しなければならず、そのために、家賃の統制されていた過去30年、不動産投資から離れていた資本を呼び戻さなければならなかった。

　政治指導者たち、とりわけ1948年から1953年の間、復興大臣の任にあったクローディウス＝プティは、奇妙にも、ほとんど説得力をもたなかった第三共和政末期およびヴィシー政府による政策を想起させるような、そうした政策を展開する。つまり不動産投資に必要な資本を別な方向へと向かわせた家賃の統制を権威

主義的に継続したのである（1948年法）。クローディウス＝プティは、以前とは異なった状況にありながら、首都に対してヴィシー政府が抱いた不信感を持ち続け、地方の利益のために首都を弱体化することをねらった、その大部分においてマルサス主義的な一連の政策をうち立てたのだった。彼はアーバークロンビーの名高い計画（1943-1944年）に着想を得ている。この計画はロンドン中心部の人口を減らすことを目的に、グリーンベルトでロンドンを囲み、併せて都市圏の将来的な成長をロンドンから充分に距離を取って建設される10の新都市（中心部からおよそ35kmの距離）に集中させようとする構想だった。しかしクローディウス＝プティの政策は、著しく人口集積が進み、郊外誕生の当初からこれとは一線を画しているパリの都市構造には、より広い市域を有しながら中心部と郊外との間に何ら目立った差異のないロンドンの都市構造と、全く共通点がないということを無視したものだった。すでにわれわれは、19世紀におけるイギリスの都市計画がどれほどオスマン的な計画と異なったものであったかについて確認した。前者は戸建て住宅と鉄道による長距離移動を基本にしていた。後者はブルジョワ的な建物の集積する首都中心部への集中を基本にしていた。いずれの都市構造であれ、そこに人が共感をもって感じとるものがどのようなものであるにしても、両者の違いは大きく、ロンドンでいまだその成果が立証されていない解決手段をパリに適用することは少なくとも大胆にすぎた。パリの都市計画の歴史は、イギリスにかぶれながら長期間何もしない、そうしたことの繰り返しの歴史でもある。クローディウス＝プティは、まず企業主との交渉によってパリ郊外における工場立地の拡大を制限しようとする。他方で政府は、地方における新産業の受け皿たる工業地帯の整備に補助金を支出した。しかしそれに充てられた予算は需要にみあうものではなかった。なるほど国土整備局（これは1963年設置のDATARと混同してはならない部局である）は2万人以上の雇用の地方移転を可能にする57事業に補助した。だがその帰結は興味深いものではあるがはっきりしない。というのも、どれだけの雇用がパリから地方へ移されたのか（雇用移転は地方に何ら新たな富をもたらさなかったし、むしろ生産性を下げるリスクも抱えていた）、また純増に繋がるような雇用をどれだけ創出していたのか正確に把握できないからである。

1948年法

　パリは人口の回復に寄与したが、そのことは住宅難をさらに深刻にするだけだった。実際、パリの人口は年に5万人ほど増加した（1946年から1954年にかけて37万9,000人の増）。反面、以前からパリに暮らす住民の住宅事情は最悪であり、建物も四半世紀もの間全く顧みられないまま戦争のなかで放置されていたのである。首都の住宅のうち10万戸が不衛生な状態のままだった。また居住不能と認定された9万もの民衆向けの安宿（ガルニ）にはまだ人が暮らしていた。パリの住宅のおよそ半数は、トイレも浴室もなく劣悪な状態にあったのである。加えて戦争直後にはいまだ結核が猛威をふるっていた。10万人当り、カルチエ・デ・シャン＝ゼリゼでは毎年33人、他のさまざまな街区でも平均142人が死亡していたが、家具つきホテルの借家人をみると877人が犠牲となっている[21]。建設コストが生計費の上昇以上に急速に膨張していったために、パリの住宅の収益率も落ち込んでいた（図22を参照されたい）。物価に対する家賃の割合（1913年を100として）は1948年には最低水準にまで落ちている（8.7）。このように相対的に家賃収入を把握するならば、戦後の家主の収入は、1913年以来すでに著しく落ちていた時期、具体的には世界恐慌の最中と比較してその12分の1にしかならない。しかるに1913年当時、家賃収入は不動産投資を維持するにはすでに不充分だった。さらに深刻なことは、家賃の統制が住宅不足を招いただけでなく、不公平の度合いを強めたことである。8区や16区の豪奢で広いアパルトマンの家賃は部分的に統制を免れていた。その他の住宅の収入は定額フランで見ると相当に落ち込んでいる。結果として家賃の価値喪失は、もっと自由に増額できた管理費（charges）や暖房費の重要性を一層大きくした。実際、1948年当時はこれら二つのカテゴリーだけで住居費の半分以上を占めている。もっともそれらは設備面での状況次第で（セントラル・ヒーティングか個別暖房か、石炭、石油、電気のいずれを使用しているのか、また設備や建物のメンテナンスの質など）、一棟一棟かなり異なっており、また全く不公平な方法で設定されていた。自由市場の状況では、普通、世帯収入の25-35％を住居に支出するが、パリの住民は数十年にわたり、設備の劣悪な老朽化した住居に暮らし、収入の10％以下しか居住費に支出しないことに

慣れていた[22]。若者と新たにパリにやってきた人々が住宅不足の最大の犠牲者だった。1953年当時、パリの若い夫婦の半数が親世代と同居しており、15％は家具つきの一部屋暮らしだった。

政府は具体的対応を余儀なくされたものの、過去30年来の不動産関連法規を踏襲して1948年9月1日の法律を制定した。その目的は次のとおりである。

> 適正家賃の決定に際しては、投資された資金の収益性、維持の必要性、提供されるサービスなど、最終的には家賃と収入との間に存在するはずの諸要素を考慮にいれること。サービスへの対価という観念が需給の関係という盲目的な法則に取って代わる。

復興大臣、クローディウス＝プティによる、今日でもパリの一定の住宅に適用されているこの名高い法律は市場メカニズムを拒絶し、昔のように純粋に道徳的観点から住宅を制御し続けた。すなわち、けっして豪華ではない二部屋からなる一般的アパルトマンの家賃は、冶金工業の未熟練労働者の賃金に照らしその4％とされた。数十年もの間、幾度も試みられてきたように、問題の核心はサービスの公正価格を設定すること、「穏当な」不動産収入を決定すること、各人に支払うべきものを与えることにあった。背景にはMRP〔フランス人民共和派 (Mouvement Republicain Populaire)：1944年、対独レジスタンス派を中心に結成された政党。〕によって、キリスト教民主主義者が政権についていたという事情もある。しかし左派について言えば、急進派も、社会主義者も、また共産主義者でさえ、エンゲルスを棚上げして同じ道徳的な論理、経済的あるいは社会的というよりも宗教的な論理に与していたのである。

1949年1月1日、法律が施行されると、建物は、構造上の特徴および設備の状態によって四つのカテゴリーに分類され、それぞれがさらに副次的なカテゴリーに細分された。最も豪華なものから最も劣悪なものまで、その幅は大きかった。なかでもパリは細分類カテゴリーのすべてが用いられた数少ない都市の一つとなる。言うまでもなく法律はフランス全土に適用されたが、なかんずく首都のために起草されたという面をもつ。というのも需要、地価および建設費、住宅のもつ価値などすべてが他のフランスの諸都市のいずれよりもはるかに大きく、あるい

は高かったからである。家賃は床面積に応じて決められた。しかし、この床面積は、立地や建物の状態、また個々の特徴（女中部屋、カーヴ、屋根裏部屋など）を考慮してまず「補正」され、次いで「調整」された。またデクレが統制した平米当りの基本家賃は漸減する仕組みになっている。ちなみに最初の10平米までは140から85フランで（カテゴリーⅠからⅣ）、これを超える部分は85から40フランで賃貸されねばならなかった。この仕組みは奇妙にも広いアパルトマンに有利に働き、たった一部屋に暮らす若い世帯に不利となった。政府はこうした基本家賃の決定に際し、言うなれば単純に建設費の4.25％分を上乗せしていたのである。そのうち1.75％分は諸経費および地租分として、1.5％分は維持費・修繕費として、残る１％分は投資された資金に報いるためだった。法律は投資資金への見返り分（１％）が微々たるものであることを認めていたが、同時に、1948年以降建設費が低減傾向にあり、その分だけ収入増になるものと主張した。実際、法律は物価の安定を暗黙の前提としていた。ただしそれは、戦後の数年間、政府が強度のインフレを受容し通貨が価値を失うままに放置していた、そうした時期における疑わしい仮定だった。とはいえ不動産への投資が改めて活性化することを望むのであれば、物価問題は重要な問題だった。しかし相次ぐ政権はいずれも具体的対応を躊躇している。1953年８月９日のデクレは平米当りの基本家賃を、それ自体物価の関数たる SMIG（全産業一律最低保障賃金）と関連させたが、のちの法律（1957年６月26日）がこの連動を白紙に戻している。しかるに1948年から1958年の間、物価はほぼ倍になっていた。立法機関は、クローゼット面積の「補正」をめぐってはあれほど些細なことに拘泥したにもかかわらず、家賃の設定については実に臆病であり、結果、「適正な」家賃は1954年までに６カ月ごとの20％加算の継続によってのみ達成するものとした。こうして従前の家賃は６年で３倍になった。しかし、無能力であったにせよ、悪意であったにせよ、全体で200％近いこうした家賃の増加も、約束された「適正家賃」には届かなかった。つまり1913年の状況に戻すためには、家賃を３倍ではなく、５倍にすべきだった。言い換えれば、法律が明示した諸目的を大臣自身が信じていないということ、あらゆる事態がこのことを示唆しているように思われる。法律は目的を達成していなかったが、達成すること自体不可能だった。とはいえ、法律は1948年以後に建設された

アパルトマンの家賃を自由にした。それは新しい時代の幕開けだった。

　しかしながら、この法律は、最初は戦争によって正当化されて始まった一連の法的規制、具体的には1914年8月の家賃支払猶予令を起点として45年間家賃を統制し、パリが過去に経験したことがないような最悪の住宅難を惹起し、住宅ストックの近代化を半世紀遅らせた、そうした長期に及ぶ一連の規制の最後の重要な法律であった。それらは、道徳に依拠し基礎的な経済原則に背を向けた近代化以前の国に典型的な法律であり、事実、一方で社会的地位を有する人々が特権を維持するのを助け、他方で若者や移民をむさくるしい部屋に押し込めるように作用している。当時の映像は、1960年代まで変わらないパリのアパルトマンの悲惨と不潔、また驚くほど遅れた状態をわれわれにはっきりと教えてくれる。小説も同様である。

レオ・マレのパリ

　　マリオンのような階級の成功者がなぜこれほど老朽化した無産階級の建物に暮らしているかを説明してくれるのは、唯一、住宅難という事情だけだった。結局、建物の古さなどはどうでもよかった。自分はそうした生活環境だからやってきたわけではなかったし、彼女を訪れる者でそうした生活の場に気を留める者など一人もいなかった。小さな中庭の奥の受付にいる管理人は、ラジオから絶え間なく流れる心地よいおしゃべり以外、何ものにも興味を示さなかった。私は急な、しかしきれいな階段をよじ登った。……廊下の突きあたりにドアが一つ大きく開き、断続的に流れる風に動いていた。……それは納戸もしくは何がしかそうした用途のための場所であり、割れた窓ガラスのはまった小窓から日が差していた。住めるようにするとすれば相当な修繕が必要になったであろう。部屋の隅には、次の攻撃に備えて、消極防御用の砂嚢がいくつか平和な埃をかぶって積まれていた[23]。

　レオ・マレは1966年にTchouによって刊行された『道案内　不思議なパリ』に寄稿している。それに先立って1952年には『パリの新しい不思議』の執筆に着手していた。ウジェーヌ・シューから1世紀、レオ・マレはもはやパリ中心部だ

けではなく、パリの20のすべての区（アロンディスマン）に関心を寄せていた。それはまさにオスマンが拡張したエリアだった。パリは大きく成長し、今や街全体が巨大な都市圏の核を成していた。しかし戦後においてもなお、首都は多くの露店や職人で溢れていた。例えばサン゠ジェルマンの真っ只中、キャトル゠ヴァン街は次のように描かれている。

> 私は建物のなかに入った。6月の太陽の下、ひどい暑さの街路を逃れると、湿って暗い廊下が実に快適だった。でたばかりのおが屑のにおいが心地よく鼻孔をくすぐる。廊下の奥の開いた扉から木工細工や木工キャビネットのおいてある中庭の一郭が見えていた。そこでは職人たちがいつもの流行の歌を口笛吹きながら働いていた。……きびきびとした動作から出る長かんなの絹のように柔らかい音が、電動のこぎりの鋭い音と溶け合っていた[24]。

またパリの市域の境界近く、駅の後背地には、みすぼらしい農村のようにまだほとんど建物の建っていないエリアが存在した。

> ナショナル街はガール大通りに向かってかなりの急傾斜を下っていく。左手にはオート゠フォルム小路が続いている。……普通とは異なった舗装の道はアンシャン・レジームの時代のように凹凸が大きくでこぼこで、どんなに良い靴もだめになった。……排水溝にはきまって石けん水が淀んでいた。……あたり一帯には、ときに直接街路に接して、たいていは庭、より正確には中庭の奥に建てられた、謙虚なと言ってもいいほどに慎ましい、平屋の、稀に2階建ての戸建て住宅しかなかった[25]。

住宅難は、1955年においてもなお、物資の割り当て配給の時代に典型的な闇市場を許していた。

> あばらやの持ち主自身はポルト・ド・ヴァンヴのもっときれいな建物に住んでいたが、彼は急に姿を消した借家人について有益な情報を人に与えるこ

とができなかった。……このほろやの住人たちは皆、よりよい物件が見つかると、現に住んでいる自分の住居をすぐに人に譲り、ひっきりなしに借り手が代わっていたからである。住宅難の一側面として、パリにはこの手の住宅が多数存在し、最も誠実な市民でさえ規則を守っていないことを暴いたジャーナリストもいる。彼らは友人から譲られた住居を改修していたのである。そうした友人もまた、最初の借家人の名前で当初の家賃のままの領収証を出し続けてもらうという恩恵を彼から受けて、すでにその住居をうまく利用していたのだった[26]。

若者たちは、互いに会おうとするならば、住まいとして余儀なくされていた狭い女中部屋や親のアパルトマンを逃れ、屋外でしか、つまり公共の場でしか会えなかった。当時豊かで力強く、束縛のないアメリカは、占領下で「ジャズ狂」（zazous：ザズー）が夢みたジャズ、またキャブ・カロウェイ（Cab Calloway）とともにビー・ポップやロックに変容していったジャズの最新の作品をもたらしてくれる存在だった。しかしそうした音楽はナイトクラブ以外のどこで演奏可能だったろうか。またこのナイトクラブ自体、当時まだ活用できた唯一の空間つまりパリの古い地下室（caves）以外のどこに存在しえただろうか。アメリカ合衆国ではピューリタニズムがジャズスポットを建物の地下に隠してしまうように作用し、人々は地獄（dives）に落ちるようにそこに「潜り込んで」いった。他方、パリで地下室を解放させ若者たちを家から駆り出した主要な要因は、まさに住宅難だったのである。19世紀末、労働者があばらやを抜け出し、『居酒屋』（*L'Assommoir*）のなかに描かれているようにビストロに集ったのも同じ理由からだった。「サン゠ジェルマン゠デ゠プレの黄金時代」にできた地下キャバレーは、一帯の住民すなわち眠っているような街区にやってきたのち、家賃統制のゆえに（かつその恩恵のもとに）そこに住み着いた小市民たちの習慣とは対照を成すものだった。

有名なカーブ・ブルー（Cave-Bleue）に続く道はわなでいっぱいだった。まずはドーフィーヌ小路の車寄せの下で清掃夫を待つごみ箱に躓いた。

……小さな門の前は群衆で黒山の人だかりとなり、わめいたり動物のような叫び声を上げている。皆が雨に濡れていた。しかしそれだけでは足りなかったようだ。ときどき、上の階の窓から、最悪の場合は、バケツ一杯の水と一緒に呪いの言葉のしるされた冷ややかなメッセージが落ちてくる。その書き手はもっと寝ていたかったのだろう。……街角の借家人たちはいったい何に対して水のメッセージのような報復をしなければならなかったのか。……私たちは目立たないように周りをまねて人を押しのけたり、怒なったりしながら、最も神聖な場所の入り口に近づいていった。……そうして狭い階段を下りていった。さらに壁にぶつかった肩に怪しい痕を残しながら、じめじめした狭い坑道の蛇行するままに前に進んでいった。……すると、アーチ型天井のもうもうとたばこの煙の充満するかなり広い空間にでた。明らかにカビのにおいがした。……しかしだからといってそこは静かではなかった。ジルバに刺激されたお客用の空間を囲むように雑然と置かれた粗雑な木のテーブル同様、隅にしつらえられたカウンターは客ですし詰めだった。そこには男も女もいれば、その生活条件もさまざまだった。つまり現代のジプシーから、辛抱強く若手女優を待っている裕福な映画人、またまだ記事になっていないセンセーションを求めてやってくる慣れた旅行者までいた。……門外漢には、多くの男女のカップルがそこになだれ込み、夫婦喧嘩に決着をつけているように見える[27]。

　同じ理由、すなわち住宅に充分なスペースのないことが、戦後の新しい思想の沸騰状況のなかで、カフェが文学や芸術の創造に果たした主要な役割についても説明してくれる。カフェ・ド・フロール、ドゥー・マゴ、リップ、その他の多くのカフェ。サルトルはそうしたカフェのテーブルで原稿を執筆し、ときに娘に声をかけてサインを残していった。グレコが歌い、ボリス・ヴィアン［Vian, Boris (Ville-d'Avray, 1920-Paris, 1959)：作家、トランペット奏者、ジャズ評論家。］がトランペットを演奏し、そして自ら命を絶っていった「タブー」（Tabou）――それは間違いなく引用したばかりのレオ・マレの描く「カーブ・ブルー」のモデルだったが――、そうした戦後のパリに名を刻んでいった人々を想起することは、ここでは控えよう。

こうした芸術活動、知的営為の躍動にもかかわらず、パリは不潔で住みにくく、ロンドンやドイツの多くの都市のようにパリよりもはるかに激しい砲撃に晒された隣接諸国の都市と比較しても、極端に遅れた首都になっていた。つまり変化に対するおそれ、ちっぽけな既得権への執着、マルサス主義などを要因とする遅延や有言不実行、また誤りのなかで、1929年以来、1世代もの時間が失われたのだった。1913年から1960年の間、パリに変化をもたらしたものは何もなかった。あるいはほとんどなかったといってよい。なるほどパリの西で建設された8kmの高速道路、同様にシュヴルーズの谷を走る郊外鉄道は一部の美しい郊外の交通の利便性を高めるのに寄与した。だがロンドンの公園面積の3倍に相当する緑地をパリに確保するはずだったグリーンベルトのための土地は、少しずつ蚕食され建物がたてられ、計画もなければ正当な理由もないままにセメントとレンガのなかに消失していった。30年来、不衛生と指摘されてきた地区は、1960年になってもまだそのままだった。またレ・アール（中央市場）の移転は久しく懸案事項のまま、パリ中心部を塞いでいた。たしかに郊外は成長していたが、よりよい環境に整備されてはいなかった。メトロも通じず、パリとは適切に繋がっていない状況に置かれたままだった。放棄された計画や実現しなかった期待をこのように列挙するならばきりがないであろう。首都パリの歴史のなかで、これほど多数の失われた好機を挙げることができる時代はほかにほとんど見出せない。すなわち第三共和政は地方名望家の体制だった。同時に国際的な歴史がすさまじいものであったこともたしかである。

　フランスの復興は1952年にはほぼ終わっていた[28]。HBMはHLM（適性家賃住宅）に取って代わられた（1950年7月21日の法律）。またHLMの公的建設主体は貯蓄銀行から融資を受けることが可能となる（1951年5月24日の法律）。こうして住宅建設に有利な条件が整えられた。しかし、アントワーヌ・ピネー（Antoine Pinay）が首相であった1952年当時、フランスは8万2,000戸の住宅しか建設できていない。それはドイツの実績の5分の1以下、しかもパリ都市圏の需要にしか応えることのできない数字だった。住宅難は深刻で、1953年から1954年にかけての厳しい冬、ついにすべてが爆発した。抜本的な政策の転換が必要だった。

注

(1) A. Sauvy, *Histoire économique de la France entre les deux guerres, op. cit.*, vol. 2, pp. 466, 468, 470.
(2) *Ibid.*, vol. 2, p. 295.
(3) *Ibid.*, vol. 2, p. 137.
(4) F. Marnata [1961] ならびに図23を参照されたい。1913年の水準を100としている。
(5) Cf. P. Merlin [1976, 1982a, 1982b].
(6) J. Vaujour [1970] の優れた分析を参照されたい。
(7) 1941年4月6日の法律によって、国土整備開発中央委員会が設置された。
(8) 主にG. Walter [1960] およびH. Le Boterf [1974] を参照した。ほかにもっと逸話的だがP. Audiat [1946] も参照した。パリにおける対独協力とレジスタンス運動については、H. Michel [1982] の2巻を参照されたい。
(9) R. Aron [1954], p. 591.
(10) H. Amouroux, *La Vie des Français pendant l'Occupation*, Paris, Arthème Fayard, 1961, p. 183.
(11) 《Beurre：バター、Oeufs：卵、Fromages：チーズ》の商いによって富を得た商人《BOF》の神話はこの時期に始まる。J. Dutourd, *Au Bon Beurre, Scènes de la vie d'occupation*, Gallimard, rééd. «Folio», 1982 を参照されたい。
(12) H. Amouroux, *La Vie des Français sous l'Occupation, op. cit.*, p. 172.
(13) *Ibid.*, p. 178.
(14) *Ibid.*, p. 183.
(15) R. Aron [1954]. 新しい都市行政については、*La Vie municipale*, Paris, Société d'éditions économiques et sociales, Paris, 1943 を参照されたい。
(16) J.-F. Gravier [1972].
(17) 1940年6月25日のPh. ペタンの演説。
(18) 1940年7月9日の構想。
(19) 1941年4月6日の法律による国土整備開発中央委員会の設置、とりわけ1943年6月15日の法律によるコミューン間協力に基づく整備政策に関わる組織を参照されたい。それはフランスにおける規制的都市計画の基礎となる。
(20) P. Webster, *Petain's Crime*, Londres, McMillan, 1990 ならびにH. Michel [1982] を参照されたい。
(21) Cf. P. Guinchat et al. [1981].
(22) 収入に占める住居費の割合は、1914年当時17％だったが、1939年にはすでに5.5％へと落ちている。A. Sauvy, *Histoire économique de la France entre les*

　　　　 deux guerres, op. cit., vol. 2, p. 376.
(23)　L. Malet [1985], vol. 1, *Des kilomètres de linceuls* (1955), p. 574.
(24)　*Ibid.*, vol. 1, *La Nuit de Saint-Germain-des-Prés* (1955), p. 786.
(25)　*Ibid.*, vol. 2, *Brouillard au pont de Tolbiac* (1956), p. 272.
(26)　*Ibid.*, vol. 1, *Les Rats de Montsouris* (1955), p. 908.
(27)　*Ibid.*, vol. 1, *La Nuit de Saint-Germain-des-Prés*, p. 752.
(28)　P. Guinchat et al. [1981] の作品を参照されたい。

第5章 新たなオスマン主義か（1953-1974）

　1953年から1954年にかけての冬はとりわけ厳しいものだった。物乞いは凍死し、劣悪な住環境におかれていたある家族で1人の子供が死亡した。そして一組の男女が悲惨に耐えられなくなったとの言葉を残して自ら命を断った。そうしたなか、一人の司祭、ピエール神父［Abbé Pierre, (1912-2007)：Lyon生まれ、1949年、ホームレス救済を目的にエマウス共同体を設立するとともに貧困層の保護に尽力した。］が世論に警鐘を鳴らし一躍有名になった。彼がアンリ4世河岸にキャンプを張ると、政府はもはや事態を傍観してはいられなくなった。マルサス主義的な住宅政策ではもはや対応しえなくなっていたのである。その放棄は数年後には、パリの発展を抑制してきたために同じく批判の対象となっていた都市整備政策の放棄に連動した。こうしてすべてが激変したが、時期を異にして崩れた重要な部分ごとに対応がなされた。具体的には相互に密接に関連する三つの課題が異なるリズムで扱われている。すなわち住宅難への対応、パリの街区の再開発、パリ地域圏の整備ならびに国土整備という三つの課題である。これら3領域の政策は相互に異なり、ときに相矛盾する手法で展開していった。だがそのことがこの時期の歴史をとりわけ込み入ったものにした。ある領域では旧来の政策を継続する一方で、隣接する別な領域では従前の政策がすでに全く反対の政策に取って代わられている。この過渡期の状況を、第4章と第5章の橋渡しとして概観しておくことが必要であろう。

　マンデス・フランス政権は首都の成長を適切に制限しようと試みた。すなわち彼は1947年のイギリス法に触発されて、パリ地域圏において500m^{2}以上の工業施設を建設する際には政府の事前の建築許可が必要とのデクレを発した（1955年1月5日）。政府は長期にわたって関税政策において利用され、経済学者からは一般に批判されていた割当方式を都市の空間整備に応用したのである。さらに1955年6月30日のデクレは事前の建築許可手続を国に帰属する施設にも拡大した。他

方で、危機的と見なされた地方の工業化を後押しすべく「整備開発特別補助金」が交付された。また地方投資への資本誘導を目的に、公的市場で借り入れを行い地方企業に投資できる権能をもつ「地域圏開発会社」(Sociétés de développement régional：SDR) がデクレによって設立された。ちなみに、これは間違いなく、唯一、適切な手法だった。なぜならそれは富を破壊するのではなく、富を創造するものだったからである。この会社の活動は大いに利益をもたらした。またフランスを複数の地域圏に区割りしようとの準備が初めてなされる。結果、地方の利益を優遇しようとの強い願望が、今日ではあまりにも狭小に思われる非常に多くの地域圏 (22の régions) を生み出した。この間、数十年、パリは等閑にふされていた。他方で、第四共和政末期にはいくつかの変化が見られる。例えば、ベルナール・ラファイ (Bernard Lafay) は1954年12月、首都に残された最後の空地を活用するとともに、依然として存在する不衛生地区 (îlots insalubres) を一掃するための行動計画の準備をパリ市議会に提案した。これを受けて、1955年、ピエール・スドロー (Pierre Sudreau) が建設・都市計画担当官に任命され、新たな「パリ地域圏総合整備開発計画」(PADOG) の策定準備を担当する。具体的な準備作業は1956年、ジベル (Gibel) のもとに着手され、1960年8月6日のデクレで承認された。この計画の主眼は、伝統に従って、首都の成長を抑制するためにパリにおける建設活動を凍結することにあった。郊外の「赤いベルト地帯」における人口増が歴代政権に等しく危惧の念を与えてきたことはたしかである。また、そうした政権がいずれも、先鋭化していた首都の住宅問題の解決にあたって、久しく民意に対応していなかった市場メカニズムを正常な状態に戻すのではなく、パリの人口の抑制に依拠しようと考えていたことも、またたしかだった。

クローディウス゠プティは1953年に政府を離れていた。あいも変わらず弱いフラン、インドシナ戦争の終結、1954年にアルジェリアで勃発した新たな戦争、それらが政治家たちの関心の向きを変えた。1958年の体制変革以後、国土整備とくにパリ地域圏の整備は全く矛盾した手法で進展した。つまりスドロー内閣が反パリ政策を継続する一方で、一人の熱血漢、つまりポール・ドゥルヴリエ (Paul Delouvrier) がパリ都市圏のすみやかな発展を促すために、すぐに反対の政策に着手したのである。相対立し、かつ平行して進められたこれらの政策がはらむ矛

盾は、一部の高級官僚の姿勢によってさらに複雑になった。まずは国家に奉仕し上司に気にいられたいと考えた彼らが、自分の立場に応じてためらうことなく反対の行動を取っているからである。ちなみにピエール・スドローは、当初はパリ地域圏建設担当官として（1955年）、やがてイタリア広場の整備からラ・デファンスの事業に至るようなパリの大規模な改造に連動していく拡張政策に精力的に取り組んでいた人物だった。その後1958年から1962年まで、彼は、都市整備相として、今度はクローディウス＝プティの都市整備政策を継承する術を心得ていた。すなわちマルサス主義的政策の典型のような1960年8月2日の法律は、パリ地域圏における工業施設の建設に対して高額の負担金を課すとともに（1 m^{2}当り50から100フラン）、工場の取り壊しには補償金をもってこれに報いる制度を創設している。この制度は葡萄の木を根こぎにした葡萄栽培農家に対する1931年の補償金制度を不快にも想起させた。同時に、続く歴代政府は、たち遅れていた鉄鋼業の支援に数十億フランもの資金を費やしていた。それは、少し以前に政府が麻の栽培（1932年、目的は翼布〈toiles d'avion〉の製造にあった）や養蚕（1930-1931年）にてこ入れしたことや、かつて19世紀に la marine à voile（帆船）あるいは la garance（あかね染料）の生産を支えたことと同じだった。実際、郊外における地価高騰は、地方への企業移転に明らかに大きく作用した。1960年において、パリ地域圏で許可された工業用地は国全体の10%にしかすぎない。また1961年から1966年にかけて、パリおよびその周辺で取り壊された商業施設面積（年に35万2,000m^2）は、建設された施設面積（29万5,000m^2）を上回った。

　1950年代初め以降、建設をめぐる政策は根本的に変化し、1955年以後は例外的な発展を遂げた。首都の再開発もほぼ同時期に始まるが、1958年の体制変革はテクノクラートや銀行家などの新しい人材を重視した。そのことが1960年以後、都市改造に非常に速いリズムを刻むことになる。

ようやくにしての住宅政策

　1950年代初め、パリはスラム街（bidonvilles：一般に taudis の語が頻繁に用いられていた）に縁どられ、住居を確保できない、悲惨とはいえないものの貧困世

帯がそこに詰め込まれていた。こうしたなか、首都周辺部、駅の背後には、まだ空地が残っている道路沿いのいたるところで、トタン板を使った安普請の建物が建ち始めていた。こうした建設を奨励する新しい政策がスタートして3年が経過していた。

グラン・ザンサンブル（大規模集合住宅団地）

建設相がクローディウス＝プティからクーラン（Courant）に代わると（1953年）、すべてが変化した。初めてグローバルな視点を採用した「クーラン計画」は建設財政を改革し、建設業界には再組織と技術の近代化を奨励し、パリ郊外への開発事業の分散を準備した。法律によってロジュコス［LOGECOS：家族向け経済住宅。］すなわち低コスト住宅（logements économiques）の建設が進められ、とりわけ郊外一帯に建てられた。1963年時点で首都周辺に20万戸以上建設されている。また10人以上の従業員を雇用する企業は賃金総額の1％を従業員の住宅費に充てることが義務づけられた（1953年8月9日のデクレ）。建設業界の設備は悪く、機械は老朽化して人手も不足していた。そうした企業を合理化し、工業化し、まとめていくことが不可欠だった。他方、技術面での努力の積み重ねによって、プレハブ方式の建材がますます利用されるようになった。手工業的な生産段階から工業生産の段階に移行していたのである。コストは大幅に下がった。ちなみに1957年当時、一戸の住宅を建設するにはまだ3,600時間必要だった。しかし1959年にはもはや1,200時間しか要しなかったのである[1]。1954年のフランスは依然、過剰群居（4分の1の住宅がこうした状況にあった）と住み心地の悪さ（5分の1の住宅には水道が引かれておらず、3分の2には洗面所がなかった。4分の3には浴室がなかった）では、ヨーロッパにおける代表格だった。なるほどパリには公衆浴場が多数あったが、それでも足りなかった。幸い、人々はそれほど頻繁には行かなかったが。10年間、政府は大量の住宅を短期間で建設しようとしてきたが、こうした建物の質はさほど気にかけなかった。一挙に大量の住宅を建設するということは、たしかに経済的で手っ取り早いことだった。こうして「団地」（グラン・ザンサンブル、500戸以上の集合住宅）が建設される。開発主体は公的機関あるいは準公的機関（SCIC、OPHLMなど）、もしくは民間団体（HLM建設母体、

SACIなど)と、さまざまだった[2]。政府はこれに相当の財政支援を行なった。大半の住宅は賃貸された。最初の建設はサルセル (Sarcelles) で始まる。具体的には、預金供託金庫の設立した会社、SCIC (中央不動産民事会社) が 1 事業期間 (1954年) だけで 1 万3,000戸の住戸を建設した。この事例はグラン・ザンサンブルのなかで最も有名な事例である (実を言えば、第 1 号は1947年にクラマール (Clamart) で建設されていたが、同じ名称で呼ぶにはふさわしくない。建物は 3 − 4 階建てでまだ低層だった)。しかし残念なことに、SCIC は建設コストを切り詰めるために多様な都市施設の整備を無視していた。「団地病」〔sarcellite：サルセリット。〕と呼ばれたグラン・ザンサンブル住民の病理は、大規模で単調な囲いのなかに遺棄されているという孤立感や孤独感、また単に食料品の買い出しにいくだけでも強いられる長距離の移動からくるフラストレーションに起因していた。1955年には、巨大で充分に練られていないこうした事業への批判が爆発した。

パリ郊外における市街化優先区域

1957年 8 月 7 日の法律は、不動産会社に対して基本的な都市施設を考慮するよう義務づけた。これは ZUP 制度を創設した1958年12月のデクレによって補完される。すなわち、「市街化優先区域」(zones à urbaniser en priorité：ZUP) は省令によって区域を指定されるもので、多数の住宅の建設を念頭に相当の面積の土地の確保を目的とした。しかし、グラン・ザンサンブルとは異なって、将来の住民に必要な諸施設を事前に計画しその場所も定めておくことも意図していた。ZUP の施業権者は国庫補助ならびに「土地整備・都市開発国民基金」(FNAFU) の融資を受けることができた。建設住戸数は飛躍的に伸びた。1969年時点で、パリ地域圏におよそ12の ZUP が指定されている。いずれもパリから30kmほど離れ、全体で約100のグラン・ザンサンブルが30万戸の住宅を供給し、140万人近い人々がそこに暮らしていた。そうしたなかで、一人の建築家、エミール・エヨー (Émile Aillaud) が巨大で長大な集合住宅 (barres：バール) を建設し、建築研究会 (Cercle d'études architecturales) の1960年度大賞を受賞する。この建物は陰鬱な建物全体に軽快な印象を与えるために風景のなかに曲がりくねっていた。彼はそれを「レ・クルティリエール」(Courtillières：中庭) と詩的に形容したが

(パンタンに立地し、1,700戸からなる)、他の人々はもっと現実的に「ヌイユ」(Nouilles：ヌードル) と命名している。エヨー自身は「洗練された都市」(ville civilisée) を建設したと力説していた。こうして1955年から1965年にかけて、失われた時を取り戻すべく数十万戸もの住宅が建設される。質よりも量がはるかに重要だった。無為の半世紀を帳消しにし、あばらやの住民たちに住まいを与え、多くの新住民を受け入れねばならなかったのである。しかしこうした努力は二つの新しい現象によって複雑なものとなった。すなわち地価高騰とパリへの移住民の増大(これにも二つの要因がある。一つは都市への農村人口の大量流出である。この時期までの政策がこれをなんとか抑制しようとしてきたが、当時一段と激しくなっていた。今ひとつは北アフリカを追われた100万人を超えるアルジェリア生まれのフランス人、ピエ・ノワール〈pieds-noirs〉の帰国である)という現象である。たしかに彼らの大半は南フランスに身を落ち着けたが、かなりの数の人々がパリを選んだのである。相当規模の、かつ急激な労働力の補完的供給──アルジェリア生まれのフランス人のなかには財産をもつ熟練労働者もいた──は、マルサス主義的な暗い前兆に反して、1960年代のフランスの飛躍的な発展に大きく寄与した。

　しかし、こうした事態は、郊外における地価高騰と、その水準をはるかに超えるパリの地価高騰という結果を直接に導いた。首都の地価は10年で倍になった。他方、郊外でも年に10％近く上昇した。上物以上に土地に要するコストが大きくなったため、建築家はより高層の建物を設計するようになる。1960年代は高層建築の時代だった。かくしてパリ北部、北東および南東の郊外は「塔状の集合住宅 (fours) の森」で覆われるが、その欠陥はすぐに顕在化した。つまり設備は不充分で、共同の生活環境は急速に悪化していった。若者たちからなるギャングが生まれ、ヴァンダリズム (公共物の破壊行為) が広がるとともに治安も悪化していった。近隣社会における売春行為さえ見られるようになり人々に大きな衝撃を与えている。というのも、そうした行為が、プチブル的なごく普通の女性によるものであり、気晴らしや小遣いほしさによるものだったからである。1965年まで、建設された建物はほとんど巨大な集合住宅だけだった。他方で、住民の意向調査がなされれば、毎回、住宅を求めている人々の3分の2が戸建て住宅を夢見てい

第5章 新たなオスマン主義か（1953-1974） 275

ることが明らかになった。1969年、ZUP制度はZAC制度（zones d'aménagement concerté：協議整備区域）に取って代わられ、民間資本に大規模都市計画事業への参入の途を開いた。国は建設業界が人々の選好を尊重し、非常に重くなっていた負担の一部を肩代わりしてくれることを期待していたのだった。戸建てという居住形態への選好が集合住宅に勝り始めていた。1969年3月、大臣シャランドン（Chalandon）は低廉戸建て住宅設計コンクールを試みる。すなわち有名な「シャランドネット」（chalandonettes）が生まれるが、その欠陥が郊外住民を大いに悩ませることになる。しかし、1970年の住宅積立貯金を担保とする貸付制度、また同年の住宅改善全国機構（Agence Nationale pour l'Amélioration de l'Habitat：ANAH）の設立、さらに建設工法の近代化と新しい都市組織の創出を目的にした、都市整備省による1971年の建設計画の策定など、これらは早すぎることのない、同時によく考えられた新しい都市化の端緒となっている。住宅市場は、パリにおいてもバランスを回復し始めていた。大きく捉えれば、遅れは取り戻していた。ギシャール（Guichard）通達（1973年）は建設される住宅の質を高める必要性を訴え、グラン・ザンサンブル政策の終焉を告げた。

「郊外病」（mal des banlieues）が世論の関心を呼んで以来、今日でも、グラン・ザンサンブルはあらゆる批判の対象になっている。しかし30年前に新居に入居した若い世帯からは大いに評価された[3]。50年に及ぶ怠慢が累増させたあばら屋やスラム街にくらべれば、グラン・ザンサンブルの住居は大いなる進歩だった。それはフランスの平均的な住宅に比べて広く、各居室は平均よりも狭いものの部屋数では多かった。快適さはまずまずのもので、当時のパリの住宅の水準をはるかに超えていた（トイレ、浴室が備わり、普通セントラル・ヒーティングで、エレベーターもあった）。グラン・ザンサンブルに入居した世帯は明らかに若く、国の平均よりも多くの子供を抱えていた。同時に全世帯が就労しており、かつサラリーマンだった。家賃は新建築と旧建築との中間程度だった。1964年当時、入居者の4分の3は、長所は不便に勝ると考え、90％の人々が快適に暮らしていると自認していた[4]。グラン・ザンサンブルは、当時、間違いなく成功だったのである。他方で深刻な住宅難に対する応急措置として構想されたグラン・ザンサンブルは、その後も長く存続させることを想定してはいなかった。つまり「30年

後には新しい政治世代が新しい生活の枠組みを考案するだろうと、当時は皆が同じように考えていた」(5)のである。人々がスラム街の外で暮らせるようにしたいと願ったラエ（Lae）は、さらに次のような、もっと野心的な目的をグラン・ザンサンブルに見出していた。

　　農村生活と都市生活との、農村と労働者の場末との間の古くからの断絶を克服すること。グラン・ザンサンブルは、新たなソシアビリテ（社会的結合）の世界を生み出す文明の中心として、熟練工や事務労働者、また平均的な社会階層に住居を与えるにはどうすればよいのかを考える基礎と一つの方法とを提供した。彼らはようやく平等主義にたつ社会のなかに統合されたのである。そこから直ちに共生（cohabitation）という主題がグラン・ザンサンブルの次なる課題となる。その基礎には多様な社会階層が大いに混じり合うこと、そこから現代に生きる新しい人々（l'homme moderne）が生まれるに違いないソーシャル・ミックスというイメージがある。……グラン・ザンサンブルは大衆文化を活気づける社会的リーダー（figure de l'Animateur）を育む。……また人々の活力は、共同施設の利用を介して社会関係の組織化を促すが、こうした施設が不充分な場合はすぐに問題が生じるだろう。建設資金を調達した預金供託金庫とともに国の罪が公になるのは、「社会的分離を助長し、多くの住民を押し込め、市民（citoyen）を単なる住人（résidant）に変えたこの人工的な世界」（イタリック：原著者による強調）に対する告発が猛威を振るった1970年代のことである。……こうして建設後10年から15年を経て、グラン・ザンサンブルのユートピアは、スフレのようにしぼんでいった。……つまり濾過装置が働いたのだった。労働者の３分の１、事務労働者の３分の１、中間管理職の３分の１、それぞれ最も所得水準の低い人々がこの一時的な住居に押し込められた。この濾過装置の役割が改めて問題になるだろう。1960年代の当初の社会的流動性はもはや確保されておらず、住民は略奪者のように見なされている。

こうした社会学的な批判に加え、今日では、一群の集合住宅を特定の場所に局

地化させた都市計画家の誤りと、設計コンセプトにおける建築家の誤りも強調されている。幹線道路から離れ、仕事先からも人と会う場所からも遠く隔たって、飛び地となっていたことが主たる欠点と思われる。それらは地価がさほど高くない場所、言うなれば、郊外に広がる既存の都市空間秩序（tissu urbain）の「残り部分」（裁ち屑）に相当する場所、台地の上に建設されていた。他方、古くからの中心地や新しい幹線道路軸は谷に沿った斜面部分に建設されていたのだった。依然としてアテネ憲章に大きく影響されていた建築家についていえば、人が集い出会う、公共で無料の場であった街路を排除し、これをもはや同じ役割を担うことのないショッピングセンターの通路に取って代えてしまったことを非難されている。

　　広いスペースが消費活動に充てられ、客でない者は仕事に誠実な警備員によって体よく追い払われる。ショッピングセンターからの排除は、街路からの排除と同じだった。……グラン・ザンサンブルの住民にとって、街路は私的なものと化した[6]。

さらにグラン・ザンサンブルの住民は30年の間にすっかり変わってしまった。すなわち、しばしば外国人であった彼らは、1960年代の若いフランス人世帯にできたようなスピードでは社会の階段を上ることは期待できなかった。また公共施設の不備もこうした広大な集合住宅地区がしばしば非難されてきた今ひとつの欠点である。つまりデベロッパーは可能な限りのあらゆる節約をした。少なくとも言えることは、急速な成長を遂げる大都市圏のなかで、スラム街は消え、パリ地域圏の住民たちの住居が過去半世紀に比べて改善されたということである。この間の関係者の努力は他に類のないものであり、既存の都市をも巻き込むことになる。

パリの近代化

古いパリの改造に向けた大きな動きが1955年頃に始動した[7]。不動産投資が

再び利益を生むようになるやいなや、新たな主体が登場し、旧い街区は順次再開発の対象となった。それは渦を巻くような動きを取って、1区から7区にかけての歴史的な中心部を20年の間にすっかり変えるものだった。またそれ以上に、周辺地区における大規模事業は、過去50年間変わることのなかった都市景観を変化させていった。

新しい主体と新たな課題

1948年法の成立後、家賃は過去30年に失ったものの一部を取り戻し始めている。具体的には、家賃は定額フランで3倍になった。不動産投資はうまみにあるものになっていた。需要は非常に大きかった。具体的には、まず最も投資効果の大きいパリ西側の美麗な街区の需要への対応から始まった。ジャン・バスティエは、すでに充分恵まれているといってよい16区の1週間の建築許可申請数が、住宅の不足する11区における6カ月間の申請数と同じであったことを指摘している。だが短期間で財を成す反面、社会的制裁を受けることになる新しいタイプの人間が登場していた。すなわち「不動産開発業者」が建設業者に取って代わったのである。そうした人間はもはや建物を建設するという技術的な仕事に満足せず、それ以上に、建設資金を調達する目的から金融機関との関係を築くこと、また必要な建築許可を懇請する目的から公的機関との関係を築くことに関心を寄せていた。建設プロモーターに対して行政は寛大だった。つまり行政は、必要な特例的措置を、とくに美麗な街区においてかなり自由に与えている。また1956年3月には、建物の高さを31mに制限してきた旧来の高度規制を解除した。PADOGはパリの成長を抑制し、その発展に歯止めをかけるためにいたるところで規制をかけていたのである。規則を冒すのでなければ、首都ではあらゆる都市計画事業がほとんど不可能に近い状況にあった。こうしたなか、行政当局は自由裁量権を発揮した。従来、フランスの行政、なかんずく都市計画行政が完璧といってよいほど清廉潔白だったわけではないにせよ、この自由裁量権は、新たな腐敗を誘発しうる可能性を多分に有していた。さらに1958年のアルジェの蜂起と第五共和政の成立が指導者層を変えていった。ルイ・シュヴァリエは1950年代末以降顕著になっていくテクノクラートとエナルクの役割を強調している。それはまさにフランスの教育

における社会的フィルターとして、数学がラテン語に取って代わっていく時期であり、「ド・ゴールの支配はテクノクラートの支配」だったのである。(シュヴァリエ［1977］, p. 129) シュヴァリエはテクノクラートをエナルク〔E.N.A.：通称エナ、国立行政学院の卒業生。〕と区別している。テクノクラートは一般に理工科学校（エコール・ポリテクニック）の卒業生であり、アランが「寂しいピタゴラス主義者」と呼び、また「根底において革命的、思考において専制的かつ頑迷、実際の行動においては保守的で、しばしばカトリックだがいかなる神学にも与しない」と描写した人々である。(シュヴァリエ［1977］, p. 122) シュヴァリエはさらに「こうしたピタゴラス主義者は皆、おそらく他者の声にはほとんど耳を傾けないだろう」とも付け加えている。他方、エナルクに対してはさらに手厳しい。

> サン＝ギヨーム街〔パリにあったE.N.A.旧所在地。現在はストラスブールに移転。〕で仕事を始めた当初、友人のジャック・ド・ブルボン＝ビュッセ（Jacques de Bourbon-Busset）から、「彼らはたいしたことは知っていない」と聞かされていた。しかしそういうだけでは充分ではなかった。ウルム街〔高等師範学校：エコール・ノルマル・シュペリウールの所在地。〕からきてみると、彼らが何も知らないということをおののきながら告白しなければならない。結局、高位の公職に就くために、より大きな理由としては親と同じ職業や社会的地位に就くために、これほど多くの学問を、しかも短期間で詰め込む必要があるということか。(シュヴァリエ［1977］, p. 137)

新しい体制は、個人的親交、組織風土、レジスタンスの記憶、あるいはあまりおおっぴらにはできないものの強く結ばれた絆など、さまざまなかたちで繋がったインフォーマルな関係を極めて重視していた。またこの時期、「天下り」(pantouflage) も広がり始めた。国において私的利益追求のあり方を規制する職にあった高級官僚たちが、まさにその利益を追求する業界に移っている。彼らが板ばさみの状況の中で公正な判断を下せる立場にない以上、公益と企業利益の両方に忠実であるためには難しい道徳的判断が必要だった。さらにこの時期に大々的に始まる建設活動は、1960年以降、大銀行に非常に重要な役割を付与したが、大銀行は民間デベロッパーに融資する反面、国の統制に服していた。こうして公益と

私益とが、すべての人々、少なくともその一部の人々の最大利益のためにさまざまなかたちをともなって融合した。人は、サカール［ゾラの小説『獲物の分け前』の主人公の一人。］の時代、つまり第二帝政期の大掛かりな都市改造の時代に逆戻りしたかのような錯覚を覚えるかもしれない。パリの都市整備は、入念に準備された計画に従い忠実に実行されるのではなく、久しい無関心を断ち切るような節目節目の情熱に突き動かされて断続的に展開していった。そうした気分の高揚はあらゆる障害を取り払った。

　ルイ・シュヴァリエはこうした大掛かりな都市再開発を批判して、その要因をスノビズム、自動車を重視する新たな思潮、国会の脆弱性と行政官の腐敗に求めている。しかし、すべての大都市において作用し、再開発の推進力となったより大きな今ひとつの要因が存在する。すなわち地価と家賃との乖離である。ヨーロッパの大都市よりも早いスピードで変化するアメリカの諸都市の事情がこの問題をより明確に説明してくれる。都心部の古い住宅は時間とともに次第に居住者の必要に応えられなくなり、借り手が減っていく。こうした住宅の家賃は据え置かれるか引き下げられるが、このことがあまり資力のないもっと貧困な住民を中心部に引き寄せる。すると家主はほとんど利益を生まない建物のメンテナンスを無視する。建物は荒廃していく。こうして一つの悪循環が生まれる。家賃の引き下げあるいは据え置きは建物荒廃の原因でもあり結果でもあった。しかし、一般に、都心部は最も便利でアクセスもよく、そうした理由から最も需要のある場所でもある。地価は他のどこよりも高く、都市の成長・拡大につれてさらに上昇する。なぜなら都心居住で得られる相対的優位は平均通勤時間が増すほど強まるからである。アメリカの大都市において、貧困世帯、それは往々にして黒人やラテンアメリカ出身者であったが、彼らの暮らし向きは極めて悪く荒廃した建物に暮らしている。しかしその土地の地価は絶えず上昇していた。したがって資本価値は上昇しているのに所得は暴落している。遅かれ早かれ（アメリカでは早い時期に、ヨーロッパでは遅れるが）、都市再開発事業（rénovation, urban renewal）、アメリカではしばしば「黒人立ち退かせ」（negro removal）という言葉で表現される）が貧しい住民を立ち退かせ、建物を取り壊すか修復し、家賃を引き上げた。そうして家賃は地価に見合った水準を回復する。パリを大混乱に陥れた1955年から1974年の大規模再開発事業はまさにこうした不可抗的なメカニズム、古典的かつ

普遍的ともいえる現象による。それは回避できたであろうある種の策略（conspiration）の枠に収まらないものであった。再開発事業は、家賃が久しく低く抑えられてきた分、一層大掛かりなものとなった。1960年代の激しい不動産投機、いくつもの街区の取り壊しとパリの都市景観の破壊は、長期にわたる家賃凍結、交通網整備の遅滞、住宅の老朽化と不衛生に直接に起因するものだった。それらは過去の歴代政府が未解決のままに積み残してきたものでもある。この時期に先立つ数十年の長期に及ぶ政府の無策は1960年代の激しい不動産投機を正当化するものではないし、その言訳にもならないが、現象の背景を極めてよく説明してくれる。

古きパリの「修復」⁽⁸⁾

サン＝ジェルマン＝デプレは社会的変容が顕在化した最初の中心街区の一つである。すなわち終戦直後に始まる文化的活動が不動産投機に先んじてこの街区の名を高からしめていた。しかしこの街区は1939年以前すでに知識人に好まれ、界隈のカフェが1930年代末の前衛文学とくにシュルレアリスム文学のサロンの役割を担っていた。当時、モンパルナスはあまりにも俗化し衰退し始めていた。しかし文化的中心がいかなる経緯のもとに、さらに驚くべきことには、カルチエ・ラタンを回避するようにして、なぜヴァヴァンの四辻［carrefour Vavin：モンパルナスの中心。］からサン・ブノワ街［rue Saint-Benoît：サン＝ジェルマン＝デプレ教会にほど近い街路。］に移ったのかを明らかにした詳細な研究はない。この移動の理由はおそらく新しい知識人たち（シュルレアリスト、共産主義者、実存主義者、無政府主義者、さらに特定の党派への帰属を拒んだその他の人々）が伝統的な大学人ではなく、むしろ特定の批評家・編集者（ジャン・ポーラン、マルセル・アルラン）らと密接に繋がった作家たちであったり、大学と不仲あるいは決裂さえしていた教授たちであったり（メルロ＝ポンティ、サルトル、シモーヌ・ド・ボーヴォワール）、またアメリカ文学に大きく影響を受けた作家であったり（レオ・マレ、ボリス・ヴィアン）という事実と関係している。伝統的な知識階級がペタン政府への揺るぎない支持を繰り返すなかで、強烈な個性をもった新しい知識人たちは、無政府主義や反軍国主義に傾倒していただけ一層伝統的知識階級の枠外に置かれることとなった。またこの街区の発展は、他のいか

なる要因にもまして、19世紀以来ここに立地する主要な出版社の存在によるところが大きい。サン＝ジェルマンは早くも戦前から作家たちを魅了していた。ちなみにモーラスはカフェ・ド・フロールを頻繁に訪れている。しかし偶像破壊的な色合いを帯びる街区の神話は戦後直後から始まった。つまりこの神話は、多くがそれなりの関わり方で「対独協力」していた（collaboré）伝統的エリートたちを拒絶したことに起因する。書物と雑誌が大学の講座に、文章が言葉に、秩序を破壊するテクストが制度化された講義に、そして思想が制度に、それぞれ優位を占めていた。実際、文学の世界では新しいタイプの作家が生まれ密やかに成長していたが、既存の慣習を覆し人々に激しい衝撃を与えた。例えば、ボリス・ヴィアンは何年も出版活動から排斥され、偽名で、アメリカの暗黒小説（ヴァーノン・サリバンの『私はあなたの墓に唾するだろう』）の模作を出版している。またエロチシズムはもはや日陰者扱いされたりキリスト教倫理の不名誉な引立て役として黙認されたりすることなく、ジョルジュ・バタイユ、ピール・ド・マンディアルグ、スカンジナビア人シャード、アラン・ロブ＝グリエ、伝説的なポーリーヌ・レアージュらの計り知れない才能によって開花していた。最も注目すべきことは、この時代が多様なジャンルの融合を他のいかなる時代よりも見事に成し遂げたことであろう。バタイユに見られる哲学と官能小説、サルトルに見られる哲学、政治、映画、演劇、文学、ヴィアンにおけるジャズ、ロック、伝統的シャンソン、映画、演劇、小説、随筆、中篇推理小説といった具合である。同じ作家が実に多様な表現形態のもとに異彩を放っていた。サン＝ジェルマンの知識人たちは、過ぎ去った時代に対する政治的・道徳的批評を手掛けることで伝統的枠組みに収まらなかったが、おそらくはそのリスクに気づかぬままに堂々たる重々しい地位を獲得していた。そうした地位は、かつては教会とアカデミーが、少し前までは大学が占めながら、ペタン政府との協力関係のゆえに一時的に失っていたものだった。さまざまな人々が入り交じり、侃々諤々の議論を展開するとともに多様な思想が交錯し、実に多彩なジャンルを結びつけたカフェや地下酒場、それらの果たした役割は間違いなく大きい。これほどまでに時代の芸術と思想に深き刻印を刻んだ街区、より正確に言えば、時代の必要にこれほどまでに応えた街区はほかにない。こうした視点からみれば、フォブール・サン＝ジェルマンは省庁の建物

第5章　新たなオスマン主義か（1953-1974）

に過度に占拠され、マレ地区は出版社から遠すぎた。サント＝ジュヌヴィエーヴの丘〔ソルボンヌが立地する場所。〕は大学・研究機関と近すぎ、右岸はあまりにもあわただしかった。

　このような背景によってサン＝ジェルマンはすっかり姿を変えた。この街区はもともと権勢を誇る大修道院の管轄下にある地域で、「シャルル5世の城壁」の外側に建てられた総じて安普請のごく平凡な建物からなっていた。中世には、現在のオデオン広場にあった古い市門の先に屠殺場があり（パサージュ・ド・ラ・プティット・ブシュリ街：小さな屠殺場小路や、エショデ街：熱湯処理場街などにその記憶が刻まれている）、人々はヴォージラール街を経由して連れてきた家畜をそこで屠殺し、首都に肉を持ち込んだのである。有名なサン＝ジェルマン市場周辺には賭博場や売春宿もあった。貴族階級の豪壮な個人邸宅が建てられるのはもっとのちの17世紀、18世紀である。その場所も首都の市門からさらに遠く、アンヴァリッドに近いフォブールだった。サン＝シュルピス教会に近い場所は、19世紀全体を通じて、信仰生活に必要な品々を売る店、修道院、そして神学校で占められ、「サン＝シュルピス芸術」と言われる祭具の発祥地でもあった。サン＝シモンはこのあたりをパリで最も活気がなく、陰鬱で、死んでいるような街区の一つとして描いている。第二帝政期でも様相は変わらない。ちなみにポンソン・デュ・テライユは Le Club des Valets de coeur のなかで、罪を悔いたヒロイン、バカラを法衣や修道女の角頭巾の静かな影のなかに置いている。しかし戦後の発展がすべてを変えた。人々にもてはやされ、パリのなかで最も自由で魅惑的な刺激に満ち、最も知的な街区となったサン＝ジェルマンは、若く裕福で才気に満ちた人々を引き寄せた。彼らは、しがない事務労働者、年金生活者、慈善好きの婦人などこの街区に古くから住む住民と20年間ほどともに生活することになる。驚くほど異質な人々が社会的に混ざり合って暮らしていた。しかし家賃は需要の増大に従って高くなり、そのことが住民の構成に変化をもたらす。かなり貧困だった旧住民たちは、建物の新所有者が決めた住宅改良や修繕コストに耐えられるだけの資力をもたなかった。加えて、街区のいや増す騒擾も立ち退きを促したし、新たなアパルトマンのために提示された、彼らがそれまで夢見たこともないような補償金にも惹かれた。このように、街区の変容は、抗い難い力によってつき動

かされた市場の自然発生的なメカニズムの帰結であったが、最終的には40年以上の時間を要している。ちなみに1989年においても、依然、売り手が1km²当り5万フランを要求するような建物のなかで、小額の年金で慎ましく暮らす高齢の夫婦世帯が極めて劣悪な設備のアパルトマンを占有していた。

　マレ地区も類似の状況にあったが、サン＝ジェルマンに比べてずっと速いスピードで変化した。貴族階級の住む由緒ある街区であり、17世紀には広壮な邸宅の建つパリの中心であったマレ地区は、宮廷がヴェルサイユに移ったときに貴族階級に見捨てられ始める。フランス革命の嵐と第一帝政の大混乱が収まると、正統派の貴族たちはマレではなく、むしろより新しく、すぐに使えるフォブール・サン＝ジェルマンの屋敷に移り住むようになった。というのも18世紀末以来、多数の職人たちが邸宅を占拠し、ゆったりとした部屋を分割したり、広々とした中庭や廐舎を利用して粗末な作業小屋を建てたり改装したりしていたからである。つまり19世紀のマレ地区は、職人や小商店主が住んだサン＝タントワーヌ地区に似た様相を呈するようになっていた。またオスマンから無視されたこの街区は幹線街路を欠き、加えて、のちに地下鉄が一般に、オスマンの通した基幹的な道路軸の地下に建設されたがゆえに便利な交通手段を欠いていた。戦間期のマレ地区は、ごく普通の事務労働者と職人が、当時まだ界隈に住んでいた少数の貴族に混じって暮らす半ば庶民的な街区だった。例えばG.シムノンの主人公、メグレは中流の典型的な役人だったが、1930年代末、立派なヴォージュ広場に暮らしている。のちに、さらにずっと庶民的なリシャール＝ルノワール大通りの街区に転居するが。事件の一つは彼の住むヴォージュ広場を囲む建物の、その窓の下で始まる。つまり外国人貴族、界隈の事務労働者たちが直接にスパイ事件に関わっているのである。

　　ヴォージュ広場を囲む建物の2階には大ブルジョワや社交界に出入りする人々が住んでいたが……夜になると広場は人でいっぱいになった。涼を求めて、近隣のしがない職人たちが皆噴水の周りにやってきた[9]。

　次のような描写もある。

マレ地区のフラン゠ブルジョワ街にはまだ歴史的な屋敷がいくつか残っていた。そこは今や多くの貧困世帯が住む場所になっていたが、大半はしがない職人でその多くがポーランド、ハンガリー、あるいは旧リトアニアの出身だった[10]。

マレの変容は1950年代に入るとすぐに始まるが、そのテンポはゆっくりとしたものだった。たしかに、1948年の法律は新建築について家賃統制を解除していたが、旧建築については対象外としていたのである。そこへの投資は必ずしも利益を見込めるものではなかった。しかし、デベロッパーにとって、区分所有の進展は、相当に痛んだ古い邸宅を取得して作業場やその他の付属物を一掃し、建物全体の汚れを落としたのちにアパルトマン単位で転売し、利益を上げることを可能にした。マルロー法（1962年）は歴史的文化遺産の保全に大いに貢献したが、こうした流れを促し、マレ地区に残る邸宅の「修復」速度を大いに加速させた。反面、美麗な建物の価値の上昇がごく平凡な建物の価値をも引き上げた。すなわちマレ地区は20年の間に姿を一変させたのだった。汚れを落とされ、磨かれ、建物を囲む壁を取り払われて、街路から見えるようになった貴族の古い邸宅は、美術館や、残念なことではあるが行政庁舎として活用され、あるいはアパルトマン単位で富裕世帯に転売された。そうした人々がこの街区を変えたのである。こうした動きに店舗が続く。「ヌーヴェル・キュイジーヌ」を供するレストラン、流行の服を揃えるブティック、劇場などである。今日でも、この街区は静かで幾分地方的な趣を残している。しかし以前に比べはるかにお金のかかる場所になるとともに、その威信を回復しパリの重心を東へと引き寄せたのだった。サン゠ジェルマンのように今でも庶民的世帯が暮らしてはいる。しかしオスマンによって生活を脅かされた彼らの曾祖父らのように、彼らもまた徐々に立ち退かざるをえなくなっている。マレ地区は「修復」された。根底からの社会的変容と引き替えに。

レ・アール（中央市場）地区は一段と荒っぽく改造された。数世紀にわたり、その整備は首都に関心を寄せる権力者にとって重要な懸案事項であった。1840年には、パリ中心部の大規模市場の移転がパリ市議会を沸騰させる争点となる。ち

なみにランクタンに反対する知事ランビュトーは最も保守的かつ慎重な方策を採択した。すなわち現状維持という方策である。しかしナポレオン3世は鉄とガラスでできた巨大なホールを建設することでこれを近代化したのである。戦間期、レ・アールのあり方をめぐって議論が再燃するが、何も成しえなかった。しかしその一方で、1930年、政府は市場の拡張を目的に、懸案の諸問題をさらに深刻にする危険を冒して周辺不動産の収用に着手した。リベラシオンがなるとすぐ、セーヌ県知事は再びこの問題を取り上げた。とはいえ移転は念頭になかった。

現在の場所での、また実現可能な条件のもとに、レ・アール（中央市場）の完全で合理的な再編案をすみやかに決定しなければならない。市場の秩序を維持し、商品の搬入とすみやかな運搬、最小経費での取り扱い、基本的な衛生条件の確保には、商品の陳列時間および場所の統一が必要である[11]。

第五共和政はさらなる方策をもってこの問題に取り組んだ。バルタールの手になるレ・アールは都市圏人口が200万人であった時代のパリに食料を供給するために建設されたものだったが、700万人を超える人口を擁する首都圏の需要にはもはや応えることができなくなっていた。主要な批判は次の二つであった。一つはレ・アールがすさまじい交通渋滞を惹起しているというものである。しかし、この点について、移転を大いに慨嘆するシュヴァリエは、朝、夕のピーク時においても交通量は非常に少なかったと指摘している。今ひとつは、情報がすみやかに流れず、市場としての効率的で適切な機能を発揮できていないというものだった。他方で、レ・アールの移転はパリ心臓部に2.5haの用地を生むはずだった。それは千載一遇の好機であったが、この点は奇妙にも1960年以前は検討されていたように思われない。新体制発足直後（1959年1月）に発令されたオルドナンスが、1966年のレ・アール移転を打ち出す。これを受けて実に多くの計画が準備された。また1959年、ミシェル・ドゥブレは精肉卸業をラ・ヴィレットに移転することを決定し、同時に他の食料品の卸業は1962年にランジスに移すことが決まった。コミュニストたちは巨大なレ・アールに替えて、これを街区の主要な経済活動たる小売業および卸仲立ち業の場とする提案をしている。解放された土地をど

うすべきなのか。信じられないことだが、この問題への取り組みは1963年に至ってようやく始まった。それもある面では SEMAH（同年に設立された「レ・アールの整備に関する研究会」）の圧力を受けてのことだった。すなわち一組の建築家と都市計画家がレ・アールの枠組みから大胆に踏み出し、古い中心部の一部、19ha をそっくり取り壊し再建する案（ロチヴァル＝ロペズ案）を市当局に提示していた。市議会は衝撃を受けこれを拒否する。しかし問題は日に日にさし迫ったものとなっていた。伝統的な地域経済が徐々に失われ、街区は不穏なスラム街に変質していった。セバストポール大通りの反対側、かつてのアルシ＝ボブール台地、つまり本章に先立つ章で、パリで最も古くかつ悲惨な街区の一つとしてしばしば言及してきたエリアには、40年来ずっと不衛生住宅と診断されてきた数千戸の住宅が残存し、人々が住み続けてきたのである。1960年代においても、電気もない屋根裏部屋に暮らす老人もいた。再開発すべき地域の範囲をめぐる論争は4カ年に及んだ。またバルタールの手になるパビリオンを保存すべきか否かも論議の対象となった。どの閣僚も解放された空間を自らの省務のためにと要求している。ちなみに文化相であるマルローは建築学校の建設を希望している。蔵相のドゥブレは大蔵省をそこに移転し、当時利用していたルーブルを解放したいと考えた。もともと金融機関の幹部であった首相のジョルジュ・ポンピドゥは、ドゥブレを支持していた。ド・ゴール将軍は何かモニュメントを建造したいと模索している。コミュニストたちは一群の HLM（適正家賃住宅）を建設できれば満足だった。では一体だれがパリジャンのことを考えていたのだろうか。1967年、出席者を限ったエリゼ宮の会議の場で[12]、ド・ゴールは、列席閣僚の過半数が反対するなか、大蔵省をレ・アールに置くことを決定した。一方、公選パリ市議会は緑地空間を要求し、建設される建物の高度を30mに制限した（幾人かの建築家は高さ200mを超える高層建築を提案していたのである）。倦んだド・ゴールは決定をポンピドゥに委ねたが、あまりにも分裂していた閣僚たちは決断を下せず、最終的決定は再び市議会に委ねられた。こうして、市民は自らの手に留保された計画案に接することになった。それは一種の大衆的抗議だった。さまざまなアソシアシオン（民間活動団体）、なかでもシャンポー（Champeaux）のグループが抗議しているが、それらは世論を幾分なりとも動かさずにはおかない。1968年3

月、鼓舞された市議会はあらゆる計画案を拒絶した。当時は異議申し立ての時代だった。議員からなる委員会（カピタン委員会）が、APUR（パリ都市計画アトリエ）ならびに委嘱を受けた都市計画専門家グループ（マックス・ステルンのグループ）のサポートを受け、セーヌ川右岸におけるパリ中心部全体の指導スキームを準備した。彼らの構想は、商業施設および公共施設を地下広場に集め、その地上部分を交通網の主要な結節点にしようという、すなわちRERの駅をメトロと結ぶ内容だった。1969年、指導スキームは市議会において採択された。しかし直ちに中央政府によって阻止される。政府はあまりにもコストを要するRERの主要な結節点の建設を躊躇したのだった。からっぽになったバルタールのパビリオンは、1968年5月以後、自主的な展覧会や「革命劇場」（théatre révolutionnaire）として用いられたが、そのことがすみやかな決断を国に促した。1年ためらったのちの1969年7月、新大統領ジョルジュ・ポンピドゥは、当初ラ・デファンスに建設予定だった、自分の名前を冠した現代美術館をボブールに建設することを決める。しかし閣僚の一人、シャランドンはこの計画を再度議論の遡上にのせ、予定施設大半の全面見直しによる緑地空間の拡張を提案した。提案は広く支持された（「民衆を扇動するもの」との声もある）が、計画案にはもはや収益性はなかった。最終的に、政府は妥協を選択する。すなわち緑地空間を幾分拡張し、「フォロム」（Forum）の商業施設の数をやや少なくする、併せて予定された社会住宅の戸数も幾分減らすという妥協である。ではこのフォロムとそこに集められる数十の店舗は誰のためなのか。ポンピドゥは次のように言い切った。

　　私は商業施設、ホテルなどあらゆる種類の施設が入ることを望んでいる。もし巨大な空っぽの空間しかなければ、そこは集まってくる6万人もの若いヒッピーでいっぱいになるだろう[13]。

このようにフォロムは多くの顧客を引きつけることをねらっていたが、同時に、ほとんど資力なく過度に反体制的な若者の排斥を企図していた。しかしそれは、郊外の若者をこのエリアへダイレクトに運んでいたRERの役割を捨象することでもあった。今日、ギャルリ（店舗街）をしばしば訪れる人々と、店が来てほし

第5章　新たなオスマン主義か（1953-1974）　289

いと期待する人々との間のギャップは歴然としている。警備員たちは、中央部中庭を囲む階段に定期的に撒水し、そこに座れないように、例えばFNAC付近で若者たちが不穏に滞留しないように試みている。しかし、商業者の抱える困難、テナント契約の速い回転、店舗レベルの漸次的な低下は、この商業センターが、フォロムの引き寄せる顧客が求めるものと潜在的需要に応えていないということをはっきりと物語っている。久しく懸案であったこの重要な街区の「修復」を企図した都市計画案がこれほどまでに遅滞し、かつこのように混乱したなかでまとめられた以上、それは驚くに及ばない。少なくとも一定の結果は得られた。たとえ一人として追求したわけではないにせよ、また考えたことさえなかったような結果であっても。凍結を解除された家賃の水準、商事賃貸借、またアパルトマンの価格は、改めて地代を地価に沿ったものにした結果、15年ほどで10倍以上に跳ね上がった。そして「シャトレ゠レ・アール」駅の建設が不動産価格の上昇をさらに加速させる。これはレ・アール（中央市場）に近いかつての野菜果物市場をパリ都市圏全体の交通の結節点に、また郊外への自然な出口に、そしてパリへの最もアクセスのよいポイントに変える事業だった。かつて第二帝政期に、フラシャ（Flachat）がレ・アールの場所に構想し、1872年には市議会が要求したものの頑強なアカデミシャンたちがシャトレへ移転させたパリ中心部の結節点は、1世紀を経てようやくに実現した。しかし巨大な中央市場は移転した後だった。

　かくして古い中心部の「修復」（réhabilitation）は、地価高騰と街区の社会的変容をともなって、速度を速めながら次々と進められた。零細な年金生活者の暮らす眠っているような街区だったサン゠ジェルマンは、主として自然発生的な動きによって様相を一変させ、40年を経てパリで最も活気があり人気のある場所になった。マレはおよそ20年ほどの間に、マルローの個人的な影響力のもとで職人たちや事務労働者を失った。レ・アールはさらに根底的かつ速い変化を経験した。つまりこの場合、語るべきは「修復」よりも都市再開発（rénovation）である。パリで最も悲惨で庶民的な街区の一つが、15年足らずで何かと出費のかさむパリの核のような場所になり、流行の店（フォロムよりも、エチエンヌ゠マルセル街およびヴィクトワール広場の周囲であるが）とオフィスが進出した。閣僚であれ大統領であれ、こうした都市改造を許可した人々のいったい誰が自分の促したさ

まざまな変化の本質と重大さを意識していただろうか。彼らは衛生面での若干の改善、広壮な建築物、そしてデベロッパーの莫大な利益しか追求していなかったように見える。それは建築家、行政、事業者の姿勢であり都市計画家の姿勢ではなかった。レ・アールの再開発に起因する社会的ダメージの大きさは計り知れない。高い地位にあって責任を担った人々は、貧困世帯、とくに仕事先からも友人からも遠く離れた郊外に代替住居を提供された高齢者たちを気にかけていたとは思われない。彼らの暮らしを支えていた社会関係の切断が引き起こした諸問題はけっして小さくない。彼らはそうした関係を容易には結び直すことができなかった。また、不動産投機家による資本主義の陰謀という理論もフランスの一部のマルクス主義者には重要なものだが[14]、あまり説得力がない。なぜなら、この理論は、大規模な都市改造の多様な主体に経済的利益への執着を認めているが、同時に彼らが都市に関わるさまざまなデータや事実、またそのメカニズムを認識していたとしているからである。前者についてはたしかであるが、後者の点はかなり疑わしい。しかし少なくとも、彼らの熱狂ぶりや貪欲さは認めることができよう。というのも、彼らは古い中心部の「修復」に関わるだけでは満足せず、パリ周縁に位置する区をさらに徹底して改造していくことになるからである。

パリ周縁部の再開発

徴税請負人の壁は1960年においてもまだ一定の役割を担っていた。つまり行政はかつてこの壁が画した1区から7区の七つの区を「聖なる区域」と呼ぶと同時に、これら中心部の区に比較して周縁部の区を大ざっぱに扱う習慣がついていた。課題はもはや「修復」ではなく再開発すること、つまり古い建物を取り壊し、交通網を再編し、地域の担う都市機能を刷新し、住民をそっくり替えてしまうことだった。最初の事業の一つ、ラ・ヴィレットにおける事業の結果は、少なくとも納税者にとっては、また体制の威信においても惨憺たるものだった。反対に、一部の事業家と幾人かの政治家は、そこに巨大な屠殺場を建設することで莫大な利益を得た。古い倉庫に取って替わるこの屠殺場は周囲の街区には何ら新しい生活をもたらしえなかったであろう。逆に、その規模の大きさからすれば、パリのこの悲惨な地域の孤立をさらに深めることにしかならなかった。すなわち都市計画

家の視点から見れば、この計画は愚かでリスクの高いものだった。採算もとれなかったであろう。というのも、レ・アール（中央市場）から遠いうえに、ランジスに予定される新中央市場とは反対側に位置する施設を、パリは必要としていなかったからである。ミシェル・ドゥブレは肉の卸売市場をここに移転させることで卸売業を二分し、ラ・ヴィレットの施設を正当化しようとした。しかし、それは中央市場たるレ・アールを細分化することだった。結局、屠殺場は不要であることを再確認し、ようやく竣工したばかりの建物を取り壊さねばならなくなる（1970年）。新施設の規模の大きさとその無用性によって、腐敗は他の事業よりも一層ひどいものだった。総工費は当初予定の1億7,400万フランから10億フラン超へと膨らみ予算超過の記録をつくる。これほどに経費の嵩んだ屠殺場も全く使用されなかったのである。このことも異常である。この大失敗の責任者たちは一般には全く知られていないが、これはそれほど異常なことではない。新聞、少なくとも一部の新聞は糾弾し始めた。しかしそれは根拠のない風評だった。というのも何度も名前の挙がる幾人かの政治家はフランスの有力な二大政党で今なお重要なポジションを占めているからである。他方、司法は誤った司法判断を下すことを恐れ極めてゆっくりと対応し、調査もすぐに終えている。少なくとも、無実の人が有罪を宣告されることはなかった。

　他の事業に較べ一層都市計画的な性格をもつ今ひとつの事業がモンパルナスで始まった。1959年から1968年の間、あまたの若きブルトン女性を売春や結核に導いた古い駅が取り壊され、その後方に新駅が再建される。周囲は一掃され整備すべき広大な敷地が残された。のちにリヨン駅でも繰り返されるこうした事業は、七月王政期に決定された地割りを変えるものでは全くなかったが、極めて高地価の何ヘクタールもの土地を建設や投機の対象に提供したのである。市議会は、事業責任者ピエール・スドローの声明に接し偶然に事業計画を知った。1957年当初、政府は高さ150mの高層建築をエール・フランス（AF）の出資で建設し、オフィス空間として提供するとともに、一部、AFによる利用を予定していた。すなわち資金は間接的ではあるが公的資金だった。1959年、予定のタワーの高さは、ジュール・ロマンの反対にもかかわらず170mにかさ上げされた(15)。市議会は、1965年、この建物がアンヴァリッド前広場から見えてはならないとの決定をする。

つまり市議会はパリの都市景観を保護しようとしたのだった。しかしこれほど巨大な建物が周囲の街区にいやがうえでも及ぼすであろう影響については懸念していなかった。セーヌ県知事は市議会決定を何ら考慮せず、オフィス用床面積を拡張し事業の収益性を高めるために、タワーの高さを200mにした（1967年）。またタワーの前、「1940年6月18日広場」側には大型商業センターが予定された。さらにモンパルナス大通りの歩道は車線容量を増すために大幅に縮小された。自動車のための幹線道路の確保が最優先だった。

　さらに注目すべき事業がある。すなわちパリの二つの場所、一つはセーヌ川沿いのボーグルネル地区（29ha）、今ひとつはイタリア広場とトルビアックの間の地区（87ha）において、街区全体が徹底的に取り壊され、高層住宅が建設された。建物は主として住居用であったが、こうした試みはパリでは全く初めてのことだった。一般に言われているように、問題はアメリカの模倣ではなく（というのも、アメリカ人はタワーで働いているが、そこに暮らすのは極めて稀であるからである）、むしろ郊外のグラン・ザンサンブルがパリの内部をも蚕食してきたことだった。ただ実際には、タワーの高さは、あまたのグラン・ザンサンブルが建設された郊外よりも、はるかに地価の高いパリ内部の都市状況により適ったものとなった。しかし他の側面は著しく不都合だった。パリの都市景観に対する美観上の影響は誰からも惨憺たるものと見なされた。それ以来、パリジャンたちはこの景観に慣れ、あるいは、少なくとも諦めの気持ちを抱いている。人口面での変化もすさまじい。イタリア広場地区では新しいアパルトマンの買手がなかなかつかなかった。デベロッパーにとって幸運だったことは、ヴェトナム戦争が激しさを増していたまさにそうした時期に、高層建築を建設できたことにある。すなわちそこに落ち着くのは主としてヴェトナム人とサイゴン（チョロン）〔サイゴンは現在のホーチミン市の旧名。チョロンはその南西部にあった中国人町。〕出身の中国人だった。おそらく彼らはパリジャンほどにはこの新建築を不快に感じなかったのであろう。そもそも彼らには選択肢が限られていた。かくしてイタリア広場の高層建築群は、今日パリで最大規模の、首都圏では二番目に大きい正真正銘のチャイナタウン形成の発端となる。すでに戦間期、モベール広場周囲にインドシナ人の地区が形成されていたが、1955年以後、その範囲は急激な地価の高騰によって限られていた。ヴェトナム戦争の悲惨な終結と時を同

じくして建設されたマルヌ゠ラ゠ヴァレの新都市は、こうして、その10年後、アジア人世帯、とくにカンボジア人世帯やボート・ピープルの集中する第三の場所となる。このように、パリ地域圏における大規模な諸民族の集中は、植民地解放の歴史と首都パリの歴史との密接な結びつきを表している。

　ラ・デファンスにおける広大な業務地区の建設はド・ゴール将軍時代の大規模プロジェクトの一つである(16)。この計画には二つの目的があった。一つは都市圏で増大傾向にあった需要に応えるためのオフィス空間の建設である。今ひとつはバスティーユからポルト・マイヨーまで続く名高いシャン゠ゼリゼの都市軸の延伸である。この第二の目的はかつて第三共和政が関心を寄せたものだった。つまり1932年、パリ市議会は、エトワール広場からラ・デファンスのロータリーまでの都市軸の整備を目的に設計コンペを実施している。また戦後の1954年には、機械工業の職業組合がラ・デファンスでの産業博覧会場の建設を提案するが、ポルト・デ・ヴェルサイユの博覧会場との競合を懸念した15区の議員が反対する。計画は再検討され変更を加えられた。1957年、CNIT〔Centre des nouvelles industries et technologies：新産業技術センター〕の建設が決定し、ラ・デファンス改造の始まりが告げられた。しかし目的は徐々に変更していった。長いパースペクティヴの実現という純粋に建築物に関わる整備計画から、関心はすでに博覧会場へと移っていた。結局、そこにパリの第二の業務地区を建設する提案がなされる。1955年から1965年の繁栄の10年によって近代的オフィスの不足が顕在化する一方、オペラ座周辺の伝統的な業務地区の拡張は不可能だったのである。採りうる解決方法は、低廉な遊休地がある郊外に大規模な業務地区を建設すること、それをオペラ座周辺の古くからの中心部と高速交通で結ぶことだった。オペラ座とラ・デファンスとの距離は、時間にして、オペラ座からオスマンの四辻まで移動するのと同じ15分程度でしかなかった。こうした手法によって、パリは伝統的な地区を一変させることなく固有の「マンハッタン」を建設できたのだった。選ばれた用地（モンテソン平地の二つの墓地の間に広がる場所で、スラム街地域とナンテールのグラン・ザンサンブル地区に入る地点までの900ha）は批判の対象となった。つまり計画は一石二鳥をねらい、オフィス建設によって東西の都市軸の延伸を実現しようとしていた。さらに悪いことに、新たに形成された街区は、1840年以来パリ市が危惧してきた東西のアンバラ

ンスをさらに深刻にするだけだった。しかし、二つの難問に直面していた行政当局はこうした都市計画家の懸念を全く共有しなかった。第一に新しい街区に威信を与えるために大企業の本社を誘致しなければならなかった。その一例として、フランスの最大企業たるエルフ゠アキテーヌ社が移転第１号となる。エルフ゠アキテーヌ社はオーナーたる国に従うしかなかった。第二に、業務終了後、この街区が空っぽにならないように、またここに働く者すべてがRER（首都圏高速鉄道網）を利用するという事態が生じないようにしなければならなかった。こうした配慮から、高層住宅群が建設された。建物にはペンキで雲が描かれたが、おそらくは殺風景な景観に少しでも夢を与えようとしたのだろう。だがEPAD (Établissement public d'aménagement de la Défense：ラ・デファンス整備公施設法人）の努力にもかかわらず、新街区の発展の歩みは極めて遅々としたものだった。高層建築が立ち現れるのは1970年以後のことである。すなわちコンコルド広場からそうした高層建築が見えること、パリから見ればそれらが凱旋門の後方で醜悪な背景を成すことが、やや遅れてではあるがわかったのである。大蔵大臣ジスカール・デスタン〔大統領在任は1974-1981年。〕は高層建築の高さ制限と、竣工済み高層建築の制限超過部分の取り壊しを提案して人気を博した。とはいえ、そうした提案の実現に要するコストが計り知れないことを、蔵相は誰よりもよく知る立場にあった。提案は支持されなかったが、建築家ゼルフュス〔Zehrfuss, Bernard Louis (1911-1996)：フランスの建築家。パリのユネスコ本部庁舎をはじめ、新産業技術センターやグラン・ザンサンブルの設計で知られる。〕の設計した高さ250mの高層ビルの高さは制限された。他方、ル・コルビュジエはラ・デファンスのロータリーに近い場所で、大規模な複合文化施設の設計を担当した。そこには20世紀美術館（のちに19世紀美術館とされ、オルセー駅を利用してつくられる）、国立高等音楽院（コンセルヴァトワール・ド・ムジーク）、国立建築学校およびその他の重要施設が入る予定だった[17]。しかしこの複合施設は建設されず、パリは「無限に成長する螺旋状の形態」をもつ「可動的造形」たる美術館を奪われる。結局、110haの用地に100万m²を超えるオフィス空間が建設され、オペラ地区の既存のオフィス面積を実質的に２倍にした。EPADは建設の工程を慎重に順次踏みながら事業を進め、竣工した建物を売却してから次の新たな事業に着手した。街区発展の速度が遅かった背景にはこうした事情がある。今日、ラ・デファンスはパリの主要な業務地区となり、事業は成

功を収めている。だが事業を成功させ、成果を揺るぎないものとするには30年近くを要した。賭は大胆なものだった。問題はもはや「修復」(réhabiliter) でも、一街区の徹底的な再開発 (rénover) でもなく、パリ都市圏の構造を改革し、その成長に寄与させることにあった。その意味で、ラ・デファンスの事業はそれまでの国土整備政策に相対立するような真の地域圏計画の策定に途を開いたのである。

ドゥルヴリエとパリ地域圏連合区 (ディストリクト・ド・パリ)

　1958年の政治体制の変更は、当初、首都に対する中央政府の姿勢を転換させるものではなかった。実際1958年から1962年にかけて、ピエール・スドローはクローディウス＝プティの整備政策に従い、1960年8月2日には1本の法律を成立させている。しかし日に日に明確になっていく首都の需要、景気の回復、また急激な経済成長は従来とは正反対の政策を求めていた。すなわちスドローは、パリにおけるほとんどすべての建設を禁ずる計画を策定する一方で、これまでに述べてきたような荒々しい都市再開発事業を実行に移していったのだった。ジャン・ヴォージュールは行政によるこうした都市づくりの計画化に内在する基本的な欠点を次のように的確に指摘している。第一は、地域圏という意識の欠落である。なぜなら、都市整備の当事者たちは、都市計画家よりも建築家によりながら局所的な事業を準備したが、それが周囲に及ぼす影響についても地域圏におけるその位置づけについても考慮していなかった。第二は、省庁、三つの県、そして都市圏を構成する1,305のコミューンの間の行政上の政策調整の欠落である。そのことがさまざまな決定を遅らせると同時に、かつてオスマンがパリ市への郊外の編入と八つの行政区の新設によって挑んだような、そうした統合の努力を促さなかった。最後に、一般市民（世論）との信頼関係の欠落である。当局は、彼らとの協議の場を設けることもなければ、その存在を気にかけることさえなく、計画の策定を進めていった[18]。他方で、新しい共和国は地方行政における総合調整の必要性を感じていた。ちなみに1959年2月4日のオルドナンスは、中央政府に対し、パリ地域圏の行政をデクレによって刷新する権限を5カ年間付与している。

しかし一般国民の抗議は大きく、オルドナンスは全く適用されなかった。

野心的な予測

1961年、すべてが変化した。1本の法律（1961年8月2日）とこれを補完する2本のデクレ（1961年10月）によって「パリ地域圏連合区」(District de Paris：ディストリクト・ド・パリ）なる行政機関が設置された［セーヌ県、セーヌ＝エ＝オワーズ県、セーヌ＝エ＝マルヌ県の3県を圏域とした］。これは地域圏全体（1,305のコミューン）を統括するとともに、圏域の整備計画の準備、財政支援、公共事業の執行、新規事業の管理を任務とする組織である。その指揮統率は、幾分本人の意に反してはいたが[19]、実に誠実で精力的な高官、ポール・ドゥルヴィエに委ねられた。地域圏と首都にとって新たな幸運な時代が始まったのである。パリ地域圏連合区の主要な財源は特別整備税であったが、1962年から1969年にかけての税収は約13億フランにのぼる。同期間、パリ地域圏連合区はさらに3億フランの融資を受ける。これらに国庫補助を加えた総額、26億6,800万フランを7年間で執行することが可能となった（RERに10億、同様に高速道路に10億、上下水道建設に2億5,000万など）。また新行政機関の主要な任務は新しいSDAURP (Schéma diréctuer d'aménagement et d'urbanisme de la région parisienne：パリ地域圏整備・都市計画指導スキーム）の準備にあった。というのもPADOG (Plan d'aménagement et d'organisation générale de la région porisienne：パリ地域圏総合整備開発計画）が実質的に時代遅れになっていたからである。PADOGの慎重さは、パリ地域圏連合区の方針であった「パリの成長の奨励」という方針にもはや適合しなかった。パリ地域圏連合区は2000年における種々の需要の予測を取りまとめ[20]、1963年、「白書」のかたちで公表した。具体的にみると、購買力は1985年には1962年の2倍に、2000年には3倍になる。事務系の雇用は工業系の雇用の2倍の速度で増加する。交通面での需要は少なくとも3分の1拡大する。さらに自由時間の拡大がレジャーの需要を4倍にする。かくして、仮にパリの人口が現状のままに推移したとしても、爆発的な需要の膨張が予想された。しかし、パリの人口は増加しないわけにはいかなかった。パリ地域圏連合区は、この時期に先立つ数年の人口の飛躍的増加を考慮し、20世紀末のフランスの総人口を7,000万から7,500万人と推定するとともに、パリ地域

圏の人口を1,600万人から1,800万人と予測した。そして、この極端な数値を1,400万に誘導すべきことを決定する。予測によれば、35年間で、出生が死亡を300万人近く超過することになる。社会的な人口の増減、パリへの人口の流入と流出が均衡した場合でも、2000年のパリ地域圏は1,200万人の人口を擁することとなる。パリ地域圏連合区は、1,400万人という人口目標を設定することにおいて、フランスの総人口に占めるパリ都市圏の割合が30％から23％へと減少するだろうと暗黙のうちに仮定していた。それはグラヴィエが非難する常軌を逸したパリ中心主義からほど遠い控えめな予測であった。すなわち「地域間の均衡を保つ都市」（métropoles d'équilibre）およびパリ盆地における他の大都市の成長の加速が見込まれていた。そのためには爆発的な需要の伸びに対応しなければならない。事実、パリ都市圏を走る自動車数は160万台から400万台に増加するであろうし、移動回数も倍増しよう。サービス産業における雇用も同様である。必要な住宅数も倍になり、その面積は4倍になる。なぜなら各世帯がより良い暮らしを期待するであろうし、その手段を求めるからである。またトータルの購買力は5倍に達しよう。こうした予測は人を圧倒するものだった。30年間で、500万人もの新しいパリジャンに住宅を与え、種々のサービスを提供しなければならない。すなわちパリ地域圏で毎年、10万戸の住宅を建設するとともに、200万の雇用を創出し、毎日さらに2,000万回もの移動を可能にしなければならなくなる。こうした発展はパリの都市空間の激変を意味していた。結局、1965年に公表されたSDAURPは法的拘束力をもつことなく発効する。1969年1月にはその後の修正を経た内容が改めて発表され、さらに1971年には改訂版が準備される。1975年、ついに議会で議決されるに至ったが、この時点では、このスキームは明らかに陳腐化してしまっていた。

都市空間の新たな組織化

パリ地域圏連合区による予測は衝撃的だった[21]。1960年代初頭、パリ都市圏は800万人の人口を擁し、毎年15万人の新規移住者を受け入れていた。この都市圏は、あらゆるものが集中する一つの核であり、さまざまなものが過度に凝集する反面、柔軟さを欠いたままに一定の空間的広がりをもつ一つの組織体だった。

例えば公共交通機関は時代遅れになっていた（非常に狭くカーブする箇所で軌道上を騒々しく揺れたメトロの車両は、その多くが19世紀に製作されたもので、すでに60年も走っていた。同時にほぼすべての路線がパリの市門止まりだった。郊外のコミューンは成長著しく、パリとの連絡が悪い上にコミューン相互の連絡はさらに悪かったが、570万人近くの人口を擁していた。自動車用の幹線道路も飽和状態だった。60年で、国およびコミューンは、高速道路については2区間、全体で29km（西部および南部の高速道路）のみ、あとはソー（Sceaux）線しか建設しえていない。半世紀に及ぶ無関心ののち、すべてに取りかからねばならなかった。

　交通網の改善は最重要課題であり、それがなってはじめて予想される人口成長に対応しうる都市圏の拡大が可能だった。パリ地域圏連合区は主に公共交通を重点課題とし、一般には隣接コミューンの役場までメトロを郊外へと延伸し、併せてSNCFとの協力・連携のもとに首都圏高速鉄道網の建設に着手した（Réseau express régional：RER, 1961年。最初の区間の開通は後述のように1969年）。地域圏交通網の最初のプロジェクトは1922年まで遡るが、ソー線を除いて何一つ実現していなかった。こうしたなか、パリの多様な交通機関が一つの組合組織（syndicat）に統合された（STP：1959年1月7日のオルドナンス）。理想は、メトロの開通以来互いに反目していた、異なる規程のもとにある二つの公営企業（RATPとSNCF）の間の連携・協力を実現することだった（RATPはTCRP〈Transports en Commun de la Région Parisienne〉を継承していたが、TCRP自体、メトロ各路線の多様な営業権獲得事業者の後継組織だった。しかし、RATP、SNCFの管理・経営者はかたやメトロの組合との間で、かたや鉄道の組合との間で対立し、それが19世紀末から続いていた）。自動車はまだ高価でめったに見られず、フランス人にとって真の崇拝の対象だった。*L'Auto-Journal* 主催のコンクールがフランス全体を虜にする時代だったのである。その一方で、タチ（Tati）は「僕のおじさん」（*Mon oncle*, 1958）、次いで「プレイタイム」（*Playtime*）にみてとれるように、またゴダール（Godard）は *Week-End* にみてとれるように、車への新しい情熱を全く意に介していなかった。パリ地域圏連合区の構想では、パリの混雑を打開し首都と郊外とよりよく結ぶために放射状の12本の高速道路ならびに3

第5章　新たなオスマン主義か（1953-1974）　299

本の同心円状の環状道路の建設を予定していた。すなわち、1本は他の道路との交差を回避するための切り通しの外環状大通り（Boulevard périphérique）で、通称「元帥通り」と呼ばれた古い環状道路の幅員を2倍にしたものである。加えて第二の環状高速道路（A86）ならびに今少しパリから離れた第三の高速道路（A87）が予定された。パリを貫通するRERの線路を地下に敷設する作業は難航しコストを要した。ちなみに事業者たちは工事のはやい「シールド」工法を初めて採用している。しかしオーベールとエトワールの間は、シールドがブロックされて工事は停滞した。またRATPの技師たちは輸送量、とくにパリ市内、リヨン駅とエトワールの間をはなはだしく過小評価している。例えば乗降客が最大のシャトレ＝レ・アール駅において、彼らは片方を降車用に、他方を乗車用にと、車両の両側にホームを整備することを考えていない。大幅に時間を節約し停車時間も短く、ホームの雑踏も回避できたであろう（残念ながらこの配慮が欠落していたがために、かつての東京のように、今日、RATPはラッシュアワー時に乗客を車両に押し込む職員を配置しなければならない）。とはいえ、鉄道網としては目の粗いものではあったが、首都から20kmの距離までを覆うような路線が初めて構想され、すみやかに着工に移された。これは特筆すべきことである。1969年、RERの最初の区間が開通した。こうした公共交通網がようやくパリ都市圏を地域圏という視点から捉えた組織を可能にした。

新都市

　過去1世紀の間、郊外は忘れられてきたが、1960年以後、郊外を捨象して都市整備を進めることは不可能だった。都市整備に際しては、パリ地域圏を一つのまとまりとして考えることが必須となった。その全体がパリ地域圏連合区の活動に委ねられた領域だった。急激な人口増加、住宅、雇用、交通、レジャーなどのさらに激しい需要の拡大を予測したのち、パリ地域圏連合区は具体的な解決の手だてを提案しなければならなかった。しかし、衆愚政治が建設活動を凍結する一方で、農村名望家の投げやりな姿勢が最も必要な都市整備を忘れさせ、さらに大都市に対する本当の憎悪が20年にわたってさまざまな活動と雇用を首都から奪ってきたあとで、これほど憂慮すべき無視に対する理にかなった方策を、長期間放置

されてきた都市圏に見出すことは快挙に近かった。SDAURPを準備した都市計画家たちはいくつかの打開策を考案している[22]。世紀初頭のように、徐々に周囲を蚕食するような都市の自生的成長を放任することは最悪であった。つまりスプロール現象は、パリに比較的近い緑地空間を台無しにし、人の移動距離を大きくすると同時に、おしなべて地価を上昇させ（パリ市内でも、地価は周辺部の地価および周辺部との距離によって決まる）、結局、公共交通網の整備と産業立地に必要な空間を占拠していくことになる。郊外における景観破壊はすでに惨憺たる結果を招いており、誰もがそれを回避したいと望んでいた。こうしたなか、パリの上流および下流においてはセーヌ川の軸線を森や周辺農地によって保全すること、北部および南部ではセーヌ川に沿って2本の軸線を設定し、これに沿って地域圏の新住民を住まわせる方針が決まる。この方策は利便性の高い公共交通網を整備するとともに、イル＝ド＝フランスの都市住民すべてを緑地や水辺空間の近くに住まわせることを企図していた。ほとんど言及されないものの、切実な課題として最後の議論の対象となったのがコスト問題であった。これには、依然低い地価水準にあった台地部分の農地を活用するという対応をとった。基幹的な交通網ならびに工業および最も貴重な耕作地（果樹園）が谷の部分（水路、運河、道路）や丘の斜面を占めていたのである。

　パリ地域圏連合区は、さらに、膨張する人口を吸収する第二首都、「パリ・ビス」（Paris bis）の建設を考案した。しかし、どこに建設しようというのか。既存の都市から遠ければ、やっかいな交通問題を惹起するであろう。パリに近ければ二つの都市はすぐに結合するであろう。それらはすぐに合体による成長に陥ることになる。議論の方向は新都市に向かっていった。主たる先例は、戦後世界中の都市計画家に影響を与えているイギリスのニュータウンだった。イギリスの新都市は意識的に小規模に計画され（人口約6万人）、首都から離され（60kmほど）、森と入念に維持された耕作地からなるグリーンベルトによって首都と分離された。また移動を最小限にするために住民はニュータウン内に職を得ることになっていた。反対にフランスの都市計画家たちは、新都市固有の生活のあり方を実現すべく、機能、雇用、個性の面で相当に多様な新都市を構想していた。まず大規模でなければならなかった（人口15万から30万人）。そこには活力と魅力ある中心が

あり、さまざまな活動が展開され、雇用は必ずしも居所と結びつかない。このようにイギリスを範としえていない(そもそもそのように考えていなかったが)。パリ盆地の二次的都市(モー、ムラン、マント、コルベイユなど)に新住民を住まわせ、これを成長させる構想もあった。だが、こうした都市の古くからの中心部は、旧住民よりもはるかに多い新住民に必要なサービスを提供できなかった。結果、都市自体が充分に成長しえないと判断されたのである(この判断には批判の余地がある。なぜなら都市の成長は既存の中心がその機能と規模を少しずつ拡張していくことで実現するからである)。

　SDAURPはパリの周囲に2本の軸線に沿って八つの新都市を構想していた。そのうち五つが建設される。1966年から1969年にかけて各新都市に整備主体が設置されるが、のちに新都市整備公施設法人がこれらに取って代わった(établissements publics d'aménagement：EPA、1969年4月にエヴリとセルジーで、1970年10月にサン＝カンタンで、1972年8月にマルヌ＝ラ＝ヴァレで、1973年10月にムラン＝セナールでそれぞれ設置)。このEPAが、新都市の建設に関わる数多くのコミューン(一例としてセルジーでは16のコミューン、マルヌ＝ラ＝ヴァレでは41のコミューン)から構成される組合(syndicats)の管理運営を担った。またボシェ法(Loi Boscher：1970年7月10日)によって新都市の管理規定が整い、新都市を形成するコミューンにはその組織形態に関して幾分狭いが三つの選択肢が提示された。各新都市には固有の特質がある。エヴリのアゴラ(公共広場)には、公共施設(図書館、運動場)、レストラン、カフェ、2棟のオフィスビルなどが集められ、床面積は全体で5万m^{2}に達する。セルジーは革新的な技術によって整備されることになった。例えば技師ベルタンによるリニア・モーターカーは磁気浮上式の摩擦のない高速移動手段として期待された。しかしこの手段はその新型「リニアモーター」が整備されず、新都市の住民は平凡な郊外電車を利用しなければならなくなる。マルヌ＝ラ＝ヴァレはパリの新都市では最も広域に立地し、RER-Estの各駅周辺に広がるそれぞれ異なった複数のコミューンを数珠繋ぎにしたようになっている。ノワジー＝ル＝グラン＝モン＝デストの商業センター(アルカード)は巨大であるが他の地区から数キロ離れている。つまり自動車が不可欠となった。またノワジー＝シャンにある農場は「学術キャンパス」と

され、将来的にはパリ第14大学の立地が予定された。残念ながら、新都市は建築家にガラスを多数用いる場を提供している。そこには彼らの思い切った大胆さや夢が見てとれるが、実にしばしば悪夢のようになる。ノワジー＝ル＝グランにはリカルド・ボフィル（Ricardo Bofill）の手になる巨大な建物、「テアートル」がある。これは大きな成功を収め、空想科学映画「ブラジル」は、恐ろしい専制が支配する悪夢のような未来都市を描く際にここを利用している。500m離れたところにはヌネ（Nunez）による「カマンベール」がある。7階建ての2棟の円筒形の建物が建ち、カンボジア難民やアフリカ出身の移民が暮らしている。彼らに住居の選択肢がなかったことは明白である。反対に、パリから遠く離れたノワジエルやリュザールの景観にはもっと落ち着いたたたずまいと人間的な温もりが感じられる。整備されたジャブリーヌの水辺に近く、夏は快適であろう。

　300万人の人口を受け入れるべく無から建設され、短期間での成長と充分な施設の整備を義務づけられた新都市は、歳入を超過するような歳出の資金繰りを何年にもわたって余儀なくされた。長期間、まとわねばならない服はあまりにも身丈に合わなかった。都市計画家はそのことをよく理解していた。しかし中央政府は、パリ地域圏に巨費を投ずることを拒み、EPAの取得した用地の整備費のみ手当することを受け入れた。EPAはその後で地方公共団体や民間デベロッパーにこれを転売もしくは賃貸することになる。ZAD政策（1962年の法律で導入された長期整備区域）は公的機関に対し、新都市中心部および整備予定エリアを対象とした先買権を付与していた。つまり国はZAD指定以前の地価による用地取得が可能であり、小幅の地価再評価を考慮するのみでよかった。この手続は不動産投機の抑制を意図していた。つまりある土地に建物が建つであろうことを知り、すぐにはるかに高い価格で転売しようと農民から土地を買った者は、無駄金を使う結果になった。しかし、先買権はほとんど行使されなかった。むしろこの制度は地価のコントロールに寄与し、主に地価高騰を抑止する役割を担っている。用地取得は通常、任意買収か公用収用によった。他方、貯蓄供託金庫による融資が住宅やオフィスの建設を助けている。しかし、新都市に包含されたコミューンの多くは深刻な財政危機に見舞われた。そうしたコミューンには、イギリスのニュータウンの資金繰りを支えた長期の低金利融資が不足していたのである。また

第5章　新たなオスマン主義か（1953-1974）　303

国とパリ地域圏連合区から交付された数年間の国庫補助は、施設整備のための初期投資をカバーするには不充分だった。さらに国は、過度の公共投資を回避するために国土整備政策を修正した。つまりパリ地域圏に進出した企業が収めねばならない負担金、一種のペナルティの金額を、新都市のエリアに関しては半額にした。その影響はわずかだったが、重要な政策転換を意味していた。

受け入れられた成長

　ポール・ドゥルヴリエの大胆なビジョンは首都の桁外れの成長を予測するものだったが、それはパリの成長を制限するような絶えざる試みに真っ向から対立するものとなった。そうした施策はヴィシー政府以来さまざまなかたちを取って猛威をふるってきた（最初の整備委員会は1943年、ランスに設置された）。かくして国土整備は都市の成長抑制策に従ってきたが、その一方で政府はパリの「都市再生」を進め、すでにみたような激しさでパリを再開発し、パリ地域圏連合区は断固とした拡大路線による指導スキーム（SD）を準備したのだった。パリの再開発を荒々しく進めたピエール・スドローは、ひとたび閣僚になると1960年のマルサス主義的法律を成立させた。不協和音は一つの分野、すなわち都市の計画的形成（planification）において頂点に達した。

　抜本的改革によって、首都の成長を研究しこれを促すことを任務とする組織が生まれた。具体的にはPADOGを承認したデクレが、同時に、IAURP（Institut d'aménagement et d'urbanisme de la région parisienne：パリ地域圏整備・都市計画研究所、1960年8月6日）、すなわちパリ地域圏に関する研究センターを設置している（のちに［1976年5月6日の法律による。］「パリ地域圏」という表現に代わって「イル＝ド＝フランス地域圏」という表現が採用された際にIAURIFと改称された）。またジョルジュ・ポンピドゥはパリ市行政当局に付属する調査・研究機関としてAPUR（Atelier parisien d'urbanisme：パリ都市計画アトリエ）の設置を命じている。併せて不動産・技術センター（Agence foncière et technique：1962年4月14日のデクレによって設置）が先買権行使を担うとともに、都市計画事業の観点から用地取得を担当することとなった。さらにパリ地域圏連合区は、かつてオスマンが試みたように、パリ地域圏の行政的枠組みを再編し、従来の3県に替え

て8県をおくこととした（1964年7月10日の法律）〔パリ市は市であると同時に県としての地位も与えられたため、1市7県と表現することもできる。〕。こうして、これら8県はパリ地域圏の社会と人口に関わる重要課題を共有することとなったのである。すなわち中央部（パリ市）、プティット・クロンヌ（近郊内帯3県：オー＝ド＝セーヌ県、セーヌ＝サン＝ドニ県、ヴァル＝ド＝マルヌ県）、グランド・クロンヌ（近郊外帯4県：イヴリーヌ県、ヴァル＝ドワーズ県、エソンヌ県、セーヌ＝エ＝マルヌ県）の8県（1市7県）である。

SDAURPの構想は非常に野心的だった。つまり、新都市は数年で80万人、20年で500万人近い人口を受け入れるというものだった。こうした矛盾した試みの帰結は中途半端なものとなる。言い換えればそれぞれが自分の主張に満足することができた。例えばジャン＝フランソワ・グラヴィエは[23]、1960年代初め、パリ地域圏で創出された床面積がフランス全体の8-13％に相当し、それが首都の人口の重みからみて期待される数値の2分の1から3分の1でしかないこと、1961年から1966年の間に取り壊された商業用建物数が建設数よりも多いことを歓迎している。パリは停滞あるいは後退さえしている印象を与えていた。また戦前、フランスで発行された新聞の過半を占めていたパリの日刊紙は、1970年にはもはや3分の1でしかなかった。逆に地方が文化的交流イベントを創造し発展させていた（アヴィニョンのフェスティバルなど）。またアンドレ・マルローは郊外に文化を根づかせようと、郊外に立地する劇場への補助金を倍増した。いくつかは大成功を収めた。「カルトウッシュリ」や「アマンディエ劇場」はパリで最良のホールと同じほど有名になったが、そこに足繁く通っているのはパリジャンだと指摘する中傷家もいる。しかし、1950年から1964年にかけて、地方はパリに発する35万人相当の雇用を確保したと、ジャン＝フランソワ・グラヴィエは根拠を示すことなく推量している。たしかに数値は大きい。しかし、こうした雇用の半数以上は首都から200km圏内で創出されたものだった。

　パリ地域圏の成長と地価の上昇、中心部における人口減少と周辺部での飛躍的増加、また汚染物質を排出する工業活動が周辺部における立地を余儀なくされたこと、さらにパリの都市機能がサービス産業および中枢管理機能にますます特化されたことなど、これらすべてが首都の影響の及ぶ範囲を拡大し、人口、オフィス、工場をノートル＝ダムからさらに遠方へと遠ざけることに寄与した。1947年

以降の長期に及ぶかつコストを要した地方分散政策の試みを総括すれば、その成果はゼロではない。しかしさまざまな活動の分散は、そうした政策が採られなかったとしても、（速度はもっと遅かったかもしれないが）同じように生じたのではないか。都市圏はこれまでもしばしば見られたように、自律的な成長法則に従って発展するのである。すなわちまず中心部が人口を失い始める。人口の激増する環状地帯が、水に投じられた石がつくる同心円のように中心部から離れたところに形成される。ちなみにパリは次のような古典的様相を呈することになった。地域圏中心部（すなわちパリ市）は1910年以後、ゆっくりと人口減少の途を辿った（図19）。プティット・クロンヌは二つの世界大戦の間に急激に膨張し、第二次世界大戦後の成熟期を経て1960年代末以降安定し始める。他方、人口密度も低くまだ農村だったグランド・クロンヌは急速に都市化していった。こうしたなかで、19世紀末以降郊外に遠ざけられたパリの工業活動は第二次世界大戦後さらに遠方へ押しやられるが、1960年代には、地域圏の境を成し、やがて首都の衛星都市となるような諸都市（ルーアン、ル・マン、ランスなど）へ段階的に移転する。グラヴィエの歓迎するパリから地方への雇用移転の半数以上は、こうした現象の帰結だった。この現象はパリの衰退や他都市の自立度の高まりを示すものではなく、逆に、首都のいや増す影響力とその権力の拡大を表していた。いくつかの主要な行政機関の地方分散、フランスの計画的な都市形成におけるこのえたいの知れない方策は1960年代に始まる、グラン・ゼコールや大学をパリから数キロの遠くない郊外に移転させることを主たる内容にしていた。しかしエコール・ポリテクニック（理工科学校）はパレソーに、HEC 経営大学院（École des hautes études commerciales）はジュイ＝アン＝ジョザスに、エコール・デ・ポン＝ゼ・ショセ（公土木学校）はマルヌ＝ラ＝ヴァレにそれぞれ移転し、六つの大学は郊外に出たが、それらは多くの人々が求めたようなフランスの主要な教育・研究機関の本当の移転とはいえない。反対に、パリ都市圏は主たる教育機関の集積を継続した。移転の目的はパリ市内の非常に地価の高い敷地を明け渡し、低コストでの施設拡充が可能な低地価の場所に移すことだけだった。

　しかし、一つの強力な行政機関が設置され大きな権限を付与されていた。すなわち DATAR（Délégation à l'aménagement du territoire et à l'action régionale：

国土整備・地域振興庁、1963年2月14日のデクレによる）の設置である。これは現代的な産業において最も貧困な都市に開発補助金を交付する機関だった。すなわち補助金の4分の1はフランス南西部および中央部に配分された。またDATARは第三次産業の地方分散の促進に努めた。1967年、「立地の誘導」(localisation) を図るための特別補助金が創設され、パリ盆地以外に進出する企業に交付される。これは、パリを衰退させずに地方を活性化させるという、非マルサス主義的なより巧みな地方分散政策であった。しかし、ジャン＝フランソワ・グラヴィエは幾分落胆した調子で、政府は慎重に選定された場所ではなく、コミューンの長や閣僚、また体制の「お偉方」が重視する諸都市に事業を分散させていると指摘している（ラニオンへのCNET〈国立電信電話研究所〉や、トゥールーズへのCNES〈国立宇宙研究センター〉の移転など）。21の地域圏（régions）の創設（1964年3月14日のデクレ）、地域開発を進展させるための五つのOREAM（Organisme d'étude et d'aménagement d'aire métropolitaime：都市圏調査研究・整備機構）の設置（1966年）、さらにパリ盆地を対象にした省際機関の設置（1967年）が、地域圏を対象にした施策を強化している。この省際機関が1969年に発表した白書は、予定されていた新都市のうち三つの建設計画の撤回と、パリから離れては展開しえない事業のみをパリ地域圏に誘導することを提案した。DATARは「地域間の均衡を保つ都市」の役割を期待される8都市（ナント、ボルドー、トゥールーズ、マルセイユ、リヨン、ストラスブール、ナンシー、リール）を選択し、特別補助金によってそれらを優遇した。1971年秋、負担金を1 m^2 当り500フランに引き上げることによってパリ地域圏におけるオフィス建設はさらに制限される。他方、農民への補助について言えば、パリ地域圏はとりわけ1967年以後、多額の融資の恩恵を受けている。こうした相次ぐ施策の集中は一定の結果を導いた。1968年の国勢調査によれば、パリ地域圏は1962年以降雇用を減らす（−1.2%）一方、地方は増加させている（＋4.2%）。またパリは工業関連の雇用を失っていた。1960年代、首都と地方との間の人口移動のバランスはほぼ均衡し（図18）、流入数は流出数と釣り合っていた。しかしパリに入ってくる人口は主として若年層であり、出て行くのは退職者たちである。首都はこうしてその活力を維持し、かつ大きくさえした。人口の自然増（出生と死亡との差）が成長の主要な源泉と

第5章 新たなオスマン主義か (1953-1974) 307

なる。結局、ほかのフランスの諸都市は、規模の大小を問わずパリよりも速い速度で発展している。農村は安定していた。

以上に見てきたようにゴーリストの政治体制は、三つの相異なる、だがしばしば矛盾する国土整備政策を展開してきたように思われる。第一に、地方の大都市を優遇する地域圏の開発を積極的に進めようとしてきたが、その開発を首都の活力に根ざしたものにしようとは考えなかったと思われる。この政策は1940年代、50年代に具体化された施策、つまりパリを常に、そのダイナミズムを抑制すべき危険な勢力と捉え、連帯の対象とは見なさない施策を継承するものだった。第二に、「修復」政策や暴力的といえるほどの都市再開発が15年間で首都の相貌を変えたことである。これはデベロッパーを牽引車として進められ、また深刻な住宅難によって正当化されたものだった。最後に、ポール・ドゥルヴリエとパリ地域圏連合区が才能と情熱をもって取り組んだパリ地域圏の再編と整備がある。その多大な努力によって現代的公共交通網が整備され、新都市が建設され、さらにSDAURPを介してパリの飛躍的発展が約束されたのである。このような相矛盾する政策が、仮にそれぞれその成果をすべて生み出す時間があったならば、いかなる帰結をもたらしえたのか、それは知るすべもなかった。そうした政策が依拠していた共通の基礎が1970年頃に崩壊するのである。建設業界の繁栄、パリに対立するような国土整備政策、あるいは首都の発展を促すようなドゥルヴリエの政策、これら三つの政策はいずれも人口の増大と経済発展の持続を暗々裡に前提としていた。

これらの政策がピークに達したと思われるまさにその時期に、人口および経済の飛躍的成長をみた30年（フーラスティエの「栄光の30年」1945-1975年）が終焉した。世界的な混乱の諸要因を捨象することは難しい。ヴェトナム戦争はニクソン政権がドルを金本位制から切り離すうえで主要な役割を果たしている（1971年）。イスラエルと隣接アラブ諸国との新たな戦争に続く重大な第一次石油ショック（1972年）は、部分的には金本位制からの離脱の帰結でもあり、次にはこの石油ショックがインフレを増幅することとなった。ドルの下落とともに原料価格はすべての市場で急速に高騰した。こうした事態から、多くの人々は、世界が広く基礎的生産物の欠乏に苦しんでいると、実に素朴に推論している。またエコロ

ジストたちの思想の芽生えは新しい現象であり、それだけ一層印象的なものだったが、伝統的資源の欠乏に加えさらにもっと基本的な要素を重視する。つまり大気、水、さらに拡げて、安寧、緑、静謐などである。そして、いつも危機の時代に突然現れるマルサス主義的反応が即座にいたるところで姿を現した。フランスでは、危機に直面すると、首都に対する古くからのとげとげしさが新たな論争の種になる。こうした、ときに独創的だがしばしば旧弊な種々の思想の結合は、フランス社会を転換させる一つの大きな手段となる。1971年に始まった危機は、1929年以来西欧社会が経験したなかで最も深刻なものとなった。1930年代同様、当初フランスは、「フランスは一つの庭である」(La France est un jardin.) と見なされ、予測された大きな変化を避けられるだろうという危険な幻想を抱いていた。しかし、出生率は1960年代末に大きく変化し、1972年から1976年にかけて18％下がった。他方で生産も1968年以後縮小していた。ちなみに旧フランス領アフリカ生まれのフランス人（ピエ・ノワール）は統合され、移住の流れは鈍化し、農村から都市へのフランス農民の大規模な移動も終焉した。1954年から1968年にかけて急増した都市人口（19％増）もその後はゆっくりとしか成長しない。すでにフランス人の4分の3が都市に暮らしていた。そしてついに1968年5月のモラル危機とこれを契機に広がったさまざまな思想が都市を不人気にしていった。「消費社会」を破壊しえなかったことに落胆し、パリを離れてアルデッシュで山羊を育てようとしたあまりにも短絡的な知識人もいる。しかしもっと多数の平均的フランス人は小規模都市での暮らしを選択する。時代精神が大都市を非難していたのだった。つまり大地に、少なくとも田園に回帰しようとしていた。新しい国土整備政策がパリを変え始めたまさにその時期に、そうした政策を正当化するあらゆる野心的な予測が雲散霧消した。ドゥルヴィエの大規模プロジェクトは、当時活用しえたこれに先立つ時期（1954-1962年）のデータ（図19）によってまとめられたものだった。すなわちパリは当時、43万3,000人の自然増と71万人の移民の、併せて114万3,000人という膨大な住民を獲得していた。しかしこの成長は新住民を受け入れるべく新都市を建設している最中にストップする。1962年から1968年の間、パリの人口の自然増はやや縮小し（40万2,000人）し、移民増は半減した（36万3,000人にとどまった）。こうしたパリの人口動態の変容はゴーリ

第5章 新たなオスマン主義か (1953-1974)　309

ズムの終焉をともなった。ド・ゴール将軍は、幾分は頑固さから、上院の権力に対抗して準備した国民投票で敗北したのである (1969年)。ド・ゴールは上院において過剰に、かつ著しく公平性を欠いた割合で議席を有する農村部の力を削ごうと試みたのである。彼の挫折はパリの都市整備の挫折でもあった。ポンピドゥの在任期間は5年間にすぎないが、世論がもはやそれらを望んでいないときに塔状の集合住宅や長大な集合住宅を建設している。彼の死後、その反動は一層激しさを増すものとなった。

注
(1)　Cf. P. Guinchat *et al.* [1981].
(2)　Cf. P. Merlin [1976], p. 298 以下。
(3)　Cf. CINAM. P. Merlin [1982a] における引用。
(4)　Cf. *La Vie des ménages de quatre nouveaux ensembles*, 1964.
(5)　J.-F. Lae, «La naissance des grands ensembles», *Libération*, 5 juin 1991, p. 5. 併せて R. Kaës, *Vivre dans les grands ensembles*, 1963 を参照されたい。
(6)　Cf. O. Piron の興味深い論考、«On leur a volé la rue», *Libération*, 27-28 juillet 1991 を参照されたい。
(7)　L. Chevalier [1977]. この作品は事態を憤慨した雄弁な記録である。以下の本書における引用はここからのものである。
(8)　«Réhabiliter» という表現は、都市計画家が仲間うちで使ってきた専門用語の一つである。古い建築物をその構造とファサードを活かしながら完全に刷新することを意味する。他方、«Rénover» は、一街区をそっくり改造する取り壊しと再建の過程を指す。前者は残されて在るものの相貌を保全し、後者は、徹底的に一新する。
(9)　G. Simenon, *L'Amoureux de Mme Maigret* (1939), *Œuvres complètes*, Éd. Rencontres, 1967, vol. IX, p. 160.
(10)　G. Simenon, *Maigret se défend* (1939), *Ibid.*, vol. X.
(11)　1944年6月8日の経済審議会における知事 Pelletier の言葉。L. Chevalier [1977], p. 237 からの引用。一致した行動については当然のこととして言及されなかった。
(12)　R. Franc [1971], p. 151 以下。
(13)　*Ibid.*, p. 159 における引用。
(14)　Cf. J. Lojkine [1972].
(15)　Cf. L. Chevalier [1977], p. 231.

(16) *Ibid.,* p. 222 以下。
(17) Cf. N. Boutet de Monvel [1964], p. 122.
(18) Cf. J. Vaujour [1970].
(19) Cf. R. Franc [1971], p. 164 以下。
(20) Cf. P. Merlin [1976].
(21) J.-P. Lecoin による次の優れた概説を参照されたい。«La metropoli parigina tra passato e futuro», *Roma, Parigi, New York*, 1985, pp. 17-35.
(22) Cf. P. Merlin [1976], J. Vaujour [1970], M. Carmona, [1979].
(23) グラヴィエの1947、1972年の作品を参照されたい。

第6章 世紀末のパリ (1974-2000)

　1974年、パリは新住民を迎え入れ計画的に都市を成長させる用意を、過去1世紀以来初めて整えることができた。すべてが無限の発展にふさわしく整ったように思われたまさにそのときに、1929年以来最大の世界を揺るがす経済危機が襲った。「栄光の30年」は終焉したのだ。同時に全先進諸国、なかんずくフランスにおいて、世論は一つの極から今ひとつの極へと大きく揺れた。環境保護運動がにわかに登場したのである。パリ地域圏の整備政策はそれまでとは全く異なったものとなった[1]。

1970年代の転換期

　第二次世界大戦終結後に世界が経験していた長期にわたる成長・発展の終焉の影響は、すぐにさまざまなかたちになって現れた（失業の深刻化、予算削減、建設業の不振など）。しかし同時により大きなインパクトも有していた。すなわち大都市を否定する古くからの保守的傾向が、斬新な主張と奇妙にも融合しながら再び顕在化したのである。

断絶（1974）

　当初、世論はフランスが危機を免れるだろうと信じていた。1974年、大統領に就任したヴァレリー・ジスカール・デスタンもこの幻想を持ち続けた。しかし、社会の基本的条件が変化していた。つまり出生率は西欧諸国すべてにおいて低下していたが、フランスでは1972年から1976年にかけて18％も下がっている。パリの人口の成長鈍化は、とくに移住の減少も影響し（図18）、もっと早い時期に始まっていた（図24）。実際、1968年から1975年のパリ地域圏の移出入の差は11万

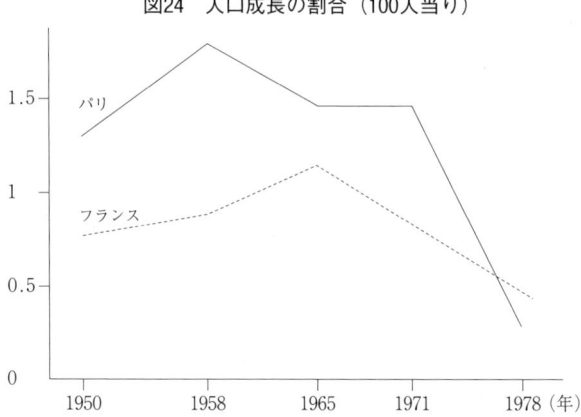

図24 人口成長の割合（100人当り）

（グラフ：パリ、フランスの1950年から1978年までの人口成長率）

4,000人に落ちている。1975年から1982年にかけてはマイナスになる（−27万3,000人）。こうしたなかで、環境保護というテーマが、フランスでは初めて、また隣接諸国に15年遅れて、1974年5月の大統領選挙で重要な役割を果たしている。選挙公約の大半が環境保護主義者の新たな票を獲得しようと努め、パリの整備を取り扱っている。例えば、緑の党の候補者、ルネ・デュモンはより穏和な、それだけに量よりも質を重視した政策を訴えた。社会党の候補者、フランソワ・ミッテランも同様の立場だったが、一層老練だったのはヴァレリー・ジスカール・デスタンだった。彼は都市政策を根本的に変えようと18項目の公約を提示した。そのいくつかを紹介しよう。

　第7．過度の人口密度の緩和、高層建築の乱立の抑制、公私を問わず都市に残るすべての緑地空間の保護、さらに各都市圏、1人当り最低$10m^2$の緑地確保を目標とする10カ年計画の策定を通じて都市生活の質を改善する。
　第9．公共交通の優先、とくに歩行者専用道路の拡充によって過剰な自動車から都市圏を守る。
　第18．パリ地域圏については、
　　a）環境への関心を考慮して大規模な都市整備プロジェクトを再検討する（セーヌ左岸の高速道路、パリの外周環状道路、郊外エリアの高速道路、

第6章　世紀末のパリ（1974-2000）　313

　　レ・アール（中央市場）整備事業など）。
　　b）パリおよびその郊外の森と緑地空間の一体的保全を図る[2]。

　ジスカールはゴーリストとは正反対の政策を選択した。ただし両者の見解の対立はジャック・シラクがジスカールを支持したこともあり複雑な様相を帯びた。ジスカールは第1回投票で右派候補者のなかで第1位となり、第2回投票ではぎりぎりの過半数で（50.8％）勝利した。だが、ミッテランとの見解の相違は都市整備政策に関わるものではなかった。第2回投票でも両者はともにポンピドゥの都市拡張主義に反対していたのである。かつてゴーリストたちは消費財の生産拡大、盲目的近代化、現代技術のこれ見よがしの活用、そしてパリの権勢を増強しようという政策手段を用いて成長政策を追求した。新大統領の提示した政策はこれとは反対の政策、すなわち抑制と中庸を旨とし、自然の空間を尊重し、再開発よりも「修復」（réhabilitation）を重視するとともに、個々人の能力・資質の開花を支援し、主として首都の成長を抑制しようと企図したものだった。世論は彼が正しいと認めた。はじめに、緑地保全が最も一般の理解を得やすい重点施策となる。この施策は、1974年、ジスカール派となったゴーリスト、ジャン＝マリ・ポワリエの手になる手堅く意欲的な報告書のなかで準備されていた[3]。だが、パリに対する新体制の戦略はさらに手の込んだものとなる。1974年9月17日、ヴァレリー・ジスカール・デスタンは首相ジャック・シラクに一通の書簡を送っているが、ミシェル・カルモナは正当にもこれを重視している。というのも、この書簡にパリを対象とする新政策が集約されているからである。大統領はまず、フランスがなかば君主政をしいているかのような文体で首都の未来を決定するのは自分自身だと主張していた。つまり「私は、関係閣僚とともに、パリの都市整備についていくつもの決定を成すべく導かれた」と。コミューンの長たちの声を聞いたとは思われない。パリの市民については言うに及ばない。パリの都市整備は新たな方向に向かっていた。具体的には、緑地空間を拡張すること、一貫した「緑のネットワーク」を構築するために広大な森から街区の小公園に至るまでそれらを一つの体系に組織化することが目標とされた。そのネットワークのなかで、都市圏の個々の緑地は「バランスのとれた自然ゾーン」という重要な役割を担うこ

とになる。またヴァレリー・ジスカール・デスタンは文化遺産に極めて大きな価値を見出そうとしていた。前任のゴーリストたちは新建築を乱立させたが、新政権は古い建物の「修復」(réhabiliter) を志向した。その対象にはオルセー駅のような歴史的モニュメントもあれば、何年も忘れられていた郊外の一般住宅もある。最後に、大統領は文化施設について、パリにおける過剰、プティット・クロンヌにおける不足、グランド・クロンヌにおける完全な欠落を考慮し、とくに都市圏周辺部での整備充実に着手した。パリにおいても、ボブールのポンピドゥ美術館の完成や（プロジェクトの撤回には遅すぎたので）、テアトール・ド・ラ・ヴィル（パリ市立劇場）の建設を決定する。郊外でも文化センターや市立音楽学校の整備など（約200施設が開設した）、またサン゠ドニ大聖堂の修復がなされる。1974年に設置された地域圏文化事業局がこうした取り組みの全体を調整管理することになった。

　過去15年激しさを増し、ゴーリスト政権の信用失墜の一因にもなっていた不動産投機との闘いは喫緊の課題だった。完全に隠されていた政治腐敗は別にすると、巨額の公共投資による値上がり分の回収が問題だった。例えば新しい劇場やRERの新駅はそこに近い住宅の魅力を一層高める。ここに住む借家人たちは新たなメリットを享受するが、自由な市場取引において特段の利益を得ているわけではない。なぜなら家賃も同時に上昇するからである。唯一の勝者は不動産所有者だった。1975年12月31日の土地法は、「法定上限密度」(Plafond légal de densité：PLD) 制度を創設し、この値をフランスでは1、首都では1.5と設定した。仮にデベロッパーが敷地面積の1.5を超える床面積をもつ建物をパリに建設しようとすると、超過面積買い取り額に相当する税を市に納めねばならない。パリは法律の種々の規定によって不利な立場に置かれた。つまりこの税は地方においてはコミューンの歳入とされたが、首都はその2分の1、パリ地域圏が4分の1、残りの4分の1は全国自治体整備基金にプールされた。パリ郊外でよく見られる高層建築の場合、納められた税のすべてがこの基金に繰り入れられた。パリはこのように間接的にフランスに補助金を供給したのである。

　さて中央政府は1800年以来廃止されていたパリ市長の職を復活させた［1975年12月31日法による。］。首都は大きな社会的変容を経験したのち、多数が右派に投票している。

従来、パリは一般法の枠外におかれ、国の強力な後見のもとに二人の知事〔執行機関であり政府を代表するパリ知事〈Préfet de Paris〉と、同じく内務官僚であるパリ警視総監〈Préfet de Police〉の二人を指す。〕が大きな決定権限を掌握し続けていた。その意味で市長の公選は極めて重要な改革だった。だがその選挙は二重に危険を冒すことでもあった。第一に高位に位置づけられたパリ市長が、市長としての職責よりも国家的使命をより重視する政治指導者になる可能性があった。第二は、この改革が改めて郊外の無視に繋がりかねないということである。パリ市長は、都市圏全体の4分の1に満たない約200万の市民の代表だった。パリ地域圏全体を統括する一つの行政機構と一人の市長が存在したならば、はるかに効果的でかつ指導力を発揮できたであろう。だからこそこうした解決手段が遠ざけられてきたのである。たしかに1976年に創設されたイル＝ド＝フランス地域圏ならびに執行機関としての地域圏知事は、パリ市庁では担いえない大パリ（Grand Paris）のコーディネーター役を果たそうと努めている。しかし両者ともに権限、とくに手段を欠いていた。ちなみに地域圏行政機構よりも恵まれていた地域圏知事は1970年時点でおよそ200人の職員を抱えていたが、パリ市には4万5,000人もの職員がいたのである[4]。市長選（1977年3月）では、大統領の右腕たるミシェル・ドルナノがジャック・シラクに対立した。シラクが勝利するが、このことはパリにおけるネオ＝ゴーリスムの勢力を物語るものだった。しかし、それはシラクがUDR〔Union des démocrates pour la République：共和国民主連合、ド・ゴール派の政党。〕の古いプロジェクトよりもはるかに節度のある首都整備計画を提示してからのことである。もはやあらゆる方策を用いて成長を促すことではなく、成長を「制御する」（discipliner）ことが課題だった。ミシェル・ドルナノ、彼自身は成長を「抑制する」（modérer）ことを望んでいた。ミシェル・カルモナは鋭敏にもこの二つの表現の対抗関係を強調している。しかし、二つの政策はかなり重なるものだった。つまり、全体的変化がバランスのとれた成長とは正反対の方向を向いている首都において、どちらも、なかんずく失われた均衡の回復に意を用いていたのである。

失われた均衡を求めて

ヴァレリー・ジスカール・デスタンは、はっきりと自分の意思を表明していた。「是が非でもコンクリートという時代は終わった」と。別な機会には次のように

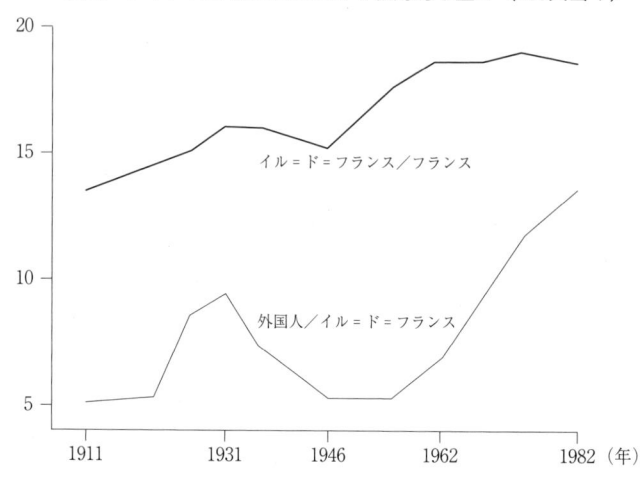

図25　フランスの総人口における相対的な重み（100人当り）

イル＝ド＝フランス／フランス

外国人／イル＝ド＝フランス

もいう。「巨大都市の時代あるいは途方もなく大きな組織の時代は終わった。私はこれらとの決別に貢献した」[5]。就任直後から、大統領は、ポール・ドゥルヴリエらの手になる1965年のSDAURPに改めて注目していた。ドゥルヴリエは大掛かりな公共投資10カ年計画を立案していたが、公式には議会の議決を得ていなかった。つまりこの重要文書には何ら法的拘束力がなかった。計画の見直しが必要であったが、1974年の選挙は計画の徹底した書き直しの契機となった。パリの都市整備担当者たちは、計画の抜本的修正を要請され、当然のことながらこれに不承不承従事した。加えて、パリ市議会議員と中央政府との間に、次第に力をつけてきた地域圏行政が徐々に介在するようになった。1974年から75年にかけて策定された新しいSDAURPが多くの曖昧さとさまざまな矛盾を抱えるに至った背景にはこうした事情がある。

　ミシェル・カルモナは、新指導スキームに盛り込まれた新たなポイントをいくつか強調している。まずパリとその伝統的郊外への新たな関心が見てとれるが、それは新都市に対する相当に辛辣な批判と表裏一体だった。外国人移民が著しく増加し始めていたのである。1975年時点において、彼らはパリ地域圏人口の13％、また人口増加の半分を占めていた（図25）。新都市は膨張する人口の受け皿とな

るはずであったが、新政権は新都市を忌避し、代わって古くからの中規模都市を明確なかたちで選択したのである。もし新都市の建設が順調に進捗していなかったならば、建設自体が中止されていたであろう。政府はこれを5カ所に縮小したうえで（当初8カ所）ともかく事業を完了し10カ年で一般法のもとに置くという方針、つまるところ新都市から固有の役割・機能を奪い、その存在を忘れてしまうという方針を採択した。パリに視点を移せば、オフィス増加の抑制を通して重要な居住機能を維持し、雇用の安定を図り（もはや少なくともその縮小は構想していなかった）、生活条件を改善することをうたっている。この最後の方針は誠実なものであったとはいえない。全体として一方でパリの特殊性をはっきりと認識し、他方で首都の生活を郊外の生活にしっかりと結びつける必要があると主張する、この間には軽視できない矛盾がみてとれる。1965年のプロジェクトと新たな発想は調和し難いものだった。農地および森林の保全と整備は、新指導スキームにおいて非常に重要な位置を占めており全く新しい視点だった。緑地の保全状況は芳しくなかったが、悲惨なほどではなかった。パリおよびプティット・クロンヌでは、1人当り$7.25m^2$の緑地が確保されていたが、ローマは$9m^2$、ベルリンは$13m^2$だった。SDAURPは都市圏成長の軸線から慎重に緑地帯を分離し、都市圏に新鮮な空気を送るとともに住民に憩いと散策のスペースを提供すべく「バランスのとれた自然ゾーン」を描いている。また緑地空間が少しずつ蚕食されることを回避するために、首都圏に立地する中規模都市が人口増加の受け皿の役割を担っている。つまり新都市にはあまり依存しない、同時に、かつてアルバン・シャランドンの政策が誘発した緑地の蚕食を拒絶する内容だった。

　交通計画も全面的に改められた。1965年に構想された新道路および新高速道路計画は放棄された。とりわけ高速道路をパリ内部へと誘導するような道路（放射ヴェルサンジェトリックス線はA10号線をポルト・ド・ヴァンヴからモンパルナス駅まで繋ぎ、モンパルナス・タワーに通じる。放射ダンフェール＝ロシュロー線は高速南線をダンフェール＝ロシュロー広場まで繋ぐ）や、左岸の高速道である。後者の高速道路は反対の声があまりに大きく、セーヌの川底、水中に沈埋トンネルを敷設して車を走らせようとしていた。さらに重要な点として、RER網をSNCF網に繋げねばならず（両者が対立していた間、1世紀近く待たねばならな

表6 都市計画関連文書の数

都市計画関連文書名	数
パリ地域圏整備・都市計画指導スキーム（SDAURP）	1
都市整備基本計画（SDAU）	88
土地占用プラン（POS）	826

かった賢明な方策である)、RERの路線が変更される。具体的には、当初予定の1本（これに加えてセーヌ川に沿った従前のSNCF線がある）に代わる2本の東西線ならびにシャトレ゠レ・アール駅でA線と交わる唯一の南北線が構想された。1965年案では、すべての駅を結ぶように、新案よりも西寄りのアンヴァリッド付近ならびに東寄りのオーステルリッツ駅付近の2カ所でA線と交わる2本の南北線が予定されていた。変更内容には非常に大きなものがあった。旧案が路線接続による輸送量の増大をパリ内部で適切に分散させていたのに対し、新案の実現はパリ中心部の役割を著しく大きくしたのである。加えて、1975年採択のRER整備の新方針の帰結は、1900年にまとめられたメトロ路線網の影響とも重なった。結果、当初の意図とは異なって、シャトレ広場ならびにレ・アールは再び都市圏の主要な核となり、RER各線の恩恵を受けて、遠い郊外から多くの旅客を引き寄せた。その吸引力は1965年段階で予定された高速バイパス道路が破棄されただけ一層強まった。最後に、SDAURPは、シャランドンの考え方に改めて対抗し、高度において、言い換えればその容積において、建築物の全体量を制御する手法を導入した。度を超して高い高層建築が生み出したトラウマを都市景観から拭い去るために。つまり建築物は監視され、都市計画に密接に関連づけられた。行政の準備した規程は、10年にわたって適用しようと試みてきた指導スキームを根底から見直さねばならないという状況に陥っていた、そうした当局の直面する課題を反映していた。政府は、都市計画文書について、適用エリアに即した階層的体系化を進める。すなわち表6のように、SDAURPはパリ地域圏のレベルで、SDAUは都市圏の主要都市に、詳細なPOS（Plans d'occupation des sols：土地占用プラン）は主要コミューンに、それぞれ適用される。また各文書はより一般的な規程に従わねばならなかった。

1975年3月、パリ地域圏連合区の審議会に提出された計画はゴーリストとジスカール派との激しい論争の契機となった（左派に属す反対派議員は54名中3人のみだった）。1976年7月1日、SDAURPはついに承認された。まさにその日、イ

ル=ド=フランス地域圏が発足する。ジスカール派は論争を通じてパリに対する自らの姿勢を明確にすることになった。内務大臣であり大統領の親友でもあったミシェル・ポニアトウスキは、パリへの人口移動に歯止めをかけるためにパリ地域圏での公共投資の縮小を

表7　パリ地域圏およびフランスの総人口に占める生産人口と第三次産業人口

(単位：100万人)

	パリ地域圏		フランス	
	1969	1973	1969	1973
生産人口[1]	52.7%	49.9%	66%	63.9%
第三次産業	46.4%	49.2%	33%	35.4%

注：1）Voir M. Carmona, 1979, p. 294.

勧めた。言うまでもなく、ねらいは首都を危機に瀕するままに放置することにあった。地方の人々の、またおそらくは気力を失っているパリジャン自身の視線を別な方向に逸らすために。

　　　近年まで、都市政策の目的は人口増加に起因する需要の増大に対応することにあった。その結果は「リスク承知の無鉄砲な企て」とも言うべきもので、都市整備は人口増の後追いになり、均衡の実現は望むべくもなく、両者はいたちごっこだった。私はいつか、欲求の抑制から、誰の利益にもならないこの競争が止まることを期待する[6]。

　内相は「需要の抑制」について語っていたが、需要自体に働きかけることはできなかった。つまり「都市整備の抑制」を考慮せねばならず、実際抑制に着手していた。しかしこの時期、パリ地域圏の税収は国の歳入の30％近くを占めていた。

　1975年、政府の第7次計画（1976-1980年）の準備が始まる。地域圏が抱える諸課題の診断は暗澹たるものだった。DATARが主導した過去10年の都市整備政策は工業をパリから駆逐し首都の活力をそいでいた（図26）。パリは第三次産業にあまりにも依存するようになっていた（表7を参照されたい）。

　1972年に始まる危機はこうした産業の特化を助長した。1971年から1973年の間、パリの産業は工業部門で4万2,000人の雇用を失い、第三次産業部門で17万2,000人の雇用を創出している。イル=ド=フランスが実現しえたであろう経済的進歩は改めて不吉な眼差しで見られていた。すなわちすべての地域圏が地域開発会社（Société de développement régional：SDR）を設立し、これを通して地方企業

図26　雇用の分布

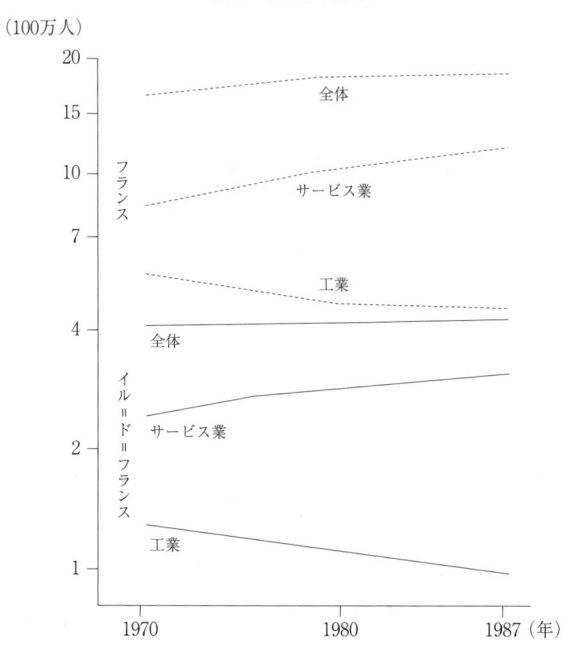

(100万人)

縦軸目盛: 20, 15, 10, 7, 4, 2, 1

フランス: 全体、サービス業、工業
イル＝ド＝フランス: 全体、サービス業、工業

横軸: 1970　1980　1987（年）

　を支援し助言を与え、そこに出資して経営の一端を担ったのに対し、イル＝ド＝フランスは一番最後にようやく固有のSDRであるSOFIPARILの設立を許可される。事業開始は1978年だった。また経営参加しか認められず、他のいかなるかたちの支援も禁じられた。またイル＝ド＝フランスへの企業進出を制限するために課された建築許可手続は、危機にもかかわらず厳しく適用された。パリ地域圏で承認された工業開発面積は次のとおりである。

　1972年時点で、仮に建築許可手続が存在しなかったならば、パリ地域圏において250万m^{2}の工業関連施設が建設されていたであろうと推測される。総面積にして110万m^{2}の許可申請が提出されているが、そのうち、許可されたのは70万m^{2}にすぎない。さらに、幸運にも許可された事業者には、負担金の納付に加え、交通網の整備を目的に支払給与への1.7％課税が適用された。かくして許可手続は、パリおよびその周辺における企業の設立を3分の2に減じたのである。地方にお

ける雇用の推移は、パリ地域圏で拒否された雇用の大部分が、フランスの地方よりもむしろ外国を利しているこ とを物語る。元イル=ド=フランス地域圏知事のモーリス・ドゥブレは、次のように明言する。

表8　パリ地域圏における建築許可床面積1)

（単位：m²）

1971年	626,000
1972年	747,000
1973年	932,000
1974年	581,000
1975年	385,000

注：1）*Ibid.*, p. 437.

　　パリおよびイル=ド=フランス（新都市は別にして）でいかに多くの施設建設、企業本社の立地、企業、工場が拒絶されたか、枚挙にいとまがないほどである。トゥールーズ、フォス〔Fos：ブッシュ=デュ=ローヌ県、ローヌ河口で地中海に臨む。石油精製基地が立地する。〕、ヴィエルゾン〔Vierzon：シェール県〕での施設の立地をDATARが強く要求したからだった。フランクフルト、ブリュッセル、ロンドンを利したのはすべてパリ地域圏で拒否されたものである(7)。

パリとフランスとの関係を明確にすること、これは政権交代の際にはうかつにさわれない問題となっていた。相前後して公にされた三つの報告書は、それぞれ異なる立場を取っている(8)。DATARは1973年、新SDAURPに圧力をかけパリの成長に歯止めをかけようと、アルベール報告（rapport Albert）の取りまとめを命じた(9)。具体的には外国企業を対象に調査がなされたが、調査対象の選定に異論の余地があるうえに、回答もDATARに都合のいいように仕分けされている。報告は、パリが文化的・知的優位を失いつつあると、またこの衰退が官僚制の硬化症、生活環境の悪化、大規模事業による歴史遺産の破壊に起因すると結論づけている。つまり都市景観をさらに破壊することなくインフラ（通信、交通など）を近代化すべきとした。また国際的な経済・金融関係におけるパリの役割は大幅に縮小していると見なしたが、反面、過去の都市整備政策を告発しようとはしていない。反対に、報告はパリにおける雇用を縮小するとともに、何よりも19世紀に人を魅了したようなアメニティや安らぎを維持できるよう留意することを勧めていた。地域圏当局は、アルベール報告に対抗すべく、ハドソン・インスティテュート（Hudson Institute）に今ひとつの調査を依頼した。調査結果は1974年10月に提出された(10)。もはや単にパリという都市に限定せず、パリ地

域圏のあり方を検討したこの第二の報告もまた、世界の学術・科学分野におけるパリの凋落を指摘したが、首都のもつ強烈な国際性は強い切り札であると判断している。またこの報告は、地域圏の人口・経済の成長を強く求めるとともに、工業地帯で貧困な東部地域とオフィスの集中する富裕な西部地域との分裂を懸念する。同様に、人口空洞化が進み高齢化の途を歩みながらも都市基盤は過剰に整備されている中心部（パリ）と、飛躍的発展を遂げながらあまりにも設備不充分な若い周辺部との分裂を懸念していた。最後に報告は、地域圏の将来を楽観的に描くとともに、不動産投機との闘いにそれなりの予算を組むことでパリ市と地域圏の双方で社会的多様性を維持することを勧告している。その翌月（1974年11月）、ジャクリーヌ・ボージューが第三の報告を公にした。これは政府の経済社会審議会のためにまとめられたもので、先の二つの報告よりも穏健な考え方を提示していた[11]。具体的にはパリ市、地域圏、パリ盆地という異なるレベルを区別し、いくつかの基本的な特質を想起する。報告によれば、1850年から1940年の間、パリ地域圏は総人口の増加分の10分の9を吸収していた。その成長に歯止めをかける必要があることについては誰もが一致していた。ではどの程度、どのように抑制すべきなのか。地域圏はフランスの第三次産業および国民消費の3分の1を占め、所得税では国全体の38％を占めていた。1950年から1971年にかけての地方分散政策は地方において50万人もの雇用を創出していたが、その3分の2はパリから300km圏内、つまりパリ盆地においてであった。この強力な地域的一体性を損なおうとの試みは可能でもなければ望ましいことでもないと思われた。この報告は前述の二つの報告の中間的な立場から、朝夕の通勤による人口移動を緩和すること、パリの街区および地域圏を構成する多様なコミューンにおける社会的多様性を維持すること、パリ市内の人口を安定させること、それが不可能ならば若干の人口減少を容認することを求めていた。1948年以来ほぼ途切れることなく進められてきた都市整備政策が議論の遡上にのせられたようには見えない。より多くの富を生み出すためには生産性が最も高い地域、すなわちパリ地域圏に投資することが望ましいのだろうか。こうした政策は国民全体にとっていかなる副次的コストを求めるのだろうか。かかる本質的な問いかけはなされず、世論にはなおのこと訴えられていない。たしかに三つの報告の内容は相当に異なる。しかしい

第6章　世紀末のパリ（1974-2000）

ずれも、他所よりも活力を有するパリ地域圏の発展が抑制されるのは必然であると暗黙のうちに確信していた。ジスカール政権はこの点についての見解が一般に一致していると疑わず、パリ地域圏の活力を失わせるような政策を採り続けた。

　実際、DATAR の政策は、狭猾な行動原理によるというよりも、どれほど効果的かという視点に依拠しているのではないかと、幾人かのパリ地域圏整備の政策担当者は自問している。地方の人々にはパリでの定住を思いとどまらせ、パリジャンには地方に居を移すことを推奨するに最良の手段は、パリ地域圏の生活環境を劣化するにまかせ、地方の暮らしの質を高めることではないか。つまり DATAR の真のねらいはパリの発展を抑制すべく、雇用、とりわけ工業部門の雇用危機、交通問題、住宅問題、公害の深刻化など「パリ地域圏の諸問題の山積を助長すること」にあったのだろう[12]。

　こうした政策の起点については DATAR の設置以前、少なくとも1950年代にまで遡ることができ（この間に政策の方針は大きく転換したが）、また1981年の選挙後も変化がないということに注目すれば、ミシェル・カルモナに同意するしかない。これは一政党の政策ではなく、むしろフランスの政治指導者層全体に広く見られる傾向である。カルモナの仮説が立証されるとすれば、それが意味するところは、国富の4分の1以上を生み出し、TVA を含めて国の歳入の30％を担保するパリ地域圏の成長を、彼ら指導者層自らが組織的に妨害しその活力の喪失を図ってきたということであろう。これほど恒常的かつ奇妙な方策は個別利害という観点だけでは説明できない。言い換えれば、より漠然としたイデオロギー的な動機を想起すべきである。フランスの政治家層の見事といっていいほどに一致した反パリという姿勢は、さらなる詳細な分析に値する残された研究課題である。

パリの「生活を変える」

　1981年5月、「生活を変える」ことを目的に社会主義者たちが政権を奪取した。しかし、都市整備および地域圏の計画的開発について、当初、彼らが前任者たち

と大きく異なる政策を選択したようには思われない。1982年、彼らは地方分権政策に着手する。それは地方自治体に手段よりも多くの責任を付与する一方、パリ地域圏が過去2世紀にわたって奪われていた自治権を改めて付与することを注意深く留保するものだった。社会主義者たちは、パリの主要な二つの問題、つまり住宅問題と交通問題に挑むが、郊外の危機にぶつかっている。また彼らはいわば「民衆文化」を育てようと試み、とくに恒久的なモニュメントによって自分たちの時代の存在感を強めようとしている。フランスの左翼は左派政党連合（1924年）、人民戦線（1936年）、そしてサルヴァドール・アランド、それぞれのあっという間の挫折という心理的外傷から、消えることのない（aere perenno）モニュメントの建設を求めたのだった。

パリの主要な諸問題

　左派連合は、先例のないというほどではないが、住宅分野で強さを発揮してみせた。家賃は統制を解かれ上昇していた。また世論は、パリの地価を、ロンドンやニューヨークといった外国の大都市ではなくアングレームやレンヌの地価と比較して、パリの地価が2倍に跳ね上がっていると狼狽していた。そうしたなかで、再度の家賃統制という手法は政治家の気をそそっていたに違いなかった。しかし、今度はイタリア政府が1970年代に厳しい家賃統制をしき、借家人の現住居への居住を保障していたことが、第三共和政の経験と併せて彼らに再考を促したのであろう。「公正な家賃に関する法律」（Equo canone 法、1978年）の帰結はフランスがこれまでに経験したことと同じだった。すなわち深刻の度を増す住宅不足、違法行為の横行、若年層および都市新住民の住宅難民化、闇市場での法外な家賃での又貸しなどである。第三共和政におけるフランスの経験に続き、イタリアの経験は長期の家賃統制がいかに重大なひずみをもたらすかを物語っていた。1973年（実際には1914年）以降、家賃は何かしら統制を受けていた。ちなみにバール（Barre）プランによる統制（1976年）、1977年12月29日法による「指導」と続き、キーヨ法（1982年7月）による一段と厳しい統制ののち、1989年にはさらに新たな指導を受けている。だが家賃の上昇は続いた。なかでもキーヨ法は厳しく、厳格な統制を導入すると同時に借家人の現住居への居住を保障した。この法律は、

第6章　世紀末のパリ（1974-2000）

過去のすべての土地利用規制と同様に、主としてパリの不動産をターゲットにしていたのである。すなわち首都の賃貸用住宅数は数カ月で3分の1近く減少した。1983年に採択された厳しい政策に続き、インフレが大幅に沈静化し、かつ政府がインフレ対策から高金利を維持したため、投資家らは、貨幣価値の下落に対抗する伝統的な避難場所たる不動産投資にさほど魅力を感じなくなった。加えて、新政権のもとに証券取引所が活性化したこともあり、そこで得られる小さな利益の誘惑から、彼ら投資家の気持ちは不動産投資から離れていった。1981年当時、パリのアパルトマンは、維持費や租税を差し引いて平均3-5％の利益をもたらしていた。キーヨ法はこの純益を3％以下に縮小し、かつ家主に対しては自分の知己や親族を住まわせる目的で住居を賃貸の対象外とすることを禁じた。不動産投資の相場は暴落し、住宅危機は深刻の度を増した。ロジェ・キーヨの後任として都市整備・住宅相に就任したポール・キレス（Paul Quilès）は自分の役割を果たすことを約束し、よりリベラルな法律を成立させる。7年間での3番目の手段、すなわちメルマズ＝マランダン法（Loi Mermaz-Malandain）が部分的に市場メカニズムへの復帰を実現した。

　他方、家賃統制は転居をも困難にした。つまり世帯の需要に応じて住居を変えることを困難にするという悪しき結果を誘発したのである。というのも、規則上、借家人が替わる場合に限って家賃引き上げが認められたからである。ちなみに1990年当時、全体としてみるとパリの家賃は平均6.2％上昇していたが、新規に住居を借りた人々の場合はそれまで住んでいた借家人に比べて18％も多く負担している。しかし、これら二つの法律（キーヨ法およびメルマズ＝マランダン法）は非常に重要な実際の価格情報を広く一般に知らしめる契機ともなった。IAU-RIF所管のObservatoire du logementなる統計はパリおよび郊外における販売価格を収集する役割を担っている。

　つまり実際の不動産市場が健全に機能するに必要な諸条件が徐々にではあるが満たされ始めていた。家賃とは異なり、完全に自由な住宅販売価格は実にまちまちだった（図27）。1979年から1984年にかけて、実質フランにおいてほぼ安定していた価格は1986年から1991年にかけて高騰し（INSEE〈国立統計経済研究所〉の指標によれば、1980年を100とすると1991年1月には208に達する）、次いで、

図27　パリにおける1m²当りの住宅価格
(単位：1,000フラン)

[出典] *Le Monde*, 13 novembre 1900.

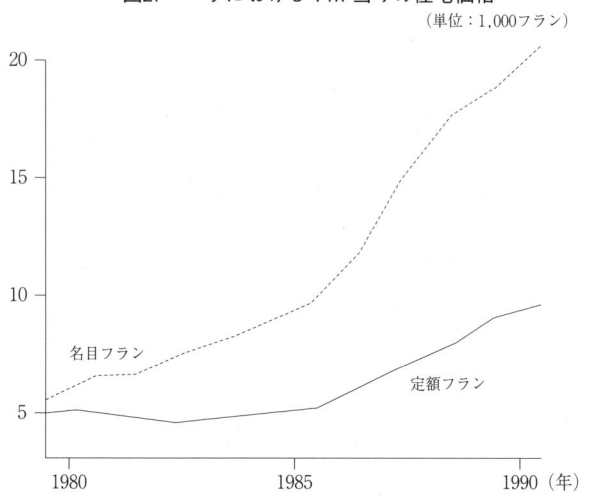

1992年までに20％近く下落する。

　問題はまさにパリ固有の現象だった（図28）。1987年以降、フランスの住宅平均価格は下落傾向にあったが、パリでは外国人投資家の影響を受けて急騰していた。なかんずく日本人、イギリス人、またドイツ人やアメリカ人がオフィスや住宅を建物ごと買っていた。つまり二つのカーブが分離していく。パリの国際的な役割が一国の首都としての機能を凌駕しつつあった。反面、価格急騰は軽視できない結果をもたらしている。つまり家賃も上昇したが、それは経営目的の賃貸用アパルトマンの購入価格に見合ったものになりえないのである。数年来、インフレが収まっていただけに、首都における不動産投資は一層収益性を失っていった。パリはますます上級管理職や自由業の人々の街になっていく。1962年から1982年の間、こうしたカテゴリーに属する世帯が40％も増加する一方で、労働者世帯は45％も減少した。家賃上昇の主たる要因は数十年にわたって放置されてきた大幅な住宅政策の遅滞にある。今ひとつの要因は、アパルトマンよりも2-3倍高い家賃で賃貸されていたオフィスという競争相手に見出すべきであろう。オフィス用途への住居の改造が厳しく制限されていたとはいえ、二つの市場は完全には分

図28　1m²当りの旧住宅〔10年以上改築・修繕がなされていない物件を指す。〕の価格（定額フラン）

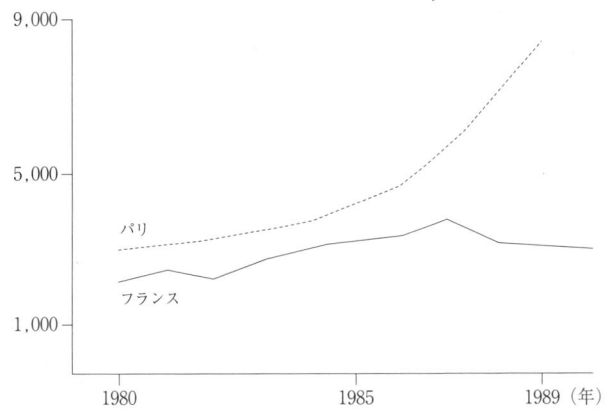

離されていない。また近年に至るまでオフィスは量的に不充分だった（そのことがオフィス家賃を引き上げた）。この背景には、建築許可手続が地方を優遇し、パリにおけるオフィス建設には多少とも厳しいブレーキになったという事情もある。こうした統制の廃止は建設活動の全面的展開を誘発した。その激しさは積年の遅滞とつりあったものとなる。イル＝ド＝フランスは1986年から1989年にかけて500万km²に及ぶオフィスの建設をみる。なかでもプティット・クロンヌのエリア、とくにパリの西側に位置するエリアで建設された。ちなみに1989年のオー＝ド＝セーヌ県における建設は新規着工件数の39%を占めたが、それはオフィスの総ストック増加分の過半に相当する[13]。1990年時点では、オフィスの3分の1以上が、パリ西側、ラ・デファンスからブーローニュに続く「第三次産業の三日月エリア」（croissant tertiaire）で、さらに3分の1が新都市、なかでもマルヌ＝ラ＝ヴァレで建設されていた。後者はパリ東部へのゆっくりとしたバランスの回復を表すものであろう。1989年当時、「顕在化」していたオフィス需要はパリ地域圏で170万km²と、フランス全体の3分の2以上に相当する規模に達していた。オフィス不足は必然的に家賃と価格を引き上げた。さらにパリの状況は一層困難になり、もはや社会住宅への助成制度で対応できるものではなかった。1990年、政府は、不動産取得融資（Prêts d'accession à la propriété：PAP）の

利用者すべてに対し不動産価格の10％の自己資金（頭金）の準備を義務づけた。しかし多くの世帯にとって、パリ地域圏の価格は、この条件を満たせるような水準ではなかった。イル＝ド＝フランスにおける PAP 件数は半減し、承認された融資額も9％縮小した。つまり融資対象住宅は1m²当り1万5,000フラン以下でなければならなかったが、パリで最も住宅価格の安い二つの区（19区、20区）でも融資申請予定物件の平均価格は2万2,000フランとなっている[14]。さらに、1990年以降、長期に及ぶ不足が誘発したオフィス建設、とくに住宅建設の波が、今度は危機を招くことになる。すなわち供給が需要を上回ったのだった。イル＝ド＝フランスのデベロッパー業界の代表は、「1990年下半期の売却30％減と、15％から20％への住宅ストックの膨張」を公表する[15]。パリに限れば、1990年は34％の売却減、同年最後の3カ月は70％の減少となった[16]。また例外的に高い実質金利水準（インフレ分を差し引いても7％超）も買手の購買意欲を削いでいる。ちなみに「住宅ローンの金利上昇は10％の世帯をローン返済不能の状態にしている」[17]。1991年の最初の3カ月間、公証人によって登録された不動産譲渡の件数も半減した。

　パリにはもはや遊休地はほとんど存在しない。またかつてオスマンがそうしたように、建物をあえて取り壊そうという動きもない。都市計画家は、道路を覆う巨大な人工地盤の上にオフィスビルを建設するというモンパルナス駅を対象に着手された試みのように、環状大通りおよび鉄道用地の活用を提案している。セーヌ川を覆うことを提案する者さえいた。唯一、軍隊あるいはSNCFといった組織や行政機関だけがそれなりの広さの、直ちにZAD（長期整備区域）に指定し公権力が地価をコントロールできるような空間を用意することができた[18]。こうした容易な手続は大統領主導の大規模プロジェクトに利用された。すなわちそれは社会住宅問題を何ら解決するものではない。パリで働く貧困世帯（modeste）に住宅を保障する最良の方法は、郊外との往き来を容易にする公共交通網の改善にある。「理想の」すなわち無料、定時運行、高速の交通網は地域圏全域にわたって地価を均等にする力として作用しよう。かくして住宅問題は交通問題と密接に関わることになる。

　この問題には公共交通の唱道者であった左派が精力的に取り組むことが期待さ

れた。1981年から1983年にかけて、この分野に責任をもったのは共産党である。というのも、交通相に就任したシャルル・フィテルマンが党の重鎮シャルル・カンを RATP 総裁に任命したからである。カルト・オランジュに要するコストの一部は公営企業側の負担とされたが、それは自由主義的エコノミストがしばしば批判してきた改革だった[19]。また RATP 網と SNCF 鉄道網との連結が模索されたが、両組織の調整は、それぞれの職員が享受している異なる特権のゆえに依然としてはなはだ不充分だった。例えばトロントのような都市が地下鉄、トラムウェイ、バスの間で実現し大きな成果を上げたような緊密な協力関係からはまだ遠かったのである。たしかに1975年のジスカール政権の SDAURP の方針に従って、RER 網ならびに複数路線でのメトロの延伸は進んだ。しかし肝心な問題にはあえて挑んでいない。すなわちパリにおける駐車スペースの確保と郊外における交通手段の確保という問題である。パリ市内の厳しい駐車制限と地下パーキングの増設が最良の策であり、それは先進工業国のほぼすべての大都市が採択していた方策だった。すなわち一定の時刻に中心部へのアクセスを禁じたり（ミラノ、ロンドン、ローマ）、相当に高額の駐車料金を設定したりしている（ニューヨーク）。しかしパリの警視総監（Préfet de police）はパリ市ではなく市民から遠く離れた国家すなわち中央政府に帰属し、市民に不人気な決定を前に常に尻込みしていた。まず歩道上への乗り上げを黙認し、次いでこれを容認したように、彼は驚くべき寛大さを繰り返し見せている。フランスの4大政党のすべてがパリの交通政策に直接・間接に関わっていたが、その姿勢はいずれもまさに「衆愚政治」（démagogie）、あるいは首都の活力を削ごうとする者を念頭におけば「シニスム」（cynisme）と呼ぶべきものだった。

　パリにおける自動車交通の抑制は、郊外の道路整備に巨費を投ずることと公共交通の円滑な機能を意味する。パリに溢れる自動車の大部分は郊外から郊外への移動を目的に、パリ中心部を通過せざるをえない車両だった。1965年の SDAURP が構想した「super-périférique」の放棄は惨憺たる結果を導いていたのである。公共事業受注民間企業グループ（Grands Travaux de Marseille 社による LASER、Bouygues 社や SPIE-Batignolles 社による HYSOPE など）による近年の提案には、パリの地下に高速道を建設し郊外と郊外を結ぼうとの構想があるが、首都内部に

図29　公共交通新路線

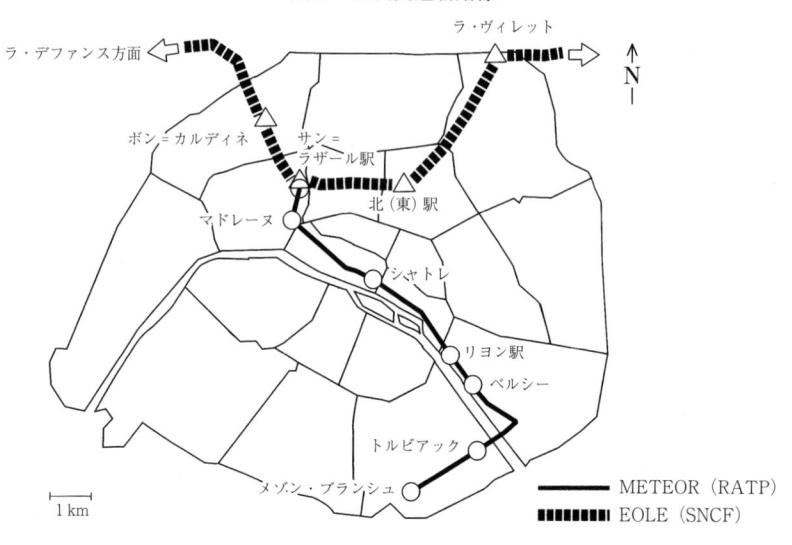

METEOR（RATP）
EOLE（SNCF）

中間的出口が全くない。資金はもっぱら民間資金を予定しているが、それはこの構想が収益性の高い事業であることを意味する。しかし、車両の安全の確保や排気ガスの確実な排出の難しさ、出入口での渋滞などが構想実現を疑問視させた。SNCF および RER の鉄道網は重要であり、世界で最もすぐれた公共交通システムの一つをパリに保障するものと思われる。ただしさらに有効であるように管理する必要があろう。郊外に住む人々は車両の老朽化、遅延の常態化、そしてあまりにも有名になり幾度も映画の主題となった治安の悪さに不満の声を挙げている[20]。ストライキも頻発し、RATP の生産性には慨嘆すべきものがある。運賃収入では総コストの3分の1程度しかカバーできず、不足分は地域圏および国の補助金で補塡していた（70％）。地方分権の支持者らはこの補助金を絶えず批判していたが、実際、他の諸都市には交付されていない。メトロは短い距離ながらパリ近郊のごく一部のコミューンに延伸されてはいたが、パリ固有の交通網であることに変わりなかった。そこにメトロの構想時期にまで遡る重大な欠点がある。SNCF および RATP の二つの新プロジェクトは、残念ながら両者の調整の不充分なままに準備されたが、プラスの効果を発揮することになろう（図29）。

具体的には、1996年、SNCF（フランス国鉄）のEOLE（エオール：東西高速鉄道）が東駅、北駅、サン＝ラザール駅を結ぶことになる。これは第二帝政期にセーヌ県知事が、1872年にはパリ市議会がすでに勧告していた重要な連結である。また1995年にはRATPがMETEOR（メテオール：東西高速メトロ）を一般の利用に供することになる。これはMATRA社の整備による無人メトロを地下鉄の一路線に導入しようというものである。この路線は著しい発展をみながらも交通面では孤立しているようなパリ南東部（ベルシー、トルビアック）の利便性を高める一方で、レ・アールとリヨン駅間のメトロおよびRERの区間距離を奇妙にも3倍にすることになる。これら2本の路線は将来パリ北西および北東方面に延伸されることになろう。現在、郊外に暮らす人々の87％が異なる郊外エリア間の移動に自動車を用いている。それほどに郊外の公共交通は未整備なのである。パリ周辺の一部のコミューンはやがて相互にうまく結ばれるであろう。具体的には、セーヌ＝サン＝ドニ県はボビニーからラ・クールヌーヴへ、次いでサン＝ドニ大聖堂へとトラムウェイを建設している。最初の区間は1992年に開通した。

　パリの都市整備担当者の原則論的見解によれば、公共交通の役割は交通量のピークをならすとともに[21]、職住間の往復の振り子運動を確実なものとすることにある。つまりその他の移動（全体の65％）は自動車に依存することになる。郊外では自動車が不可欠となるが、これが家計を圧迫した。言い換えれば、もし家賃に交通費を加えるならば郊外の住宅費はパリに較べてそれほど安くはならない。こうしたなか、政府がパリ地域圏の新たな整備計画の準備を始めると、関係各機関が自己主張を試みた。1990年12月、パリ地域圏のなかで最も財政力のあるオー＝ド＝セーヌ県は、オルリィ（空港）からラ・デファンスを経由してジュヌヴィリエまでを結ぶ地下形式の西バイパス道路を民間資金で建設する構想を「地域圏整備憲章」としてまとめた。1991年3月28日、今度は地域圏議会がICAREプロジェクトを提案する。すなわち既存の高速道路ならびに郊外の中心都市（マルヌ＝ラ＝ヴァレのような新都市や、ロワシー、オルリー、ラ・デファンス＝ジュヌヴィリエといった新しい中心）と結ばれリング状に首都を囲む有料地下高速道路網の建設プロジェクトである。距離にして150km、地下50mの深さを予定したICARE構想の実現には600億フランの資金と25年の工期を要すると見込ま

図30 イル＝ド＝フランスにおける道路関係投資（1989年）
（単位：10億フラン）

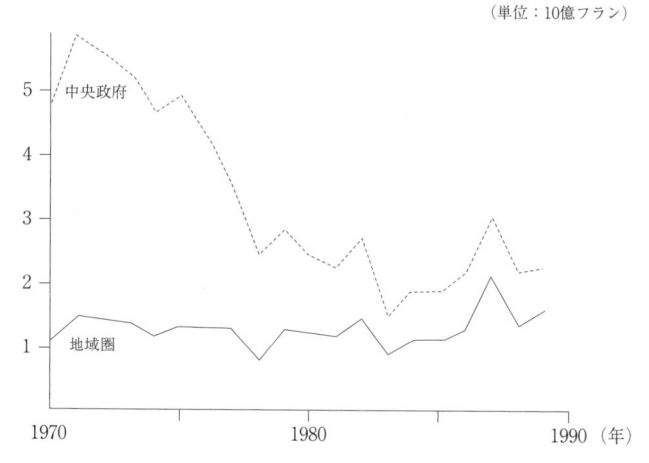

1970　　　　　1980　　　　　1990（年）

中央政府
地域圏

　れた。IAURIF と預金供託金庫支店の手になるこのけた外れのプロジェクトは1km当り2フランの利用料金で、1時間当り36万人の利用を予測していた。しかし議会は諮問に対する答申的な意見表明しか成しえず、プロジェクトは地域圏計画に採り入れられなかった。
　1975年以後、国はパリ地域圏への公共投資について大きく方針を転換させた（図30）。地域圏は努力を重ね、1985年以後はさらに力を入れようとさえしたが、国は補助をパリ地域圏とその他の地方とに二分した。
　その影響はすぐに顕在化した（図31）。1978年以降、パリ地域圏の交通渋滞が年をおってひどくなる一方、地方の高速道路網は増加する交通の流れに的確に対応している。
　すべてがあたかもパリ地域圏の交通条件の漸次的悪化が容認されているかのように、あるいはそうであることが望まれてさえいるかのように進んでいる。たしかに、国は1981年以降、パリに300億フラン近くの追加予算措置を講じている。しかしそれは、パリジャンの日常的な生活を何ら改善しないような贅沢なプロジェクトに対するものだった。

第 6 章　世紀末のパリ（1974-2000）　333

図31　交通渋滞

（単位：1,000時間／km）

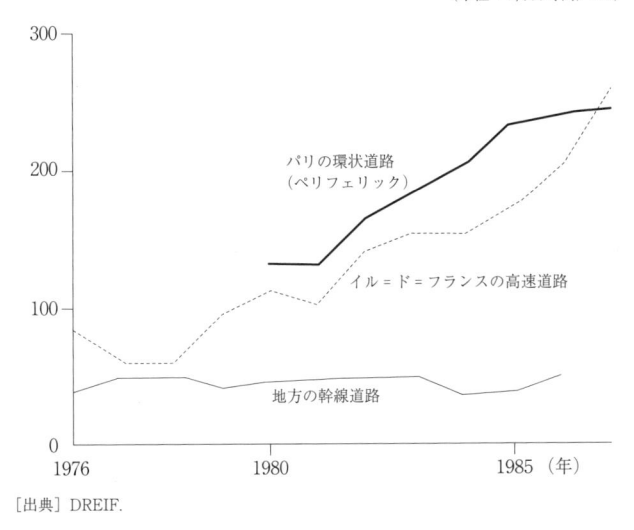

- パリの環状道路（ペリフェリック）
- イル＝ド＝フランスの高速道路
- 地方の幹線道路

［出典］DREIF.

大統領の大規模な工事現場

　第二次世界大戦後、パリは国際的水準の建築物を五つとして生み出さなかった都市である。ド・ゴール将軍は主として国土整備に関心を寄せた。パリについては、レ・アール（中央市場）の近代化が彼の唯一の関心事だった。ポンピドゥには一つしかプロジェクトがなかった。つまり就任後の1969年12月頃、極めて迅速にボブールにおけるセンターの建設を決定する。「グラン・プロジェ」に繋がるこうした競争を決定的にしたのはヴァレリー・ジスカール・デスタンの大統領就任である。ミッテランはそれを他に例がないほどまでに進めることになった[22]。

　ヴァレリー・ジスカール・デスタンは種々の大規模プロジェクトの計画化と実現に精力的に、公然と、かつ持続的に取り組んだ初めての大統領だった。具体的には、第一に、レ・アール（中央市場）に予定されていたオフィスビルと大蔵省の建物を巨大な庭園に変更する、第二に、オルセー駅に計画された国際商業セン

ターを19世紀美術を集めた大美術館に変更する、第三に、より古典的な手法で、いわばフランス風にラ・ヴィレット公園を再整備し、現代的にすぎるジェオッド（球形映写室）の球体を科学博物館の内部に取り込む、第四に、ラ・デファンスに対しては鏡で覆われた大規模建築（テット・デファンス）による建築線を選択する、といった計画である。最後の計画は多くの人々があまりに伝統的だと評価している。1974年以後、人々は「政府の専制的行為」（fait du prince）について語り始め、美化・装飾の都市計画を批判し始めた。彼らはそれをアンシャン・レジーム［フランス革命前の政治・経済・社会体制の総称。］の歴代君主の政治に比較している。とりわけ左派からの、しかし同時に権力から遠ざけられたゴーリストたちからの批判がヴァレリー・ジスカール・デスタン大統領に不快の念を与えたかどうかは定かではない。1981年の夏、フランソワ・ミッテランは直ちにこうした大規模プロジェクトに個人的に関わり、周囲を驚かせた。新大統領は9月末には自分の決定を公表した。すなわち「グラン・ルーヴル」を実現するための大蔵省の移転、テット・デファンス計画の放棄、オルセーおよびラ・ヴィレットでの事業の継続（ただし、幾分大胆になっている。例えばヴァレリー・ジスカール・デスタンが科学博物館の内部に取り込んだジェオッドは、ヴェルサイユの模倣色を薄めた公園内に再び当初の場所を見出した）、そして国際音楽都市（Cité internationale de la musique）の建設である。彼はまたフランス革命200年を祝うべく、1989年にパリで万国博覧会を催すことを発表した。かくして就任直後の数カ月から大規模事業の波が興り、その後さらに規模を拡大し、数を増し、1991年には九つの巨大な工事現場が誕生する。そのうち七つは新たに構想されたものだった。建築物重視のこうした試みの源流を掘り起こすには、第二帝政期まで1世紀遡らねばならない。建築物重視、彼の弱点はまさにそこにあった。なぜなら広範囲に及ぶこの事業計画には都市計画が著しく軽視されていると考えられるからである。

　オルセー美術館はフランソワ・ミッテラン大統領のもとに開館した。だが重要な決定はすべてジスカール・デスタンによってすでになされていた。旧駅舎のなかに、当初予定された国際商業センターに替えて19世紀の作品を集めた美術館をつくるということ、これは1980年にガエ・アウレンティに委ねられた内部装飾において重要かつ中心的な位置を占めていた。フランソワ・ミッテランはラ・ヴィ

表9 大統領の大規模プロジェクト（年表）

プロジェクト	決定・着工（年）	竣工（年）	建築家
ポンピドゥ・センター	1969	1977	R. ピアノ、R. ロジャース
オルセー美術館	1979-1982	1986	R. バルドン、ガエ・アウレンティほか
ラ・ヴィレット	1983		
科学・産業シティ		1986	A. ファンシルベール
ゼニッツ		1984	シェ、モレル
公園・フォリー		1989	B. チュミ
ミュージック・シティ		1990	C. ド・ポルザンパルク
アラブ世界研究所	1974	1987	J. ヌーヴェル
大蔵省（ベルシー）	1981	1989	P. シュメトフ
オペラ・バスティーユ	1981-1984	1989	C. オット
新凱旋門	1983	1989	フォン・スプレッケルセン
グラン・ルーブル	1981-1983	1993	I. M. ペイ
フランス国立図書館（TGB）	1991	1996	D. ペロー
国際会議場センター	1991	1995	F. ソレ

レットの実現においてより重要な役割を担っている。彼は科学・産業シティ（Cité des sciences et de l'industrie）計画を復活させたが、これは旧屠殺場の広い売場スペースの現状を活かしながら、そこにどうにか組み込んだものである。またそれが啓蒙的役割を果たせるように設備を拡充している。1983年、ベルナール・チュミ（Tschumi）に委ねられた公園は異なる建築家のプロジェクトを実現できるように、極めて柔軟な手法で構想されている。ただし統一感は15ほどの「フォリー」（Folies）と呼ばれるパビリオンによって維持されることになった。

　　120mほどの目には見えない格子のなかに、規則的にきっちりと配置された赤く鮮烈なフォリーは公園のシンボルである。それらは公園の一体性と非画一性を表現している[23]。

30ha（チュイルリー公園は33ha）の公園の中央には、距離にして3kmの「学びの小径」が蛇行するように設けられ、それぞれ異なった建築家や造園家の手になる「テーマ園」に繋がっている。計画に知的意図は欠けていない。ベルナール・チュミはミシェル・フーコーを長々と引用してフォリーを正当化しているが、フ

ランソワ・シャスランは飾らず幾分荒っぽいが率直な、建築家らしい言葉で次のように言う。

　躍動的たらんとする美をかたちにしようと、ベルナール・チュミが求めたのはまさに荒々しさ、不規則、ぶつかり合いである。それは危険に満ちた一致、偶然による結合、建築的な構成論理や慣習に決然と対抗するような手法、ウリポー〔Oulipo：1960年にクノーやル・リヨネーらを中心に結成された文学における言葉の実験集団。〕と同じような特徴を備えた美だった(24)。

　こうして緑地空間のあまりない新公園が市民に開放されたのである。もともとバニョレのインターチェンジ近くに建設予定だったロック・コンサート用ホールはコストゆえに放棄されたが、これにこだわったフランソワ・ミッテランはヴィレット公園内に「ル・ゼニッツ」を建設させた。それは急ごしらえだったが市民を満足させたように見える。今ひとつ、大規模な音楽センターがヴァレリー・ジスカール・デスタンの妹でバレエに魅了されていたマダム・デュ・セヤンから求められていた。支配王家〔大統領〕が変わると、今日、国立高等音楽院が入るミュージック・センター（Cité de la musique）の建設が決定する。総面積55haの敷地に、さまざまな施設、公園、テーマセンターなどを有するラ・ヴィレットは全体としてパリ最大の総合文化センターとなった。また社会主義者の大統領は、すぐれて政治的な最後のプロジェクト、すなわちアラブ世界研究所の建設計画を継承した。事業は1974年に準備が始まって以来、13年も遅滞していた。1974年、フランスは石油産出国に色目を使い、中東に一つのたしかな同盟国を選択した。それがイラクだった。ジャン・ヌーヴェルの建物は南側に開くガラスパネルの巨大な壁面を備えている。ただし夏は新鮮な空気を確保すべく、自動的に光を絞る複雑で高コストの設備が採光量を調整している。だが、それは建築家が絶賛した思いつきのもろいしかけだった。1990年、研究所ははやくも赤字に陥り活動分野を徐々に変更していった。維持・運営費の一部を負担するはずだったアラブ諸国の責任の履行の仕方は著しく悪い。いくつかの国はこれを忘れている。イラク、シリア、リビアなど他の諸国はプロパガンダの展示場としてこれを活用しようとしたが、あ

まり受け入れられていない。すべての大規模プロジェクトのなかで、実現に最も時間を要し、かつ目的が最もはっきりしないものである。

しかし、フランソワ・ミッテラン自身が切り拓いた新たな工事現場はさらに一層重要であった。植物園の大展示室（Grande Galerie）の改装について概観しておこう。鉄とガラスでできたこの美しい内部空間は1889年に建設され、有名な恐竜の巨大な骨格を収蔵していたが、空間は放置されたまま全く顧みられず1965年には閉鎖を余儀なくされていた。それが1994年に新たに開館することになったのである。またラ・ヴィレットの竣工を別にして、重要な文化的プロジェクトとしてオペラ＝バスティーユの建設がある。このプロジェクトはオペラ＝ガルニエの需給バランスの喪失と施設老朽化によって正当化されていた。つまり座席の確保が困難であっただけでなく、チケットが高額であったにもかかわらず施設の維持管理は常に赤字だったのである。最初の計画の立案者、アングルミィとディットマンは巨大かつ現代的なホール（2,000席に満たないガルニエに対し2,500席）を推奨している[25]。この計画に従えば容易にかつ素早く舞台装置を取り替えることができ、ガルニエの年120公演に対して300公演のスケジュールを組むことが可能だった。こうして市民に対する座席を増やし、チケット代金も半額にできると期待された。用地は広大であることが要請された。というのもオペラ上演に際して、主要な舞台背景と同規模の背景を複数、舞台横手に設置できることが望ましいとされたからである。その目的は、場面をすばやく変えるべく、数字並べ遊びのように舞台装置をすみやかに舞台の袖か後方に移動させることにあった。用地の選定は、新オペラ座の担う機能にとって、ひいてはパリおよびパリ都市圏にとって決定的に重要だった。1981年秋、まず3カ所が検討される。つまりマルヌ＝ラ＝ヴァレの新都市、ラ・ヴィレット、そしてラ・デファンスである。予定された建物の高さは地下を含め全体で約100m あったが、地下が非常に混み合っているラ・デファンスでは容易に受け入れ難かった。そこでパリ市はベルシーの用地を提案した。またレ・アール（中央市場）、ZACシトロエン、ポルト・シャンプレ、そして旧バスティーユ駅の敷地も検討される。パリ都市計画アトリエ（APUR）は、長らくバスティーユおよびサン＝マルタン運河以東のパリ東部を発展させようとしており、そこにメトロの複数の路線を結ぶ重要な結節点がある

ことにも注目していた。しかしオペラ劇場が最良の投資対象であるか否かについて確信が持てないでいた。この場所の主たる難点はその狭隘さだった。つまりオペラ座ほどの巨大建造物をそっくりそこにはめ込むには奇跡を起こさねばならなかった。主要な議論は感傷的とまでは言えないが象徴的である。

　バスティーユは、私がともに働いた組織にとってそうであったように、私の心のなかでは、1981年5月10日と結びついていた。のちに、私たちはフランス大革命の象徴体系を想起して楽しんだが、私たちの内に刻まれていたのは左派の勝利である。心のなかにあるのは5月10日の晩のバスティーユの集会と祝祭である。候補地のそれぞれが自己の優位とセールスポイントを主張した。例えばマルヌ＝ラ＝ヴァレを支持する人々は東部へのバランスの回復を強調した。ラ・デファンスの代表は大きな影響力をもっているように見えた。……夜は幾分死んだようになるラ・デファンスを活性化するために、彼は大規模な文化施設の立地を望んでいた。……私自身は、そうした施設はラ・ヴィレットとラ・デファンスとの間に置かれるだろうと考えていた。……マルヌ＝ラ＝ヴァレは実に見事に拓けてはいるがパリから20kmも離れた土地を提案し、その有用性を主張していた。……人はバスティーユを嘲笑もしなければこれに好意を示すわけでもなかったが、私たちの計画をまじめに受け止めることはなかった[26]。

　1982年2月、エリゼ宮〔大統領官邸〕はバスティーユの地を選択した。1983年6月には設計者を指名するための国際設計コンペが実施され、756のプロジェクトが寄せられた。これは過去にない記録となった。このうち、No. 222のプロジェクトが候補となった。「幾人かの審査員は、国際的名声を得ている一建築家のスタイルをそのプロジェクトのなかに見出していた。それは、ある者にとってはマイアー（Meier）であり、ある者にとっては磯崎だった。……審査員たちは偉大な建築家の特徴を探していた」[27]。大方の落胆を招いたが、受賞者はマイアーその人ではなく、一人のカナダ在住ウルグアイ人、カルロス・オットだった。口の悪い人々は広場の端にきっちりと収められたこの巨大な建物を「木靴型の浴槽に入

っているカバ」と形容した。設計者自身は次のように率直に告白していた。「これはネオ＝クラシックの建築でもなければポスト＝モダンの建築でもない。機能本意の設計であり、それは本質的に美しいものではない」(28)と。例えばオットはスペースを広げるためにフォアイエを取り入れていない。複数の階で半円形の歩廊がフォアイエに取って代わり、その結果、チケットのチェック場所がオペラ座入口に移される（観劇に訪れる人々はたいてい仲間と連れだって来ており、チケットを持っている友人と入口で合流する。ところが中央階段には雨天対策が施されておらず、多くの人々は雨のなか、屋外で待たねばならなかった。さらに複数の入口が三つの階に分散しているため、会い損ねるおそれもある）。しかし最も驚くべきことは、「銀の塔」と呼ばれたレストラン〔一般に知られているQuai de la Tournelle, 15-17番地のLa Tour d'Argentとは異なる。2010年現在、Les Grands Marchésというレストランが立地する。〕の一件である。それは17世紀まで遡る古いレストランであり、隣接していたバスティーユ牢獄襲撃の証人だった。当初、その保全が決定しており、結果として利用可能な敷地面積は減じ、オペラ座の構想・設計ははなはだ窮屈になっていた。しかしひとたび基礎がうがたれると、この古い建物は深い孔の縁にぽつんと取り残され、今にも崩壊するのではないかと思われた。結果、一旦取り壊したうえで、建物保全という決定済みの保障を尊重し数メートル離れた位置に元のかたちと同じに再建しなければならなかった。1986年選挙における右派の勝利は、すべてを再び討議に付す契機となる。シラク内閣はオペラ座構想を単なるオーディトリアムに改め、施設の一部を民営化することを決定した。しかし7月17日、フランソワ・レオタール文化相はオペラ座を実現するとの決定を公表する。その4日後、シラク首相は文化相にこれをきっぱりと否定した。オペラ座の建設計画ははっきりと放棄されたのだった。かくしてオペラ＝バスティーユは古くからの論争に決着をつけるきっかけを提供することになった。結局、レオタール文化相が勝ち、オペラ座は大幅に遅れて建設された。こうした紆余曲折に要した経費は1,000万フランにも上っていた(29)。

　グラン・ルーブル計画はオペラ座よりもさらに世論を熱狂させたとはいえ、既存の都市空間秩序（tissu urbain）に及ぼす影響はおそらくもっと小さなものとなろう。ベルシーへの大蔵省の移転はパリ東部におけるオフィス面積を大いに増加させることになったが、ベルシー界隈の活性化には何ら寄与していない。反対

に、ラ・デファンスは大規模な都市計画プロジェクトを代表する成功例となった。グラン・ダルシュ（新凱旋門）、この壮麗な建築オブジェは業務地区に一層の威信を授けそのイメージを改善した。日本の観光ガイドが新凱旋門を即座に取り上げていることは紛れもなくその一証左である。フォン・スプレッケルセンの手になる建物の形態自体が多義的である。並はずれて大きいが巨大な空間に貫かれた新凱旋門は、シャン＝ゼリゼから真っすぐ続く見通しを一旦止め、そこからさらに遠方へと連続させる。また建築家にとっては自動車や鉄道用の地下トンネルを考慮して基礎を打つ位置を定めねばならず、その結果、軸線からわずかに斜めにぶれた位置に置かれている。そもそもヴァレリー・ジスカール・デスタンはバスティーユからラ・デファンスに至る全長12kmの道をここで閉じることを期待し、そのために鏡に覆われた建物群の建設を選択していた。それらは遠くパリを映し出しながら、この道に終わりを画する予定だった。他方、フランソワ・ミッテランの選択は、2世紀にわたりパリの歴史を支配しているこのパースペクティヴの西への延伸を断ち切ることがいかに困難かということを物語っている。それはかつてブルボン朝最後の権力者たちがコンコルド広場を建設し、シャン＝ゼリゼを拓くことで始まるが、やや異なる方向にクール＝ラ＝レーヌも通っている。エトワールの丘に向かう、もしくはセーヌ川に沿った2本の軸線、選択肢はそのどちらかだった。ナポレオンはエトワールの丘をならし凱旋門を建設することを企図する。だが彼の選択はまだ決定的なものではなかった。つまり皇帝はシャイヨーの丘に広壮な宮殿を建設することも予定していた。だがその甥［ナポレオン3世］はルーヴル宮を西へ、コンコルド広場方向へと拡張する。第三共和政は南北の都市軸を妨げていたチュイルリー宮の再建を断念し、東西の方向を優先した。続く共和政もこの幹線軸を継承した。新凱旋門の形態はこの軸線が抗い難く感じられたことを示している。これを終わらせようと試みた後で、人は今や、新凱旋門からさらに先へとこれを延伸させようと語っている。

　パリは南北の主軸によって川を越えるかたちで形成されたが、次第に西へと拡張している。おそらくはパリが盆地一帯を占め、北および東で盆地を囲む台地の端にぶつかったためであろう。あるいはむしろナポレオン1世以降の北西部への中心の移動に立ちはだかるものが何もなかったからであろう。新凱旋門から、バ

スティーユ、ルーブルのピラミッドを経てベルシーに至る大統領の主要な作業場は、東西の都市軸の重要性を厳然と示している。大規模作業場は、おそらく、自分の想像力を発揮しえた幾人かの建築家の栄誉に大いに役立ったであろうが、一般市民の生活の利便性の向上にはほとんど役立たなかった。最後の事業、のちのZACトルビアックにおけるフランス国立図書館（Bibliothèque de France）は1991年秋に着工したが、研究者や司書らの不評を買った。ドミニック・ペローの計画は総工費70億フランと見積もられ、並外れた規模を有する。ちなみにこの超大型図書館（Très Grande Bibliothèque：TGB）は1,100万冊の書物を所蔵し、それらは全長400kmに及ぶ書架に並べられることになる。そのうち260km分の書架は本を開いたような、多数のガラスを用いた4棟の巨大タワーの56のフロアーにある。そこに収められた図書は遠くからも見えよう。これは耳目を集める派手な発想だった。しかし、図書への容易なアクセスと直射日光からの保護を何よりも危惧する資料保管係にとっては、不都合かつ危険でさえあるように思われた[30]。

さまざまな大規模事業はあまたの批判を惹起したが、関心はほとんど呼び起こさなかった。また批判の多くは党派的なものだった。右派の政治家はミッテランのあらゆるプロジェクトを批判したが、それは、ミッテラン就任以前、社会主義者たちがポンピドゥやド・ゴールのプロジェクトを攻撃したのと同じである。巨額の事業費を慨嘆する人々も少なからずいた。7年強の間に300億フランが費やされている。当時の国家予算1年分に相当するオスマンの莫大な支出（現在価値に換算して1兆4,000億フラン）に比較すればごくわずかなものかもしれないが。TGBを別にすれば、事業の大半はそれぞれ同じようなコスト、つまり25億から30億フランを要した。大蔵省は事業費の超過を阻止すべく異例といえるほどの警戒心をもって臨んでいた。ただなぜ一つだけ例外扱いされたのか、人は知るすべもなかった。すなわちベルシーにおける大蔵省の建物である。そのコストは建設過程で倍増し、総工費は70億フランを超える額に達した。（種々のプロジェクトに関する批判のなかで）最も辛辣な批判は多様な建物の美観に向けられている。なかんずくルーヴルのピラミッドは果てしない論争の火種となった。これらの批判はすべてかなり主観的なものでありさほど大きな意味はない。しかし、次の2点は考察に値する。一つは、地方分権が求められている時代に、これだけの投資

を首都にすることは、はたして妥当だったのかということである。今ひとつは、こうした大事業はパリの市民生活を改善したのか、ということである。前者がより根本的な問題である。40年間、均衡と連帯の名のもと、地方の利益のためにパリの弱体化が進められてきたがゆえに、首都へのこれほどの投資が正当化されたのだろうか。驚くべきことに、この問題は提示されたこともなければ議論されたこともない。長く文化省の音楽部門の局長を務めたマルセル・ランドウスキは、当初からさまざまな理由でオペラ＝バスティーユの建設プロジェクトに反対していたが、それはとくに地方の音楽関連施策を支えてきた補助金の削減を懸念してのことだった。しかし連帯を案ずる主張は、むしろ人々が否定しようと望むプロジェクトの縮小に作用した。その一例として、ひとたびオペラ＝バスティーユの建設に要する一定の予算が見積もられるや、さまざまな所管が均衡を維持すべく地方にも同額の予算を充てるべきだと主張する。こうした予算要求が必要な総額を倍にし、種々の要求自体が拒否されることになる。しかし結局、地方びいきの支持者の大きな抗議を誘発することなく、300億フランの予算が唯一の首都に認められた。この異例の寛大な措置をどう説明すべきなのか。左派はあえて何も言おうとしなかった。右派はといえば、多様なプロジェクトにナショナリズムをくすぐられ、プロジェクトの究極の目的や社会的帰結を論ずるよりは、むしろ美観を批判することを選択したのである。

　しかし、彼らにとって、さまざまなプロジェクトをかつて国王たちが推進していた美化・装飾という試みに結びつけることはいとも簡単であったろう。すべてがこのアナロジーに意味を与えるように働いた。具体的には建築家の選考において国際的な審査委員が最終的判断を下したプロジェクトもあるとはいえ（ボブール美術館〈ポンピドゥ美術館〉やバスティーユのオペラ座など）、王権のような権力によってプロジェクトが選択され建築上の細部が決められたこと、日常生活において有用性をもつ建物よりも威信を備えた建築物が優先されたこと、オスマンの事業あるいはランビュトー時代の事業とさえ異なり、大規模な事業が人々の日々の暮らしと関わりのない、すでに名の知れた場所で展開したがゆえに、既存の都市空間秩序を引き裂くおそれがあることなどである。またこうした事業の場が文化省よりも観光省に一層深く関わっている点も指摘された。この点を意識し

事業を正当化する巧みな手法を見出した都市計画家もいる。今日、オスマンのように幹線道路を拓くことはもはや不可能であろう。また政府は一つの街区を改造すべくそこに重点的に投資するというすべも持ち合わせていない。その結果、政府は私的利害の動きに依存せざるをえなくなる。しかし政府は、たった一つの適切な投資を起爆剤として、あとは自ら自生的に展開していくようなより大きな都市変容を実現することができる。ラ・デファンスの新凱旋門、ラ・ヴィレットの堂々とした建物群、オペラ゠バスティーユの巨大な建物は、なされた投資とは直接に関係なく、それぞれの街区のイメージを変えうるであろうし、相当の変化をもたらしうるであろう。こうした主張は興味深く考察に値する。しかしその論拠は必ずしも明確ではない。つまり街区の一つの「イメージ」が創造されていく、また変容していくという考え方に依拠しているのである。「イメージ」は広告業者が濫用する流行言葉だが、彼らはこれを明確にすることも評価することもできていない。結局、もたらされる軽視できない諸帰結を誰一人予想できなかったし、それらに関する詳細な研究が必要であると、人々が気にかけていたとも思われない[31]。大統領の大規模なプロジェクトは、部分的には過去へのはなはだ遺憾な後戻りのように、また真に困難な問題を前にしての逃避のようにも見えなくもない。

2000年前夜のパリ

　三度目の世紀の節目を迎えつつあるなか、不透明感が瀰漫している。工業国ではソビエト連邦の崩壊とともに政治的変動が始まっているように思われる。経済的には日本との競争という厳しい環境に晒されている。さらにイデオロギーの面でも変化が大きい。マルクス主義の融解によって生まれた大きな思想的空隙に、空気が流れるように宗教的全体主義が飛びついているからである。この20年間でフランスは大きく変貌した。伝統的産業は次々と危機に陥っている。北部および東部の大工業地域、マルセイユが誇っていたフォス湾沿岸の近代的施設は放棄され荒れている。フランスの産業地図が一変したのである。例えば発展の遅れていた南西部地域は北東部よりも豊かになり始めている。また数のうえでは多くはな

いが非常によく組織され、激しい運動を展開する農業従事者は、生産過剰にもかかわらず農産物価格を維持している。都市のサラリーマンが少なくとも四つの立場で価格を支えているのである。まず納税者として、農業生産への補助金を負担している。また市民として、明らかに世界の価格よりも高い価格で農産物（関連食料品）を購入している。さらにヨーロッパ人として、余剰生産物のストックコストを負担する一方、輸出品への補助金も負担している。最後に、社会保険加入者として、農業者社会保障基金（Securité sociale agricole）の赤字分を、年平均200億フラン、年度によっては450億フラン補填している[32]。失業者数は250万人を超過し、さらに深刻なことに横ばい状態である。過去15年間、左派と右派とを問わず、いかなる社会政策も失業率を９％以下に下げることに成功していない。こうした新たな負担がすべてフランスの都市、とくに首都にのしかかっている。こうしたなか、今日、パリは古くからの病（低家賃の住宅の不足、交通渋滞）に加え、新しい都市病理に苦しんでいる。すなわち郊外の危機という病理に。

今日の諸問題

　交通問題はパリの歴史において繰り返し顕在化する病の一つである。RATPとSNCFは大掛かりな事業に着手しているが、世紀末までに莫大な投資を要しよう（図29を参照されたい）。RATPの赤字だけで年50億フランに達する。国は公共交通全体の調整権限を地域圏に付与し赤字補填への対応をこれに委ねようと考えている[33]。具体的には、ポルト・ド・バニョレとポルト・ドルレアン間について、地下化された高速道路でペリフェリック西側部分を複路線化することが予定されていた。他方で、ロワシー空港（シャルル・ド・ゴール空港）と首都を結ぶ道路が危険なほどに混雑しており、１本の地下自動車道を遠からず整備しようとの構想もあった。しかしこれらの新しい幹線の整備は莫大なコストを要するものと見込まれ、民間資本は参加を躊躇している。あいにく、交通網改善のプロジェクトは従来の交通手段を前提にそこへの新規投資しか考慮しておらず、著しく想像力を欠いていた。あるいは驚くほどの慎重さを物語るものといえよう。同じことが、1937年以来のパリのタクシー規制法規の単純な近代化さえ、今日まであらゆる責任者を躊躇させてきていることにもうかがわれる。

住宅危機に対処するには交通問題の場合と同様の熱意が必要だったが、関係者にはそうした気持ちがほとんどなかった。この危機はもっぱらパリの問題だった。首都における不動産価格はフランスの他の大都市に比べて2-3倍高かった。数十年間統制を受けたパリの家賃は、統制を解かれるや急激に高騰した。1987年、統制前の家賃上昇率（7.4％）はインフレ率よりも高い。統制後、上昇率は6.2％になったが（1990年）、それでも物価上昇率の倍である。残念ながら、家賃統制は富裕な人々の利益にしかなっていない。新しい借家人にとって、上昇率は40％にまで達した。反面、たしかに家賃の大きな変動のゆえに、評価が歪曲されるおそれもある。実際、大幅な上昇の大半は、古い家賃が結果として単に今日の水準に引き上げられたことを意味している。1992年、大蔵省は、家賃の値上げを建設指数の上昇率、つまり3-4％という低率に抑制する方策を継続している。パリのアパルトマンは今日、家主にとって多くの苦労とともに、SICAV（Société d'investissement à capital variable：オープン投資信託社）の3分の1しか利益をもたらさない。それでも不動産投資の低迷に驚くべきなのだろうか。都市における地価の分布は社会の深部に根ざすゆっくりとしたメカニズムに従っており、驚くべき安定性を示している。ちなみに、1989年のアパルトマンの価格分布図（図32）は、19世紀半ばに始まる西への中心の移動、オスマンの建設活動の波、東部と西部とのアンバランス、パリ・コミューンが実に明瞭に明らかにした北東部への貧困階級の集中、こうしたことをはっきりと再現している。

　最良の解決方法は、上述の問題に立ち返ることになるが、交通機関の効率性を大幅に改善することで地価を「ならし」、都市圏全域で均等にすることにあるのかもしれない。真に有効な公共交通は単に快適な移動を保障するのみならず、間接的かつ一層重要な方法で建設可能な土地を大幅に拡大するとともに、地価を均等化する機能を有する。それはまた郊外の不満を大いに軽減することにも寄与しよう。

　郊外における暴力の爆発はパリ固有の現象ではない。リヨンのような他の大都市もまた、首都よりも前にこれに苦しんでいた。しかし、その規模と長期にわたる無視の帰結としての無秩序な構造がパリ郊外をより一層憂慮すべきものとしている。こうした郊外は多くの移民の暮らす非人間的ゲットーとしてしばしば紹介さ

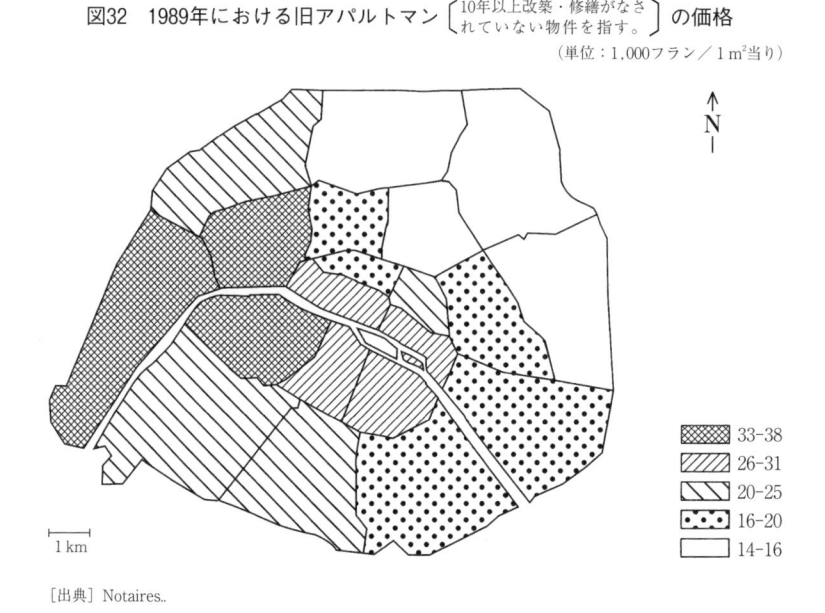

図32　1989年における旧アパルトマン〔10年以上改築・修繕がなされていない物件を指す。〕の価格
（単位：1,000フラン／1m²当り）

33-38
26-31
20-25
16-20
14-16

［出典］Notaires..

れ、その暮らしはこの世の地獄であるかのように見られてきた。「バベルの塔、劣悪な住宅、逃走中の住民、貧困者の集中……、ありとあらゆるきまり文句が生み出されてきた」[34]。近年、都市暴動の衝撃を経験したマント＝ラ＝ジョリ〔イル＝ド＝フランス地域圏を構成するイヴリーヌ県の一コミューン。人口は約4万3,000人。〕の一街区、ヴァル＝フレ（Val Fourré）を調査したダニエル・ベアール（Daniel Béhar）は、こうしたきまり文句がしばしば誤りであることを明らかにしている。この界隈に落ち着いて1年の若い世帯の67％は35歳未満だった。また67％はフランス人である。さらに82％はマントおよびこの地域圏の出身だった。SMIC（スライド制全職業最低賃金）以下の収入しかない住民は4％にすぎず、20％は月に1万フラン以上稼いでいる。他方、1989年時点で、パリ郊外の46の街区が「地区社会開発」（développement social des quartiers：DSQ）手続の恩恵を受けていたが、IAURIFは、1982年の国勢調査を手掛かりにそうした街区の課題を明らかにしようと試みている[35]。まず住民が非常に若く（40％が20歳以下）、しばしば外国人で（4分の1）、イル＝ド＝フランス全体と比較してはるかに多くの工場労働者（27％に対して40％）と事務労働者（26％に

対して36％）を擁していた。14歳以上の若者の半数はいかなるディプロム（免状）ももっていなかった（イル＝ド＝フランスの4分の1）。公共施設は一般に考えられているのとは反対に「相当数あり、かつ多様」だったが、二人の執筆者はこれらの街区の孤立を強調している。こうした結論を支持しているのがドゥラリュ報告である(36)。すなわち郊外住民、とくに若者が抱える主要な困難は孤立、つまり彼らをよく理解せず全く愛さない社会や彼らを拒絶する労働市場から、彼らが自分自身を囚人のように感じるような囲い込まれた空間への「追放」にあると。グラン・ザンサンブルあるいはZUPの建物は一般に郊外のあらゆる病理の非難さるべき要因と見なされているが、主たる原因（責任）は別なところにあると思われる。つまり、建物は明らかにひどく老朽化しているが、当初想定した世帯とは非常に異なる世帯が暮らしていることをむしろ嘆くべきであろう。なかんずく問われるべきはその立地ではないか。土地は広々として廉価ではあるが幹線道路の走る谷の部分から離れた台地にあり、斜面に形成された、今日では鉄道や高速道路で縁どられている町々と切り離されている。要はどんな町の中心からも遠いのである。マグレブ〔アフリカ北部地方：モロッコ、アルジェリア、チュニジア。〕出身の移民世帯における宗教の重みも彼らが孤立を深めるのに少なからず関係している。そこかしこで起きている暴動はその孤立を一層深刻にした。例えば、エドゥアール・ルクレール（Édouard Leclerc）は「問題地域（zones sensibles）のスーパーは危険を理由に閉めるべき」と主張し、「外国人住民が20％のボーダーを超えたところで直ちに一部の商業センターへの特別な保護が必要だ」(37)としている。問われるべきは貧困や「バール」（barres：長大な集合住宅）と形容された建物よりも、郊外の空間構造の全体なのである。1900年から1940年にかけて、無計画な画地分譲の秩序なき拡大を放置した政策担当者もまた重大な責任を有する。歴代政府はこうした状況を憂いてはいる。ちなみに1992年度予算は、投資的経費および経常的経費として1兆1,300億フランを都市省に配分している。前年度比27％の増である。では郊外の病理はこれまで強調されなかったのだろうか。2万人の移民を抱えるZUPのなかの200人の破壊行為が誇張される一方で、平穏に暮らす99％の住民は等閑に付されている。また政府の寛大さが問題の拡大を許している。人を人種差別へと駆り立てようとするさまざまな運動が、大都市を人間が身を滅ぼす地獄のように見なす他の

運動と奇妙にも結びついているかのように、あらゆることが進展しているのである。ダニエル・ベアールは、「大都市＝バベル」というきまり文句を取り上げて、19世紀初頭以来、首都の歴史の基礎を成している一つの根強い神話を浮き彫りにしている。郊外の諸問題はパリ都市圏の多様な要素間の関係性を問う総合的な批判的枠組みのなかで考究しなければならない。

パリとパリ地域圏

パリ地域圏は東部と西部との、中心部と周辺部との深刻な不均衡に苦しんでいる。地域圏の境界線ははっきりしない。というのもパリ盆地の諸都市に対するパリの強い影響力を人々はけっして確認しようとは思わなかったからである。とはいえ、地域圏の成長は著しいが、この数十年間、フランスの計画的都市形成のあらゆる試みがその成長抑制を主眼としてきた。

これからの数十年、パリという都市はさほど大きくは変化しないであろう。つまりあえて基本的骨格に触れようとする政権はもはやないであろうし、自由に活用できる空間もほとんど残っていない。駅や数カ所の軍用地があるだけである。現在、実現可能な最後のプロジェクトが進行中である。つまりリヨン駅周辺整備事業によってガラスのタワーが複数建設され、決定的なオフィス不足に直面していたこの地域の悩みは解消された。プロジェクトは、1994年末、駅前のシャロン広場の整備によって終了することになる。半楕円形の歩行者専用広場がTGVを降りた人々を迎えると同時に、広いパーキングを覆い隠すことになる。少し離れた場所には、街路樹をもつ広い遊歩道に沿って工芸センター（Centre de metiers d'art）が建設される。この遊歩道はバスティーユのオペラ座から、ドーメニル通り沿いに続く古い高架橋の上をヴァンセンヌの森まで4kmにわたって続く。高架橋下の60の丸天井の下には、ブロンズ、織物、木工の職人たちのアトリエが整備されるだろう。1987年に決定された工芸センターは1993年に開館する。セーヌ川周辺も激変することになろう。左岸では、新しいカルチエ・ラタンが超大型図書館（TGB）を中心にして生まれる。そこには１万5,000人の新住民のための住宅、5万人の事務労働者のためのオフィスに加え、大学の新しい教育・研究総合施設に学ぶ数万人の学生とTGBで働く数千人の研究者が見込まれる。

オーステルリッツ駅には巨大なガラス張りの屋根と30haに及ぶコンクリート製の地盤の下にTGVの到着ホームしか残らないであろう。1世紀の間、この街区を孤立させてきた線路による大きな断絶がついに解消される。図書館は1995年の竣工を予定し、カルチエも2010年には完全に整備されることになる。しかし、巨大なTGBの建設が惹起した論争によって、竣工はおそらく遅れるであろう。右岸では、大規模公園ならびにワイン・食料品を扱う国際的街区であるベルシー＝ヴィラージュが、リヨン駅周辺の巨大なオフィスビルや大蔵省、また総合スポーツセンターなどを含むベルシー地域全体を補完するかたちになっている。

　パリ西部では、ともにラ・デファンスに通ずる通りに面して2棟のガラスのタワーがポルト・マイヨーに建ち上がる。だがそれらの高さは35mを超えることはない。パリではもはやあえて高層ビルを建設しようとはしない。今ひとつの活用しうる空間は自動車工場の跡地である。かつてシトロエンが占めていたジャヴェルの土地やルノーが占めていたビランクールの土地は、ポワン＝デュ＝ジュールにあったサルムソン社（Salmson：航空機製造企業）の工場跡地でなされたZAC d'Issyの初期の工事のように、一掃され、建設用地になるだろう。セガン島〔ile Séguin：セーヌ川がパリ南西部から北へと大きく蛇行する地点にある島。〕から自動車が姿を消すことが確実だが、それはルノー発祥の地にとっては皮肉な運命である(38)。ルーヴルをラ・デファンスに結ぶ歴史的道路の延伸は依然としてより重要である。この都市軸は新凱旋門によって半ば閉じられ、同時に少し開かれた状態に置かれているが、ここからさらにナンテールの中央部を抜けてシャトゥ島〔ile de Chatou：ラ・デファンスのさらに西方を流れるセーヌ川にある島。〕まで2km延伸する構想もある。つまり新凱旋門の足もとを起点とし、二つの墓地の間、浸水しやすい平地をセーヌ川方向へと続く190haもの土地が広がっている。ポール・シュメトフ（Paul Chemetov）に委ねられたプロジェクトはまだ漠として慎重である。例えば都市軸に並行する高速道路を地下化したうえ、これに沿うように植樹された運河を走らせ不可欠な環境要素を取り入れようとの構想がある。一方ジャン・ヌーヴェルは高さ400mの「無限の塔」の建設を提案している。TGV新駅の建設構想もある。統一性を欠いた構想の中身は、その執拗なまでのこだわりに比べればさほど不安はない。18世紀末、ブルボン王朝の描いたシャン＝ゼリゼの名高い都市軸は、いつかサン＝ジェルマンの森を突き抜け海まで達するのだろうか。

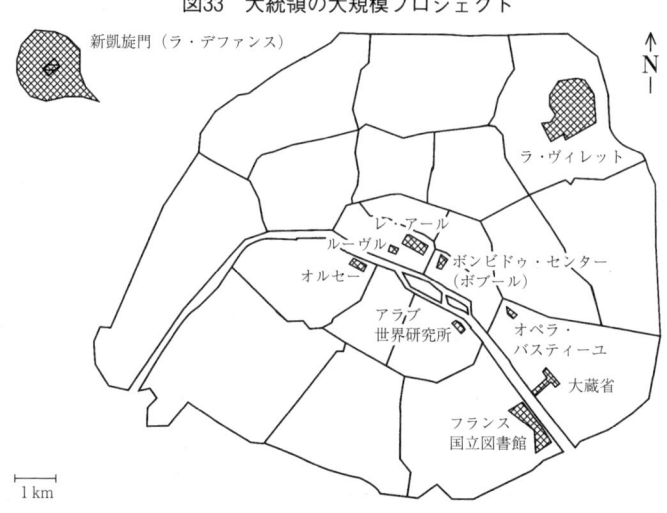

図33　大統領の大規模プロジェクト

新凱旋門（ラ・デファンス）

ラ・ヴィレット

レ・アール
ルーヴル
ポンピドゥ・センター（ボブール）
オルセー
アラブ世界研究所
オペラ・バスティーユ
大蔵省
フランス国立図書館

1 km

　パリのバランスを東へと回復しようとの配慮はどうなるのだろうか。
　「アウトライン」（エスキス）として1991年4月にまとめられた新しい指導スキームは、これまでの方向づけを捨象し、新たな戦略を提示しているように思われる（図33）。
　1990年の国勢調査の結果は驚くべきものだった。イル゠ド゠フランスは成長を続け、8年間で50万人の人口増をみている。しかも社会増ではなく自然増によるものだった。その勢いは非常に強く（年に10万人の増加が予測されている）、2015年の地域圏人口は1,300万人に達するものと見込まれる。都市整備担当者にとって、この数字はあまりにも大きなものに見えた。そこで政府は地域圏人口を1,230万人に誘導しようとしているが、誰一人この上限の妥当性の根拠を説明しなかった。その反面、人口1,150万人と予測されたときには、カタストロフを叫んでいた[39]。ともかくこうしたなか、6万5,000戸の住宅、100万m^2のオフィスを建設し、毎年3万人の雇用の創出が課題となる。都市施設の整備にも多大な努力が必要となる。例えば、こうした規模の都市圏への水の供給をどう確保するのか。フランシリアン〔Francilien：イル゠ド゠フランス住民。〕1人が毎日約300リットルの水を使っている。つまり地域圏全体では300万m^3の消費になる。20年後には、さらに100万m^3を確保しなけ

図34　2000年のパリ

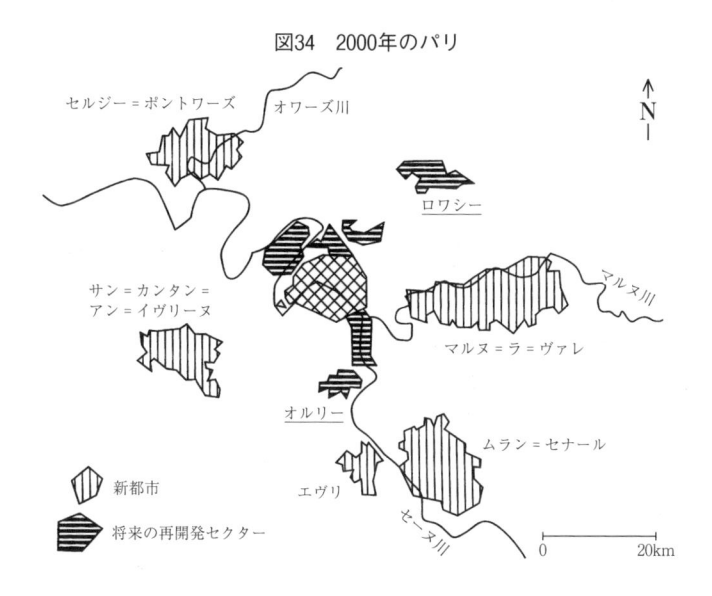

ればならないであろう。より深刻な問題は、水資源を確保すること（増水を調整しながらパリに水を供給する四つのダムの貯水量は8億5,000万m³だが、第五のダムの建設が予定されている）よりも、水質汚染を回避することにある。工業が河川の水を、農業用肥料が湧水（供給量の40％を占める）を汚染している。汚水処理もまた課題となる。今日でさえ、都市圏の下水は汚水の20％を直接セーヌ川に放出している。残る80％は汚水処理されてはいるが、その過程で硝酸塩類が生じ、それが別なかたちで河川を汚染する。

　パリの影響力が及ぶ範囲は大幅に拡大し、移動距離の拡大ももたらしている。仕事先は中心部にあるが、働き手は周辺部に暮らしている。

　住居と職場の間を移動する人々の数は15年前に比較してますます増え、その移動距離は長くなっている（図34）。また雇用の重心は、一般に西へと考えられているのとは異なって、南方面へと移動している[40]。フランシリアンの70％が住居のあるコミューン以外で働いている。また1万2,000人の「管理職」が、生活の場たるグランド・クロンヌと仕事の場たるパリとの間を日々往復している。回避し難く見えるこの傾向に交通インフラを適応させなければならない。のみなら

表10　新都市の比較（1990年）

(単位：人)

建　　設	計画人口		国勢調査	
	1972年	1975年	1982年	1990年
セルジー゠ポントワーズ（1969.4.16）	60,000	200,000	102,000	159,000
エヴリ（1969.4.12）	200,000	390,000	48,000	73,000
マルヌ゠ラ゠ヴァレ（1972.8.17）	130,000	340,000	153,000	211,000
ムラン゠セナール（1973.10.15）	80,000	300,000	47,000	82,000
サン゠カンタン゠アン゠イヴリーヌ（1970.10.21）	95,000	340,000	93,000	129,000

ず、新たな需要も顕在化している。こうした管理職の多くが宿泊場所としてパリに仮住まいを借りているのである。それを見て、利に聡い不動産開発業者は新しい市場の形成を見抜き、アパルトマンとパリのホテルとの中間に、利用者が食事をとったり洗濯物を出せるような宿泊場所を提供し始めている。平日通う職場と週末を過ごす住居とのこうした分離は、社会学の注目する社会の激変を示すものであると同時に、パリ地域圏の拡大とこれを一つのまとまりにしている複雑な関係性を物語っている。

　考え方は変化し始めている。新指導スキームは郊外に新しい中心（例えばマシー〔エソンヌ県のコミューンの一つ。〕）[41]ならびに都市圏周辺部の都市の成長を促すための「連携都市」（villes traits d'union：フォンテーヌブロー、エタンプ、ムラン、ランブイェなど）を指定して内容を一新している。DATARは今や、イル゠ド゠フランスをパリ盆地に開放し、こうした古くからの都市（町）を新住民の受け皿にしようとしている。それは従来のやり方とは対照的な政策だった。つまり1965年、新都市は、古くからの中心（町）が多くの新住民を受け入れられないという理由で正当化されていたし、1961年当時、イル゠ド゠フランス地域圏（パリ地域圏）はパリの影響力を抑制するために、できるだけ小規模にデザインされていた。しかしながら、新都市は成功したのだった。

　維持された五つの新都市の人口は、1962年時点で13万4,000人だったが、1990年には65万4,000人を数えている。イル゠ド゠フランスの他の地域と比較して、成人の割合は多かったが、若者や高齢者は少ない。たしかに、当初の予測が過大であったことは明確になった。これらの新都市は新規に建設される住宅の4分の

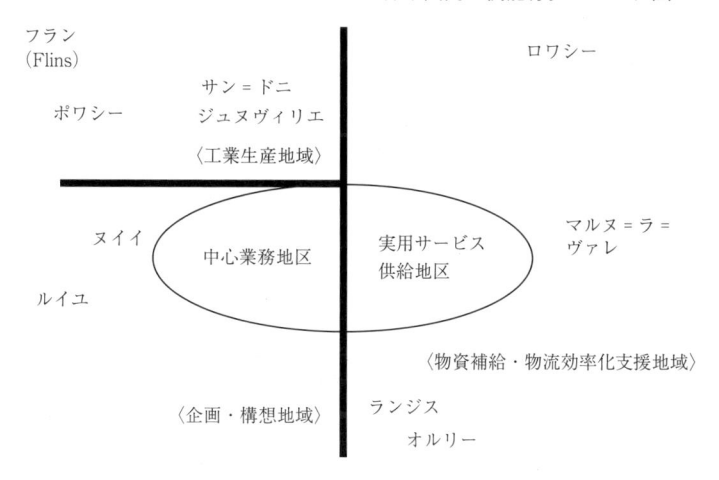

図35　ベクーシュとダムットゥによる都市圏内の機能分担イメージ図

```
            フラン                    │         ロワシー
           (Flins)                    │
                      サン＝ドニ       │
           ポワシー   ジュヌヴィリエ    │
                     〈工業生産地域〉  │
                                      │
──────────────────────────────────────┼──────────────────────────────────────
                        ╭─────────────┼─────────────╮
                       ╱              │              ╲      マルヌ＝ラ＝
              ヌイイ  │    中心業務地区 │  実用サービス  │        ヴァレ
                      │                │   供給地区    │
              ルイユ   ╲              │              ╱
                        ╰─────────────┼─────────────╯
                                      │      〈物資補給・物流効率化支援地域〉
                                      │
                    〈企画・構想地域〉 │
                                      │    ランジス
                                      │    オルリー
```

1を受け入れることになっていた。実際、15年間でグランド・クロンヌにおける人口増の20％足らずを受け入れたが、それは予測よりも少なかった。しかし、最近の8年間では、地域圏の新住民の3分の1を迎えいれ（58万7,000人の人口増のうち、21万人）、当初担った役割は大部分果たした。それどころか、新都市がそれぞれ固有の機能をもち、互いに異なる独自のイメージを獲得している。新しいSDAURP（パリ地域圏整備・都市計画指導スキーム）は首都の周囲に数多くの活動的な拠点を発展させようとしている。ちなみに新都市に加え、新住民の受け皿となる「戦略的地域」（ロワシー、オルリー、セーヌ＝サン＝ドニ、セーヌ＝アモンなど）を指定している。ただし、最近まで新都市に委ねられた役割を、そうした地域が手段を欠いたままにどう担いうるかは不透明である。

　パリ周辺に構想される新たな拠点は圏域としての一体性の形成に寄与するであろう。二人の地理学者はそこにかなりシンプルな構造を見出している[42]。つまり北部および西部の「工業生産地域」、西部および南西部の「企画・構想地域」（サービス部門）、北東（ロワシー）から南（オルリーおよびランジス）にかけての「物資補給・物流効率化支援地域」である。これら3地域の大部分は、パリのさまざまな街区、つまり工業地域（北部および北東部の街区）、業務中心地域（西

部の街区)、そして「サービス部門地域」、具体的にはマレからバスティーユにかけての事務労働者(9区、10区)や職人を多く抱える街区、こうしたパリの従来の街区の延長線上にある。こうして、都市圏全体がこれまでのパリの発展の方向性に従って、巨大なスケールで順次組織化されていくだろう。政府は、40年にわたり首都から地方への工業の移転を試みた後で、盤石な産業基盤の上にパリの経済を築かねばならないことに気づいたのである。1991年、地域圏知事クリスチャン・ソテールは次のように明言した。「イル＝ド＝フランスの整備にとってオフィス建設がアルファでありオメガであるといったことはありえない」と。それは国土整備政策の完全な方向転換だった。

　こうした重大な政策転換の一環として1991年6月には「都市の方向づけに関する法律」(LOV) が制定された。この法律はパリ地域圏に主に二つの結果をもたらすであろう。一つは、社会住宅の建設支援によって、住居および街区の社会的構成の多様性が維持されることである。今ひとつはZUPを廃止する代わりにZAD（長期整備区域）を広く適用することで、市街化すべき土地の地価をコントロールできることである。

　将来的な都市化を念頭においた農地の地価の管理が可能となろう。コミューン間財政連帯に関するロカール法（1991年4月）の影響はさらに大きなものとなろう。すなわち、一方で、コミューンへの援助を目的に政府が伝統的に配分している地方交付金（Dotation globale de fonctionnement：DGF）は、最も貧困な都市を優遇するために改革された。他方で、イル＝ド＝フランスのみを対象に適用される財政調整計画によって、パリ地域圏コミューン相互の財政的連帯は最も望ましいかたちになろう。二つの帰結は表裏一体であり、パリ市は年に6億フランを追加的に収めねばならない。そのうち2億フラン（DGF分として）は主としてフランス全体で再配分され、4億フラン（地域圏財政連帯分として）は近隣、とくにグランド・クロンヌのコミューンに配分されることになる。かくしてパリ市の予算（約180億フラン）は3.3％削減される。イル＝ド＝フランス全体では、50ほどのコミューンが財政力の脆弱な約100のコミューンにおよそ5億フランを提供することになる。100億フランの地域圏予算にとってはわずかな財政移転（5％）ではあるが、主として交通（42億フラン）や職業教育（40億フラン）な

どに充てられる。ロカール改革の目的は二つある。一つは、とりわけ最も富裕なコミューンを優遇する結果になっていたDGFの不合理性の是正である。今ひとつは地域圏間の連帯という新しいコンセプトを導入した点である。これは興味深いコンセプトだが、イル＝ド＝フランスの行政区域を大きくはみ出し、アルトワからブルターニュへ、マンシュからベリーへとパリ盆地全域に拡大している現実のパリ地域圏の安定性や広がりを確認し始めている時期としてはまだ不明確である。こうしたなかで次のような厄介な問題が新たに浮上する。すなわち、現代フランスのなかで、パリはいかなる位置を占めているのかという問題である。

フランスおよび世界におけるパリの位置

この1世紀、パリは全く正反対の二つの政策の間で翻弄されてきた。一つはコミュナール〔パリ・コミューン支持者〕の政策である。彼らはパリの独立を主張して農村フランスから首都を分離させようと考える。今ひとつはグラヴィエのような国土整備擁護論者の政策である。彼らは首都の税収をもってフランスの他の諸地域に大いに補助しながら、首都の地位を他の諸県同様一つの県のランクに下げようと望んでいた。二つの立場は、今日、戯画的にも見える。つまり対立はパリと地方との間でというよりも、多様な都市レベルの間にあることが明らかになってきた[43]。フランスの大都市は首都の影響力に抗して戦っているが、もっと小さな都市は、地方分権のなかにしばしば自分の後背地をよりよく支配する手段しかみようとしない地方ブルジョワの覇権から身を守るためにパリの権力にすがっている。いずれにせよ、過去50年間、フランスで展開されてきた国土整備政策は、パリ地域圏が圧倒していると見なされた地方を利すべく、もっぱらパリ地域圏の弱体化を企図してきたのである。地方の利害が19世紀末以降のフランス政治を、またリベラシオン以降は国土整備政策を過度に支配してきたがゆえに、歴代政府は久しい間、首都への援助を恥じてきたのだった。

　　私は道路補正予算案が審議された会議を覚えている。相当の予算をイル＝ド＝フランスで喫緊の課題となっている道路に充てるのか、パリ＝トゥールーズ間の道路についてその危険箇所の迂回路建設に充てるのか。結局採択

されたのは後者である。

　会議で、RERの中央区間もしくは郊外への地下鉄の延伸に要する予算が議論になったときには、リヨンやマルセイユの地下鉄の優先に熱心な当時の首相がこうした事業に反対した[44]。

　首都の成長は1970年代に減速したのち、この10年の間、再び勢いづいてきた。しかしその様相は以前と全く異なっている。今日、パリ地域圏の人口増はもはや移住によるものでない。それは減ってきてさえいる。反対に、自然増が大幅に伸びている。パリは自ら成長している。戦後、パリの成長の抑制を企図した国土整備政策は、地方出身者が「故郷で暮らす」(vivre au pays) ことができるようにという理由で正当化されていた。同じ政策が今や首都の生活条件をますます劣悪にしながら、パリジャンを首都から遠ざけ地方へ転居させようとしている。この政策を緩和しうる唯一の足がかりは、フランスが擁するたった一つの国際的な大都市を衰退させるのではないかというおそれである。ヨーロッパにおける、また世界におけるパリの役割も国土整備政策のゆえにダメージを被ったのだろうか。
　カレーズ (Carrez) 報告 (1991年) は、1990年におけるパリの第三次産業の高度機能の発展ならびにヨーロッパおよび世界におけるフランスの首都の位置を、外国企業の代表者へのインタヴューによって評価している。彼の結論は悲観的である。つまりパリの文化的威信には依然として大きなものがある。反面、それも古い遺産に負うており、徐々にかげりが見えている。インタヴューに応じた外国人たちは、パリは20年前から、文学、哲学あるいは舞台芸術において、もはや独創性を発揮する存在ではなく、また地方もこうした役割において首都に取って代わる存在ではないと指摘している。政治分野においては、フランス国家の重みが、ベルリン、プラハあるいはワルシャワといった他の大都市ならば引き受けられるような新しいヨーロッパ機関の誘致を阻んでいる。イル＝ド＝フランスで利用可能なハイレベルのサービスには基本的に問題はなく、ときには非常に優れている (例えばIT)。ただ著しく劣る場合もある (例えば会計監査や法律の専門職)。金融活動は最近まであまりぱっとせず公権力によって非常に狭く規制されてきたが、幸いにもこの10年で改革された。しかし、外国企業の決定権をもつ中枢管理部門

は常にパリを遠ざけている。つまりロンドン、アムステルダム、ブリュッセルあるいはフランクフルトで起きていることと異なって、パリには外国に本拠を有する国際的大企業がほとんどない。首都は、平凡で想像力を欠き、実際、非常に限定的な権限しかない市政管理（une gestion municipale）に多くのコストを割いているが、少なくとも50年にわたる大都市への憎悪と15年に及ぶ成り行きまかせの公共投資が生活条件を困難にし、とくに人間関係を緊張感をはらんだものにした。

　　パリは独特な批判の対象になっている。いわく「タクシーはないも同然で汚い。1台捕まえられたら奇跡」、「ドライバーやカフェのウエイターのマナーは最悪」、「犬の糞で汚れた世界的首都」など。パリ地域圏の交通条件、なかんずく空港（とくにロワシー）との連絡の悪さは外国人名士らの間で繰り返し聞かれる不満の対象となり始めている[45]。

IBMは、重要な部署の一つについてヨーロッパへの移転を決定した際、イギリスを選択している。

　　国際的企業の本社に関して言えば、われわれはヨーロッパで劣勢に立たされており、フランスは進出した本社が自分たちの選択に最も満足していない国である。……われわれは国家主導主義論者（dirigiste）の国、融通が利かず杓子定規な行政、複雑で割高な税・社会システム、なかんずく、外国人に対するよくて無関心な対応、最悪な場合は敵対意識をもつ国というイメージを維持しているのである[46]。

パリの成長に歯止めをかけるために国土整備の政策担当者が用いた手続は、こうした悲観的な総括に重大な関わりがある。負担金、より具体的には建築許可制度は外国による投資を、予測不能で、しばしば非合理的、理由はめったに説明されない行政決定に依存させたが、慨嘆すべき結果を招いた。カレーズは指摘する。

行政上の慣行について言えば、フランスは率直にいって嘆かわしいイメージをもって見られている。そうしたイメージは経済界の指導者たちの心証において、フランスを「南の」国の一つに分類させることに寄与している[47]。

負担金による追加費用は、外国の企業家によって投資コストの見積もりに含められるだろうが、恣意的な建築許可制度は彼らをおびえさせる。しかし行政と同程度に不条理な政治はようやく危険を理解し、数年前から、フランスの企業には拒んできた許可を外国人には自由に出すようになってきている。中央政府の怠慢とパリ都市圏の利害との対立は明白である。

部分的、一時的とはいえ、イル゠ド゠フランスに建設されるオフィスを対象とした許可制度の復活は、裁量幅の極めて大きいフランスの行政慣行が今なお存続していることを外国人に発信する、これ以上ない完璧なサインとして認識された。こうした慣行はフランスよりも日本において認められていた。ただしそれはデベロッパーに対して適用されるものであって、その顧客に対してではなかった。結局、フランスのこうした手続の全体が閉鎖的精神の証として認識された。世界的規模の企業の指導者たちは、不安を抱えながら、書類の提出やフランスの行政に対する対応の仕方、また行政から、例えばDATARあるいはこうした煩瑣な手続に関するサポートを生業とするコンサルから事業計画への正式許可をいかに取得するかについて、それぞれその対処の仕方を探るようになっている[48]。

許可制度は有害なのだろうか。廃止すべきなのだろうか。都市相、ミシェル・ドゥラバールは、最近、あるジャーナリストに次のように答えている。

とんでもない！ この手続きはイル゠ド゠フランスならびに地方への大企業グループの進出について、彼らと一つひとつ膝詰めで交渉することを可能にする。これを廃止することは国家の活動にとって自殺行為になるだろう。私の大臣職を廃止するのと同程度に[49]。

「イル゠ド゠フランスへの進出を望んでいる大規模企業グループ」については、カレーズは次のように指摘する。

 アメリカおよび日本の企業の場合、フランスへの進出数は99件と（その圧倒的多数はパリ地域圏である）、彼ら（事務本部〈quartiers généraux：Q. G〉）にとって、フランスは、イギリス（332件）、ベルギー（196件）、オランダ（111件）、ドイツ（RFA：103件）に次ぐ第5位の位置しか占めていない。……さらに深刻なことは、フランスに進出したアメリカおよび日本企業（Q. G）の満足度が72％と最も低いという点にある。対してドイツ（RFA）の場合は80％、ベルギー：84％、イギリス：89％、オランダ：92％となっている。1992年以降、ヨーロッパで可能性のある最良の立地先に関する先と同じ企業の回答を考慮した場合も、事態は同様に非常にネガティヴである。彼ら企業の14％しかフランスに言及していない。他方、ドイツについては17％、オランダ：33％、イギリス：40％、ベルギー：49％という割合である。フランスはたいした国ではないというイメージ、魅力の乏しさ、すでに進出している企業の撤退さえありうる低い満足度に晒されている。ピート・マーウィック内閣（Peat Marwick）は、優先すべきことは決定権を有する新たな企業を引き寄せることではなく、今自分のところに進出している企業の撤退を回避することにある、と結論づけている[50]。

ヨーロッパならびに世界の首都との競争で張り合うために、パリは大量のオフィス空間を供給してきた。この点について、カレーズは言う。

 オフィスをめぐっては、賛辞よりも批判の声が頻繁にイル゠ド゠フランスで挙がっている。パリ地域圏にオフィス空間が整備されなかったりオフィス不足が地域圏の発展を妨げるようならば、事態はさらに悪くなるだろう。しかし、今後の地域圏経済の発展はその4分の3を第三次産業部門に依存し、そのことがまた、オフィス賃料の高騰を深刻にするのである[51]。

1989年から1990年にかけて、外国資本はパリにさほど投資しようとはしていない（不動産売買で全体の内の10％、企業関連の不動産でみれば6％にすぎない）[52]。1992年、パリのオフィス供給は過剰だったが、市場は周期的である。ドック（Docks）やカナリー・ワーフ（Canary Wharf）などのプロジェクトへの巨額の投資によって、ロンドンはパリよりもはるかに多くのオフィスを建設した。ロンドンのオフィス賃料は1年で3分の1低下している。パリに比較して供給はより多く、市場はより困難だったが、ドックの責任者たちは、今は相当過剰なこの供給量が、ロンドンに企業を惹きつけ、1993年以来競争関係にあるパリを圧倒することになるはずだと真剣に説明している。最も驚くべきことは、イギリス政府が、地方からの抗議もなく、民間資本ではあるが、900億フランもの資本を首都に対する投資として誘導できたということである。1950年代にモデルを提供していたイギリスの地方分権は、もはやもてはやされてはいない。

　こうしたかなり暗澹とした状況は、イル＝ド＝フランスの工業出荷額を考慮しても明らかにできない。国土整備政策のターゲットであったパリの工業は、パリ地域圏が第三次産業に特化した場所とされたために、地方あるいはパリ盆地周辺の諸都市に移転しているからである。今日、そのことの重大さが改めて認識されつつある。イギリスの有力な経済新聞はロサンジェルスについて次のように記している。

　　製造業は、企業に対立するカリフォルニア州政府の姿勢や交通渋滞、あまりにも高い生活費などを不満としてこの地域を離れ始めている。多くの住民は、よりクリーンな商業やサービスが環境を汚染するような工場にすみやかに取って代わることを期待している。しかし、そうした考え方は誤っているかもしれない。工業関連の一つの雇用が他の二つの雇用を生み出すからである。工場は移民に最初の仕事を与える。地域圏における既存工業地域の急速な衰退は危険なほどに分裂した社会を生み出すおそれもある。そうなれば、映画プロデューサーや法律家、管理職など富裕な階級（主に白人）が、移り住んで間もない貧困な移民層と敵対する。ロサンジェルスは自分たちに敵対

していると、もし工場主たちが判断しているとするならば、他の企業家たちが同じ結論に達するのにどれほどの時間が必要だというのだろうか[53]。

　皮肉にも、「連帯」という政策が、一国レベルで諸地域圏間の格差を縮小する一方で、一つの都市圏の内部で地域間格差を助長しているのである。

　パリの住宅価格は、近年大幅に上昇している。1990年4月以降、パリの住居費の逓減が見られるが、フランスの他都市に比して2-3倍高い。もっとも、ニューヨーク、ロサンジェルス、ロンドン、東京といった諸外国の大都市に比べればまだ低いほうであるが。パリの生活費もまた、家賃を除けば平均的な水準にある。スイスのユニオン・バンクの実施した調査によれば[54]、物価は同規模都市の平均水準にあるものの、社会保険料の天引きのゆえに購買力は最も低い。国家に軽視され（国家はイル＝ド＝フランスから税収の3分の1近くを奪いながら、この15年間、首都には全く補助していない）、スケープゴートとして地方の犠牲となり、200年にわたって自治権を制限され、意見表明の場を与えられることなく閣議決定や大統領決定に従いながら、40年間、地域経済を崩壊させようとした建築許可制度に疲弊し、常にヨーロッパの首都ではなくフランスの首都と見なされてきたパリ。パリは弱い立場で21世紀ならびにヨーロッパの大市場の幕開けに臨もうとしている。この200年間で、ヨーロッパおよび世界におけるパリの相対的位置は著しく後退した。世界を牽引する2大資本輸出国の一つという地位にあったフランスそのものが、1900年以降、地歩を失ってきたことも事実である。しかし、首都に対する19世紀中葉以降の敵意と、首都の弱体化を企図した50年来の長期に及ぶ政策がその主要な要因であったことはほとんど疑いえない。

注
（1）　とくに、この時期を詳細かつ明晰に分析しているミシェル・カルモナ（Michel Carmona）の学位論文（1979年）の最初の部分を参照されたい。併せて *Données sociales, Ile-de-France*, INSEE, 1989 の優れた分析も参照されたい。右派による診断に、*Le Livre Blanc de l'Ile-de-France*, 1990, 左派による診断として、*Ile-de-France: pouvons-nous éviter le scénario-catastrophe?*, 1990 がある。またパリの役割に関する考察として、M. Albert [1973], J. Beaujeu [1974], Arrighi [1982], J.-F.

Carrez [1991] がある。A. Ballut [1987] は、D. Noin [1984] とともに有益な情報源である。
(2)　M. Carmona [1979], vol. 1, p. 154. における引用。
(3)　Cf. J.-M. Poirier [1974].
(4)　Cf. R. Franc [1971].
(5)　1976年5月31日の演説。M. Carmona [1979], vol. 1, p. 167 における引用。
(6)　1975年6月9日の演説、*Ibid.*, p. 260.
(7)　CREPIF [1991], p. 68.
(8)　M. Carmona [1979] に明晰な提示がある。
(9)　M. Albert [1973].
(10)　Hudson Institute [1974].
(11)　J. Beaujeu [1974].
(12)　Carmona [1979], vol. 1, p. 590. 強調は原著者によるもの。
(13)　Cf. *Investir*, n° 882 増補版, 15 décembre 1990.
(14)　Cf. *Le Nouvel Économiste*, n° 761, 14 septembre 1990, p. 40.
(15)　*Le Monde*, 10 avril 1991.
(16)　*Ibid*.
(17)　Rapport de la société Auguste-Thouard, *ibid*.
(18)　地価が過剰に上昇している場合、国が先買権を行使して用地を確保し、専門家の評価する価格を支払うことができた。
(19)　競合する労働市場においては、交通の利便性の低い企業は、事務労働者の獲得のために、より業績のよい企業が支払うような賃金に加え交通費を支給しなければならない。だが、それが都市交通機関の慢性的不足の要因の一つとなる。結局、企業の責に帰せられる支出は納税者に転嫁されることになる。
(20)　例えば、映画、*Elle court, elle court, la banlieue*, Pirès, 1972 を参照されたい。
(21)　P. Merlin [1982b].
(22)　F. Chaslin [1986], p. 13 et p. 15. この作品は基本的文献であり、後の部分でも依拠する。大規模事業については、Ph. Urfalino [1990], G. Charlet [1989] および *Connaissance des Arts*, 1989 特別号の写真を参照されたい。
(23)　F. Chaslin [1986], p. 222.
(24)　*Ibid.*, p. 223.
(25)　Cf. Ph. Urfalino [1990] の実に詳細な作品を参照されたい。
(26)　計画の責任者 G. Charlet の言葉。Ph. Urfalino [1990], p. 27, 29 所収。
(27)　Ph. Urfalino [1990], p. 97.
(28)　Carlos Ott, *Art Press*, avril 1984.

(29) Ph. Urfalino [1990], p. 231.
(30) *Le Monde*, 10 octobre 1991, p. 2 に紹介された論争。
(31) 驚くべきことに、各大規模事業周辺の商業の変容や地価の変動を詳細に追跡しようとする研究者は一人もいない。
(32) Cf. J.-D. Giuliani, *Marchands d'influence. Les lobbies en France*, Paris, Éd. du Seuil, 1991.
(33) Cf. *Lettre de l'Expansion*, n° 1064, 1er juillet 1991.
(34) D. Béhar, *Le Monde*, 14 juin 1991, p. 2.
(35) C. Lelévrier et C. Noyé, «Quartiers en difficulté», *Regard sur l'Ile-de-France*, n° 12, juin 1991, INSEE.
(36) J.-M. Delarue, *La Relégation*, Paris, Syros, 1991.
(37) *Lettre de l'Expansion*, n° 1064, 1er juillet 1991, p. 6.
(38) 国土整備相のために準備された M. Jean-Eudes Roulier の1991年の報告書を参照されたい。
(39) *Ile-de-France: pouvons-nous éviter le scénario-catastrophe?*, 1990.
(40) INSEE によって回収され *Données sociales, Ile-de France*, 1989 に収められた情報による詳細な研究を参照されたい。
(41) ここ（Massy）には精力的あるいは並外れた野心をもつ一人の市長がいる。彼はまず TGV の連絡駅を誘致し、次いでスタジアム、巨大な歌劇場を建設した。
(42) Cf. P. Beckouche et F. Damette [1990].
(43) Cf. CREPIF が1991年に企画した円卓会議を参照されたい。
(44) Maurice Doublet, 元イル＝ド＝フランス地域圏知事の発言。CREPIF [1991], p. 68.
(45) J.-F. Carrez [1991], p. 38.
(46) *Ibid.*, p. 107.
(47) *Ibid.*, p. 36.
(48) *Ibid.*, p. 37.
(49) *Le Monde*, 31 août 1991, p. 20.
(50) J.-F. Carrez [1991], pp. 33-34.
(51) *Ibid.*, p. 44.
(52) Cf. «L'immobilier et la crise», *Le Nouvel Économiste*, n° 761, 14 septembre 1990, pp. 36-42.
(53) *The Economist*, 27 juillet 1991, p. 57. なお、引用は著者の訳出による。
(54) *Notices économiques UBS*, septembre-octobre 1991, p. 10.

結　論

　パリとフランスの他の地域との諸関係という問題は、本章に至るまでしばしば基本的主題として立ち現れてきた。この主題はここで論ずるにはあまりにも大きい。その主要な側面を指摘し、パリ史におけるその重要性を示すことにとどめよう。1848年の二月革命は断絶の始まりを刻んでいるように思われる。つまり1848年、実質的に初めて導入された普通選挙制の導入が、パリからその政治的優位を奪う結果となった。その後、パリに対する権力の姿勢は大きく変化した。20世紀初頭まで、国家はまず、常にパリを一般法の枠外に置くとともに、あらゆる自治権を奪うことによって、あまりにも強大かつ不従順な都市の諸権力を制限しようと腐心している。第三共和政の農村名望家は、間違いなく自分たちの正統性を確信し、パリを放置することで満足していた。またペタン体制から恐れられ忌避された首都は、国土解放後も、その弱体化を主眼とする国土整備政策のもとにおかれてきた。こうした反パリ政策の唱道者（理論家ではないにせよ）がジャン＝フランソワ・グラヴィエである[1]。

　かくしてパリ都市圏は、1850年以来、あらゆる分野において、その後背地を活気づける首都としてではなく、国の富を収奪する「独占的」集団として振る舞ってきた。その行動は、第一次産業革命のさまざまな影響を増幅し、地方から活力のもとを奪うことによって地方経済の大部分を不毛なものにした。決定機関、構想策定機関あるいは特殊な公的サービス機関について言えば、パリは主導的役割を独占し、残るフランスの諸地方には従属的な活動しか残さなかった。この絶対的依存はまさに植民地体制に固有のものである。

　『パリとフランス砂漠』は専門家のみならず多くの読者を獲得し大成功を収めた。一篇の論文、一冊の書あるいはシンポジウム、いかなるかたちであれ、過去50年

間、パリ都市圏を扱ったものでこれを引き合いに出さなかったものはない。その視点はほとんど常に好意的だった。著者は曖昧さを巧みに利用し、多くの相反する見解を満足させている。例えばパリを攻撃する一方で、パリジャンの生活上の困難にも同情する。またそのタイトル自体が、あるときは周辺地域と対立関係にあるパリを、またあるときは地方と対峙する都市圏を指し示すために用いられた。国レベルの行政を想起させることもある。モーラス信奉者であったグラヴィエは、アンシャン・レジームを懐古するような保守的イデオロギーの名において進歩の諸手段を提示している。また人口学的マルサス主義を拒否する一方で、首都の経済的発展を抑制するためのマルサス主義的手段に救いを見ている。さらにあらゆる人を念頭に、左派の言葉でペタン派イデオロギーを語り、アメリカ合衆国を嫌悪する。フランスの読者を獲得するためにこれ以上の手法があるだろうか。彼はまた、フランス人が補助金や保護主義的法律を要求する目的だけをもって批判してやまない国家、その国家にフランス人が抱く永年の愛憎の思い、その心の琴線により深いところで触れたのだった。なかんずく、コスモポリタニズムをあからさまに非難しているが、それは外国人嫌い、これもまた伝統的なものだが、その一つの表現だった。このように、この作品の成功は、その実際の価値に関係なく、フランス人がパリを思う際の、その発想のありようを表現したということ、何よりもそのことによって説明できる。こうして捉えられた首都のイメージは、たしかに多くの市民が共有するものであろう。しかしそれはあまりにも否定的であり、さらに子細に検討する価値を有している。以下、主要な主題を改めて取り上げてみたい。それらは過去150年間、一貫して、パリ史の根底に流れているものである。

　相矛盾する二つの流れの同時進行、すなわち人口および経済におけるパリの成長と、その権力の抑制という事態の進展が相互に関連する二つのマイナスの帰結をもたらした。一つは、国家が、ますます危険になっていくライバルとしてパリを見なすようになったことである。中央政府は、パリ地域圏が強力な地方権力とならぬように、慎重に、この経済的巨人に対する矮小化政策をとった。またその圏域整備を、おそらくは意識的にはなはだ無視し、第一次世界大戦後、とくに第二次世界大戦後、衰退するままに放置したのだった。今ひとつは、パリのいやます力があらゆる保守勢力を不安にさせずにはおかなかったということである。伝

統的に大都市に敵対していた彼らは、1940年代から首都を弱体化させようと試み、国土整備政策の大方をそうした方向に導いた。パリは三つの大きな神話を生み出したと考えられるが、それが攻撃される理由になっている。つまり、「現代のバビロン、背徳の坩堝」、「国家・レヴァイアサンを具現するあまりにも強力な怪物」、「フランスの資源を糧にする吸血鬼」という神話である。

　過去50年来、パリ地域圏の弱体化に努めてきた政策担当者たちは、経済に着目した議論によるよりも（データをみれば彼らが誤っていることがわかる）、道徳的非難によって自分たちの行為を正当化してきた。1830年以降、「現代のバビロン」は、繁栄し自由な社会であるという、ただそれだけの理由で非難されてきた。かつては金儲けと乱痴気騒ぎの場、犯罪と革命の場として、今日では暴力、社会的分離、麻薬売買の場として公然と批判される。もっとも、大都市に対する道徳的非難はその歴史と同じほどに古くからある。例えばユウェナリス〔Juvénal：古代ローマの詩人、「風刺詩」で腐敗した風俗を批判。〕や、さらに聖書に記される「バベルの塔」〔旧約聖書、創世記第11章。〕あるいは「低地の町々」〔旧約聖書、創世記第19章。住民の退廃と罪のゆえに神に滅ぼされたソドムやゴモラを含めた肥沃なヨルダン川流域一帯の町々。〕への神の怒りにまで遡ることもできよう。すなわち、首都は権勢と文明のモダニティを顕示する場であるとして非難されてきた。首都はまた必然的に物や情報の交換、人と人との接触、変革すなわち政治的革命の場であり、道徳的腐敗の場でもある。また大都市はなかんずく自由を享受できる場である。19世紀以来、パリジャンたちは、地方の人々とは比較にならないほどの自由、とりわけ習俗面での自由を謳歌してきた。彼らは、地方人よりもずっと早い時期に伝統的な家族形態を放棄し始めている。ちなみに1891年当時の離婚の実態をみると、フランス全体では10万世帯に77件の割合だったが、セーヌ県では282件だった。また1888年、パリでなされた葬儀のうち21％が無宗教であるが、それは国の平均値よりもはるかに高い値だった。グラヴィエは次のように慨嘆する。「首都の中心に近づけば近づくほど、住居や生活条件は、本来あるべき家族のありようにますますふさわしくないものになる」と（グラヴィエ［1972］、p. 60）。1990年現在でも、パリに暮らす人々のなかで結婚するカップルはフランス全体に比較して非常に少ないが、反面、離婚する割合はフランス平均の2倍である。生まれる子供の4分の1以上は婚外子である。10組に1組のカップルが同棲だが、その割合は上昇の一途を辿っている。結婚とい

う形式の解体は、悲痛な家庭内紛争を大幅に減少させている。つまりパリの離婚に占める協議離婚の割合は、フランス平均の51％に対し70％である。都市の人口密度が直接的な役割を果たしている。すなわちパリ中心部を起点とし、国民的な規範がまだ生きているイル゠ド゠フランス周縁の農村部に至るまで、人々の行動様式が徐々にかつ確実に変化する様子がみてとれる[2]。アメリカ同様に[3]、大都市への道徳的非難は、多くはキリスト教イデオロギーに依拠していると思われるが、そこには二つの異なる思想が奇妙に混じり合っているように見える。つまり、左翼のキリスト教主義は、連帯を説きつつ、地域圏の間の、また都市間の、あるいはパリ都市圏における街区間の格差に憤る。一方、より保守的な考え方は、大都市で許されている過度の自由、伝統的な家族構造の崩壊、道徳的な統制力の喪失を強調する。これら二つの思想は合わさってパリを社会的制裁の的とし、その成長を抑制する諸手段を正当化し、平等の名のもとに自由への闘いに挑んでいるである。より繁栄しているだけに一層多くの醜聞にまみれたパリは最悪の事例だった。

アンシャン・レジーム以来、中央政府は首都の成長に不安を感じてきた。多くの人口を擁し、それだけに大きな勢力を有する「パリ・レヴァイアサン」は、絶えず国家を、ときにはフランス全体をおびえさせた。そうしたなかで、「地方」（province）という言葉が、軽蔑語として、また首都的でないもの一切をフランス固有の語法で表現するために17世紀から使われ始める。その初期の用例はラ・フォンテーヌやモリエールの作品に見出せる。だが王権が着手した中央集権は、すでにアンシャン・レジーム末期にはパリを他のいかなる都市よりも大きくかつ恐るべき都市にしていた。政治的機能はフロンドの乱（17世紀中葉）ののちヴェルサイユに移されたが、執政政府、次いでナポレオン1世は諸権力をパリに集中させている。19世紀後半の人口増加は、イギリスでは中規模都市の成長を促したが、フランスでは大都市（パリのみならず）に集中したと、サトクリフは指摘する。つまりフランスでは中間的な都市、大都市と農村との間にあって人口を受け止める都市が欠落していたのだった。

首都に対する批判は、少なくとも17世紀から、パリが過度に大きいと常に断じてきた。批判の多くは適正規模が存在するはずだと信じているように見える。人

口200万人と設定したグラヴィエはその一例である。しかしそれは恣意的な数値であり根拠のない主張である。この問題については地理学者がさまざまに論じてきた(4)。他方、政治家たちは動転している。1990年、社会主義者は「破局に至るシナリオは回避できるか」を問うシンポジウムを企画しているが(パリ都市圏の人口が1,000万人に達した)、翌年、右派は不安感に満ちた報告書でこれに応えている。また経済学者たちは最適規模の確定は不可能と、賢明にも結論づける(5)。1999年現在、1,100万人のパリジャン(パリ都市圏住民)が、復古王政期の70万人よりもはるかに整った環境に暮らしているのである。問題は都市の需要とそこへの投資との間のバランスにある。しかるに、パリ地域圏の生産性は他のいかなる地域圏よりも高い。1950年代以降、仮に国土整備担当者が公共投資予算を削減せず、またパリ地域圏から生み出される資力の相当部分を他の諸地方に振り向けていなかったならば、域内のすべての需要に充分応えられたであろう(図36)。

　パリの優位は今後も強まるであろう。なぜなら最新かつ最も効率的な生産様式は、大都市が提供するような、星雲状に広がる下請活動を求めているからである(6)。フォーディズムの終焉、すなわち一連の生産工程を大工場に集中させるような方式の終焉は、今や、サービス産業や「ポスト・モダン」の一層効率的な諸産業に途を譲っている。情報技術の恩恵によって、集中生産方式は、多数の専門分化した下請仕事を組織化する複合的な作業に取って代わられている。新しい生産様式は、なかでも数多くの専門的な小規模企業と質の高い労働力を抱えているパリのような大都市にふさわしい。

　「超高速鉄道」(フランス新幹線:TGV)の建設と長距離通信技術の進歩は、都市相互の諸関係を大きく変えるとともに、大都市の役割を増大させた。

　　長距離通信の大衆化のパラドクス、それはその対象とならないものすべての価値が再評価されるという点にある。ある場所を富ませ、ある資源の質を高める条件は、今後ますます、その希少性と実際にアクセスできること、これらの点に求められる。……そのことは現在すでに明らかになってきている。つまり加速する長距離通信の進歩と並行して、巨大都市の中心部には、オフィスやサービスがますます集中していることがわかる。もちろん中心部を離

370

れる活動もあるが、それらは副次的現象だ。企業の本社、また研究機関でさえ、都心回帰の傾向にあるのである。Numéris〔フランス・テレコム提供のサービス名。〕と回線で繋ぐことやパラボラアンテナを設置することは容易でも、TGV 発着駅に近接して業務を展開することはそれよりもずっと難しい[7]。

　しかし、TGV 網の建設は非常に重要なものでありながら、首都の利益を考慮せずに構想されてきた。パリはフランス国内の諸都市との接続よりも、欧州の大都市への乗り入れを必要としている。ロンドン、アムステルダム、フランクフルト、チューリッヒ、ミラノへの延伸は喫緊の課題だった。パリに必須の全路線のうち、唯一、ロンドンへの乗り入れが主として民間資本によって実現している。そもそも 1991 年 5 月に政府が策定し、2,100 億フランという莫大な公共投資を予定した TGV 基本構想は、1842 年のギゾー法が構想した路線網をなぞるものだった。反パリの非理性的判断の負の影響は大きく、21 世紀の高速鉄道が、ルイ＝フィリップの技師たちの引いた路線に従って、欧州各地よりもむしろ地方諸都市へと走ることになったのである。

　つまり、国家が常にパリの勢力を恐れてきたということ、今日なおパリ都市圏の置かれている枠組みである行政的細分化に、そのおそれが解消していないことを看て取れるということである。デュポン＝ウィットは、中央集権が国家を首都に近づけるどころか、反対に、いかに両者を対立させ、一つの対抗勢力を生み出すことになるかを次のように語っている。

　　首都の役割は教会やアカデミーの外でさまざまな思想を、宮廷の外で習俗や社会を、政府の外で世論を形成することにある。……首都の影響力は、多様な事柄に及ぼす思想の影響力、諸地方に及ぼす都市の精神の影響力を意味する。それ以上に首都にふさわしいことがあろうか。……
　　ルイ 14 世はフランスのエリートを自分のそばに引き寄せながら、地方を武装解除したとしても、王座のそばに、必ずしも王座を支持しない勢力が形成されることに気づかなかった。……都市とは、主従関係、期待、好奇心などによって、ときに敵対心によるとしても、政府に関わる者すべてを近くに引

き寄せることなくして、政府の本拠にはなりえない。人は近くからでなければ統べることができないのである。しかし中央集権が地方よりも強力な政府を形成するとしても、それはまた政府よりも一段と強力な首都を形成する。一つの勢力とそれへの対抗勢力が同じ手から生まれる。……人は多数集まって初めてさまざまな能力を発揮する。……農民とパリの労働者との隔たりほど、大都市の教育力を物語るものはない[8]。

19世紀中葉以来、パリはほとんど常に国家に対立してきた。絶えざる統制がなかったならば、パリは過度の中央集権を抑制しうる対抗勢力として立ち現れていたであろう。さらにこの対抗勢力が力を発揮するためには、パリ地域圏が充分な自己決定権を有していなければならなかった。だがこの2世紀、首都は実質的に国家に管理されてきた。つまり、パリ市は一貫して一般法の枠外に置かれ、市長も置かれなければ都市特権も付与されず、財政自主権も認められなかった。たしかに1870年の危機を機に、パリは都市自治体としての裁量権を一定程度勝ち取った。1871年4月14日の法律によって、過去1世紀を通じて初めて公選議会が置かれたのである。ところが第三共和政は1884年4月5日の法律によってこの自治の萌芽を制限し、パリを改めて特別市制のもとに置いたのだった。1977年のパリ市長の公選もまた実質は幻想でしかない改革だった。なぜならこの行政官が代表しているのは旧来のパリ市だけであり、パリ都市圏全体でみれば、その割合は住民5人に1人に満たないからである。またこの最初の市長が公職兼任制度の恩恵を受けたコレーズ県選出の国民議会議員であったからである〔コレーズ県はフランス中部リムーザン地方にあり、公選パリ市長に選出されたジャック・シラクの選挙区である。〕。

フランスの資源、とりわけ人口を根こそぎ吸い上げて成長する「パリ・吸血鬼」というテーマは18世紀に始まる（J.-J. ルソー『エミール』）。復古王政から第二帝政にかけて、首都の悲惨な劣悪な衛生状況は農村部をはるかに凌ぐ死亡率に帰結した。しかし19世紀末になると事態は逆転する。医学の進歩と医療施設の整備が、施設の不備な小規模な町やアルコール中毒の犠牲になっている農村よりも首都の住民を健康にしたのである。パリの死亡率は19世紀末には国平均を下回る。またベルティオンによれば、パリの死産率は地方に比べてそれほど高いというわ

けではなかった（新生児1,000人に対する死産児の割合はパリ：68人、フランス：44人、ブリュッセル：85人、サン＝テチエンヌ：97人）(9)。今日、パリの出生率は、地方諸県のそれを明らかに上回り（後述部分を参照されたい）、死亡率もパリの人口に占める若年層の割合が最も大きいことと良好な衛生条件のゆえに地方を下回っている。しかし、「パリ・吸血鬼」というテーマは今日までの１世紀半の間、強力なインパクトを維持してきた。こうしたインパクトの持続は、事実よりも神話が、都市計画よりもイデオロギーが先行していることをはっきりと物語る。アンシャン・レジームの人口構造は18世紀末に大きく変化した(10)。シャルル10世治世下でパリの人口は爆発的に増え始める。だがこの人口移動についてはいまだ充分な説明がなされていない。グラヴィエのように、それを首都の一種の陰謀のせいにするという説明には説得力がない。19世紀についても20世紀についても、地方からの移住民を引き寄せようと企図したパリの政策は認められず（それを正当化したであろう事情についてもよくわかっていない）、むしろそこに見出せるのは、絶えず新たな問題を惹起するパリの成長を前に苦悩する中央政府とコミューンの姿であった。いったいいかなる方策がかくも重大な帰結をもたらしえたのか、一般には理解されていない。鉄道網の整備はこうした現象の半世紀後のことであり事態の理解には不充分であろう。おそらく、パリの労働市場が発揮した吸引力を想起する必要がある。地方民の移住に注目すれば、議論は逆転し、放射状の鉄道網の整備計画の背景を説明することさえ可能となろう。かつてイギリスがエンクロージャーを経験したのと同様、この移住はおそらくフランス農村の根本的変容に起因する。この仮説に立てば、19世紀初頭のパリの成長は、今日、第三世界における大都市の急激な成長に見てとれるように、首都の吸引力に起因するよりも、住民を外に押し出そうとする農村や小規模都市の力によるものと考えられる。

　保守的政策がフランスの農村にもたらした遅滞も一定の役割を果たした。1860年、ナポレオン３世は都市と産業の利益を企図して国境を大きく開いたが、1892年、メリーヌ（Jules Méline）は保護貿易政策を採った。それは農民を保護したが、彼らを旧弊で悲惨な生活条件に繋ぎ止めることにもなった。１世紀の間、都市への農民の大量流出は最悪の事態の一つと見なされてきた。19世紀末以降の歴代政

府による多大な努力、なかでもヴィシー政府の尽力によって、農村人口は驚くほど安定している。就業人口に占める農民は1906年時点で41％、1913年には38.5％となるが、1936年35.6％、1946年36％、1954年でも約30％を維持した。50年間で農村人口はごくわずかしか減少していなかった。他方、イギリス、ドイツ、アメリカではすでに10％以下にまで落ち込んでいる。先進工業国が19世紀末あるいは20世紀初頭に経験した農村から都市への労働力の大移動を、フランスは半世紀以上遅れて1960年代初期に経験する。つまり就業人口に占める農業従事者の割合は1954年の30％から、突如1968年の16％へと落ち込んだ（現在は3.5％）。同時期、あたかも農村に人口を維持することを断念し、彼らを少なくとも地域圏や中規模都市に引き留めようとするかのような国土整備が始まるが、それはおそらく偶然ではない。1950年代、60年代の大規模な農村人口の流出は、パリの成長に対する激しい攻撃ならびにパリ弱体化を主眼とする国土整備政策と軌を一にするからである。

首都に対する批判は、主にその都市規模の大きさと過剰な成長に向けられ、その要因以上にさまざまな帰結が問題となっていることを捨象していた。反パリ中心主義のパラドックスは、それが長期にわたって持続しながらも、いかなる説得力ある根拠にも依拠していないように思われることである[11]。また多くの努力が傾注されながら、巨大都市の無能についても実証しえていない。半世紀の間、フランスの国土整備はパリが地方を滅ぼすとの暗黙の前提にたってきたが、こうした予測を検証しようと試みた研究もない。このことはそうした予測がイデオロギー的偏見によるものであり、裏づけのある政策に連動していないことをよく物語っている。パリと諸地域圏との間の財政調整の実態については久しく信頼できる情報を欠いてきた。レミ・プリュドム率いる研究グループの成果は、この10年、国土整備担当者の基本的予測がどれほど誤っていたかを明らかにしている[12]。また、今日、幸いにも EU の資料をもとに正確なデータを確認することができる[13]。表11は、国家によって徴収され諸地域圏に再分配される税収の流れを示している。総額1兆7,348億フランは1995年現在の国家予算を表している。これを支えているのが課税収入であるが、諸地域圏に交付金として再分配される。概算ではあるが、差し引きはゼロになる。三つの地域圏が交付金の額よりも多くを

表11 地域圏および地域圏住民の受益と負担 (1995年)

1995年	税負担額 (A)	交付額 (B)	税負担と交付額との最終的な差額 (C)	人 口	(A) (1人当り)	(C) (1人当り)
地域圏全体 (単位)	-1,734,807 (100万フラン)	1,734,807 (100万フラン)	0 (100万フラン)	59,130,023 (人)	-29,339 (フラン)	0 (フラン)
アルザス	-48,792	46,004	-2,670	1,679,258	-29,056	-1,590
アキテーヌ	-76,262	84,662	8,220	2,852,094	-26,739	2,882
オーヴェルニュ	-36,908	39,205	2,219	1,315,046	-28,066	1,687
ブルゴーニュ	-43,407	47,819	4,358	1,609,860	-26,963	2,707
ブルターニュ	-74,203	83,524	9,243	2,850,917	-26,028	3,242
サントル	-67,933	68,444	598	2,405,682	-28,239	249
シャン゠アルデンヌ	-38,715	40,739	2,015	1,345,105	-28,782	1,498
コルス	-6,138	9,415	3,233	255,283	-24,044	12,664
フランシュ゠コンテ	-28,775	31,179	2,346	1,107,167	-25,990	2,119
イル゠ド゠フランス	-463,225	343,748	-118,056	10,806,282	-42,866	-10,925
ラングドック゠ルシヨン	-55,968	74,195	17,566	2,205,316	-25,379	7,965
リムーザン	-19,301	23,734	4,331	716,894	-26,923	6,041
ロレーヌ	-61,790	70,133	8,263	2,308,051	-26,772	3,580
ミディ゠ピレネー	-65,910	80,401	14,310	2,491,175	-26,457	5,744
ノール゠パド゠カレ	-99,942	119,924	19,854	3,980,823	-25,106	4,987
ペイ・ド・ラ・ロワール	-82,530	89,364	6,783	3,140,586	-26,279	2,160
ピカルディ	-47,761	51,005	3,257	1,834,084	-26,041	1,776
ポワトゥ゠シャラント	-42,819	47,689	4,785	1,617,588	-26,471	2,958
プロヴァンス゠アルプ゠コート゠ダジュール	-124,449	128,887	4,336	4,382,029	-28,400	989
ローヌ゠アルプ	-164,944	160,078	-4,460	5,498,054	-30,000	-811
バス゠ノルマンディ	-36,805	43,305	6,327	1,406,755	-26,163	4,498
オート゠ノルマンディ	-48,231	51,354	3,140	1,758,719	-27,424	1,785

注: 1) 欧州諸国と比較できるように、(B) および (C) は地域圏ごとに算出されている。(-) は負担額を表す。(C) は (A) と (B) との単純な差額を表したものではない〔(B)に加えて、EU 地域開発基金からの補助金がある。〕。また数値は概数である。
2) 1995年の人口は1990年および1999年の両国勢調査の一次補間方式で算出したものである。

[出典] *Economic and Social Cohesion in the European Union: The Impact of Member States Own Policies, Regional Development Studies*, n° 29 (1998) Bruxelles.-*Recensements de la France 1990, 1999*, INSEE.

負担していることがわかる。すなわちアルザス〔中心都市はストラスブール。〕、ローヌ゠アルプ〔中心都市はリヨン。〕、そしてイル゠ド゠フランスである。アルザスおよびローヌ゠アルプの差し引きマイナス分は小さい。しかしパリ地域圏(イル゠ド゠フランス)の場合は巨額である。他の19の地域圏は、国家から、換言すればほとんどもっぱらイル゠ド゠フランスから1,000億フラン(150億ユーロ)を超える補助金を受けている。

こうした驚くべき数値は国土整備政策が依拠しているあらゆる基礎をひっくり

返すものだが、いくつか注目すべき点がある。おそらく、法人税は一般にパリに立地する本社に課されるが、財はしばしば地方に立地する自社工場で生まれるとの反論があろう。しかり。しかしそうした見方は次第に実態を反映しなくなっている。すなわち大企業は、生産の一定割合を、地方に立地する小規模企業にますます下請けに出す傾向にある（ルノー社は自動車製造に関わる関連業務についてその40％しか担っていない）。さらに今日、そうした関連業務に占める研究機関、主要な研究所および商業施設の割合も増大している。また、国家の歳入に占める法人税の割合は4分の1に達する。イル＝ド＝フランスが生み出す部分の評価は容易ではないが、仮に法人税総額の半分と推定すると、差し引かねばならない額（負担額）は歳入全体の12％およそ140億フランとなる。他方で、大都市から農村部への社会保障関連の財政移転は大きく、先の数字をさらに引き上げる。最後に、農産物への保護主義的関税政策が大都市圏の生活費を人為的に押し上げていることも考慮する必要があろう。ちなみに都市住民は、世界の物価水準に照らして、砂糖は4倍、小麦は2倍といったように総じて高い価格に耐えている。

　こうした評価は概算ではあるが結論には変化はない。すなわち大都市なかでもパリ都市圏がフランスの他の地域を懸命に支えているということである。ここ10年から20年、フランスの諸地域圏が目覚め、それぞれが域内の経済を発展させてきたことに注目すれば、この間の財政移転の重要性は、20世紀を通じてより重要だったと言えよう。結局、パリから地方へととてつもない額の公的資金が流出したのだった。

　税収の再配分というこうした現象は、実を言えば、いたってノーマルなことであり、あらゆる先進諸国に看てとれる。しかし驚くべきことは、フランスの場合、過去半世紀の間、政策担当者らが実態に全く反する不条理な推測に基づいた国土整備戦略を構築しえたという事実である。首都の弱体化を企図した政策が執拗に展開される一方、正確な情報を収集しようとの誠実な取り組みもなければ、広く一般に開かれた議論の場もなかった。さらに驚くべきことは、何ら根拠のないこうした政策が多くの人々の喝采を浴びたことである。世論は真実に反することを信じ、また、明らかに信じようとしている。巨大な首都へのこのような敵意をどう説明すべきであろうか。この心情は新しいものではなく、ヨーロッパ史に通底

する複数の基本的なイデオロギーに関連づけることができる。いまだ仮説的なものだが、多様なモチーフをより合理的なものからより曖昧なものまで4レベルに分類した分析枠組みを提示してみよう。

第一は、財政調整あるいは国庫補助という手法による国土全体への富の再配分は国家の主要な機能の一つであるというモチーフである。この考え方に従えば、国のなかで最も富裕なパリ地域圏がより貧しい諸地域圏の財政を当然に支えなければならないことになる。またこうした政策は、首都圏を弱体化するどころか、より多くの補助金をそこから引き出すためにその繁栄を抑制するものではないとの前提にたっている。重要なことは、国庫補助をめぐるオープンな議論、資源のフローの制御、首都と地方との敵対関係ではなく真の連帯の追求である。こうした諸原則は、過去50年来、パリに対してとられてきた政策には見出せない。

第二に、真正面から取り上げにくいことだが、それなりに合理的なモチーフとして、国土整備の名のもとに首都の諸資源を奪おうとする地方の圧力集団の行動を指摘できる。戦間期、南フランスや中央山岳地帯南部において、自分の地元の県を優遇しようとする歴代首相によっていったいどれだけの「選挙がらみの」鉄道路線や不要な道路が建設されたことだろうか。近年では、クレソン内閣がパリに立地する公的機関を地方諸都市に移転することを決定したという事例がある（1991年11月7日）。こうした国土整備政策は中央政府をそっくり移転し、国家の機関をパリの外に置こうというのだろうか。例えば、かつてと同様ボルドーに、またブールジュ、あるいは、より中心に位置しフランス人が親近感を感じるヴィシーに。国家機関の移転はパリから10万人近い雇用を奪うであろう。影響は計り知れないが、もしパリ地域圏が世界の他の首都同様に真の自治権を獲得するならば、改革は好都合かもしれない。

より根本的な第三のモチーフはさらに興味深い。つまり強力な主体による政治ゲームをそこに見出すことができる。パリの成長ならびに農村人口の大量流出にブレーキをかけようとの絶えざる試みは、農村部の保守的有権者を支持者として維持するとともに、都市の成長を、とりわけ戦間期に多くが「赤く」なってしまった都市郊外の成長を抑制しようとの欲求によって、その大部分を説明できる。反農村人口流出の闘いは、1880年から1950年代まで、フランスの資産家が主とし

て農村名望家か地方の小規模事業の経営者である限り、またフランスがドイツとの戦争を恐れている限り続いた。欧州統合が始まり、1950年代から1970年代にかけて各々の国の資本主義が急速に近代化されると、障壁は取り除かれた。産業界は都市のなかに労働力を必要としていたからである。

　しかし、公的資金を求める地方名望家と保守的な政治運動は、もし根深く強力な運動を通して世論の大半を見方につけていなかったならば、これほどの成功を収めることはなかったであろう。たいていは無自覚ではあるが、それだけ一層強かったこの隠然たる傾向が、最も興味深い第四の説明のもととなる。まず国家（nation）という理念がある。多くの人々が、これを市民の集合体としてよりも、ますます一つの領土（territoire）と観念する傾向にある。言い換えれば、一定の地域に集住しなければならないとはいえ、市民の繁栄を追求するよりも、国土全体に均等に公共投資を実施し、できる限り同質的な手法で国土を管理することを優先する。これは人にというよりも、むしろ土地に富を見出す旧弊なものの見方というべきであろう。それは今日の一国の勢力が経済的なものであり、もはや軍事的なものではないこと、人々は領土を拡張しようとしているのではなく市場を支配しようとしていることを理解していない。しかも、国民の土地という信仰に「大地」（terre）や「郷土」（terroir）（かつてはグレーブ glèbe といった）を結びつける人種差別的な胡散臭さも備えていた。

　こうした視点は、地理学者らがクリスタラー（Christaller）のモデルを広めたことによって強められた[14]。このモデルは、バイエルン地方の最も農村的な地域の人口増加を説明するために1920年代に練られたもので、経済全体の基礎を、売買を目的に小規模な市場にやってくる農民たちの取引に求めている。彼は諸都市が一国の領土という範囲に限定された一つのピラミッドを形成するとイメージするが、大規模な産業や重要なサービス（銀行、保険、輸出入など）、つまり大都市に典型的な活動のための場所は想定していない。都市間の物流はピラミッド型の関係に従って垂直的になる。諸都市は一つのピラミッドを成すように序列化されているが、フランスの場合、パリは他の地方都市の規模との関係からその頂点に置かれることになる。つまり、外国との関係は無視された。国境を越えて異なる規模と特性を有する都市、しばしば遙か遠方にある都市を結びつける現代の

交易網の形成は無視されているように思われる。フランスは、水も漏らさぬ国境をもち、世界で起きていることにほとんど反応しない閉じられた一つの全体として捉えられることになる。パリは農業国フランスの首都でしかありえない。それこそペタン体制の夢想するところだった。

しかし現実は明らかに異なっている。今日の大都市にとって農業を主とする後背地の意義は極めて小さい。大都市は類似規模の他都市との国境を越えたネットワークのなかで機能し、交易しているのである。つまり先のモデルを国土整備に活用することは、もはや国境が存在しない一つのヨーロッパにおいて一段と愚かしいことになろう。国土整備がパリの国際的な影響力を犠牲にして、フランスの都市ピラミッドを優先することに帰着しないだろうか。二つの機能、すなわちフランスの首都としての機能とヨーロッパの中心都市としての機能は異なる。それらは相反することを求めているのだろうか。パリはフランスの首都でありつつ、ヨーロッパの、そして世界の大都市でありうるのだろうか。これらは決定的に重要な主題でありながら、未だ全く考究されず議論もなされていない主題である。しかしながら、すべては、パリがフランスにとってはあまりに大きく、フランスの小規模都市よりも、ロンドン、大阪あるいはロサンジェルスと連携すべきことを物語っている。ヨーロッパの今ひとつの大都市ロンドンについて、全く同様に指摘する地理学者もいる[15]。

執拗で手強い今ひとつのモチーフとしてフランスのマルサス主義がある。それは、富の産出を悪と見なし、雇用全体については、再分配せねばならないがその量はほとんど変化させられない固定したストックと見なすよう世論を誘導するものだった。過去50年、国土整備政策は主としてマルサス主義的なものであり、フランスの地方を発展させることよりもパリの成長に歯止めをかけることに固執してきた。職業教育の改善、国有化されていた銀行の融資政策をより積極的で効率的なものにすること、地方の事業者の活性化、商工会議所を適切な手法で機能させること、行政の近代化、外国の諸都市との連携の確立、こうした試みは半世紀の間、地方においてほとんどなされてこなかった。

こうした事態の流れの起点はどこにあるのだろうか。右派について言えば、まず、19世紀末以降すぐさま顕著になる国の弱体化に対して、失地回復を企図した

フランス・ブルジョワ階級のとった行動、ならびに実に長期にわたって行使されてきた農村名望家の権力を想起できよう。フランスのブルジョワ階級は、1870年の敗戦後、世界における自らの影響力の喪失にともない、「小さきこと」への崇拝を称揚した。いわく、発意に満ちた「小さなフランス兵」、より高性能な1886年型ルベル式連発銃の「小口径の弾丸」、人の心に強く訴える幼き農民など。彼らブルジョワ階級には、資本家的雇主というよりも、家族的雇主としての姿勢、パリ的というよりも地方的な主人のもつ臆病な態度もみられた。しかし、そこには、さらに深くはるかに恐るべきモチーフをもみてとれる。つまり、モダニズムや外国人、また新しい思想に過度に開かれた社会は衰退に晒されるだろうという思想である。あらゆる頽廃の場と機会を提供する大都市は、国際的で、伝統を拒否し、農村の諸資源を貪欲に貪る存在であって、不毛の地であると見なされた。

首都は農村から人口を引き寄せて成長する。しかしながら、そうして引き寄せられた人々はほとんど都市化されず、もともとの都市住民同様、不毛な存在と化す。他方、農村では砂漠化が進行する。しかし、砂漠化によって遺棄され焼き払われた土地が拡大するとき、首都は窒息する。首都の商業も、工業も、見渡す限りの石と鉄筋コンクリートの広がりも、今や修復不能なほどに崩された均衡を回復することはできない。それはまさにカタストロフである。

この一節はグラヴィエのものだろうか。否、ベニート・ムッソリーニのものである[16]。リカルド・マリアーニは都市へのこうした畏怖の原点をオスヴァルト・シュペングラー〔『西洋の没落』で知られるドイツの哲学者、歴史学者（1880-1936）。〕にまで遡ってみている[17]。だが、おそらくはさらに過去に、ジャンバッティスタ・ヴィーコ〔17世紀後半から18世紀前半にかけて活躍したイタリアの哲学者。反合理主義の立場に立った。〕のような哲学者にまで遡ることができよう[18]。優れた研究によってドイツにおける都市へのこうした敵意の発展過程が明らかになっているが[19]、その流れは、農村重視で反都市の立場に立った主要な集団であるアルターマネン（Bund Artam）の運動から、リヒャルト・ヴァルター・ダレ〔ナチスの農政全国指導者、のちに食糧大臣。青年期にアルターマネンに加入し、のちに〈血と土〉のイデオロギーを首唱した。〕やハインリッヒ・ヒムラー〔親衛隊全国指導者、のちに内務大臣。彼もまたダレの主張に共鳴した

表12 パリとイル=ド=フランスにおける人口の推移

	パリ		
	1999年	1990年	1982年
人口（人）	2,125,246	2,152,423	2,176,243
	1990-1999年	1982-1990年	1975-1982年
出生数	274,423	254,976	220,479
死亡数	168,412	177,141	174,171
単純増加数	106,011	77,835	46,308
社会的移動	-27,177	-23,820	-123,587
割合（％）	1990-1999年	1982-1990年	1975-1982年
出生率	14.23	14.71	13.95
死亡率	8.73	10.22	11.1
自然増	+0.55	+0.45	+0.29
社会増	-0.69	-0.59	-1.08
変動率	-0.14	-0.14	-0.78

	イル=ド=フランス		
	1999年	1990年	1982年
人口（人）	10,952,011	10,660,554	10,073,059
	1990-1999年	1982-1990年	1975-1982年
出生数	1,480,879	1,289,663	1,068,281
死亡数	695,165	653,290	595,209
単純増加数	785,714	636,373	473,072
社会的移動	+291,457	+587,495	+194,494
割合（％）	1990-1999年	1982-1990年	1975-1982年
出生率	15.23	15.60	15.24
死亡率	7.15	7.90	8.49
自然増	+0.81	+0.77	+0.68
社会増	-0.51	-0.06	-0.40
変動率	+0.30	+0.71	+0.28

［出典］1982年、1990年、1999年の国勢調査（INSEE）。

[アルターマネンの一員だった。] らの指導者が主導するナチスの運動にまで成長・発展している。

　この20年、パリはもはや国内から移住者を引き寄せてはいない。逆に、その高い出生率（とりわけ郊外の外国人移民に負うところが大きい）と低い死亡率（良質の衛生的設備と人口の若返りによる）から、フランス全土に人を送り出している。大都市に敵対する人々が批判してきた人口構造は、過去1世紀半の間に、すっかり変化しているのである。しかし、奇妙にも、批判はけっしてなくならない。

　他方、左派に大都市批判の源泉を見出すのは容易ではない。例えば、サン=シモン主義者たちは経済の拡大を願っていた。フーリエは都市の発展を抑制しようとは全く考えていないが、共同体の利益のために、個々人の情熱と選好を活用して共同体を組織化することにとどまっていた。一方、プルードンはパリ・コミューンに実に多くのインスピレーションを与え、反大都市の根拠を提供した。だがマルクスは、資本の集中について多くの作品を残したとしても、都市への集中を懸念していたとは思われない。しかし、ポル・ポトのクメール・ルージュはマルクスに依拠しながら、おそらく20世紀で最も暴力的かつ残忍な反都市政策を実践した。わ

れわれは、こうした流れのなかに興味深い手掛かりを見出せよう。またいかに多くの左派諸政党が、農民であれ、商人であれ、事業主であれ、「小さきこと」を重視する姿勢を右派と共有したかを想起しよう。社会キリスト教主義にも目を向ける必要がある。宗教的理念が担った役割を見れば、反パリの国土整備政策の、おそらくは最も驚くべき特質、その道徳的側面の説明がつくであろう。最後に、新しい理念ではあるが、すでに非常に強力なエコロジストの諸理念を分析することが実り多いものとなる。

　かくして反パリ主義は、ときに相矛盾する非常に異なった考え方からなる、多様で複雑な現象として立ち現れた。個々の考え方の相対的重要性は1世紀半のなかでまちまちである。しかし首都にもたらされた帰結は無惨なものであり、19世紀と20世紀との無視できない相違は、大部分それらによって説明される。19世紀の歴代政治体制は、爆発する都市の途方もない諸問題を解決しようと努め、それなりの成功を収めている。例えば総裁政府（Convention nationale）は「芸術家委員会」（Commission des artistes）を発足させ、パリの都市計画の基礎を提示した。1920年代のいくつかの都市整備事業は1793年の計画を実現したものだった。ナポレオンは幹線道路の軸線を定めたほか、数年で、都市行政を組織化し、街路に沿った家屋に番地を付し、さらにレ・アール（中央市場）の近代化、上水道の整備、道路舗装、初の大規模な下水道網の建設を計画した。ローマというモデルが有益だった。信仰に溺れた保守的君主・シャルル10世の治世は、最初の大規模な土地開発事業がなされた時期であり、ブルジョワ的な新しいパリの建設が始まる。七月王政下のパリの生活条件は大多数の住民にとってぞっとするようなものだった。だが、全く新しい現象を理解できなかったことについては、オルレアン朝政府（七月王政）にもいささか弁明の余地はある。それほど急激な人口増加を経験したことがなかったからである。100万都市の例を探すには、トラヤヌス時代のローマにまで遡らねばならないであろう。すべてが初めてのことだった。パリ市政に関する統計および医学統計の急速な進展、パラン＝デュシャトレ（Parent-Duchatelet）のような人物の優れた研究と粘り強い活動が、パリの惨状について次第に人々の意識を覚醒していった。1840年のパリ市議会における論争は近代都市計画の根本問題のいくつかを提示するとともに、20世紀末においてなお有

効な解決策を導いている。ジャーナリズムに見てとれる反響は、そうした議論がどれほど人々の心を強く捉えたかを物語る。ランクタンやメナディエによって、あるいは今少し後、1848年の諸結社において多くの匿名男女によって提案された大胆な解決策に人々は目を見張ったのだった。やがてセーヌ県知事オスマンのパリ改造構想の力強さと一貫性、公共投資の果実を公権力をもって回収する際の彼の巧妙さ、バルコニーの装飾から幹線道路の路線、公園に至るまでの改造計画すべての相互の緊密な関係など、こうしたこと一切が、1880年頃、パリの都市計画が世界に示した威信を裏づけるものとなった。

　20世紀を総括するならばこれとは全く異なるものとなる。世紀の前半、パリは、首都のために金を使おうなどとは全く考えなかった地方名望家による体制によって遺棄された。第三共和政の政治指導者の責任はあまりにも大きい。彼らは、農民を慰撫すべく土地所有権をわずかでも制約することを拒否し、おそまつな計画に従った郊外の無秩序な開発を放置した。今日、その再整備は不可能となっている。また彼らは、構想されたグリーン・ベルトにおける建設活動を放置し、パリに豊かな公園や遊歩道を付与しようとの最後の望みも最終的に絶たれる結果となった。さらにデマゴギーによって、また大地主らが土地からの収益よりも資産の保全を一層気にかけていたがゆえに、彼ら政治指導者は家賃を凍結し、40年間もの間、首都の経験としては最も深刻な住宅難をもたらしている。

　1940年の惨事ののち、パリは無関心というよりは敵意に満ちた警戒心に苦しんだ。つまり、フランス社会の奥深いところにある、それまでは潜在していた一つの傾向がはっきりと姿を現した。すなわちパリに対する憎悪であり、首都を弱体化しようという意思である。ペタン政府時代の「大地への回帰」という政策は、驚くべきことに、それと大きく異なる目標を志向していたとはみえない国土整備政策によって国土解放後も継承された。1940年以来、パリを犠牲にして地方を発展させることが一貫した方針であり、変わらぬ唯一の整備政策だった。とりわけ1974年以後、反パリ主義は歴代政府をして首都の生活条件を劣化させるままに放置したように思われる。それはパリの崩壊を企図した、意識的に選択されてはいるがけっして公表されない政策なのか、それとも極度の緊縮財政をとる国家の当然の傾向なのだろうか。この問題は非常に重要である。また新たに提示されるも

のでもある。国富の 4 分の 1 以上を生み出し税収の30％を確保する首都があるとして、その首都を自ら衰退させるままにする政府の例は、ヨーロッパ史においてあまり見出せない。このように奇妙な政策はほとんど論理的とはいえない。通俗的なマルサス主義や一部の地方住民の貪欲といった理由よりもより本質的な理由、イデオロギーの歴史に探すべき隠された動機を見出す必要がある。首都弱体化という試みと並行して、矛盾の前に尻込みせず、首都圏拡張政策をとった政府があったことも事実である。しかし、こうした政策の非一貫性は、ゴーリスト体制のもと、閣僚スドローがパリにおける雇用創出を厳しく制限する一方で、パリ地域圏連合区代表のドゥルヴリエが、それまでパリへの移住を阻止されてきた新たな労働者を迎えるために八つの新都市を計画したときにピークに達した。都市計画の大事業はしばしば慨嘆すべき条件のなかで決定されている。あるときは決断を下すのに数十年を要し、あるときは君主が、誇張すれば数分、わずかな時間で決定した。納税者たるパリジャンの声が汲みとられることは稀か、むしろ全くなかった。パリで最も古く最も悲惨な地区の一つで、1832年当時〔コレラ流行の年〕、すでに老朽化し健康に良くないと認識されていたアルシ平地（ボブール）の建物群は、1922年に不衛生住宅と公的に確認されたものの、ようやくにして取り壊されたのは1967年であった。

　かくも長期間、フランスで最も勢力のある地域圏から自らの運命に関する自己決定権を奪いえたのはなぜだろうか。フランスの国民生活と国民経済におけるパリの重要性それ自体の故である。あらゆる体制のもとで、歴代政府は絶えずパリの自治を制限し、パリ市を一般法の枠外におき、一体化した地域圏が形成されることを回避してきた。近年まで、フランスの政治は国家という枠組みで展開してきた。例えば、パリ市長職は最近でも一つのステップとしてしかみられず、政治家たちはこれをエリゼ宮（大統領官邸）に登りつめるための一時的ポジションと考えている。また地域圏議会は比例代表制選挙のもと、かつ議会をさらに細分化する県という枠組みで選出されているが、地域圏に有効な真のプロジェクトを主導するには弱体にすぎる。また地域圏知事は間接選挙で選ばれており、直接的な民主的正統性を有さない。さらに行政上の区分がパリ地域圏自体を細分化してきた。イル゠ド゠フランス地域圏の境界は著しく狭隘で、パリと密接に繋がる圏域

表13　職業別人口に関する比較

(単位：%)

1999年国勢調査	フランス	イル=ド=フランス	パリ
無回答	9.26	12.93	17.59
労働者	22.56	13.08	6.46
事務労働者	31.96	32.66	24.99
中間管理職	12.36	12.03	9.79
上級管理職	12.61	20.50	28.52
経営者	11.25	8.80	12.66
失業者	5.89	6.55	7.34
臨時職	55.06	62.98	59.51
年金生活者	30.38	23.80	22.64

の大部分が、ピカルディ、オート＝ノルマンディ、バス＝ノルマンディ、サントルなど隣接する他の地域圏との間で引き裂かれる事態が生じているのである。

　地域圏整備政策は首都の影響力の及ぶ範囲を拡張しながら、また周辺地域で用地を必要とする事業を企画しながら、パリの地方分散を加速してきたように見える（P. Aydalot, 1978）。パリ地域圏、すなわち首都と直接に結びついて活動してきたコミューンは、こうしてイル＝ド＝フランスの境界を大きく越えていくようになった。行政構造と現実の生活圏とのこの不一致は軽視できない帰結をもたらしている。パリ地域圏には、イル＝ド＝フランスの狭い境界を越えること、また最終的にはその自立性を獲得すること、さらに自己管理を認めるような地域圏制度をめぐる大改革が依然課題として残っている。1991年、ミシェル・ロカールは極めて慎重にこれに着手しようと試みたが、行き詰まるままにすぐに放置した。国はこの60年、ヴィシー政府によって構想された小規模な地域圏を維持しているが、ジャン＝ルイ・ギグゥは、フランスには七つ、もしくは八つの経済的・社会的地域圏しかありえないことを正当にも指摘した[20]。ときに非常に異なる1,305ものコミューン（テンサイ栽培を主とする村や工業を主とする中核都市からパリ市まで）から構成されると同時に、細々と口やかましく、飽くなき国家の監視によって依然統制されている一つの地域圏（une région-croupion）が、自らに必要な重要な決定を成しうるとは普通には考えられない。ちなみにパリ市の予算は知事（Préfet）によって編成される。指導スキーム（Schéma Directeur）は国（中央政府）主導で策定される。またパリ市は地域圏公共交通を組織する委員会にオブザーバーとしての席も有していない。パリ都市圏は、「可能な限り狭く」と企図されたイル＝ド＝フランス地域圏という一定の枠のなかに押し込められているが、この枠組みこそがパリ地域圏のあらゆる合理的な組織化を妨げているのであ

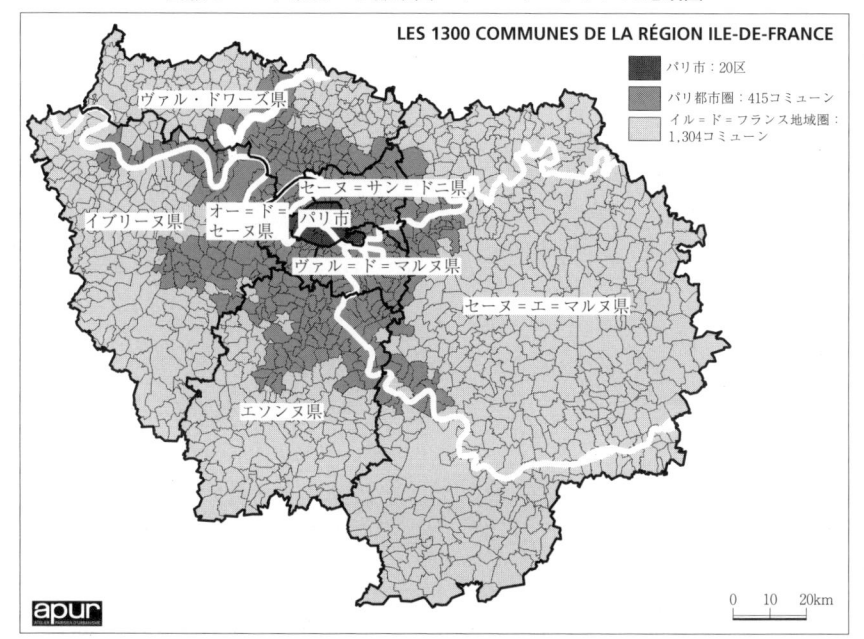

図版 C　パリ市とパリ都市圏・イル＝ド＝フランス地域圏

LES 1300 COMMUNES DE LA RÉGION ILE-DE-FRANCE

パリ市：20区
パリ都市圏：415コミューン
イル＝ド＝フランス地域圏：1,304コミューン

ヴァル・ドワーズ県
セーヌ＝サン＝ドニ県
オー＝ド＝セーヌ県
パリ市
イブリーヌ県
ヴァル＝ド＝マルヌ県
セーヌ＝エ＝マルヌ県
エソンヌ県

注）本図版の掲載にあたっては APUR（パリ都市計画アトリエ）の許可を得るとともに、同アトリエからデジタルデータを提供していただいた。なお、同じ図版が次の文献に収められている。Jean-Marc Offner, *Le Grand Paris*, La Documentation Française, 2007, p. 115. 地域圏全体のコミューン数は、パリ市とその他の1,304コミューンを合わせ、1,305である。図版中の1,300という数字はこれを概数で示したものである。

る。

　しかし表13のデータは実に興味深い。つまりフランスの平均からイル＝ド＝フランスへ、そしてパリへと、労働者および年金生活者の割合は規則的に減少する一方、上級管理職の占める割合は著しく増加している。

　フランスでは、地方分権という理念自体が奇妙な方法で歪められた。1982年、国（中央政府）は主要な税源を保持しつつ、ごくわずかな権力しか手放さなかった。真の地方分権の試金石は、都市型の大規模地域圏に対する主要な税源の移譲であろう。パリ地域圏に、またリヨン、マルセイユ、リールをそれぞれ核とする地域圏に、主要な税を自ら徴収できる課税自主権を付与し地域圏の自主管理を認めること、このことこそ本当の地方分権であろう。しかし、こうした制度設計はけっして議論の遡上に上らなかった。イタリアの都市連合の例にみてとれるよう

に、ヨーロッパのいたるところで新たな地域圏の枠組みがときに恐るべき勢いをもって生まれている。こうした隣接国の例はフランスの指導者たちに地域政策について再考を迫り、その根本の再検討を促すであろう。

　ペタン政府の時代から、フランスは新たな需要に対応するための投資を内容とする「整備・開発」（équipement）政策を軽視する一方、イデオロギー的な既存モデルに従って国土を再編しようとする「対症療法的対応」（aménagement）政策を追求してきた。かくして中央政府（国家）は人口の流出する農村部に投資しその人口を維持しようとする一方、流出した人口が定着する都市周辺を無視したのである。今日、このアンバランスはフランスの抱える主要な問題の一つとなっている。つまり農村には夥しい数の廃校や全く採算の合わない郵便局（年に40億フランの補填を要する）がある一方で、うち捨てられてきた郊外は成り行きまかせの無気力状態にある。1992年、都市省は約1,200万人が暮らす都市周辺に投資すべく約300億フランを準備した。だが農業部門は65万の耕地に1,800億フラン超の直接補助金を受けている。1農家当り月に2万フラン超となる。フランスの農民は、今日、社会的に支えられる存在となっている（収入の54％は公的補助金による）。しかし、就労し、子どもたちを育て、税を納める若年世代の夫婦が暮らす都市郊外は、メディアや世論によって、危険な都市空間として、またほとんど「共和国の埒外」と見なされている。それほどに田園生活を賛美するイデオロギーが他を圧倒している。パリが久しく苦しんできた大都市への憎悪は、今日、その対象を移し、主として都市郊外をねらっている。

　しかしながら、依然、打開を要する最も重要な問題がいくつも残っている。すなわち、地方分権化と地域圏相互の連帯、この相矛盾する政策について、前者を進めながら後者の地域圏相互の連帯をいかに確保すべきなのか。パリの成す連帯は、ガリシア地方〔スペイン北西部〕やペロポネソス半島といった、今後最貧困地域となると予想される地域ではなく、またポーランドやルーマニアでもなければ、もはやブルターニュやリムーザンでもないとすれば、明日の、また未来のヨーロッパにおいて、一体誰を支えるべきなのか。ヨーロッパおよび世界の首都としての役割と、フランスの首都としての役割は両立可能なのだろうか。両者は必然的に結びついているのだろうか。中央政府をパリの外に移転し、パリ地域圏がその世界

的役割を存分に果たせるように自治権を委ねることが望ましいのではないのだろうか。フランスの中央政府は50年後もまだ重要な役割を担っているだろうか。

　地方分権を歪めながら、またこの政策をパリと地方との対立に矮小化しながら、さらに主な手段を首都弱体化への努力に収斂することによって、中央政府はその権力の本質を維持することに成功してきた。しかし、それは首都にとってどれほど大きなマイナスであったろうか。この1世紀、パリはフランスであったことに苦しんできた。もしパリがイギリス法によって、あるいはドイツ、オランダ、スイスの都市計画法制によって管理される機会があったとすれば、ヨーロッパの他の大都市に、つねに20年、30年と、ときには40年と遅れをとることはなかったであろう。大半の分野、すなわちアメニティ、住宅、衛生、交通、緑地空間、公共施設、今日では公害などにおいて、状況は間違いなくより改善していたであろう。

　ヨーロッパ大市場の形成と共産圏の崩壊が大陸の勢力地図を完全に変え、また経済的にはフォーディズムとケインズ主義を特質とする一時代が終焉し「ポストモダン」の管理と生産の新たな手法へと途を開いているように見える転換期にあって、さらにはヨーロッパが一つの首都を探している、まさにこうした世紀末にあって、パリの備えは充分であるようには見えない。パリの弱体化を主眼とする半世紀に及ぶ国土整備政策ののち、パリは非常に貧弱な条件のなかで次の世紀に近づいている。不機嫌、攻撃性はパリ住民の気質としてよく知られるようになった。これをユーモアをもって語る論者もいる（A. Schiffres [1990] を参照されたい）。だが、かつては実に心地よく、都市であるということ（urbanité：ユルバニテ）の一つのモデルであった都市において人々の社会関係が悪化しているという事実、それが、大都市からより多くを奪おうと、その統制にとくに腐心してきた政府がこれを遺棄してきたことの結果であること、このことに人々はなぜ目を向けないのだろうか。

注
（1）　J.-F. Gravier [1972], p. 60. 併せて、これとわずかに異なる J.-F. Gravier [1947] ならびに Robert (1987), Marchand (2001) の批判も参照されたい。
（2）　Cf. *Données sociales, Île-de-France*, 1989.
（3）　アメリカにおいて、人間の創造物であり必然的に不完全は大都市は、神の作品

たる農村に対立するものとしばしば捉えられてきた。Cf. R. Nash, *Wilderness and the American Mind*, Yale University Press, 1973, M. & L. White, *The Intellectual Versus the City*, Harvard University Press, 1962, L. Rodwin & R. M. Hollister, eds, *Cities of the Mind*, Plenum Press, 1984.

(4) とくに Pierre George の作品を参照されたい。

(5) R. Camagni (1994), *Économie urbaine*, SEDES.

(6) Cf. B. Marchand & A. Scott, «Los Angeles en 1990», *Annales de géographie*, n° 560, 1991.

(7) F. Ascher, «Villes: le paradoxe des télécommunications», *Libération*, 4 juin 1991.

(8) C. B. Dupont-White [1860], pp. 246-272.

(9) Cf. J. Bertillon [1888-1889, 1895].

(10) 本書第1章ならびに L. Chevalier [1950] を参照されたい。

(11) GERI (31, rue Pasquier, 75008-Paris) に与えられた役割は、パリがいかに有害かを示すことにあった。GERI (Groupe d'études et de réflexions interrégionales) は、1989年、公的あるいは準公的資金をもとに地方分権委員会 (Comité de décentralisation) が創設したアソシアシオンである。その目的は、「経済的効率性と社会的一体性からみて許容される限界を超えている大都市圏への諸活動の集中の実態と、その結果必要になるコストに関する研究を独立して遂行する」ことにある。大都市は有害であると捉え、何人も未だ確定しえていない限界を超えているとして、その余分なコストしか見ようとしない研究者がいるとは、なんと幸福な研究者だろうか。

(12) パリ第7大学、OEIL 研究部門の研究、ほかに B. Boyer [1991], L. Davezies [1983, 1989], Marie-Paule Rousseau などを参照されたい。

(13) 奇妙にも、このデータはパリではなく、ブリュッセルで接することができるものである。フランス大蔵省は欧州委員会の要求があってデータの提出を余儀なくされた。

(14) Cf. B. Berry (1971), *Géographie des marchés et des commerces de détail*, Paris, A. Colin.

(15) «*The interests of the London City Region do not coincide with the interests of the rest of England. This is why the United Kingdom is not big enough for London*» (P. J. Taylor, «Is the United Kingdom Big Enough for Both London and England?», *Environment & Planning*, 29 (5), May 1997, pp. 766-770.

(16) Riccardo Korherr, *Regresso delle nascite: morte dei popoli*, Libreria del Littorio, Rome, 1928に寄せた彼の序文の一部。著者の訳出による。ほかに、R. Mariani の優れた作品、Fascismo et «*città nuove*», Milan, Feltrinelli, 340 p, 1976 を参照され

たい。
(17) O. Spengler (1923), *Der Untergang des Abendlandes*, C. H. Beck'sche, Verlagsbuchhandlung, Munich, trad. fr. *Le Déclin de l'Occident* (1948), Gallimard, 2 vol.
(18) G. Vico (1992), *La Science nouvelle*, Nagel, Paris, 2e éd.
(19) K. Bergmann (1970), *Agrarromantik und Großstadtfeindschaft*, Verlag A. Hain, 402 p. 併せて B. Marchand (1999), «Nationalsozialismus und Großstadtfeindschaft», *Die alte Stadt*, 1/99, pp. 39-50.
(20) Délégué à l'aménagement du territoire et à l'action régionale (DATAR) depuis 1997.

フランス近現代都市史・都市計画史年表

年	月	日	事項
1783	4	10	建築物に関するオルドナンス
1807	9	16	壁面後退役務の導入
1809	5	17	入市税に関するデクレ
1810	3	8	民事裁判所による公用収用の開始
	10	15	不衛生建築物に関するデクレ
1825			パリで初の歩道の設置
1828		4	初の乗り合い馬車(スタニスラス・ボドリーの創業による。10路線のうち5路線がバスティーユ発)
1829			ガスを利用した外灯の設置(ラ・ペ街およびヴァンドーム広場)
1832			コレラの猛威(死者3万人超)
1837			パリで初の鉄道の開通(パリ〜サン=ジェルマン間、ペレール兄弟の建設による)
1839-1841			パリの移動に関する委員会
1841	5	3	名望家審査委員会による公用収用
1841-1845			ティエールの城壁の建設
1842	6	11	鉄道に関するギゾー法(国家によるインフラの建設。民間会社による駅舎等の建設)
1846			北駅の開設
1847-1852			リヨン駅の建設
1848			パリの橋に関する通行税の廃止
1849-1852			東駅の建設
1850	4	13	ムラン法の成立:不衛生住宅の賃貸禁止
1851	12	10	パリの5駅(1851-1867年にかけて建設)の相互連絡のための小環状線の建設
1852	3	20	公衆衛生に関するデクレ
	12	25	パリにおける公用収用手続の簡素化(行政のデクレによる収用の執行を上院が決定)
1854			馬牽引方式による初のトラムウェイ
1855			パリの地下鉄に関する初の計画(ブラームとフラシャによる)
	1	22	乗り合い馬車総合会社(CGO)の設立。CGOがパリの公共交通の独占権を取得。
1858			コンセイユ・デタ(国事院)による公用収用の制約。残地を旧地権者に委ねる。
1859			都市計画に関する新たな規制
1860			郊外の合併(パリの市域は3,288haから7,088haへ拡大、人口は120万から160万人に増加)
			被収用者に対するすみやかな補償の措置(被収用賃借人に対するすみやかな補償を破毀院が命令)
			CGOの営業権を1910年まで延長
1862-1875			オペラ=ガルニエの建設
1867			セーヌ川に乗合船就航
1870	9	5-10	パリ・コミューン中央委員会成立(カルチエ単位の委員会による選挙)
1871	3	18	パリ・コミューン蜂起
	8	10	県議会に関する法律(パリについては1932年以後適用)
			スウェーデンにおいて初の都市計画法成立

フランス近現代都市史・都市計画史年表　391

年	月	日	事項
1875	8	4	大環状線の建設（1878-1883年）
1880			パリで初のエレベーター
1882-1884	7	23	新しい都市計画規定（1884年）
1884	4	5	コミューンの自由に関する憲章。各コミューンに建築線計画の策定を義務づけ（パリには適用せず）
1885			パリの記念碑友の会発足（シャルル・ノルマンによる。会長はヴィクトル・ユゴー）
1887	3	30	文化遺産の保護に関する法律
1889			一部の大通りを対象にした木片による舗装
			国際万国博覧会（機械展示場、大観覧車、エッフェル塔など）
	12	17	フランス低廉住宅（HBM）協会設立、シグフリード、ジュール・シモンらによる。
1890			一部のアパルトマンへの電力の供給開始。ゆっくりとしか進まず。1930年においても多くの住宅に電力が供給されず。
			郊外に向けての人口流出の始まり
1893			カジエ・サニテール、パリの8万棟の建物調査に6年を要す
			都市計画の新しい規定
1893-1894			1937年に放置されたアルパジョネにおける再開
1894	11	30	シグフリード法、HBM 地域委員会の設置
1895			ミュゼ・ソシアルの創設
1896			乗合馬車の初の停留所設置
1897			慈善バザールでの火災（死者117人、とくに貴族階級のメンバーが犠牲となった）
	12	29	オクトロワに関する法律
1898			オルセー駅の建設、1900年に開業
1898-1905			ファサードのコンクール
1900			パリで初の給湯・給水設備をもつ公衆浴場設置
			万国博覧会（1900年5月28日オープン）、グラン・パレ、プティ・パレなど建設
			メトロ用週単位カードの発行開始
			初の電気系トラムウェイ（1937年には廃止）
	7	19	メトロの最初の路線開通
1901	1		地下鉄の大規模スト
1902			カスク・ドール事件
			都市計画に新たな規制：建物の高さを幅員プラス6mとする、高さは20mを上限とする
	2	15	都市の衛生に関する法律：都市衛生という観念を定義づけ。居住許可制度を導入
1903			パリに関するマルセル・ポエットの講義
			シテ＝ジャルダン（田園都市）協会設立（ジョルジュ・ブノワ＝レヴィによる）
	5	30	郊外に関する都市計画の試み開始
	8	10	メトロ事故（クロンヌ駅にて77人死亡）
1904			ドイツにおいて初の都市計画法
1905			初の蒸気自動車

年	月	日	事　項
1906	4	12	ストロース法：HBM の財源を各コミューンと預金供託金庫によって調達
	4	21	眺望と景観の保護に関するボォキエ法
1907			パリで初のバス運行開始
1908	4	10	リボ法：持ち家促進のための国庫補助の拡大
1909			イギリスにおける初の都市計画法の成立（Town Planning Act）
1910			パリの拡張に関する委員会の設置
1912			公共空間の拡大を求める連盟の設立
	12	23	ボヌヴェ法：HBM およびシテ＝ジャルダンの公的機関の設置を規定
1913			馬牽引方式トラムウェイの廃止
1914			パリ地域圏シテ＝ジャルダン協会設立
	8	3	家賃支払い猶予令を戦争終結まで延長
1918	3	9	家賃凍結令：民法の特例
1919	3	14	コルニュデ法：地域整備計画、街路との整合性の確保、建築許可制度などを規定
1920			ティエールの城壁の取り壊し
1921	2	26	低金利の国融資による HBM の財源確保
1923			サン＝メリ不衛生街区の取り壊し
1924			画地分譲に関する法律：画地分譲計画の策定が義務づけられる。県レベルの委員会が土地の売却を許可
1925			セーヌ県議会に整備拡張担当委員会を設置
			適正家賃住宅制度の創設（アンリ・セリエが HLM 協会を設立）
1926			オスマン大通りの竣工
1928	3	15	サロ法：コルニュデ法施行前に乱開発された画地の再整備を規定
	3	24	パリ地域圏整備中央委員会（CSARP）の設置
	7	13	ルーシュール法：28万戸の住宅建設への国庫補助を規定。8 万戸の HBM を建設。
1930	5	2	景観法：各県ごとに景観資源および記念碑のリスト作成を規定
1932	5	14	パリ地域圏の将来整備構想に関する法律：パリの周囲35km 圏にエリアを限定
1933			パリ都市圏における交通条件の改善に関するアンドレ・シトロエンの計画公表
1934	5	14	プロ・プラン公表
1936			マルケ・プラン公表：パリ周辺での大規模バイパスによる全長270km の高速道路建設計画（実現されず）
1937			ル・コルビュジエ計画：1937年博覧会に際して提案された整備計画（1946年に再度提案）
1939			西部地域高速道路の竣工（1941年に供用開始）
	6	22	プロ・プランをデクレで承認
1941			パリ地域圏担当機関の設置：圏域の限定（1961年に再確認され今日まで変更されず）
	4	6	国土整備担当組織に関する法律：都市計画に関する圏域およびコミューン間協力による整備を規定
	8	24	法律によってプロ・プランを承認
1942			老朽家屋改善行動計画への着手
1943			SARP および CARP の創設：前者が都市計画の策定を担当
	6	15	建築許可制度の導入に関する法律

年	月	日	事　項
1946			パリの都市計画に関する法律：パリ地域圏と調和した新計画
1947			ドートリー計画
1948			初の大規模団地の建設：クラマール平地に3-6階建の建物を建設
	9	1	家賃を自由化し面積に即した「正当な」新家賃を設定することを定めた法律の成立
1948-1953			クローディウス＝プティ内閣：パリの産業の一部移転による整備の着手
1950	7	21	HLMがHBMに取って代わる
1953			クーラン計画：建設省が建設産業を再組織し、パリ郊外における開発事業の分散を構想
	8	9	住宅のための1％ルール：従業員10人以上の企業に対し、給与総額の1％を住居に当てることをデクレで義務づけ
			過去にない厳しい冬：ピエール神父がホームレスに応急の住居を提供し有名になる。
			サルセルに大規模団地の建設：SCICによる1万3,000戸の建設、ただし設備不充分
1955	1	5	マンデス・フランス内閣による建築許可制度の創設：500m²以上の事業所の建設に必要
1957			CNITの建設：ラ・デファンスの改造の始まり
1958	7	5	PADOGの準備に関するデクレ
	12	8	ZUPの創設
1959	1	7	パリ交通労働者組合の創設
	2	4	パリ地域圏庁の設置
1960	8	2	スドロー法：パリ地域圏における事業所の建設に負担金を導入
	8	6	デクレによってPADOGを承認ならびにIAURPを創設
1961			パリ地域圏における高速道路網の建設着手
			RER（首都圏高速鉄道網）の建設
	8	2	二つのデクレによるパリ地域圏連合区（District de Paris）の創設：8月2日および10月31日のデクレ、1966年12月17日法によって修正
1962			歴史的記念碑および旧街区の修復に関するマルロー法
1963	2	14	DATAR（国土整備・地域振興庁）の設置
			白書の公表：1985年までの人口と地域整備の必要性を構想
1964			ベルシーに新大学
	3	14	デクレによってフランスに21の地域圏（レジオン）を設置
	7	10	パリ地域圏における県の再編：旧来の3県を8県に再編
1964-1965			SDAU計画
1965	7	10	区分所有に関する法律：パリジャンが住宅を購入し始める
1966			新都市の建設：ピサニがエヴリで新都市着工のセレモニー
1967			ピサニ法：SDAUおよびPOSを規定
			モンパルナス・タワーの建設
1969			ランジスへの中央市場の移転
			ポンピドゥ・センターの建設
			白書の公表（パリ盆地に関する省際検討グループによる、3新都市の建設見直し）
			ZACの導入：ZUPに取って代わる。民間事業者のイニシアティヴに途を開く

年	月	日	事　項
1970			住宅預金制度の立案
			ヴィレットの屠畜場事件
	7	10	ボシェ法：新都市の法的枠組みを規定（1972-1973年から）
1973			ギシャール通達：グラン・ザンサンブル（大規模団地）の終結
			アルベール報告
1974			ハドソン研究所報告
			ボォジュウ＝ガルニエ報告
1976	5	6	イル＝ド＝フランスへの一般法の適用決定（上院の執拗な抵抗ののち）
	7	1	SDAURPの承認、同日イル＝ド＝フランス地域圏設置
1977	3		パリ市長の選挙：ジャック・シラクがミシェル・ドルナノを破って当選
1981	夏		フランソワ・ミッテランがグラン・プロジェを発表
1982	7		キイヨ法
1991			新SDAURPの発表
	4		ロカール法がコミューン間の財政的連帯を規定
	7	13	都市の方向づけに関する法律
			マルシャン法：イル＝ド＝フランス地域圏都市間連帯基金の創設
			新TGV整備計画
1995			メテオール（METEOR）の供用開始（パリ交通公団）
1996			エオール（EOLE）の供用開始（フランス国鉄）

訳者あとがき

　本書は、Bernard MARCHAND, *Paris, histoire d'une ville* (*XIXe-XXe siècle*), Éditions du Seuil, 1993 の全訳である。ただし、2002年2月に刊行された第2版の「結論」部分において、本文ならびに注記に加筆がなされ、併せて新たな図表の挿入もあることから、「結論」部分は第2版に依拠することとした。この点を予めお断りしておきたい。

　著者ベルナール・マルシャンは、1934年の生まれ。1977年、パリ大学で地理学の博士号を取得したのち、地理学アグレガシオンを得て、およそ四半世紀にわたり、パリ第8大学の都市計画部門（Institut français d'urbanisme：都市計画研究所）教授として、教育と研究に従事してきた都市史ならびに都市計画の専門家である。この間、アメリカ、カナダ、ヴェネズエラ、ブラジル、ドイツ、イタリア、タイといった国々の諸大学で教鞭をとった経験も有している。パリ第8大学を退き名誉教授に就任してのちは、主として、グラン・ゼコールの一つである国立リヨン公土木学校（École nationale des Travaux publics de l'État：ENTPE）に講座をもち、精力的に研究と後進の指導を継続してきた。より具体的には、ENTPEにおける「都市、空間、社会に関する学際研究」部門（Recherches Interdisciplinaires Ville Espace Société：RIVES）において、歴史研究、理論研究を含む都市の学際的・総合的研究に従事してきた。日本においては、1986年にロンドンで公刊された、『夢の都市の誕生――ロサンゼルスの人口と住宅　1940-1970年』（*The Emergence of the City of Dreams: Population and Housing in Los Angeles, 1940-1970*. Londres, Pion, 1986）によって、その名前と作品に接する機会を得た読者もおられることであろう。2007年11月には、首都大学東京・大学院都市環境科学研究科主催の国際シンポジウム「持続可能な都市環境　ISSUE 2007」に講演者の一人として招聘され、近年の研究成果の一部を「フランスの都市計画と持続可能な発展」と題して報告しておられる（報告概要は首都大学東京・大学院都市環境科学研究科都市システム科学専攻編『都市科学研究』第2号、2008年

に掲載)。

　さて、本書の特質と意義はいかなる点に求めることができるだろうか。訳者は本書と出会った当初、以前から手がけていた第二帝政期のパリ改造について、これをフランスにおける都市の成長・発展・制御に関する、より長期的な時間軸のなかに改めて置き直し、その現代的・歴史的意義を問い直してみることの重要性と必要性を感じ、いささか遠回りになることを覚悟のうえで、読解に取り組もうと考えていた。しかし、読み進めるにしたがって、本書が、都市行政史・都市政策史におけるパリ改造の歴史的位相に関する自身の思考の整理にとどまらず、とりわけ大きく変貌していく19世紀以降のパリの複眼的理解に極めて示唆に富むものであるとの思いを強くするに至った。以下、著者の問題意識を訳者なりに咀嚼しながら、その特質を、言い換えれば都市行政・都市政策という訳者の専門分野から、訳者自身が本書のどのような側面に強く惹かれたか、を整理してみたい。

　第一の特質は、本書が、フランス共和国の首都たるパリ市、それを核に発展したパリ都市圏および政治・行政の単位としてのパリ地域圏（現在のイル＝ド＝フランス地域圏）に焦点を合わせ、19世紀以降、現代に至るまでの都市としての歴史的な成長と発展過程を、さまざまな観点から丹念かつ詳細に論じた総合的作品（synthèse）としてまとめられていることにある。19世紀初頭以降のおよそ2世紀に及ぶ時間のなかで、一つの都市および都市圏・地域圏がどのような過程を経て成長してきたのか、またいかなる変貌を遂げたのか。その変貌のなかにわれわれは何を見出すべきなのか。今日的課題の背後にどのような課題の持続を透視する必要があるのか。著者は論の展開を通して読者にさまざまに問いかける。

　論は道路や公共交通機関といった都市の構造や骨格に関わるような物理的な空間秩序の変容にとどまらない。庶民の暮らしぶり、住民に身近な街区や住宅に象徴される生活環境に生じた変化、またそこで芽生え開花した文化・芸術やその基礎にあるメンタリティ、さらにヨーロッパの経済環境の変動や大都市と地方との関係に至るまで、パリという都市の実に多様な側面が縦横に語られている。言い換えれば、そこに描かれているのは、狭義の都市計画の歴史や形あるものの変化だけではない。パリに生きた人々、この都市の発展を抑制しようとした人々、こ

れに対抗してその殻を破ろうとした人々など、実に多様な主体の営為とその交錯が描かれている。同時にロンドンやウィーンといった大都市との比較都市論といった側面も併せ持っている。

こうして描き出されるパリは、現代のパリ、とくに落ち着いた街のたたずまいや明るく華やかな姿を愛でる者の目には、必ずしも心地よいものとはかぎらない。中央政府、パリ市政府がともにパリの都市問題・都市病理への対応能力を失っていくなかでの都市の無秩序と市民の悲惨、とりわけ口に糊する人々を襲った伝染病の猛威、ナポレオン３世とセーヌ県知事オスマンを牽引力とするパリ改造の成果と混乱、オスマンが都市改造の舞台から退場するのと軌を一にしたドイツとの戦争、そして内戦というべきパリ・コミューンの悲惨、さらには「ベル・エポック（良き時代）」という言葉の響きとは裏腹に進行した居住環境の劣化、ドイツ占領期のパリ市民の苦難、容易に解消されない住宅難など、パリの経てきた成長過程の実態が本書全体を通して浮き彫りにされている。

改めて想起するに値することは、パリの歴史が物語るように、都市というものの成長・発展がけっして直線的なものでも単純なものでもないということである。またそうした都市の形成過程とその帰結としての住民の生活環境が、つまるところ、都市行政・都市政策の実質を担う人々のビジョンや具体的な選択行動によって大きく左右されるということである。こうした複雑な過程を経て形成される都市の相貌は、比喩的に言えば、人が経てきた時間と為してきた営みがその顔に刻まれるのに似て、「肖像」と呼ぶにふさわしいものではなかろうか。本書のタイトルにある histoire（歴史）を「肖像」と意訳したのはそうした思いからである。

本書は、さまざまな読者を想定し、いわゆる学術書の体裁をとってはいない。しかし、著者の長年の都市研究に裏づけられた幅広い論の展開とパリの辿ってきた過程に触発されて、読者は、パリあるいは大都市を捉える視点について、また大都市と地方の諸関係を考える視点について、そして都市政策、地域政策の実質的主体としての政府の責務について改めて思いをめぐらすことになろう。

第二の特質は、本書が、こうした多角的考察を基礎にした、現代都市とその行く末を考えるための鋭い問題提起の作品となっているという点にある。ここに、

本書が一般的な通史と一線を画する大きな特質がある。その核をなす鍵概念が「日本語版への序文」にもある「ユルバフォビ」(urbaphobie）という概念である。「大都市への忌避感情」、やや砕いた表現を用いるならば「都市嫌い」といってもよいであろう。その具体的な対象が首都パリにほかならない。この概念自体は本書で用いられてはいないが、本書を通底する基本的な問題意識である。都市へのこうした否定的感情や思想が、いつ、どのように生まれ、また次第に大きくなっていったのか。それはパリおよびパリ都市圏の成長にどのように影響したのか。またいかなる主体がそうした感情の増幅に関わってきたのか。著者は、これらの問題を解きほぐそうと、大規模な人口移動をはじめ社会的・経済的環境の変動に注目しつつ、政府の住宅政策、パリの成長抑制政策、農村部重視に傾斜しがちな国土整備政策、また首尾一貫しない政策に内在する矛盾と混乱、さらにそうした政策選択の背後にあるフランスの政治および行政の構造、その当事者たちの行動に手がかりを得ようとしている。上述のように、パリという都市を多様な観点から描き出そうとする著者の試みのなかで、この概念は本書の主旋律として全体を支えているといってもよい。

　こうしたパリへの「忌避感情」は、明るく華やかでスポットのあたるパリの姿からは想像しにくいものかもしれない。広く文化・芸術活動の揺籃地としての高い評価は改めて指摘するまでもなく、パリほど人々が好ましく思い、訪ね、歩き、できれば一定の期間そこに滞在してみたいと思う都市はほかにないのではないか。「都市嫌い」のメンタリティとはおよそ無縁の都市ではないか。このように積極的・肯定的に捉える人々も少なからずおられよう。反対に、20世紀フランスの文学に通ずる読者のなかには、作家ジャン・ジオノ（GIONO, Jean, 1895-1970）の名がよみがえるかもしれない。パリあるいは都市を徹底的に忌避し、人間の幸福の原点を自然と大地に求めた作家である。例えば『木を植えた男』〈*L'Homme qui plantait des arbres*〉や『パリの破壊』〈*Destruction de Paris*〉（『哀れみの孤独』〈*Solitude de la pitié*〉所収）を参照されたい。

　もちろん、いかなる都市であれ、評価やその視点が、評価する者の立場、その置かれた状況、とくに社会的・経済的状況によって相当に異なることは容易に想像できる。その意味では、そこを終の棲家としさまざまな公的負担に応えながら、

ときには受益と負担のギャップに疑問を感じながら生きる生活者の視点と、歴史と文化、都市と自然の魅力を基本的には自らの生活と直接に接点のないところで感じ取ろうとする来街者の視点に大きな相違が生じることはむしろ当然といってよい。

　しかし、著者は、都市への評価や視点がこのように多様であることを前提にしたうえで、パリという都市を手がかりに、生活者にとって（結果的には来街者にとっても）、プラス、マイナスいかなる方向にも成長しうる都市なるものの本質とこれをよりよく制御する主体や条件を改めて探ろうとしているのでないだろうか。著者にとって、「ユルバフォビ」はそうした知的探索の導きの糸でもある。「都市」とは何か、都市が担う機能とは何か、都市住民にとってそれはどのような場か、その機能を十二分に発揮させるためにはいかなる政策が必要か、首都と地方、都市と農村とはどう連帯すべきなのか、中央政府の責務と地方分権を多様な課題に即してどう適切に共存させる必要があるのか。これらの諸課題は、ある意味では古典的な課題といってよい。とはいえ、グローバリゼーションの進行するなか、経済低成長、産業構造の転換、先進諸国における少子高齢化と途上国における都市人口の爆発、それぞれにおける社会的格差、住宅をはじめとする社会資本整備、環境との調和など、先進諸国のみならず大都市を抱えるすべての国々が直面する課題と今日的な都市状況を想起するとき、古典的な諸課題は極めて現代的な意味合いを帯びて、改めて正面から再検討すべき課題として浮上するのではないだろうか。大都市をめぐる一群の諸問題は、最終的に、政治のあり方、これを左右する権力（公共的な意思決定権）の分布とその制御に関わる諸問題、そしてそこから生み出される広義における国民福祉を実現する政策のあり方に収斂する。

　本書公刊後も、著者は、この「ユルバフォビ」という概念を軸にさらに考察を深め研究を発展させつつある。2007年6月には、ジョエル・サロモン・カヴァン（Joëlle Salomon Cavin）氏（ローザンヌ大学）とともに、この主題に多角的に接近することを目的として、「厭われる都市、愛すべき都市」（Ville Mal-Aimée, Ville à Aimer）を主題とする国際シンポジウムを共同企画している。問題意識を共有するフランス人研究者を中心に、スイス、ドイツ、イタリア、アルジェリアなどからおよそ30人の研究者が、フランス北部マンシュ県の小村スリジー（Cerisy-la-Salle）の Centre Culturel International に集い、1週間、順次発表しながら集中的に討論するというシンポジウムである。日本からは訳者も参加し、日本の都市自治の発展過程と現状および課題について報告する機会を得た。三食をともにしながら、各国の都市状況を共有しその課題について語り合うという経験は、訳者にとっても初めての経験であったが、そこで得られた知的刺激には極めて大きいものがある。「ユルバフォビ」という鍵概念は、ただ単に、大都市が冷遇されていることを都市の側から非難するための拠りどころではない。むしろ首都と地方、都市と農村、それぞれがどうあればよいのか、両者の共存のためにいかに連帯することが求められているのか、そもそもそうした共存のためのビジョンが存在するのか、仮にビジョンが存在するとして、現実に採られている都市政策や国土整備ははたして現在と未来に向けて真に必要なことに応えるものとなっているのか、そうしたことを問う概念である。そのことに気づかされたのもシンポジウムの議論を通してであった。

現代日本の状況に照らして言えば、東京都単独で90兆円近い国内総生産（GDP）と2兆円を超える税収（法人事業税、法人住民税、地方消費税）があり、1都3県で見ればこれをさらに上回る経済活動が展開している状況がある。首都と首都圏、さらに他の大都市と都市圏の経済的牽引力の大きさと重要性は、おそらく誰ひとりとして否定することはできないであろう。こうした牽引力を弱めることなく地方諸都市の経済基盤と生活環境を整備していくにはいかなる方策や選択肢があるのか。そこにわれわれに問われている本質的な課題がある。

なお、シンポジウムについては、Revue Urbanisme, No. 356, sep-oct, 2007において、著者がその主題や目的について概説しているほか、報告内容は http://www-ohp.univ-paris1.fr/ において公開されている。また近く、シンポジウムにおける研究報告をもとにした論文集が、*L'Urbaphobie: démontage d'un désamour* のタイトルで、Presses de l'Université de Lausanne から公刊される予定である。

この訳書の刊行は多くの方々の助言を得てはじめて実現しえたものである。なかでも東京大学名誉教授（現帝京大学教授）の廣田功先生には、日本経済評論社

をご紹介いただいたことにとどまらず、拙訳に目を通していただき、フランス経済史の観点から、訳語の選択をはじめ、全体について数々の貴重な助言をいただくことができた。本書刊行の具体化は、先生のお力添えなくしてはありえなかった。改めて深く感謝の意を表したい。また、時にフランス語表現の解釈に迷い、立ち止まざるをえなかった訳者を助けてくれたのは、訳者のフランス語の恩師の一人であるアンリ・ホイスゴムス先生である。改めて心からお礼を申し上げたい。原著に含まれる多数の図表のデジタル化など細かな作業については、研究室OGの西田奈保子さんの協力を仰ぐことができた。また本書のカバーの4点の絵は旧知の友人である永田（旧姓橋本）節さんの手になるものである。記してお礼を申し上げたい。

　こうした訳出作業に関連して次の2点にも触れておきたい。一つは著者ベルナール・マルシャン氏マリ夫人が2009年5月に病を得て急逝されたことである。訳者が初めて著者に直接会い、翻訳作業について意見交換する機会を得たのは2004年3月であった。そのとき以来、幾度かご自宅を訪問する機会に恵まれたが、その都度著者とともに歓待してくださったのがマリ夫人だった。もともと都市研究に携わっていたキャリアをもち、2007年の秋の著者来日の際も同行され、フロアーから熱心にシンポジウムの議論に耳を傾けておられた姿が印象的だった。2008年春にお訪ねし、本書の内容を数カ所確認する時間を得た折も、著者とともに議論に参加され訳者の疑問に応えてくれた。原著は良き助言者としての夫人の協力も得て完成された作品であることが窺われた。夫人の存命中に本書を刊行できなかったことをお詫びするとともに、この場をかりて心からご冥福をお祈りしたい。

　今ひとつは、すでにかなりの時間が経過しているが、キャノン・ヨーロッパ財団の1992年度フェローシップを得て、パリで研究する機会に恵まれたことである。本書との出会いもこのときであった。この機会を得て初めてなしえた文献・資料の渉猟と思考、パリという都市のありようを実際に体感できたこと、そして専門研究者との出会いが本書の翻訳作業にさまざまなかたちで生きていることをここに記し、同財団への感謝の意を表したい。

最後に、学術図書の出版環境がますます厳しくなるなか、本書の翻訳の意義を汲み取ってくださった日本経済評論社代表取締役の栗原哲也氏と出版部の谷口京延氏に心からお礼を申し述べたい。出版にご理解をいただいたうえに、版権を取得していただいたのちも大幅に遅れた翻訳作業を辛抱強く待ってくださった谷口氏にはただ感謝の気持ちあるのみである。同氏のご理解と助言がなければ、この翻訳は実現できなかった。

　2010年10月

羽貝 正美

文献解題

　後掲の文献リストは450点近くの作品を集めたものだが、すべての文献を網羅しているというわけではない。以下、最も重要な作品ならびに多くの研究成果を世に問うている専門研究者の名前を記すにとどめたい。

通　史

　L'*Hitoire de la France urbaine*（Duby et al., 1983）は舞台装置を整えてくれる。

　豊富な図版を含み1873年までの首都の歴史をカバーする La *Nouvelle Histoire de Paris* は基本的な文献である。とくに1960年、1975年の Lavedan の作品は有益である。ほかに1981年の Girard の作品、1985年の Rials の作品が参考になる。これらに続く作品は公刊予定となっている。

　Dubech と Espezel の手になる『通史』［1926］は、熱のこもった作品で時に主観的な部分があるが、凝縮された文体と詳細・緻密な論述において非常に興味深い。

　最後に Marcel Poëte の古典的作品を忘れてはならないだろう。

テーマ別研究

　Rouleau の作品［1983, 1985］、さらに詳細な Hillairet の作品［1963］および Braibant の *Guide*［1965］は、街路および建物の歴史に関する情報の宝庫である。

　また家賃に推移に関する、ほかに匹敵するもののない Marnata［1961］の分析と、Lagarrigue［1956］の公共交通の分析がある。

19世紀のパリ

　Simond による古典的作品［1901］がこの時代を概観するうえで有益である。Louis Chevalier, Pierre Lavedan, Adeline Daumard の作品は基本文献である。オスマンによる都市改造に関しては、とりわけ Gaillard［1976］、Sutcliffe［1970］の作品が注目されるが、Pinkney［1957］の業績も忘れてはならない。19世紀のヨーロッパにおけるパリの位置は、Willms［1988］によって考究されている。

　建築については、Loyer［1987］を参照されたい。1840年から1860年にかけて、*Revue générale d'architecture* に掲載された Daly の諸論文および1870-1872年の彼の著作、さらに Chemetov et Marrey, 1983も参考になる。

　ほかに基本文献として、Cadoux［1900］のパリ市財政の研究、Des Cilleuls［1900］の行政研究があり、世紀初頭の時期については Tulard［1976］の研究がある。

Journal de la Société de statistique de Paris は、19世紀末の状況に関する詳細かつ良質な情報源である。Bertillon の業績とくに *Atlas* [1888-1889] は、極めて有益である。パリにおける地代は Halbwachs [1909] の古典的作品において詳細に分析されている。物価の推移は Singer-Kérel [1961] において研究されている。

パリ・コミューンに共感を示すものとして、事件の証人であり立役者でもあった Lissagaray の高揚したテクストがある。これに敵対する立場のものとしては、Du Camp [1871] の猛烈な攻撃文書ならびに Rials の比較的新しく図版入りの作品 [1985] がある。全体として、とりわけ J. Rougerie による優れた研究 [1968, 1971] が参考になる。*Les Écrivaints français devant la guerre de 1870 et la Commune*, および Lidsky [1970] も参照されたい。

文学におけるパリのイメージは、Citron の名高い学位論文 [1961] において考究されている。また Gavarni [1841-1843] の魅力的な素描も参考になる。首都における民衆生活の現実を描いたものとしてはバルザックがあるが（*La Cousine Bette* の冒頭部分のルーヴル周辺、あるいは *La Fille aux yeux d'or*）、誇張した描写においても、より赤裸々な民衆文学の方が参考になる。一例として Eugène Sue の有名な小説、*Les Mystères de Paris* を挙げることができる。また Rocambole の冒険（Ponson du Terrail [1857-1866, 1869]）を通して首都の日常生活に関する民衆のイメージを理解することができる。

20世紀のパリ

ベル・エポックのパリは小説家によって実に豊かに描かれてきた。Fantômas（Souvestre et Allain [1961]）のぞっとするような冒険譚は忘れてはならないだろう。そこには第一次世界大戦前夜のパリが描かれている。

なかんずく Jean Bastié, Beaujeu 女史、Michel Carmona、Pierre Merlin 諸氏の作品が参考になる。

またパリの近代建築を適切に紹介している Martin [1986] や、Evanson [1979]、Courtiau [1990] も参照されたい。パリ郊外は、Faure *et alii.* [1991] やとくに Bastié [1965] で詳細に考察されている。さらに社会学における研究として今や古典となった Chombart de Lauwe の作品、とりわけ1952年の論文集がある。またパリ都市圏の変容を鳥瞰するには Vaujour [1970] および Carmona の学位論文 [1979] 冒頭が有益である。

パリと地方との関係という非常に重要な、しかし未だ充分に研究されていない問題については、Gravier [1947, 1972] や CREPIF の会議 [1991] において熱の込もった議論が展開されている。他方、Doublet [1976]、Griotteray [1962]、Davezies *et alli.* [1983] や、Dupont-White [1857, 1860] および Figueras [1967] の手になる非常に興味深い作品には、上記と相対立する見解が提示されている。

資 料

図版

以下の2種の基本資料を参照されたい。
—— *Atlas* de Jacoubet [1836] は19世紀初頭の時期について有益である。
—— Bastié et Beaujeu [1967] の大判の *Atlas* は不可欠の資料である。
近年のパリについては、Noin [1984] の *Atlas* が非常に参考になる。Ballut [1987] も同様である。Couperie [1968] の小型 atlas も利用しやすい。

図像学資料

Atget [1992] に、19世紀末パリを捉えた見事な写真が収められている。

統計資料

国勢調査に加えて、*Annuaire statistique de la ville de Paris* があり、1881年から1962年の時期について豊富な情報を提供してくれる。

研究者は資料豊富な次の二つの図書館を利用することができる。一つは、パヴェ街（rue Pavée）、カルナヴァレ館前に位置するパリ市歴史図書館（Bibliothèque historique de la Ville de Paris）である。今ひとつはパリ市庁舎最上階にあるパリ市行政図書館（Bibliothèque administrative de l'Hôtel de Ville）である。

またフォロム・デ・アール（サン＝トゥスターシュ側）のパリ・ヴィデオライブラリー（Vidéothèque de Paris）ではパリおよびそのイメージに関する膨大なコレクションを活用することもできる。

CREPIF（Centre de recherche et d'études sur Paris et l'Ile-de-France）によるシンポジウム、研究、出版物など、その研究活動と成果は非常に有益である。

新しい情報については、INSEE（tour Gamma）, IAURIF, APUR および Documentation française で入手できる。

こうした有益な参考文献、史・資料すべてのなかでも、勢いがあり情熱あるいはユーモアをもって書かれた幾点かの作品に接する格別の喜びを得たことを明らかにしておきたい。例えば実に明敏で洞察力に富んだ Dupont-White の作品 [1857, 1860]、Loyer の作品 [1987]、Sutcliffe の作品 [1970] である。また構成には難があるものの熱のこもった Gaillard の作品 [1976]、実に華麗で切れ味のよい文体をもって書かれた Dubech et Espezel による *Histoire* [1926]、最後に Olsen による魅力的な比較研究 [1986] である。

文献リスト

統計・報告書等

«Paris in Literature», *Yale French Studies*, n° 32, New Haven, 1964.
Album de statistique graphique, Paris, Imprimerie nationale, 1879-1897, 18 vol.
Annuaire statistique de la Ville de Paris et des communes suburbaines de la Seine, Paris, 1881-1962, 67 vol.
Données sociales, Ile-de-France, Paris, INSEE, 1989.
Emploi, Entreprises et Équipements en Ile-de-France, Paris, GIP-RECLUS, 1987.
La Tour de feu (études sur Fantômas), Paris, 1965.
«Grands travaux», *Connaissance des arts* (numéro spécial), 1989.
Hector Guimard et l'Art nouveau, Paris, Hachette, 1990.
Ile-de-France, un nouveau territoire, Paris, GIP-RECLUS, La Documentation française, 1988.
Ile-de-France: pouvons-nous éviter le scénario-catastrophe?, Paris, Economica, 1990.
L'Ile-de-France au futur, Paris, DRE Ile-de-France, 1991.
La Brique à Paris, Paris, Pavillon de l'Arsenal, 1991.
La Vie des ménages de quatre nouveaux ensembles de la région parisienne (1962-1963), Paris, CINAM, 1964, 3 vol.
Le Fer à Paris, Paris Pavillon de l'Arsenal, 1989.
Le Livre Blanc de l'Ile-de-France, Paris, DREIF-APUR-IAURIF, 1990.
Le Parisien chez lui au xixe siècle, 1814-1914, Paris, Archives nationales, 1976.
Les Écrivains français devant la guerre de 1870 et la Commune, Paris, 1972.
Les Grandes Gares parisiennes au xixe siècle, Paris, Ville de Paris, DAA, 1987.
Les Murs peints de Paris, Paris, Pavillon de l'Arsenal, 1990.
Les Plans Le Corbusier de Paris, 1922-1956, Paris, Éd. de Minuit, 1956.
Parcs et Promenades de Paris, Paris, Pavillon de l'Arsenal, 1989.
«Paris 1990», *Revue d'histoire moderne et contemporaine* (numéro spécial), Paris, 1983.
Paris au XIXe, Aspects d'un mythe littéraire, Lyon, Presses universitaires de Lyon, 1984.
Paris d'hospitalité, Paris, Pavillon de l'Arsenal, 1990.
Paris et le Phénomène des capitales littéraires, Paris, Presses universitaires Paris-Sorbonne, 1986, 2 vol.
Paris Haussmann, Paris, Pavillon de l'Arsenal, 1991.

Paris. Architecture et utopie, Paris, Pavillon de l'Arsenal, 1989.
Paris : la ville et ses projets, Paris, Pavillon de l'Arsenal, 1989.
Paris-Projet, Paris, APUR, 1981.
Recherches statistiques sur la ville de Paris et le département de la Seine, Paris, 1829, 4 vol.
Réflexions sur l'Ile-de-France, Paris, préfecture de la région d'Ile-de-France, 1989.
Roma, Parigi, New York : quale urbanistica per le metropoli ?, Rome, Gangemi Editore, 1985.
«Sept ans de vie de la région parisienne et de son district», *Cahiers de l'IAURP*, Paris, 1969.
Tableaux de l'économie d'Ile-de-France, Paris, INSEE, 1990.

個人作品（著者名・アルファベット順）

ADLER (J.) [1987] : *The Jews of Paris and the Final Solution (1940-1944)*, Oxford UP, Oxford, 312p.
ALBERT (M.) [1973] : *Paris ville internationale, rôles et vocation*, DATAR, Paris.
ALDUY (J.-P.) & J.-E. Roullier [1979] : «Les Villes Nouvelles en région parisienne, 1963-1977», *Annales de la recherche urbaine*, Paris, 100p.
ALPHAND (A.) [1867-1873] : *Les Promenades de Paris*, Paris, 2 vol.
ANACHE (M.) [1980] : *Le Peuplement des Villes Nouvelles de la région d'Île-de-France*, IAURIF, Paris, 163p.
ANCELOT [1866] : *Un salon de Paris, 1824 à 1864*, E. Dentu, Paris.
ARISTE (P. d') [1930] : *La Vie et le monde de Boulevard, 1830-1870*, Paris.
ARON (J.-P.) [1967] : *Essai sur la sensibilité alimentaire à Paris au XIXe siècle*, A. Colin, Paris.
ARRIGHI DE CASANOVA [1982] : *Rapport sur les moyens d'accroître le rayonnement international de Paris et de sa région, ainsi que des principales métropoles régionales*, Rapport à la DATAR, Paris, 123p.
AUDIAT (P.) [1946] : *Paris pendant la guerre, (juin 1940-août 1944)*, Hachette, Paris, 331p.
AYDALOT (Ph.) [1978] : *L'Aménagement du territoire en France, une tentative de bilan*, n° 1, université Paris-I, Centre EEE, Paris, 20p.
AYMONINO (C.), G. FABBRI & A. VILLA [1975] : *Le città capitali del XIX^0 secolo, I: Parigi e Vienna*, Officina Ed., Rome.
BACKOUCHE (I.) [2000] : *La Trace du fleuve, la Seine et Paris (1750-1850)*, Éd. de l'EHESS, Paris, 430p.

BAILLY (J.-C.) [2001] : *Nouveaux rythmes urbains: quels transports?*, Éd. de l'Aube.
BALLUT (A.) [1987] : *Atlas de l'occupation du sol dans la région d'Île-de-France*, IAU-RIF, Paris.
BANCQUART (M.-C.) [1979] : *Images littéraires du Paris fin-de-siècle*, La Différence, Paris.
BAROZZI (J.) [1997] : *Littératures parisiennes*, Hervas, Paris.
BARROUX (M.) [1910] : *Le Département de la Seine et la Ville de Paris: notions générales et biblioigraphiques pour en étudier l'histoire*, Paris.
BASTIE (J.) [1965] : *La Croissance de la banlieue parisienne*, PUF, Paris.
—— [1979] : *Paris en l'an 2000*, SEDIMO, Paris.
—— [1984] : *Géographie du Grand Paris*, Masson, Paris.
—— & J. BEAUJEU [1967] : *Atlas de Paris et de la région parisienne*, Berger-Levrault, Paris, 964p.
BAZIN (A.) [1833] : *L'Époque sans nom: esquisses de Paris, 1830-1833*, Alexandre Mesnier, Paris, 2 vol.
BEAUJEU (J.) [1977] : *Paris et la région d'Île-de-France*, Flammarion, Paris, 2 vol.
BEAUMONT-MAILLET (L.) [1991] : *L'Eau à Paris*, Hazan, Paris, 261p.
BECKOUCHE (P.) & F. DAMETTE [1990] : *La Métropole parisienne, système productif et organisation de l'espace*, DATAR, Paris, 68p.
BELGRAND [1869-1883] : *La Seine*, Institut d'histoire de la ville de Paris, 3 vol.
BELLET (V.) [1857] : *Les Propriétaires et les loyers à Paris*, E. Dentu, Paris.
BENJAMIN (W.) [1989] : *Paris, capitale du XIXe siècle. Le livre des passages*, Éd. du Cerf, Paris.
BENOIT (P.) *et alii* [1993] : *Paris 1995, le grand desserrement*, Romillat, Paris, 301p.
BENSTOCK (Sh.) [1988] : *Women of the Left Bank, XXth Century*.
BERLANSTEIN (L. R.) [1988] : *The Working People of Paris, 1871-1914*.
BERNARD (J.-P.) [1991] : *Paris rouge (1944-1964)*, Champvallon, Paris, 264p.
BERTALL [1871] : *Les Communeux, 1871. Types, caractères, costumes*, Gotschalk, Paris.
BERTAUT (J.) [1949] : *Le Faubourg Saint-Germain sous l'Empire et la Restaurarion*, Taillandier, Paris.
—— [1957] : *Le Boulevard*, Taillandier, Paris.
BERTILLON (J.) [1888-1889] : *Atlas de statistique graphique de la ville de Paris*, Masson, Paris, 2 vol.
—— [1895] : *Origine des habitants de Paris en 1833 et en 1891*, Imprimerie Chaix, Paris.

BERTRAND (J.-M.) [1966] : *Les Maisons d'habitation et la formation des quartiers de Paris*, thèse de 3e cycle dactylographiée, Paris, 2 vol.

—— [1975] : *L'Espace vécu des Parisiens*, APUR, Paris.

BESSON (M.) [1971] : *Les Lotissements*, Berger-Levrault, Paris.

BOUCHET (J.) [1941] : *Les Rapports administratifs de la Ville de Paris et du département de la Seine avec la Cie du Métro*, Librairie de droit et de jurisprudence, 314p.

BOUDON et alli [1977] : *Le Quartier des Halles à Paris*, CNRS, Paris, 2 vol.

BOULENGER (J.) [1933] : *Le Boulevard sous Louis-Philippe*, Paris, 213p.

BOURDET (C.) [1972] : *À qui appartient Paris?*, Éd. du Seuil, Paris.

BOUTET DE MONVEL (R.) [1911] : *Les Anglais à Paris, 1800-1850*, Plon, Paris.

BOUTET DE MONVEL (N.) [1964] : *Les Lendemains de Paris*, Denoël, Paris, 231p.

BOYER (B.) [1991] : *La Redistribution spatiale induite par les budgets publics locaux: le cas de la région Île-de-France*, thèse, université de Paris-XII.

BRYSSY (Y.) [1974] : *Les Villes Nouvelles: le rôle de l'État et des collectivités locales*, Berger-Levrault, Paris, 248p.

BRUHAT (J.), J. DAUTRY & E. TERSEN [1960] : *La Commune de 1871*, Éd. Sociales, Paris.

BRUN (J.) & C. RHEIN (éd.) [1994] : *La Ségrégation dans la ville: concepts et mesures*, L'Harmattan, Paris.

BUNLE (H.) [1938] : «L'agglomération parisienne et ses migrations alternantes en 1936», *Bulletin de statistique générale de la France*, Paris, pp. 95-156.

BURGEL (G.) [1999] : *Paris, avenir de la France*, Éd. de l'Aube, Paris.

BURNAND (R.) [1951] : *Paris 1900*, Hachette, Paris, 251p.

CABAUD (M.) [1982] : *Paris et les Parisiens sous le Second Empire*, Belfond, Paris, 318p.

CADOUX (G.) [1900] : *Les Finances de la Ville de Paris de 1798 à 1900*, Berger-Levrault.

CAHEN (G.) [1913] : *Le Logement dans les villes: la crise parisienne*, F. Alcan, Paris, 195p.

CAILLOIS (R.) [mai 1937] : «Paris, mythe moderne», *Nouvelle Revue française*, XXV, 284.

CARACALLA (J.-P.) [1994] : *Saint-Germain des Prés*, Flammarion, Paris.

—— [1997] : *Montparnasse: l'âge d'or*, Denoël, Paris.

CARCO (F.) [1927] : *De Montmartre au Quartier latin*, Hachette, Paris.

—— [1954] : *La Belle Époque au temps de Bruant*, Paris.

CARMONA (M.) [1979] : *Le Grand Paris. Évolution de l'idée d'aménagement de la région parisienne*, thèse d'État, Gyrotypo, Paris, 2 vol.

—— [2000] : *Haussmann*, Fayard, Paris.

CARREZ (J.-F.) [1991] : *Le Développement des fonctions tertiaires supérieures internationales à Paris et dans les métropoles régionales*, La Documentation française, Paris, 114p.

CASTERA (J. du) [1861] : *La Ville de Paris et ses détracteurs*, E. Dentu, Paris.

CESENA (A. de) [1864] : *Le Nouveau Paris*, Garnier Frères, Paris.

CHADYCK (D.) & D. LEBORGNE [1999] : *Atlas de Paris: évolution d'un paysage urbain*, Parigramme.

CHAMPIGNEULLE (B.) *et alii* [1943] : *Destinée de Paris*, Éd. du Chêne, Paris, 148p.

CHARBON (B.) [1981] : *Gouverner les ville géantes: Paris, Londres, New York*, Economica, Paris.

CHARLE (Ch.) [1998] : *Paris fin-de-siècle*, Éd. du Seuil, Paris, 319p.

CHARLET (G.) [1989] : *L'Opéra de la Bastille: genèse et réalisation*, Le Moniteur, Paris.

CHASLIN (F.) [1986] : *Les Paris de François Mitterrand*, Gallimard, coll. «Folio», Paris.

CHASSAIGNE (M.) [1912] : *Étude économique sur les moyens de transport en commun dans Paris*, A. Rousseau, Paris, 187p.

CHEMETOV (B.), M.-J. DUMONT & B. MARREY [1982] : *Paris-banlieue, 1919-1939. Architectures domestiques*, Dunod, coll. «Espace et architecture», Paris, 216p.

CHEMETOV (P.) & B. MARREY [1983] : *Architectures: Paris, 1848-1914*, Dunod, Paris, 208p.

CHEVALIER (L.) [1950a] : *La Formation de la population parisienne au XIXe siècle*, INED, coll. «Travaux et documents», n° 10, PUF, Paris, 312p.

—— [1950b] : *Les Fondements économiques et sociaux de l'histoire politique de la région parisienne: 1848-1870*, Paris.

—— [1967] : *Les Parisiens*, Paris, 395p.

—— [1977] : *L'Assassinat de Paris*, Calmann-Lévy, Paris, 285p.

—— [1978] : *Classes laborieuses et classes dangereuses à Paris pendant la première moitié du XIXe siècle*, Librairie générale française, Paris, 729p.

CHOMBART DE LAUWE (P.) *et alii* [1952] : *Paris et l'agglomération parisienne*, PUF, Paris, 2 vol.

CHRIST (Y.) [1967] : *Les Métamorphoses de Paris*, Paris, 196p.

—— [1969] : *Les Métamorphoses de la banlieue parisienne*, Paris, 186p.

—— [1977] : *Paris des utopies*, Balland, Paris.

CITRON (P.) [1961] : *La Poésie de Paris dans la littérature française, de Rousseau à Baudelaire*, Paris.

CLARETIE (J.) [1992] : *Paris assiégé*, A. Colin, Paris, 198p.

CLAUDIN (G.) [1884] : *Mes souvenirs: les boulevards de 1840 à 1870*, Calmann-Lévy.

CLERC (P.) [1967] : *Grands ensembles, banlieues nouvelles*, PUF, Paris, 471p.

CLOUZOT (H.) & R. H. VALENSI [1926] : *Le Paris de la Comédie humaine*, Paris.

CLOZIER (R.) [1940] : *La Gare du Nord*, Baillière, Paris, 294p.

COATS (A.) [1990] : *L'Aménagement de la zone de servitude non aedificandi de l'ancienne enceinte fortifiée de Paris*, université de Paris-II, CERUCL, 2 vol.

COCHIN (A.) [1864] : *Paris, sa population, son industrie*, Colas, Paris.

COHEN (G.) [1913] : *Le Logement dans les villes: la crise parisienne*, Paris.

COHEN (J.-L.) & A. LORTIE [1991] : *Des fortifs au périf*, Picard, Paris, 319p.

COLIN (L.) [1885] : *Paris: sa topographie, son hygiène, ses maladies*, Paris.

COMBEAU (Y.) [1998] : *Paris et les élections municipales sous la Troisième République: la scène capitale dans la vie politique française*, Harmattan, Paris, 457p.

COMBES (C.) [1981] : *Paris dans «Les Misérables»*, CID, Nantes, 338p.

COMMISSION D'EXTENSION DE PARIS [1913] : *Aperçu historique. Considérations techniques préliminaires*, Chaix, Paris, 3 vol.

COMMISSION DES HALLES [1843] : *Rapport de la Commission*, Paris.

CONDEMI (C.) [1992] : *Les Cafés-Concerts. Histoire d'un divertissement (1849-1914)*, Quai Voltaire, Paris, 205p.

CONFORA-ARGANDONA (E.) & R.-H. GUERRAND [1976] : *La Répartition de la population. Les conditions de logement des classes ouvrières à Paris au XIXe siècle*, CSU, Paris.

COSTE (M.), A. TRONCHET & M. BLAISE [1992] : *Les Portes de Paris et au-delà*, RATP, Paris.

COUPERIE (P.) [1968] : *Paris au fil du temps. Atlas historique d'urbanisme et d'architecture*, Joël Cuénot, Paris.

COURTIAU (J.-P.) [1990] : *Paris: cent ans de fantasmes architecturaux et de projets fous*, First, Paris.

COUTURIER DE VIENNE (J.) [1860] : *Paris moderne: plan d'une ville modèle que l'auteur a appelée Novutopie*, Librairie du Palais-Royal, Paris, 515p.

CRÉMIEUX (F.) [1971] : *La Vérité sur la libération de Paris*, Belfond, Paris.

CREPIF [1984] : «Les Villes Nouvelles en 1984», *Cahiers du CREPIF*, Paris, 210p.

——[1991] : «L'opposition Paris-Province: un faux débat à l'heure de l'Europe?», *Cahiers du CREPIF*, Paris, 127p.

CRESPELLE (J.-P.) [1976] : *La Vie quotidienne à Montparnasse à la grande époque:*

1905-1930, Hachette, Paris, 204p.

—— [1981] : *La Vie quotidienne des impressionnistes, du Salon des refusés (1863) à la mort de Manet (1883)*, Hachette, Paris, 286p.

CSAOGRP [1934] : *Projet d'aménagement de la région parisienne*, ministère de l'Intérieur Paris, 2 fasc.

CSU [1961] : *L'Attraction de Paris sur sa banlieue. Étude sociologique*, Éd. Ouvrières, Paris, 320p.

D'ALMERAS (H.) [s. d.] : *La Vie parisienne sous Louis-Philippe*, Albin Michel, Paris.

DANSETTE (A.) [1959] : *Histoire de la libération de Paris*, A. Fayard, Paris.

D'ARISTE (P.) [1930] : *La Vie et le monde du Boulevard*, Taillandier, Paris.

DAUBAN (C.-A.) [1873] : *Le Fonds de la société sous la Commune*, Plon, Paris.

DAUBENTON (L.-J.-M.) [1829] : *Recherches statistiques sur la ville de Paris*, Paris.

—— [1843] : *Du déplacement de la population de Paris*, Carilian-Goery, Paris, 54p.

DAUDET (A.) [1877] : *Le Nabab. Mœurs parisiennes*, Paris.

DAUMARD (A.) [1963] : *La Bourgeoisie parisienne de 1815 à 1848*, Paris.

—— [1965] : *Maisons de Paris et propriétaires parisiens (1809-1880)*, Éd. Cujas, Paris, 285p.

—— [1973] : *Enquête sur les fortunes françaises au XIXe siècle*, Paris.

DAUMAS (M.) et alii [1977] : *Évolution de la géographie industrielle de Paris et sa proche banlieue au xixe siècle*, CNAM & EHESS, Paris, 2 vol.

DAVESIES DE PONTES (L.) [1850] : *Paris tuera la France : nécessité de déplacer le siège du gouvernement*, E. Dentu, Paris, 70p.

DAVEZIES (L.) [1989] : *La Redistribution interdépartementale des revenus induite par le budget de l'État, 1984*, Institut d'urbanisme, Paris-XII, OEIL, 113p.

—— et alii [1983] : *Les Départements qui payent pour les autres*, DATAR, Paris, 225p.

DAY (G.) [1947] : *Les Transports dans l'histoire de Paris*, Méré, Paris, 145p.

DEFRANCE (E.) [1904] : *Histoire de l'éclairage des rues de Paris*, Paris, 125p.

DE LANZAC DE LABORIE (L.) [1905-1913] : *Paris sous Napoléon Ier*, Plon, Paris, 8 vol.

DELAPORTE (F.) [1990] : *Le Savoir de la maladie. Essai sur le choléra de 1832 à Paris*, PUF, Paris, 195p.

DELATTRE (S.) [2000] : *Les Douze Heures noires. La nuit à Paris au XIXe siècle*, Albin Michel, Paris, 674p.

DELORME (J.-C.) & A.-M. DUBOIS [1997] : *Passages couverts parisiens*, Parigramme.

DELVAU (A.) [1862] : *Histoire anecdotique des cafés et des cabarets de Paris*, Paris.

DESCANRIOT [1860] : *Histoire des agrandissements de Paris*, Paris.

DES CILLEULS (A.) [1900] : *Histoire de l'administration parisienne au XIXe siècle*, Paris, 2 vol.
—— & J. Hubert [1885-1891] : *Le Domaine de la ville de Paris dans le présent et le passé*, 2 vol.
DESMARAIS (G.) [1995] : *La Morphogenèse de Paris, des origines à nos jours*, L'Harmattan, Paris.
DEYON (P.) [1992] : *Paris et ses provinces. Le défi de la décentralisation, 1770-1992*, A. Colin, Paris, 176p.
DISTRICT DE PARIS [1965] : *Schéma directeur d'aménagement et d'urbanisme de la région de Paris*, Paris, 220p.
DOISNEAU (R.) & M. POL-FOUCHET [1990] : *Photographies de Paris*, Messidor, Paris.
DOUBLET (M.) [1976] : *Paris en procès*, Hachette, Paris, 294p.
DOUCHET (J.) [1987] : *Paris Cinéma : une ville vue par le cinéma, de 1895 à nos jours*, Éd. du May, Paris, 199p.
DRACHLINE (P.) & C. PETIT-CASTELLI [1990] : *Casque d'Or et les Apaches*, Renaudot et Cie, Paris, 214p.
DREYFUS (M.-C.) [1981] : *Bibliographie sur les Villes Nouvelles de la région d' Île-de-France*, IAURIF, Paris, 8 fasc.
DUBECH (L.) & P. D'ESPEZEL [1926] : *Histoire de Paris*, Payot, Paris, 510p.
DU CAMP (M.) [1871] : *Les Convulsions de Paris*, Paris.
—— [1875] : *Paris, ses organes, ses fonctions et sa vie dans la seconde moitié du XIXe siècle*, Hachette, Paris, 6 vol.
DUCOURNAU (J.) [1861] : *Les Grands Travaux publics et les loyers de Paris*, E. Dentu, Paris.
DUCREST (G.) [1831] : *Paris en province et la province à Paris*, Ladvocat, Paris, 3 vol.
DULAURE [1853] : *Histoire des environs de Paris*, H. Boisgard, Paris, 321p.
DUMAS (A.) [1901] : *Le Chemin de fer métropolitain de Paris*, Le Génie civil, Paris.
DUMOLIN (M.) [1929-1931] : *Étude de topographie parisienne*, Paris, 3 vol.
DUMONT (M.-J.) [1991] : *Le Logement social à Paris (1850-1930)*, Mardaga, Liège.
DUPOND-WHITE (C.-B.) [1860] : *La Centralisation*, Guillaumin, Paris, 372p.
DURAND-BOUBAL (Ch.) [1994] : *Le Café de Flore*, Indigo, Paris.
DURAND-CLAYE (A.) [1883] : *L'Épidémie de fièvre typhoïde à Paris en 1882. Études statistiques*, Paris.
DURIEU (J.) [1910] : *Les Parisiens d'aujourd'hui*, Giard & Brière, Paris.
DUVEAU (G.) [1939] : *Le Siège de Paris : septembre 1870-janvier 1871*, Hachette, Pa-

ris.

—— [1976] : *Analyse historique de l'évolution des transports en commun en région parisienne*, Centre de documentation historique des techniques, Paris.

ÉPARVIER (J.) [1944] : *À Paris sous la botte des nazis*, R. Schall, 100p.

ÉTIENNE (M.) [1975] : *Le Statut de Paris*, Berger-Levrault, Paris.

EVANSON (N.) [1979] : *Paris, a Century of Change*, Yale University Press, New Haven, 352p.

ÉVENO (C.) et alii [1992] : *Paris perdu: 40 ans de bouleversements*, Carré, Paris.

FAITROP-PORTA (A.-C.) [1995] : *Parigi visto degli italiani, 1850-1914*, CIRVI, 308p.

FARGUE (L.-P.) [1935] : *Le Piéton de Paris*, Paris.

FAURE (A.) [1978] : *Paris carême-prenant. Du Carnaval à Paris au XIXe siècle*, Buchet-Chastel, Paris.

—— et alii [1991] : *Les Premiers Banlieusards. Aux origines de la banliene de Paris, 1860-1940*, Créaphis, Paris, 285p.

FAURE (J.) [1998] : *Le Marais*, L'Harmattan, Paris.

FELIX (M.) & E. RAIGA [1958] : *Le Régime administratif et financier de la Ville de Paris et du département de la Seine*, Paris, 4 vol.

FERMIGIER (A.) [1991] : *La Bataille de Paris*, Gallimard, Paris.

FÉVAL (P.) [1858] : *Les Amours de Paris*, Paris.

—— [1862] : *Le Roi de la barrière*, Paris.

FIERRO (A.) [1996] : *Histoire et dictionnaire de Paris*, R. Laffont, coll. «Bouquins», Paris, 1590p.

FIGUERAS (A.) [1967] : *C'est la faute à Paris*, Éd. de Midi, Paris.

FIGUIER (L.) [1862] : *Les Eaux de Paris: passé, présent, leur avenir*, Paris, 292p.

—— [1914] : *La Ville-Lumière*, Paris, 688p.

FORD (J.R.&C.) [1969] : *Paris vu par le cinéma*, Hachette, Paris.

FORTIER (B.) et alii [1996] : *Métamorphoses de Paris*, Pierre Mardaga, Paris.

FOSCA (F.) [1934] : *Histoire des cafés de Paris*, Paris.

FOUCART (B.), S. LOSTE & A. SCHNAPPER [1985] : *Paris mystifié: la grande illusion du Grand Louvre*, Julliard, Paris.

FOURCAULT (A.) [1988] : *Un siècle de banlieue parisienne*, L'Harmattan, Paris.

FOURIER (J.-M.) [1988] : *Rapport sur les Villes Nouvelles de la région d'Île-de-France*, Comité de la région d'Île-de-France, Paris, 2 vol.

FOURNEL (V.) [1858] : *Ce qu'on voit dans les rues de Paris*, Paris.

—— [1865] : *Paris nouveau et Paris futur*, Lecoffre, Paris, 390p.

FRANC (R.) [1971] : *Le Scandale de Paris*, Grasset, Paris.
FUGIER (A.-M.) [1991] : *La Vie élégante ou la Formation du Tout-Paris, 1815-1848*, Fayard, Paris.
GAILLARD (J.) [1976] : *Paris, la ville (1852-1870): l'urbanisme parisien à l'heure d'Haussmann*, Champion, Paris, 687p.
—— [1982] : *Communes de province, commune de Paris*, Flammarion, Paris.
GAILLARD (M.) [1991] : *Paris au XIXe siècle*, AGEP, Paris, 324p.
—— [1995] : *L'Eau de Paris*, Martelle, Paris, 224p.
GALTIER (F.) [1901] : *La Suppression de l'octroi*, Rousseau, Paris, 290p.
GASCARD (P.) [1990] : *Le Boulevard du Crime*, Hachette/Grassin, Paris.
GASNAULT (F.) [1986] : *Guinguettes et lorettes: bals publics à Paris au XIXe siècle*, Aubier, Paris.
GASTINEL (A.) [1894] : *Les Égouts de Paris. Étude d'hygiène urbaine*, Paris.
GAVARNI [1841-1843] : 79 croquis de Lorettes, *Le Charivari*, Paris.
GAY (J.) [1986] : *L'Amélioration de l'existence à Paris sous le règne de Napoléon III*, Genève.
GEORGES (P.) et alii [1950] : *Études sur la banlieue de Paris*, Cahier de la Fondation nationale des sciences politiques, A. Colin, Paris, 184p.
GÉRARDS (E.) [1996] : *Carrières et catacombes*, DMI, Paris.
GIARD (L.) [1966-1968] : *Les Élections à Paris pendant la IIIe République*, thèse de 3e cycle, Dakar, 3 vol.
GIRARD (L.) [1952] : *La Politique des travaux publics du Second Empire*, Paris.
GODARD (F.) [1973] : *La Rénovation urbaine à Paris: structure urbaine et logique de classe*, Mouton, Paris.
GODFERNAUX (A.) [1931] : *Le Chemin de fer métropolitain de Paris: son passé, ses extensions, son avenir*, Dunod, Paris.
GOUBERT (E.) [1891] : *Les Maladies des enfants à Paris*, Paris.
GRANELLE (J.-J.) [1973] : *Dix ans d'évolution du marché foncier à Paris (1960-1969)*, APUR, Paris.
GRAVIER (J.-F.) [1972] : *Paris et le désert français en 1972*, Flammarion, Paris, 284p.
GREEN (J.) [1983] : *Paris*, Champvallon, Paris, 112p.
GRIOTTERAY (A.) [1962] : *L'État contre Paris*, Hachette, Paris.
GRISON (C.) [1957] : *Évolution du marché du logement dans l'agglomération parisienne de 1880 à nos jours*, thèse, Faculté de droit, Paris, 202p.
GUERRAND (R.-H.) [1986] : *L'Aventure du métropolitan*, La Découverte, Paris, 192p.

GUICHARDET (J.) et alii [1986] : *Errances et parcours parisiens de Rutebeuf à Crevel*, La Sorbonne nouvelle, Paris.

GUILLEMIN (H.) [1973] : *L'Héroïque Défense de Paris (1870-1871)*, NRF, Paris, 421p.

HAEGEL [1994] : *Un maire à Paris. Mise en scène d'un nouveau rôle politique*, Fondation nouvelle des sciences politiques, Paris.

HALBWACHS (M.) [1909] : *Les Expropriations et le prix des terrains à Paris*, Cornely, 416p.

—— [1928] : *La Population et les tracés de voie à Paris depuis un siècle*, PUF, Paris, 274p.

HALPERIN (J. U.) [1991] : *Félix Fénéon : art et anarchie dans le Paris fin-de-siècle*, Gallimard, Paris, 439p.

HARSIN (J.) [1988] : *Policing Prostitution in XIXth Century Paris*.

HAUSSER (E.) [1968] : *Paris au jour le jour : les événements vus par la presse (1900-1919)*, Éd. de Minuit, Paris, 757p.

HAUSSMANN (G.) [1890] : *Mémoires*, Paris.

HÉNARD (E.) [1903-1909] : *Études sur les transformations de Paris*, Motteroz, Paris, 8 vol., partiellement rééditées par Reed, L'Équerre, Paris, 1982.

HENRIOT (P.) [1850] : *Paris en l'an 3000*, Laurens, Paris, 106p.

HÉRON DE VILLEFOSSE (R.) [1948] : *Histoire de Paris*, Union bibliophile, Paris, 399p.

—— [1973] : *Les Halles, de Lutèce à Rungis*, Perrin, Paris, 394p.

HERVIEU (J.) [1908] : *Le Chemin de fer métropolitain municipal de Paris*, Paris, 2 vol.

HILLAIRET (J.) [1963] : *Dictionnaire historique des rues de Paris*, Éd. de Minuit, Paris.

HUDSON INSTITUTE [1974] : *Synthèse du rapport «Paris et sa région demain»*, Paris.

HUSSON (A.) [1875] : *Les Consommations de Paris*, Hachette, Paris.

HUYSMANS (J.-K.) [1880] : *Croquis parisiens*, Paris.

IAURIF [1976a] : *Atlas de l'occupation du sol en région parisienne*, IAURIF, Paris, 2 vol.

—— [1976b] : *Schéma directeur d'aménagement et d'urbanisme de la région d' Île-de-France*, Paris, 168p.

—— [2000-2001] : *Atlas des Franciliens*, Paris, 2 vol.

JACOUBET (Th.) [1836] : *Atlas général de la ville, des faubourgs et des monuments de Paris*.

JACQUEMET (G.) [1984] : *Belleville au XIXe siècle : du faubourg à la ville*, EHESS, Paris, 454p.

JOUY (J.-E. de) [1816] : *L'Hermite de la Chaussée-d'Antin ou Observations sur les mœurs et les usages parisiens au commencement du XIXe siècle*, Paris, 5 vol.

JUILLERAT (P.) [1906] : *Le Casier sanitaire des maisons*, Paris.

JUIN (H.) [1978] : articles sur Fantomas et Paris, *Europe*, juin-juillet.

—— [1993] : *Le Livre de Paris 1900*, Michèle Trinckvel, Paris.

KASPI (A.) & A. MARES [1990] : *Le Paris des étrangers depuis un siècle*, Imprimerie nationale, Paris, 406p.

KRANOWSKI (N.) [1968] : *Paris dans les romans d'Émile Zola*, PUF, Paris.

KUBNICK (H.) [1969] : *Les Délices des grands ensembles*, Hachette, Paris, 189p.

LACHAISE [1822] : *Topographie médicale de Paris*, Paris.

LACOMBE (P.) [1887] : *Bibliographie parisienne. Tableaux de mœurs (1600-1880)*, Paris.

LACORDAIRE (S.) [1982] : *Histoire secrète du Paris souterrain*, Hachette, Paris, 234p.

LAGARRIGUE (L.) [1956] : *Cent ans de transports en commun dans la région parisienne*, RATP, Paris, 4 vol.

LAMEYRE (G.-N.) [1958] : *Haussmann, préfet de Paris*, Flammarion, Paris, 346p.

LANGLE (H. M. de) [1990] : *Le Petit Monde des cafés et débits parisiens au XIXe siècle*, PUF, coll. «Histoires», Paris, 288p.

LAROULANDIE (F.) [1988] : *Ouvriers de Paris au XIXe siècle*, Christian, 232p.

LAVEDAN (P.) [1960] : *Histoire de Paris*, PUF, Paris.

—— [1969] : *La Question du déplacement de Paris et du transfert des Halles au Conseil municipal sous la monarchie de Juillet*, Commission des travaux historiques de la Ville de Paris, 139p.

—— [1975] : *Histoire de l'urbanisme à Paris*, APHP/Hachette, Paris, 634p.

LAZARD (L.) [1870a] : *Les Quartiers de l'est de Paris et les communes suburbaines*, Paris, 248p.

—— [1870b] : *Les Quartiers pauvres de Paris: le XXe arrondissement*, Paris, 234p.

LE BOTERF (H.) [1974] : *La Vie parisienne sous l'Occupation*, France-Empire, Paris, 600p.

LECLERCQ (Y.) [1987] : *Le Réseau impossible, 1820-1852*, Droz, Genève, 287p.

LE CORBUSIER [1946] : *Destin de Paris*, Fernand Sorlot, Paris.

—— [1956] : *Les Plans Le Corbusier de Paris, 1956-1962*, Éd. de Minuit, Paris.

LECOUTURIER (H.) [1848] : *Paris incompatible avec la République*, Desloges, Paris, 108p.

LEFEBVRE (H.) [1965] : *La Proclamation de la Commune*, Gallimard, Paris.

LEFEUVE (H.) [1873] : *Les Anciennes Maisons de Paris sous Napoléon III*, Paris, 5 vol.

LE GOUX (M.) [1939] : *Cent ans de banlieue: la banlieue ouest*, Dunod, Paris.

LEMOINE (M.) [2000] : *Le Paris de Simenon*, Encrage, Paris, 320p.

LENOIR (A.) [1867] : *Statistique monumentale de Paris*, Paris, 3 vol.

LE QUILLEC [1997] : *Commune de Paris. Bibliographie critique (1871-1997)*, Boutique de l'Histoire, Paris.

LESCOT (A.) [1826] : *La Salubrité de la ville de Paris*, Paris.

LIDSKY (P.) [1970] : *Les Écrivains contre la Commune*, Maspero, Paris.

LISSAGARAY (P.-O.) [1969] : *Histoire de la Commune de 1871*, Maspero, Paris, 526p.

LOJKINE (J.) [1972] : *La Politique urbaine dans la région parisienne*, Mouton, Paris, 281p.

LOUA (T.) [1873] : *Atlas statistique de la population de Paris*, multigraphié, Paris.

LOYER (F.) [1987] : *Paris XIXe siècle, l'immeuble et la rue*, F. Hazan, Paris, 478p.

LUCCIANI (J.) [1986] : *Les Activités industrielles des satellites proches de Paris*, thèse d'État, Paris-IV, 3 vol.

MACCHIA (G.) [1965] : *Il mito di Parigi, saggi e motivi francesi*, Einaudi, Turin, 359p.

—— [1988] : *Paris en ruines*, Flammarion, Paris.

MALET (H.) [1973] : *Le Baron Haussmann et la rénovation de Paris*, Éd. Municipales, Paris.

MALET (L.) [1985] : *Les Nouveaux Mystères de Paris*, R. Laffont, coll. «Bouquins», Paris, 6 vol.

MANEGLIER (H.) [1990] : *Paris impérial: la vie quotidienne sous le Second Empire*, A. Colin, Paris, 311p.

MARIE (L.) [1850] : *De la décentralisation des Halles de Paris*, Paris, 31p.

MARNATA (F.) [1961] : *Les Loyers des bourgeois de Paris, 1860-1958*, A. Colin, Paris, 101p.

MARREY (B.) [1979] : *Les Grands Magasins*, Picard, Paris, 267p.

—— [1993] : *Architectures à Paris, 1848-1914*, DAAVP.

MARSILLON (L.) et alii, [1886] : *Le Métro et les transports en commun à Londres et à Paris*, Compagnie générale des omnibus, Paris.

MARTIN (A.) [1894] : *Étude historique et statistique sur les moyens de transport dans Paris*.

MARTIN (L.) [1902-1904] : *Encyclopédie municipale de la ville de Paris*, Paris, 3 vol.

MARTIN-FUGIER (A.) [1979] : *La Place des bonnes. La domesticité féminine à Paris en 1900*, Grasset, Paris, 384p.

MARTIN-SAINT-LÉON [1843] : *Résumé statistique des recettes et dépenses de la Ville de Paris de 1797 à 1840*, Paris, 2e éd.

MARVILLE [1869] : *Photos de Paris sous le Second Empire*, BAHV, Paris, 8 vol.

MASPERO (F.) [1990] : *Les Passagers du Roissy-Express*, Éd. du Seuil, Paris, 330p.

MASSA-GILLE (G.) [1973] : *Histoire des emprunts de la Ville de Paris, 1814-1875*, Ville de Paris, Commission des travaux historiques, XII.

MAURICE (A. B.) [1919] : *The Paris of the Novelists*, Chapman & Hall, Londres.

MAX (S.) [1966] : *Les Métamorphoses de la grande ville dans les Rougon-Macquart*, Nizet, Paris.

MAZEROLLE (P.) [1875] : *La Misère de Paris, les mauvais gîtes*, Sartorius, Paris, 323p.

MERCIER (L.-S.) [1990] : *Tableau de Paris. Le Nouveau Paris (*in *Paris le jour, Paris la nuit)*, R. Laffont, coll. «Bouquins», Paris, 1371p.

MERLIN (P.) [1982a] : *L'Aménagement de la région parisienne et les villes nouvelles*, La Documentation française, Paris, 212p.

—— [1982b] : *Les Transports à Paris et en Île-de-France*, La Documentation française, Paris, 280p.

—— [1990] : *Propositions pour l'Île-de-France*, Presses de l'Université de Vincennes, Paris, 162p.

MERRIMAN (J. M.) [1994] : *Aux marges de la ville. Faubourgs et banlieues en France (1815-1870)*, Éd. du Seuil, Paris, 399p.

MESNIL (O. du) [1890] : *L'Hygiène à Paris: l'habitation du pauvre*, Baillière, Paris.

METTON (A.) [1980] : *Le Commerce et la ville en Bassin parisien*, thèse d'État, Courbevoie.

MEURIOT (P.) [1913] : «Le Livre foncier de Paris, 1911: étude démographique et économique», *Journal de la Société de statistique de Paris*, Paris, pp. 364-407.

MEYER (A.) [1979] : *Représentations sociales et littéraires. Centre et périphérie. Paris, 1908-1939*, IAURIF, Paris, 336p.

MEYER (Ph.) [1997] : *Paris la grande*, Flammarion, Paris, 388p.

MEYNADIER (H.) [1843] : *Paris sous le point de vue pittoresque et monumental*, Dauvin & Fontaine, Paris, 274p.

MICHEL (H.) [1982] : *Paris allemand, Paris résistant*, Albin Michel, Paris, 2 vol.

MILLER (M. B.) [1987] : *Au Bon Marché, 1869-1920*, A. Colin, Paris.

MINDER (R.) [1953] : *Paris in der neuen französischen Litteratur (1770-1890)*, F. Steiner, Wiesbaden, 310p.

MINGUET (M.) [1962] : *Paris et l'Hexagone français*, France-Empire, Paris.

MIQUEL (P.) [1994] : *Petite histoire des stations de métro*, Albin Michel, Paris.

MOILIN (T.) [1869] : *Paris en l'an 2000*, Paris.

MOLLAT (M.) [1971] : *Histoire de l'Île-de-France et de Paris*, Toulouse, 604p.

MONCAN (P. de) [1987] : *À qui appartient Paris?*, Observatoire de la propriété immobilière, SEESAM, Paris.

—— [1995] : *Les Passages converts de Paris*, Éd. du Mécène, Paris.

MONTIGNY (L.) [1825] : *Le Provincial à Paris. Esquisse des mœurs parisiennes*, Paris.

MOREL (D.) et alii [1984] : *La Nouvelle Athènes*, Musée Renan-Scheffer, Paris, 56p.

MORIZET (A.) [1932] : *Du vieux Paris au Paris moderne : Haussmann et ses prédécesseurs*, Hachette, Paris, 399p.

NIVET (Ph.) [1994] : *Le Conseil municipal de Paris de 1944 à 1977*, Publications de la Sorbonne, Paris.

NOEL (B.) [1971] : *Dictionnaire de la Commune*, Hazan, Paris, 366p.

NOIN (D.) [1984] : *Atlas des Parisiens*, Masson, Paris.

OLSEN (D. J.) [1984] : *The City as a Work of Art : London, Paris, Vienna*, Yale University Press, New Haven.

ORY (P.) [1982] : *Les Expositions universelles de Paris*, Ramsay, Paris, 156p.

OSTER (D.) & J. GOULEMOT [1989] : *La Vie Parisienne. Anthologie des mœurs du XIXe siècle*, Sand/Conti, Paris.

PANERAI (P.) [1987] : *Historie architecturale et urbaine de Paris*, LADHRAUS, Versailles.

PARENT-DUCHATELET [1824] : *Essai sur les cloaques ou égouts de la ville de Paris*, Paris.

—— *La Prostitution dans la ville de Paris. Textes choisis*, Éd. du Seuil, Paris, 1981, 222p.

PERREYMOND (H.) [1849] : *Paris monarchique et Paris républicain*, Librairie sociétaire, 112p.

PERROT (A.-M.) [1835] : *Petit atlas pittoresque des 48 quartiers de la ville de Paris*, E. Garnot, réédité en 1987, Service historique de la Ville de Paris.

PHILIPONNEAU (M.) [1956] : *La Vie rurale de la banlieue parisienne*, Paris.

PHILIPPE (Ch.-L.) [1905] : *Bubu de Montparnasse*, Albin Michel, Paris.

PICON (A.) [1999] : *Le Dessus des cartes. Un atlas parisien*, Pavillon de l'Arsenal/Picard, Paris, 287p.

PILLEMENT (G.) [1943] : *Destinée de Paris*, Le Chêne, Paris.

—— [1976] : *Du Paris des rois au Paris des promoteurs*, Entente, Paris.

PILLIET (G.) [1961] : *L'Avenir de Paris*, Hachette, Paris.

PINÇON (M.) & E. PRETECEILLE [1973] : *Introduction à l'étude de la planification urbaine dans la région parisienne*, CSU, Paris, 293p.

PINÇON (M.) & M. PINÇON-CHARLOT [1989] : *Les Beaux Quartiers*, Éd. du Seuil, Paris.

PINÇON (M.), E. PRETECEILLE & P. RENDU [1986] : *Ségrégation urbaine, classes sociales et équipements collectifs en région parisienne*, Anthropos.

PINKNEY (D. H.) [1957] : *Napoleon III and the Rebuilding of Paris*, Princeton.

PITTE (J.-R.) [1993] : *Paris, histoire d'une ville*, Hachette, Paris, 192p. (atlas).

PLANIOL (F.) [1986] : *La Coupole*, Denoël, Paris.

POETE (M.) [1924-1931] : *Une vie de cité : Paris, de sa naissance à nos jours*, Paris, 4 vol.

―― [1925] : *Comment s'est formé Paris*, Paris, 20fasc.

POIRIER (J.-M.) [1974] : *La Politique des espaces verts en région parisienne*, District de Paris, Paris, 266p.

POISSON (G.) & J. HILLAIRE [1956] : *L'Évocation du grand Paris*, Éd. de Minuit, Paris.

PONSON DU TERRAIL (P. A.) [1857-1866] : «Les drames de Paris (les aventures de Rocambole]», *La Patrie, Le Petit Journal*, Paris, 440numéros.

―― [1869] : «Les démolitions de Paris», *Le Petit Moniteur*, Paris.

POULIGNAC (F.) [1993] : *La Banlieue parisienne*, La Documentation française, Paris.

POUMIES DE LA SIBOUTIE (D^r) [1910] : *Souvenirs d'un médecin de Paris*, Plon, Paris, 386p.

POURCHER (G.) [1964] : *Le Peuplement de Paris*, coll. «Travaux et documents», N° 43, INED, Paris.

POZZO DI BORGO (R.) [1997] : *Les Champs-Élysées, trois siècles d'histoire*, Éd. de la Martinière, Paris.

PRÉFECTURE D'ÎLE-DE-FRANCE [1976] : *Schéma directeur d'aménagement et d'urbanisme de la région d'Île-de-France*, Paris, 2 vol.

PRONTEAU (J.) [1958] : *Construction et aménagement des nouveaux quartiers de Paris, 1820-1828*, EPHE, Paris.

―― [1966] : *Le Numérotage des maisons de Paris du XVe siècle à nos jours*, Bibliothèque historique de la Ville de Paris, 300p.

REAU (L.) et alii [1954] : *L'Œuvre du baron Haussmann, préfet de la Seine : 1853-1870*, PUF, Paris, 157p.

REGAZZOLA (T.), M. FREYSSENET et alii [1971] : *Ségrégation spatiale et déplacements sociaux dans l'agglomération parisienne*, CSU, Paris.

RENAUD (J.-P.) [1993] : *Paris, un État dans l'État*, L'Harmattan, Paris, 277p.

RETEL (J.-O.) [1977] : *Éléments pour une histoire du peuple de Paris au XIXe siècle*, CSU, Paris.

RIHS (Ch.) [1973] : *La Commune de Paris, 1871. Sa structure et ses doctrines*, Éd. du Seuil, Paris, 384p.

ROBERT (J.) [1987] : «"Paris et le désert français"? : pour en finir avec un mythe», *Futuribles*, n° 113.

ROBIDA (A.) [1883] : *Le XXe siècle*, G. Decaux, Paris, 400p.

—— [1896] : *Paris à travers l'histoire*, Librairie illustrée, Paris, 808p.

ROCHE (D.) [1981] : *Le Peuple de Paris*, Aubier, Paris.

ROCHEGUDE (marquis de) [1910] : *Promenades dans toutes les rues de Paris par arrondissement*, Paris.

ROUGERIE (J.) [1968] : «Remarques sur l'histoire des salaires à Paris au XIXe siècle», *Le Mouvement social*, pp. 71-108, avril-juin.

—— [1971] : *Paris libre, 1871*, Éd. du Seuil, Paris, 285p.

ROULEAU (B.) [1983] : *Le Tracé des rues de Paris*, Éd. du CNRS, Paris, 130p.

—— [1985] : *Villages et faubourgs de l'ancien Paris. Histoire d' un espace urbain*, Éd. du Seuil, Paris. 380p.

—— [1997] : *Paris, histoire d'un espace*, Éd. du Seuil, Paris, 480p.

SALETTA (P.) [1994] : *À la découverte des souterrains de Paris*, SIDES, Éd. de Physique, 350p.

SALKI (S.) [1996] : *Paris dans le roman de Proust*, SEDES, Paris, 250p.

SAMARAN (Ch.) [1952] : «Paris: aspects de la Comédie humanie», in *Balzac, le Livre du Centenaire*, Flammarion, Paris, pp. 139-152.

SARP [1960] : *Plan d'aménagement et d'organisation générale de la région parisienne (PADOG)*, Paris, 156p.

SCHIFFRES (A.) [1990] : *Les Parisiens*, J.-C. Lattès, Paris, 377p.

SÉDILLOT (R.) [1962] : *Paris*, Fayard, Paris.

SEIGEL (J.) [1985] : *Bohemian Paris: Culture, Politics and the Boundaries of Bourgeois Life, 1830-1930*, New York.

SELLIER (H.) [1920] : *Les Banlieues suburbaines et la réorganisation administrative du département de la Seine*, M. Rivière, Paris, 108p.

SENNEVILLE (G. de) [1991] : *La Défense, le pouvoir et l'argent*, Albin Michel, Paris, 289p.

SERMAN (W.) [1986] : *La Commune de Paris*, Fayard, Paris, 621p.

SHAPIRO (A.-L.) [1985] : *Housing the Poor of Paris, 1850-1902*, University of Wisconsin Press, Madison, 224p.

SIMON (P.) [1891] : *Statistique de l'habitation à Paris*, Librairie polytechnique Baudry

& Cie, Paris.

SIMOND (Ch.) [1900] : *La Vie parisienne au XIXe siècle. Paris de 1800 à 1900*, Plon, Paris, 2 vol.

―― [1901] : *Paris de 1800 à 1900 d'après les estampes et les mémoires du temps*, Plon, Paris, 3 vol.

SINGER-KEREL (J.) [1961] : *Le Coût de la vie à Paris de 1840 à 1914*, A. Colin, Paris, 560p.

SONOLET (L.) [1929] : *La Vie parisienne sous le Second Empire*, Payot, Paris, 256p.

SOULIGNAC (F.) [1993] : *La Banlieue parisienne, cent cinquante ans de transformations*.

SOUVESTRE (P.) & M. ALLAIN [1961] : *Fantômas*, R. Laffont, Paris, 11 vol.

STANCIU (V. V.) [1968] : *La Criminalité à Paris*, Paris.

STEIN (G.) [1940] : *Paris, France*, Scribner, New York.

STEINBERG (J.) [1981] : *Les Villes Nouvelles d'Île-de-France*, Masson, Paris, 799p.

STEVENSON (N.) [1938] : *Paris dans la Comédie humaine de Balzac*, Courville, Paris.

STOCKAR (W. de) [1931] : *L'Extension de Paris et le rôle des moyens de communication*, Studer, Genève.

SUE (E.) [1848] : *Les Mystères de Paris*, Fayard, Paris, rééd. 1923.

SUTCLIFFE (A.) [1970] : *The Autumn of Central Paris: The Defeat of Town Planning, 1850-1970*, Edward Arnold, Londres, 372p.

TARICAT (J.) & M. VILLARS [1982] : *Le Logement à bon marché: chronique, Paris 1850-1930*, Apogée, Boulogne.

TENOT (E.) [1880] : *Paris et ses fortifications, 1870-1880*, G. Baillière, Paris.

THIESSE (A.-M.) [1985] : *Le Roman-Feuilleton parisien*, thèse, université de Paris-VII.

TISSOT (A. de) [1830] : *Paris et Londres comparés*, Ducollet, Paris.

TOMBS (R.) [1997] : *La Guerre contre Paris, 1871*, Aubier, Paris, 380p.

TROLLOPE (F.) [1985] : *Paris and the Parisians in 1835*, A. Sutton, Londres, 310p.

TULARD (J.) [1976] : *Paris et son administration, 1800-1830*, Bibliothèque historique de la Ville de Paris, 576p.

URFALINO (Ph.) [1990] : *Quatre voix pour un Opéra*, Métailié, Paris, 310p.

VALENCE (G.) [2000] : *Haussmann le grand*, Flammarion, Paris.

VALLES (J.) [1990] : *Le Tableau de Paris*, Messidor, Paris.

VALMY-BESSE (J.) [1950] : *La Curieuse Aventure des boulevards extérieurs (1786-1850)*, Albin Michel, Paris.

VAN BOQUE (D.) [1992] : *L'Autobus parisien, 1905-1991*, Alcine, Paris.

VAUJOUR (J.) [1970] : *Le Plus Grand Paris. L'avenir de la région parisienne et ses* problèmes complexes, PUF, Paris, 202p.

VEUILLOT (L.) [1871] : *Paris pendant les deux sièges*, Palmé, Paris, 2 vol., 1043p.

VIELLARD-BARON (H.) [1993] : *Les Banlieues françaises ou le ghetto impossible*, Point.

VIGIER (Ph.) [1982] : *La Vie quotidienne en province et à Paris pendant les journées de 1848*, Hachette, Paris, 444p.

VILLEDOT (Ch. de) [1843] : *La Grande Ville : nouveau tableau de Paris*, Maresq, Paris, 2 vol.

VILLERME (L. R.) [1830] : «De la mortalité dans les divers quartiers de la ville de Paris», *Annales d'hygiène publique et de médecine légale*, Paris.

VINÇARD [1863] : *Les Ouvriers de Paris*, Paris.

WALTER (G.) [1960] : *La Vie à Paris sous l'Occupation (1940-1944)*, A. Colin, Paris, 250p.

WHILELM (J.) [1947] : *La Vie à Paris sous le Second Empire et la Troisième République*, AMG, Paris, 228p.

WILLMS (J.) [1988] : *Paris, Hauptstadt Europas, 1789-1914*, Verlag C. H. Beck.

WINOCK (M.) & J.-P. AZEMA, [1970] : *Les Communards*, Éd. du Seuil, Paris.

WOLF (P. W.) [1968] : *E. Hénard and the Beginning of Urbanism in Paris, 1900-1914*, CRU, Paris.

YGAUNIN (J.) [1992] : *Paris à l'époque de Balzac et dans la Comédie humaine*, Nizet, Paris, 320p.

YRIARTE (Ch.) [1864] : *Les Cercles de Paris, 1828-1864*, Librairie parisienne, Paris.

索 引

〈凡 例〉
配列は、人名については性の、地名・場所等ならびに事項については各名称の、それぞれフランス語表記をもとにアルファベット順とした。

[人名索引]

【A】

アーバークロンビー、パトリック（ABERCROMBIE, Patrick）……………………………… 258
アルファン、アドルフ（ALPHAND, Adolphe）64, 88, 128
アポリネール、ギヨーム（APOLLINAIRE, Guillaume）212, 213

【B】

バルタール、ヴィクトル（BARTARD, Victor）…………………………………………… 70, 286
ベルグラン、ウジェーヌ（BELGRAND, Eugène）…………………………………………………… 64
ブノワ＝レヴィ、ジョルジュ（BENOIT-LÉVY, Georges）………………………………… 220
ビアンヴニュ、フルジャンス（BIENVENÜE, Fulgence）…………………………………… 169
ブランキスト（Blanquistes）……………… 39, 97
ボフィル、リカルド（BOFILL, Ricardo）…… 302
ブーランジェ、ジョルジュ（将軍）（BOULANGER, Georges [général]）…………… 132, 144
ブランクーシ、コンスタンタン（BRANCUSI, Constantin）………………………………… 213

【C】

シャガール、マルク（CHAGALL, Marc）…… 213
シャランドン、アルバン（CHALANDON, Albin）275, 288, 317
シラク、ジャック（CHIRAC, Jacques）…… 313, 315, 339
クローディウス＝プティ、ウジェーヌ（CLAUDIUS-PETIT, Eugène）…… 250, 257, 260, 270, 272, 295
クレマンソー、ジョルジュ（CLEMENCEAU, Georges）…………………………………… 98, 132
コルニュデ、レオン（CORNUDET, Léon）……………………………………………… 221, 225
クーラン、アンドレ（COURANT, André）… 272
クールベ、ギュスターヴ（COURBET, Gustave）………………………………………… 103, 212

【D】

ドォセ、ルイ（DAUSSET, Louis）………… 222
ダヴィウ、ガブリエル（DAVIOUD, Gabriel）………………………………………… 64, 158
ドゥブレ、ミシェル（DEBRÉ, Michel）…… 286
ドゥルヴリエ、ポール（DELOUVRIER, Paul）………………………… 270, 296, 303, 307, 383

【E】

アンパン（男爵）（EMPAIN [barron]）…… 169

【F】

ファーヴル、ジュール（FAVRE, Jules）… 95, 99
フェリー、ジュール（FERRY, Jules）…… 84, 87, 132
フェドー、ジョルジュ（FEYDEAU, Georges）………………………………………………… 134
フラシャ、ウジェーヌ（FLACHAT, Eugène）………………………………………… 163, 289
藤田嗣治（FOUJITA, Tsuguharu）………… 213

【G】

ガンベッタ、レオン（GAMBETTA, Léon）… 95
ガルニエ、シャルル（GARNIER, Charles）… 74
ド・ゴール（将軍）、シャルル（GAULLE, Charles de [général]）………… 256, 287, 293, 309
ジスカール・デスタン、ヴァレリー（GISCARD

D'ESTAING, Valéry)･･････ 294, 311, 333, 340
グラヴィエ、ジャン＝フランソワ (GRAVIER, Jean-François)･･････ 254, 297, 304, 305, 355, 365
ギシャール、オリヴィエ (GUICHARD, Olivier)･･････ 275
ギマール、エクトール (GUIMARD, Hector)･･････ 158, 207

【H】

アルブヴァクス、モーリス (HALBWACHS, Maurice)･･････ 91
オスマン(男爵)、ジョルジュ (HAUSSMANN, Georges [barron])･･････ 23, 34, 43, 45, 53, 64, 101, 107, 118, 119, 142, 154, 160, 164, 175, 204, 219, 284, 285, 295, 342
エナール、ウジェーヌ (HÉNARD, Eugène)･･････ 68, 154, 224
ユゴー、ヴィクトル (HUGO, Victor)･･････ 13, 38, 42, 50, 100, 144, 168

【K】

キキ(通称)、アリス・プラン (KIKI [Alice Prin])･･････ 212
クリムト、グスタフ (KLIMT, Gustav)･･････ 205
ココシュカ、オスカール (KOKOSCHKA, Oskar)･･････ 205, 208

【L】

ランクタン、ジャック＝セラファン (LANQUETIN, Jacques-Séraphin)･･････ 39, 40, 44, 92, 285, 381
ル・コルビュジェ(通称)、エドゥアール・ジャンヌレ (LE CORBUSIER [Édouard Jeanneret, dit])･･････ 68, 231, 294
レーニン(通称)、ウラジミール・イリッチ・ウリアノフ (LÉNINE [Vladimir Ilitch Oulianov])･･････ 212
ロース、アドルフ (LOOS, Adolf)･･････ 208
ルーシュール、ルイ (LOUCHEUR, Louis)･･････ 231, 244

【M】

マルロー、アンドレ (MALRAUX, André)･･････ 285, 287, 289, 304
モーラス、シャルル (MAURRAS, Charles)･･････ 253, 282

メリーヌ、ジュール (MÉLINE, Jules)･･････ 221, 239, 372
マンデス・フランス、ピエール (MENDÈS FRANCE, Pierre)･･････ 269
メナディエ、イポリット (MEYNADIER, Hippolyte)･･････ 381
ミラー、ヘンリー (MILLER, Henry)･･････ 213
ミッテラン、フランソワ (MITTERRAND, François)･･････ 313, 334
モディリアニ、アメデオ (MODIGLIANI, Amedeo)･･････ 212
モレアス(通称)、ジャン・パパディアマントプロス (MORÉAS [Jean Papadiamantopoulos])･･････ 211
ムージル、ロベール (MUSIL, Robert)･･････ 208

【N】

ヌネ、アルフレッド (NUNEZ, Alfredo)･･････ 302

【O】

オルナノ、ミシェル・ド (ORNANO, Michel d')･･････ 315

【P】

パスキン、ジュール (PASCIN, Jules)･･････ 213
ペレモン、アンリ (PERREYMOND, Henri)･･ 49
ペタン、フィリップ (PÉTAIN, Philippe)･･････ 249, 253, 282
ピカソ、パブロ (PICASSO, Pablo)･･････ 212
ピエール(神父) (PIERRE [abbé])･･････ 269
ポエット、マルセル (POETE, Marcel)･･････ 224
ポワンカレ、レイモン (POINCARÉ, Raymond)･･････ 132, 232, 238
ポンピドゥ、ジョルジュ (POMPIDOU, Georges)･･････ 287, 303, 309
ポニアトゥスキ、ミシェル (PONIATOWSKI, Michel)･･････ 319
プロ、アンリ (PROST, Henri)･･････ 224, 248
プルードン、ピエール (PROUDHON, Pierre)･･････ 97

【R】

ランビュトー(伯爵)、クロード＝フィリベール・バルテロ・ド (RAMBUTEAU, Claude-Philibert Barthelot de [comte])･･････ 28, 38, 39, 44, 61, 92, 285, 342

索 引　427

レアージュ、ポーリーヌ（RÉAGE, Pauline）
.... 282

【S】

サルトル、ジャン=ポール（SARTRE, Jean-Paul）
.... 265, 282
シェーンベルク、アーノルド（SCHÖNBERG, Arnold）............................ 205, 208
シグフリード、ジュール（SIEGFRIED, Jules）
.... 217, 221, 225
ジッテ、カミロ（SITTE, Camillo）............ 159
スドロー、ピエール（SUDREAU, Pierre）

.... 270, 291, 295, 303, 383

【T】

タラボ、ポラン（TALABOT, Paulin）......... 191
ティエール、アドルフ（THIERS, Adolphe）
.... 54, 101, 103, 108, 137
トロツキー（通称）（TROTSKIi [Lev Davidovitch Bronstein, dit]）............................ 213

【V】

ヴィアン、ボリス（VIAN, Boris）......... 265, 282

[地名・場所等索引]

【A】

アルク・ド・トリオンフ（凱旋門）（Arc de Triomphe）.............................. 13, 39, 294
アルシ（平地）（Arcis [plateau des]）......... 14, 28, 62, 124, 126, 219, 287, 383
アルパジョネ（Arpajonnais）................... 192
オートゥイユ（Auteuil）................... 122, 186

【B】

バスティーユ（Bastille）......... 14, 26, 35, 39, 47, 108, 133, 154, 163, 165, 293, 340
ボブール（Beaubourg）...... 14, 288, 314, 342, 383
ボーグルネル（Beaugrenelle）................ 292
ベルヴィル（Belleville）......... 93, 102, 106, 109, 122, 123, 163, 199
ベルシー（Bercy）.............................. 339
ベルリン（Berlin）...... 85, 89, 130, 151, 159, 164, 173, 356
ビブリオテック・ド・フランス（フランス国立図書館）（Bibliothèque de France）...... 341, 348
ビランクール（Billancourt）............... 228, 349
ビュリエ（Bullier [bal]）...................... 211
ビュット=ショーモン（Buttes-Chaumont）
.... 70, 142

【C】

シャブロル（Chabrol [fort]）.................. 149
シャイヨ（Chaillot）......... 48, 120, 124, 250, 340
シャン=ゼリゼ（Champs-Élysées）...... 14, 20,

53, 82, 104, 293, 340, 349
シャロンヌ（Charonne）............ 119, 186, 200
シャトレ（Châtelet）...... 16, 23, 46, 75, 86, 165, 172, 192, 289, 299, 318
シャトゥ（Chatou）..................... 155, 349
チャイナタウン（Chinatown）................. 292
シテ（Cité [la]）................ 14, 22, 41, 62, 72
コンコルド広場（Concorde [place de la]）
.... 14, 39, 74, 294
クールヌーヴ（Courneuve）.................. 228

【D】

ラ・デファンス（Défense [la]）.........271, 288, 293, 327, 331, 334, 337, 340
ダンフェール=ロシュロー（Denfert-Rochereau）
.... 317

【E】

エトワール（Étoile）............ 13, 92, 155, 293, 340

【F】

フェルミエ=ジェネロゥ（徴税請負人の壁）（Fermiers-Généraux [enceinte des]）...... 13, 83, 84, 106, 123, 175, 211, 290
フォロム・デ・アール（Forum des Halls）... 288

【G】

ゲテ（街）（Gaîté [rue de la]）...... 14, 41, 75, 211
グルネル（Grenelle）...... 30, 84, 93, 106, 119, 123

【H】

レ・アール（中央市場）(Halles [les])……23,
  26,37,39,44,62,70,91,121,123,133,163,171,
  189,192,200,266,285,291,337
オテル・ド・ヴィル（市庁舎）(Hôtel de Ville)
  …………………………………14,23,26,104

【I】

アラブ世界研究所（Institut du monde arabe）
  …………………………………………336
アンヴァリッド（廃兵院）(Invalides)……283,
  291,318

【J】

ジャヴェル（Javel）……………119,123,228,349

【L】

ロンドン（Londres）……2,18,27,31,48,64,69,
  85,89,93,115,130,136,151,164,168,173,205,
  238,258,321,324,357,360
ルーヴル（Louvre [le]）………47,68,72,90,104,
  154,163,334,339

【M】

マドレーヌ（Madeleine [la]）……13,26,35,41,
  120,163
マレ（Marais [le]）………30,41,47,68,79,120,
  123,172,193,284
マルヌ＝ラ＝ヴァレ（Marne-la-Vallée）……293,
  301,327,331,337
モベール（Maubert）…………14,40,41,43,126,
  200,219,292
メニルモンタン（Ménilmontant）……37,41,47,
  69,83,93,103,106,109
モンマルトル（Montmartre）………35,101,103,
  106,109,111,133,172,200,212
モンパルナス（Montparnasse）……14,41,118,
  210,281,291,317,328
モンスリ（公園）（Montsouris [parc]）…70,142
ムフタール（Mouffetard）…………………200

【N】

ニューヨーク（New York）……………89,123
ヌーヴェル・アテーヌ（Nouvelle Athènes）…34

【O】

オデオン（Odéon）……………………………283
オペラ座（Opéra）……35,37,74,86,90,92,130,
  154,161,171,293
オペラ＝バスティーユ（Opéra-Bastille）……337,
  342,348
オルレアン（小公園）（Orléans [square d']）…34
オルセー（Orsay）………168,192,294,314,334

【P】

パレ＝ロワイヤル（Palais-Royal）……31,68,121,
  154,165
ポン＝ヌフ（Pont-Neuf）………………27,35,45
ポール＝ロワイヤル（Port-Royal）…………211

【Q】

カルチエ・ラタン（Quartier latin）……41,121,
  150,211,281

【R】

ロワシー（Roissy）………………344,353,357
ランジス（Rungis）……………………………45

【S】

サン＝タントワーヌ（Saint-Antoine）……9,22,
  29,41,47,67,90,101,118,133,154,284
サン＝ドニ（Saint-Denis）……14,29,41,46,90,
  109,119,121,123
サン＝ファルジョー（Saint-Fargeau）………123
サン＝ジェルマン＝デ＝プレ（Saint-Germain-des-
  Prés）…30,41,48,67,120,124,126,165,172,
  263,264,281
サン＝トノレ（Saint-Honoré）………30,121,154
サン＝ジャック（Saint-Jacques）………22,41,109
サン＝マルソー（Saint-Marceau）…………22,29
サン＝マルセル（Saint-Marcel）………………41
サン＝マルタン（Saint-Martin）………14,29,35,
  46,90,118,123,153
サン＝メリ（Saint-Merri）………………126,201
サン＝ミシェル（Saint-Michel）…………68,128
サン＝シュルピス（Saint-Sulpice）…………283
サルセル（Sarcelles）………………………273
ソー（Sceaux）……………………………250,298
セバストポル（大通り）（Sébastopol [boulevard]）
  …………………………………68,77,90,122,287

索引 429

【T】

テアートル・ド・ラ・ヴィル（パリ市立劇場）（Théâtre de la Ville） ……………… 314
エッフェル塔（Tour Eiffel） …………… 144, 149
チュイルリー（Tuileries [les]） ……… 14, 20, 40, 68, 104, 340

【V】

ヴァレリアン（Valérien [mont]）…………… 101
ヴァヴァン（Vavin） ……… 128, 212, 214, 223, 281
ヴォージラール（Vaugirard） ………… 30, 83, 93, 212, 283
ヴェルサイユ（Versailles） ………… 101, 103, 192, 284, 293
ウィーン（Vienne） ……… 31, 85, 93, 115, 152, 160, 194, 202
ヴィレット（Villette [la]） ……… 68, 70, 83, 102, 118, 186, 286, 291, 334
ヴァンセンヌ（Vincennes） …………… 70, 168, 192

［事項索引］

【A】

アカデミー・フランセーズ（Académie française） ……………………………… 171, 282
アクション・フランセーズ（Action française） ……………………………… 253
赤いポスター（アフィッシュ・ルージュ）（Affiche rouge） ……………………… 95, 99
建築許可（Agrément） …………… 269, 320, 358
無政府主義者（Anarchistes） …………… 144, 200
合併（Annexion） ……………… 83, 88, 106, 177
アパッチ（Apaches） ………………………… 199
アピュール（パリ都市計画アトリエ）（APUR） ……………………………… 288, 303
アール・ヌーヴォー（Art nouveau） ……… 151, 158, 206
バス（Autobus） …………………………… 174, 192

【B】

郊外（Banlieue） ……… 93, 119, 138, 142, 152, 170, 187, 219, 222, 232, 246, 273, 293, 299, 304, 315, 329, 346
バリケード（Barricades） ………………… 108
バトー＝ムーシュ（Bateau-mouche） ……… 162
ベル・エポック（良き時代）（Belle Époque） ……………………… 152, 161, 185, 194, 237
自転車（Bicyclette） ……………………… 174
大通り（グラン・ブールヴァール）（Boulevard [le]） ……………… 35, 37, 41, 46, 85, 165
証券取引所（Bourse） ………………… 74, 167

【C】

カフェ（Cafés） ……………… 142, 204, 214, 265
衛生記録（カジエ・サニテール）（Casier sanitaire） ……………………………… 219
カスク・ドール（Casque d'or） …………… 199
赤いベルト地帯（赤い帯）（Ceinture rouge） ……………………… 153, 225, 246, 270
グリーンベルト（Ceinture verte） ……… 258, 266, 300, 382
中央集権（制度）（Centralisation） ……… 11, 116, 253, 371
パリ中心部（Centre de Paris） ……… 29, 43, 72, 92, 144, 150, 165, 284, 288
コンパニ・ジェネラル・デ・ゾムニビュス（CGO） ……………………………… 163
大統領の工事現場（Chantiers du président） ……………………………… 333
鉄道（Chemins de fer） ……… 5, 69, 84, 119, 191, 210, 243, 266, 372
コレラ（Choléra） ……………… 3, 18, 21, 25, 29
シテ＝ジャルダン（田園都市）（Cités-jardins） ……………………………… 220, 232
クロズリ・デ・リラ（Closerie des lilas [La]） ……………………………… 211
新産業技術センター（CNIT） ……………… 293
コミシオン・デ・ザルティスト（芸術家委員会）（Commission des artistes） … 12, 28, 38, 49, 108
コミューン（パリ・コミューン）（Commune [la]） ……………… 83, 94, 95, 101, 107, 133, 164, 250, 346
クーポール（Coupole [La]） ……………… 213

【D】

ダタール（国土整備・地域振興庁）（DATAR）
.... 258,306,321,323
ドゥ・マゴ（カフェ・デ）（Deux Magots [café des]）.................................... 265
パリ地域圏連合区（District de Paris）... 295,307
ドーム（Dôme [Le]）........................... 212

【E】

水（Eau）.................. 15,27,69,85,137,350
照明（Éclairage）........................ 27,137
エコロジー（Écologie）......................... 312
教会（Église）........................... 180,283
下水道（Égouts）................. 17,69,85,351
美化（Embellissements）.......... 28,29,222,248,334,342
エオール（計画）（EOLE [projet]）............ 331
緑地空間（Espaces verts）...... 70,220,223,288,313,317
農村人口の大量流出（Exode rural）..... 130,218,239,254,274,373,376
万国博覧会（Exposition）...... 130,144,149,158,169,207,212,217,219,250,334
公用収用（Expropriation）................71,76,85

【F】

市外街区（Faubourgs）..................14,25,93
フロール（カフェ・ド）（Flore [café de]）
.... 265,282
フナック（FNAC）........................... 289
城壁（ティエールの城壁）（Fortifications）... 39,84,106,123,137,165,203,223

【G】

駅舎（Gare）..... 40,68,118,165,172,291,318,331
ガス（Gaz）................................... 27
ジェオッド（Géode [la]）..................... 334
ジビュス（Gibus）............................ 117
グラン・ザンサンブル（大規模集合住宅団地）（Grands ensembles）.......... 272,275,292,347
グラン・マガザン（デパート）（Grands magasins）.. 33
流感（Grippe）............................... 140
グリゼット（Grisette）.........................4

【H】

低廉住宅（HBM）............................. 217
適正家賃住宅（HLM）............. 266,272,287
市庁舎（Hôtel de Ville）....... 14,23,26,29,41,47
公衆衛生（Hygiènes）.................. 64,85,186
イソップ（計画）（HYSOPE）................ 329

【I】

イオリフ（IAURIF）............... 303,325,332
イオルプ（IAURP）.......................... 303
イカール（計画）（ICARE [projet]）.......... 331
移民（Immigration）.......................... 316
困窮者（Indigents）........................... 33
産業（工業）（Industrie）...... 8,62,117,152,177,181,193,227,247,304

【L】

ラゼール（計画）（LASER [projet]）.......... 329
リップ（カフェ）（Lipp [café]）.............. 265
ロジュコス（LOGECOS）..................... 272
住宅（Logement）.......... 75,138,215,217,231,240,259,271,323,345
ロレット（Lorette）............................4
家賃（Loyers）........ 76,118,125,128,138,215,229,259,280

【M】

パリ市長（Maire de Paris）................... 315
不良画地（Mal-lotis）........................ 226
マルサス主義（Malthusianisme）........237,266,366,378
メテオール（計画）（METEOR [projet]）.... 331
メトロ（地下鉄）（Métro）........ 90,93,129,133,158,161,163,248,284,298,318,330
移住（民）（Migrations）....... 3,227,243,274,308,311,372
悲惨（Misère）................................ 20
家賃支払猶予（Moratoire des loyers）........ 101,105,109,226
死亡率（Mortalité）............. 3,21,251,257,371

【N】

ナビ（派）（Nabis [groupe des]）............ 158
出生率（Natalité）.........23,257,308,311,371
南北線（Nord-Sud [le]）..................... 172

索引　431

【O】

オクトロワ（入市税）（Octroi）…… 14, 87, 92, 106
乗合馬車（Omnibus）…………………… 26, 162

【P】

パリ地域圏総合整備開発計画（PADOG）…… 249, 270, 278, 296
パサージュ（Passages）…………………… 32
貧困（Paupérisme）………………………… 62
戸建て安普請住宅（Pavillons）………… 191, 193
キリスト教的人格主義（Personnalisme chrétien）
……………………………………………… 253
デベロッパー（不動産開発業者）（Promoteurs）
………………… 128, 188, 278, 285, 290, 307
売春（Prostitution）…………… 4, 33, 196, 274
地方（Province）… 55, 100, 102, 116, 133, 182, 225

【R】

山師（Rastaquouère）……………………… 124
パリ交通公団（RATP）………… 170, 298, 330

負担金（Redevance）…… 271, 303, 306, 320, 358
地域圏（レジオン）（Régions）……… 270, 306, 315
修復（Réhabilitation）………… 281, 289, 307, 313
再開発（Rénovation）…… 269, 271, 281, 290, 307
首都圏高速鉄道網（RER）…… 228, 248, 288, 294, 296, 298, 317, 318
大地への回帰（Retour à la terre）… 220, 254, 382
ロトンド（Rotonde [La]）……………… 213

【S】

サン＝キュロット（Sans-culottes）…… 95, 97, 105
健康（Santé）…………………………… 27, 55
（SDAURP）……… 297, 300, 304, 316, 317, 329, 353
ゼセッション（分離派）（運動）（Sécession [mouvement]）………………………………… 207
社会的分離（セグレガシオン）（Ségrégation）
………………………… 79, 87, 135, 139, 142
セレクト（Sélect [Le]）………………… 213
パリ包囲（Siège de Paris）……………… 89, 95
フランス国鉄（SNCF）……… 170, 298, 317, 329
スフィンクス（Sphinx [le]）……………… 213

【訳者略歴】

羽貝正美（はがい・まさみ）

1956年新潟県に生まれる。東京都立大学社会科学研究科修士課程（政治学専攻）修了。東京都立大学社会科学研究科博士課程（政治学専攻）単位取得満期退学。新潟大学法学部、東京都立大学都市科学研究科・都市研究所を経て、現在、首都大学東京都市環境学部建築都市コース・都市環境科学研究科都市システム科学域教授。専門は行政学・都市行政学・都市政策。

1992年度キャノン・ヨーロッパ財団フェローとして、パリ第1大学社会経済史研究所にて研究に従事。

主な著書（共著・編著）・論文に、『都市の科学（改訂増補版）』（東京都立大学出版会、2005年）、『自治と参加・協働——ローカル・ガバナンスの再構築』（学芸出版社、2007年）、「19世紀フランスにおける都市と公的統御」（日本行政学会編『比較行政研究』〈年報行政研究　25〉、1990年）、「フランス革命と地方制度の形成——地方〈プロヴァンス〉の克服と県〈デパルトマン〉の創出を中心に——」（日本政治学会編『18世紀の革命と近代国家の形成』1991年）、「近代都市計画とパリ都市改造」（東京都立大学都市研究所『総合都市研究』58号、1996年）などがある。

【著者略歴】

ベルナール・マルシャン（Bernard MARCHAND）

1934年に生まれる。1977年にパリ大学で地理学の博士号を取得した。地理学アグレジェの資格を有し、25年間にわたりパリ第8大学都市研究所（Institut français d'urbanisme）教授として教育・研究に従事するとともに、米国、カナダ、ヴェネズエラ、ブラジル、ドイツ、イタリアなど諸外国の大学でも教鞭をとった。都市史、都市計画、都市のモデル化を専門領域とする。

本書のほか、『都市空間分析序論』（*Introduction à l'analyse de l'espace*（M.-F. Ciceri, S. Rimbert との共著、Masson, 1977）、『夢の都市の誕生——ロサンジェルスの人口と住宅——1940-1970』（*The Emergence of the City of Dreams: Population and Housing in Los Angeles, 1940-1970*, Londres, Pion, 1986)、『パリの敵対者たち』（*Les ennemis de Paris: La haine de la grande ville des Lumières à nos jours*, Presses Universitaires de Rennes, 2009）の著書がある。

パリの肖像 19-20世紀

2010年11月15日　第1刷発行　　定価（本体6800円＋税）

著　者　B. マルシャン
訳　者　羽貝　正　美
発行者　栗原　哲　也

発行所　株式会社　日本経済評論社

〒101-0051　東京都千代田区神田神保町3-2
電話　03-3230-1661　FAX　03-3265-2993
info@nikkeihyo.co.jp
URL：http://www.nikkeihyo.co.jp

装幀＊渡辺美知子　　印刷＊文昇堂・製本＊高地製本所

乱丁・落丁本はお取替えいたします。　　Printed in Japan
© HAGAI Masami 2010　　ISBN978-4-8188-2094-4

・本書の複製権・翻訳権・上映権・譲渡権・公衆送信権（送信可能化権を含む）は、㈱日本経済評論社が保有します。

・[JCOPY]〈(社)出版者著作権管理機構　委託出版物〉
本書の無断複写は著作権法上での例外を除き禁じられています。複写される場合は、そのつど事前に、(社)出版者著作権管理機構（電話03-3513-6969、FAX03-3513-6979、e-mail: info@jcopy.or.jp）の許諾を得てください。

松井道昭著

フランス第二帝政下のパリ都市改造
（オンデマンド版）

A5判　五四〇〇円

二〇〇〇年の歴史を持つパリは、一九世紀後半の第二帝政期に過去最大の都市改造が行われた。しかしこの「パリの外科手術」が帝政崩壊とパリ・コミューンの引き金となったのである。

永岑三千輝・廣田功編著

ヨーロッパ統合の社会史
―背景・論理・展望―

A5判　五八〇〇円

グローバリゼーションが進む中、独自の対応を志向するヨーロッパの統合について、その基礎にある「普通の人々」の相互接近の歴史から何を学べるか。

H・ケルブレ著／雨宮・金子・永岑・古内訳

ひとつのヨーロッパへの道
―その社会史的考察―

A5判　三八〇〇円

生活の質や就業構造、教育や福祉などの社会的側面の同質性が増してきたことがEU統合へと至る大きな要因となったと、平均的なヨーロッパ人の視点から考察した書。

H・ケルブレ著／永岑三千輝監訳／金子公彦・瀧川貴利・赤松廉史訳

ヨーロッパ社会史
―1945年から現在まで―

A5判　五五〇〇円

「多様性の統一」の歴史と現状、家族・労働・消費と生活水準から教育まで一二の基本的側面の膨大な研究史を概観し、戦後社会の大きな変化と発展を総合的・立体的に俯瞰。

森宜人著

ドイツ近代都市社会経済史

A5判　五六〇〇円

世界の「模範」となったドイツの都市。電力がもたらしたダイナミズムを軸に、都市の近代化の歩みを実証的に解明する。

（価格は税抜）　日本経済評論社